Kultur- und Baugeschichte der sächsischen Vieh- und Schlachthöfe

Ulrich Hübner

Arbeitsheft 26
Landesamt für Denkmalpflege Sachsen

Herausgeber
© 2017 Landesamt für Denkmalpflege Sachsen
Schloßplatz 1, 01067 Dresden,
Telefon: (0351) 48430400,
Telefax: (0351) 48430499
1. Auflage, 2017

Redaktion
Landesamt für Denkmalpflege Sachsen und
Dr. Ulrich Hübner

Die Deutsche Nationalbibliothek verzeichnet diese Publikation in der Deutschen Nationalbibliografie; detaillierte bibliografische Daten sind im Internet über http://dnb.ddb.de abrufbar.

Herstellung und Vertrieb
Sandstein Verlag, Dresden
ISBN 978-3-95498-349-0

Abbildungen auf dem Umschlag
Titelseite: Schlachthof Dresden II
(Luftbild von Walther Hahn, 1926, Ausschnitt)
Rückseite: Schlachthof Grimma, dekoratives Detail
(Foto: Tim Tepper M.A., Leipzig/Grimma, 2017)

Seite 4: Schlachthof Leipzig, Stallgebäude,
Bahnrampe, um 1940
(Foto: Stadtarchiv Leipzig, Georg Zschäpitz)

Autor
Dr. Ulrich Hübner
Amt für Kultur und Denkmalschutz
Königstraße 15
01097 Dresden

Inhalt

Vorwort 5
Rosemarie Pohlack

Schlachthof und Kunst – Vorbemerkung 6

Zur Entwicklung des Schlachthofbaus 8

Die architektonischen Komponenten der Vieh- und Schlachthöfe 13

Die sächsischen Vieh- und Schlachthöfe 18

Architekturhistorische Einordnung der sächsischen Vieh- und Schlachthöfe 150

Verlust und Vergänglichkeit! Nachdenken über vergehende Baugattungen. 152

Anhang
Literaturauswahl 166

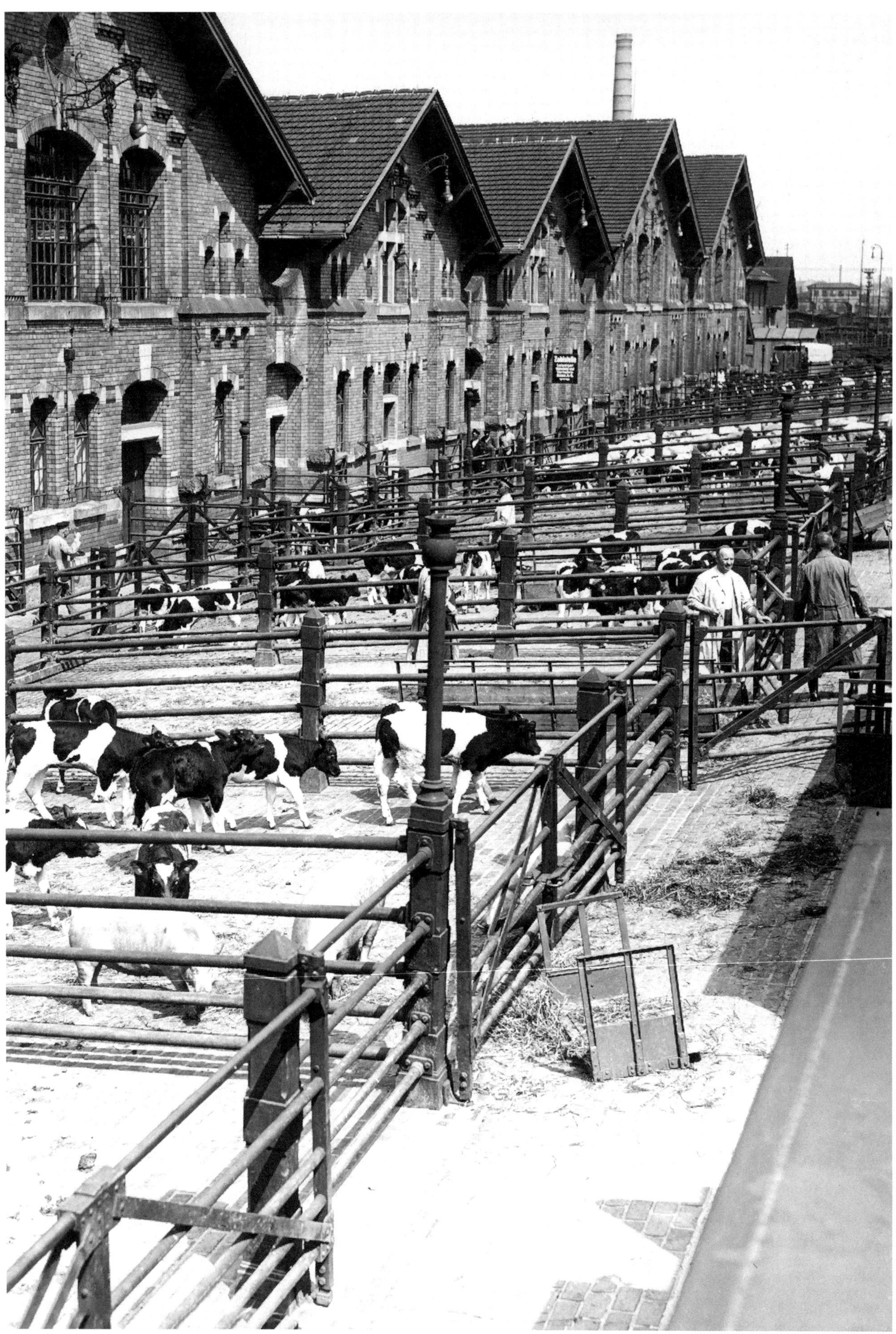

Schlachthof Leipzig, Stallgebäude, Bahnrampe, um 1940, Ausschnitt (Georg Zschäpitz).

Vorwort

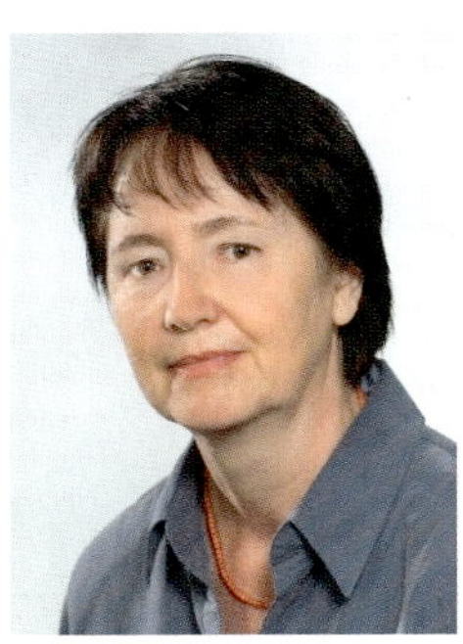

Die baukünstlerische Qualität sowie Größe und Umfang der sächsischen Vieh- und Schlachthöfe belegen eindrucksvoll die wirtschaftliche Stärke und den baukulturellen Anspruch Sachsens vom ausgehenden 19. bis ins frühe 20. Jahrhundert hinein. Viele sind als Kulturdenkmale erfasst. Neben den urban geplanten und stattlich errichteten Anlagen in Dresden, Leipzig, Chemnitz, Plauen und Zwickau können auch die Schlachthöfe in den kleineren Städten sehr gut bestehen.

So wurde zum Bespiel in Crimmitschau und Grimma überzeugend auf städtebauliche und architektonische Qualität geachtet – die Funktionsgebäude fügen sich geradezu malerisch zueinander. In Crimmitschau ist der Hauptbau mit Uhrenturm als Dominante gesetzt; in Grimma wird das Ensemble am Fuße des Tempelberges geordnet.

Nach 1945 erfuhren die Schlachthöfe teilweise Erweiterungen, die sich aber weder künstlerisch noch städtebaulich anspruchsvoll in den Bestand integrierten. Um den hohen Fleisch- und Wurstbedarf zu decken, wurden diese »Produktionsstätten der Lebensmittelindustrie« in ihrem Gebäudebestand übernutzt und regelrecht verschlissen. Heute existieren zahlreiche dieser Objekte bereits nicht mehr. Neben dem Erhaltungsbedarf wird das wissenschaftliche Aufarbeitungs- und Dokumentationsinteresse immer dringlicher.

Die Thematik der sächsischen Vieh- und Schlachthöfe ist bisher noch nicht vertieft betrachtet worden. Die Grundlagen für die vorliegende Arbeit konnten im Rahmen des wissenschaftlichen Volontariats von Herrn Dr. Ulrich Hübner in der Inventarisation des Landesamtes für Denkmalpflege Sachsen 2005/ 2006 gelegt werden. Allerdings erforderte die Sichtung und Auswertung der vorhandenen Aktenmenge in den Kreis-, Stadt- und Bauarchiven einen wesentlich größeren Zeitrahmen, als im Volontariat vorgesehen. Es verlangte Herrn Hübner wirklich außerordentliche Ausdauer und Energie ab, das Thema zu Ende zu führen – immerhin neben der Arbeit – Respekt! Ohne die hilfreiche Unterstützung der einzelnen Städte und Gemeinden wäre diese umfassende Recherche nicht möglich gewesen, wofür ich allen Beteiligten ausdrücklich danke!

Einführend setzt der Autor das scheinbar rein architektonische Thema in den Kontext der Kunst und zeigt, wie die Produktionsstätte Schlachthof in Literatur und Malerei bis hin zur Fotografie Eingang fand – ich erinnere an die großformatigen Szenenbilder des sogenannten Schlachthofmalers Jürgen Wenzel.

Um die 42 Vieh- und Schlachthöfe in Sachsen qualifiziert beurteilen zu können, betrachtet der Autor sowohl die Entwicklungsgeschichte der Bauaufgabe als auch die Grundkonzeption der Anlagen näher. Es wird deutlich, dass die Vieh- und Schlachthöfe eine typische Bauaufgabe des ausgehenden Historismus verkörpern und nach 1900 nur noch wenige dieser Objekte entstanden. Interessant ist sicher, dass die Initiatoren immer die Fleischer-Innungen waren, die es entweder verstanden haben, die Kommunen zu überzeugen oder sogar selbst als Bauherren auftraten.

Im Anschluss werden die einzelnen Bauten katalogartig vorgestellt, ihre Historie, die jeweiligen Architekten und nicht zuletzt ihre Besonderheiten – soweit recherchierbar.

Das Arbeitsheft schließt im Resümee mit einer vergleichenden kunst- und architekturhistorischen Einordnung der sächsischen Vieh- und Schlachthöfe. Auch die heutigen Nöte, die meist verfallenen Industrie- und Wirtschaftsbauten zu erhalten oder umzunutzen, werden betrachtet. Und auch Fragen des denkmalpflegerischen Umgangs oder kommunaler Strategien, wie die besonderen, oft einzigartigen Werte dieser Kulturdenkmale der Öffentlichkeit nahe gebracht, erläutert und nachhaltig bewahrt werden können, kommen zur Sprache.

R. Pohlack

Prof. Dr. Rosemarie Pohlack
Sächsische Landeskonservatorin

Schlachthof und Kunst

Vorbemerkung

»Schwierigkeiten werden nicht dadurch überwunden, dass sie verschwiegen werden.« (Bertolt Brecht)

Dieses auch in Hinsicht auf den Erhalt architekturhistorischer Zeugnisse des Schlachthofbaus passende Zitat stammt aus Bertolt Brechts 1931 entstandenen und 1959 in Hamburg uraufgeführtem Theaterstück und Gesellschaftsdrama »Die heilige Johanna der Schlachthöfe«. Brecht wählte für sein Werk ganz bewusst den Schauplatz des Schlachthofs, und zwar desjenigen in Chicago. Während der Weltwirtschaftskrise bildete der Schlachthof das ideale Synonym für harte Arbeit, vorherrschende Gewalt, Auseinandersetzung mit Leben und Tod. Zudem ist er im Stück Inbegriff für kapitalistische Verhältnisse und das Auseinanderklaffen der Gesellschaft.

Einige Jahrzehnte vor Brechts Theaterstück schuf der Maler Lovis Corinth 1893 ein imposantes und lebensnahes Gemälde mit dem Titel »Im Schlachthaus« *(Abb. 1)*. Im Vordergrund stehen hier die Arbeiter. Ihr Agieren demonstriert das Machtverhältnis zwischen Mensch und Tier. Auch wenn der Duktus des Impressionisten Corinth im Pinselstrich grob ist und farblich schon expressionistische Züge führt, spiegelt der Inhalt vielmehr die Errungenschaften des Schlachtbetriebes und die gemeinsame Tätigkeit des Schlachtens wider.

Von den 1860er-Jahren an wurden aufwendige und architektonisch anspruchsvolle Schlachthöfe errichtet. Sie sollten die arbeiterfreundliche und tierwürdige Durchführung des Schlachtbetriebs gewährleisten und die Betreibung des Schlachtens in neuen Größenordnungen ermöglichen. Extrem wachsende Massenschlachtungen führten erst später wieder zu schwierigen Verhältnissen mit schlechten Arbeitsbedingungen und tierunwürdigen Umständen, so wie Brecht sie für sein Stück in Anspruch nahm. Interessant erscheint dabei der schnelle Wandel, dem die Objekte dieser Baugattung ausgesetzt waren. Der Sozialfotograf Christian Borchert dokumentierte in der 1970/80er-Jahren die Gesellschaft, ihre Arbeitsstätten und ihr familiäres Umfeld. Eine Fotografie zeigt den Schlachthof in Berlin mit zwei Arbeiterinnen. Im Bild werden sowohl Stimmungen und Alltag als auch die Arbeitsbedingungen deutlich *(Abb. 2)*.

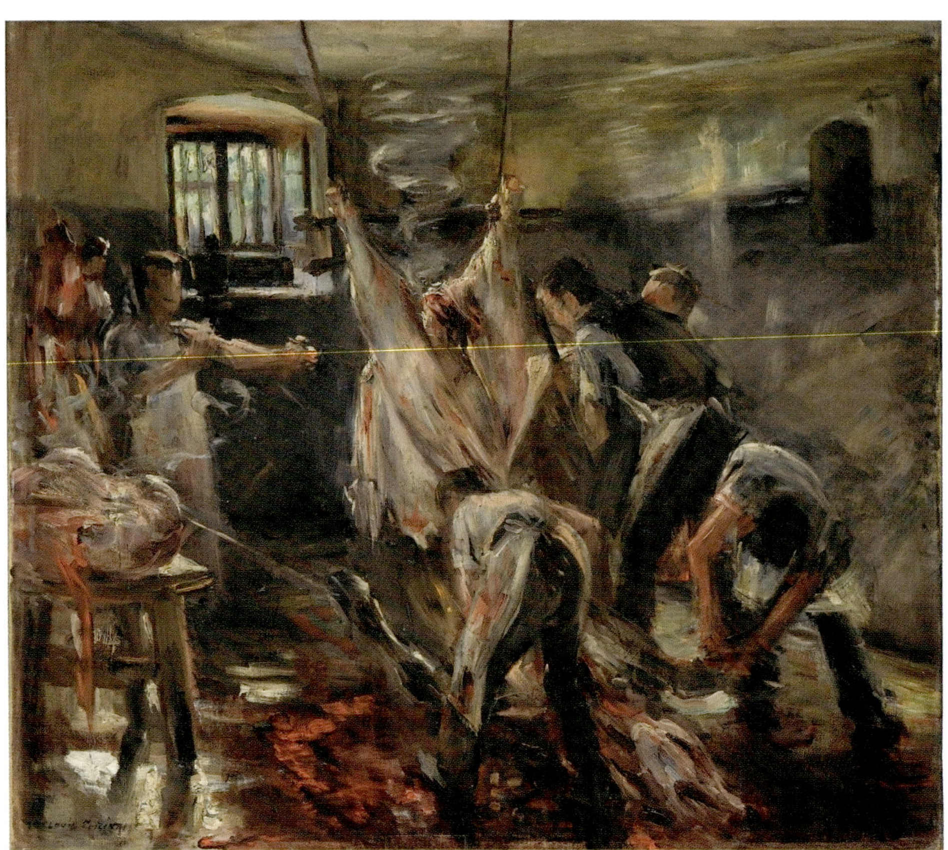

1 Lovis Corinth, Im Schlachthaus, 1893, Öl auf Leinwand, 78×89 cm, Staatsgalerie Stuttgart.

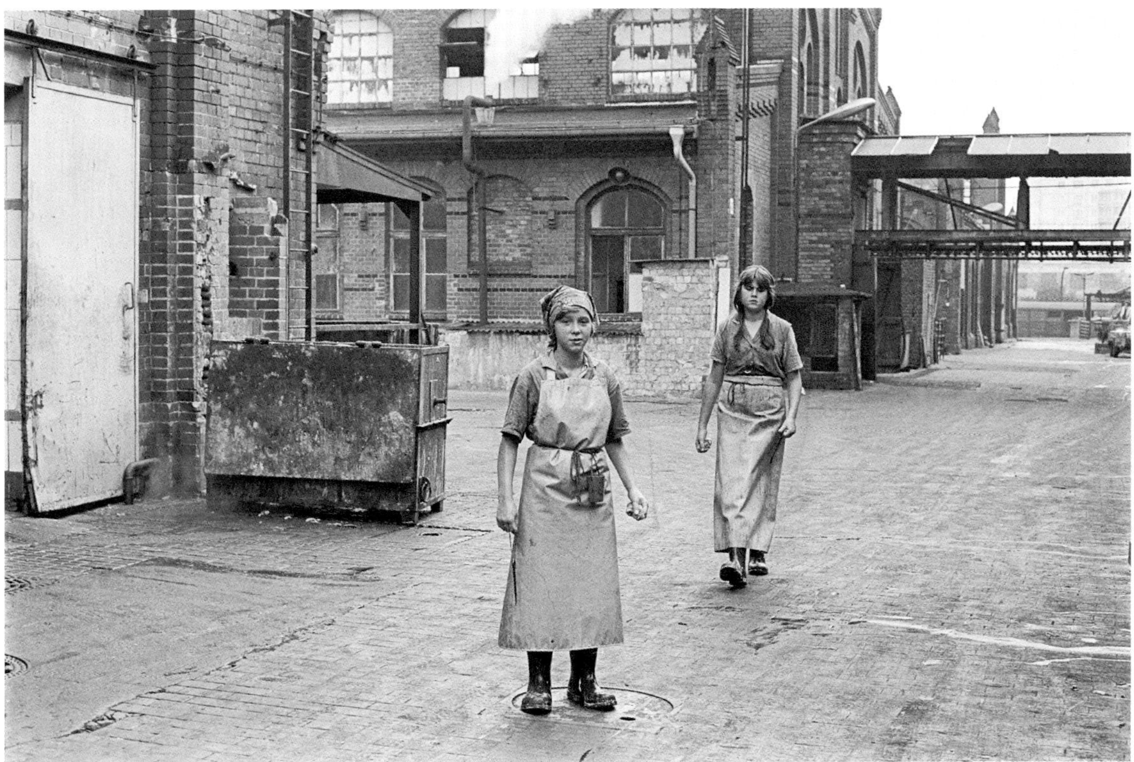

2 *Schlachthof Berlin, Fotografie von Christian Borchert, 1974.*

Heute wollen wir nicht mehr mit der Produktion des Lebensmittels Fleisch konfrontiert werden. Weder die Architektur noch die Arbeitsverhältnisse scheinen den Endverbraucher zu berühren. Künstlerische Auseinandersetzungen mit dem Thema Schlachthof sind daher äußerst selten. »Schlachthöfe und Kunstgeschichte – auf den ersten Blick scheint man diese beiden Bereiche überhaupt nicht miteinander in Beziehung setzen zu können.«[1] So stellte Stefan Tholl in seinem Buch über Schlachthöfe als öffentliche Bauaufgabe eingangs die berechtigte Frage, warum dieses Thema mit seiner Publikation Einzug in die Kunst- und Kulturgeschichte halten soll. Die sächsischen Fallbeispiele zeigen, welch großer architektonischer Aufwand betrieben wurde, um sowohl die Anerkennung des Fleischbetriebes zu erreichen als auch ein städtisches Statussymbol zu etablieren. Für jede Stadt war ein eigener Schlachthof sowohl ein Teil der Selbstlegitimation als auch eine wichtige Grundlage der Steuereinnahme.

Kurz nach der deutschen Wiedervereinigung im Jahr 1990 wurden in Sachsen sämtliche kommunalen Schlachthöfe geschlossen, weil sie weder den gesetzlichen Vorgaben noch den Ansprüchen an die moderne Fleischverarbeitung entsprachen. Die Gebäude wurden zum großen Teil abgebrochen; einige erfuhren eine Umnutzung. Aufgrund ihrer städtebaulichen, kulturhistorischen und ortsgeschichtlichen Bedeutung sind sie jedoch Ausdruck und Denkmal einer aufstrebenden Lebensmittelverarbeitungsindustrie, die sich in unserem Kulturraum innerhalb von mehr als 100 Jahren vollständig gewandelt hat.

Aufgrund der Vielzahl an Verwaltungs-, Wohn- und Funktionsgebäuden, die innerhalb einer Schlachthofanlage untergebracht werden mussten, entstanden architektonisch anspruchsvolle und aufeinander abgestimmte Bauten, die ihr Gefüge an städtischen Strukturen orientierten. In Sachsen bestanden neben zahlreichen Schlachtstätten über 40 kommunale Vieh- und Schlachthöfe. Die gestalterische und technische Qualität einiger sächsischer Objekte ist dabei besonders eindrucksvoll, wie dies an Beispielen in Dresden, Plauen, Leipzig und Glauchau nachzuweisen ist.

Diese Publikation soll einen Einblick davon geben, wie sich die Baugattung »Schlachthof« im ausgehenden 19. und beginnenden 20. Jahrhundert im Deutschen Reich und international entwickelt hat. Daneben werden sämtliche sächsischen Fallbeispiele besprochen, die zu ihnen nachweisbaren Archivmaterialien aufgearbeitet und die Objekte in den überregionalen Kontext eingeordnet.

Vor dem Hintergrund, dass hier eine »vergangene« Baugattung völlig aus dem Blick der Geschichtsschreibung gerät und zahlreiche Objekte, die sich oft auf nur schwierig nachzunutzenden, kontaminierten und weitflächigen Gelände befinden, abgebrochen werden, ist der folgende Katalog auch als wissenschaftliche Dokumentation zu verstehen.

Im abschließenden Exkurs wird die philosophische Frage nach dem Verlust und der Vergänglichkeit in der Baukultur, aber auch die nach dem Umgang mit Dokumentation und wissenschaftlicher Tradierung denkmalpflegerisch nicht zu erhaltender Objekte erörtert. Dieser (hier erweiterte) Beitrag, der bereits auf der Tagung »Zwischen Wunschtraum und Wirklichkeit? Denkmalpflegepraxis im Baukulturellen Kontext« im März 2013 eine rege Diskussion ausgelöst hat, thematisiert die Komplexität des Umgangs mit schwer zu erhaltenden Denkmalen.

Anmerkung

1 Tholl, Stefan: Preußens blutige Mauern. Der Schlachthof als öffentliche Bauaufgabe im 19. Jahrhundert, Walsheim 1995, S. 11.

Abbilungsnachweis

1 Staatsgalerie Stuttgart, bpk-Bildagentur; 2 Deutsche Fotothek.

Zur Entwicklung des Schlachthofbaus

Die Geschichte der Viehschlachtung und Fleischverarbeitung reicht bis in die Antike zurück *(Abb. 3)*. Sie ist in der umfangreichen Abhandlung, die der Kunsthistoriker Stefan Tholl 1995 über die Bauaufgabe ›Schlachthof‹ veröffentlicht hat, ausführlich beschrieben worden.[1] Diese Publikation ist sowohl in ihrer Gesamtschau als auch in den Einzelbetrachtungen ein entscheidender wissenschaftlicher Beitrag zu diesem Thema und bisher – von weniger Aufsätzen abgesehen – die einzige aktuelle Publikation geblieben. Die genauen Betrachtungen über die Geschichte der Schlachthäuser vom alten Rom bis in die Neuzeit sind sehr ausführlich und bieten ein vielschichtiges Bild über die Entwicklung. Daher werden hier auch nur Eckdaten genannt. Zur vertiefenden Entwicklungsgeschichte ist die Publikation von Tholl sehr empfehlenswert.

Im Mittelalter und der frühen Neuzeit bestanden vor allem Innungsschlachthäuser, die als Privatschlachthäuser oder Kuttelhöfe betrieben wurden – beispielsweise die Kuttelhöfe in Görlitz (1299), in Danzig (1331), in Freiberg (16. Jh., vgl. S. 79 *Abb. 1*) und in Großenhain (17. Jh.). Für letzteren soll exemplarisch und zum zeitgenössischen Verständnis die Beurkundung durch die Stadt an die Fleischer im Wortlaut wiedergegeben werden:

»Wier Bürgermeister undt Rath der Stadt Hayn, uhrkunden hiermit undt bekennen, daß vor uns an gewöhnlichen Rathsstelle die ältisten undt vormeistere des handtwercks der Fleischhauer des orts erschienen, vor sich und ihre sämbtliche mitmeistere, auch in Nahmen des ganzen handtwercks anbracht, welcher gestalt zur

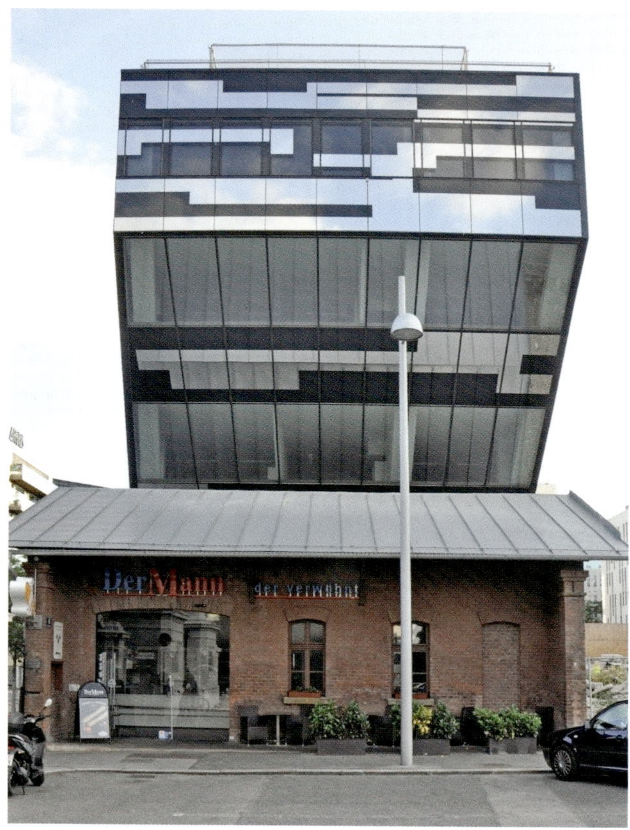

1 *Schlachthof Wien, Pförtnerhaus, 2017.*

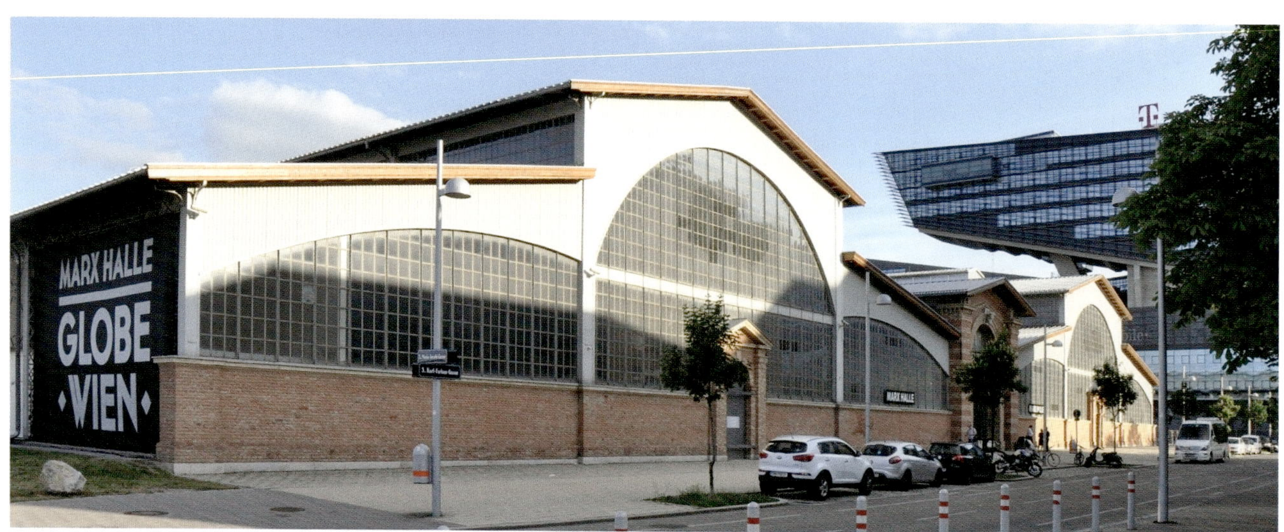

2 *Schlachthof Wien, Hauptschlachthalle, 2017.*

aufbauung eines Schlacht: oder Kuttelhofes, sie auß dem Religionskosten alhier, Funfftzigk güldenn Meißnische wehrung, je Ein undt Zwantzigk Silberne groschen, von einem gülden, undt Zwölff pfennige joro einen groschen gerechnet, umb gebührliche verzinsung, bis zur deren auffkündigung, welche jedem theile binnen Vierthel Jahresfrist zuthun freystehen solle, was jezo Johannis anzurechnen, erborget und auffgenommen, dafür aber und zu derer als assecuration nicht allein erwelten ihren Schlachthoff, welcher vorden Radeburgischen Thore an der Röder gelegen, zu Einer beständigen Hypothec eingesezet hätten, sondern auch in Namen des ganzen handwercks anelobet undt versprochen, daß Sie ingesambt vor solches Capital singulus joro singulo et singuli in solidum hafften: mit annectirten bitt, Waß wier ambts: undt Obrigkeitswegen, in solche auffnahm: undt vorhypothecirung, unsern Consens geben, auch der beschehenen einwilligung halben, ihnen gewöhnlichen Schain in forma jorobante ertheilen wolten.

Wann wier dann dieses, des handtwercks der Fleischhauer ansuchen, ihnen dahero nicht abschlagen können, indehm wier gesehen, daß es zur auffbauung ihres Schlachthoffes, undt daher ... desto beßeren fortstellung ihrer Nahrung gereichet, Alß haben wier ihrem petito deferiret, in diese ... pfändungk, gewilliget, undt wollen demnach, daß ermelten Kuttelhoff, nebenst der sambtlichen Meistere vermögen, der Fleischhauere dießorts, den Religionskosten, vor die darauß entlehneten 50 R. Capital zum beständigen unterpfand stehen und Sie in Solidum hafften mögen.

Urkundtlich haben wier gegenwärtigen Consens mit unsern Gerichts in siegel wißendlich bedrücken: undt als vollnzogen außhändigen lassen.

Welches geschehen Hayn, den 30. May, anno 1657«[2]

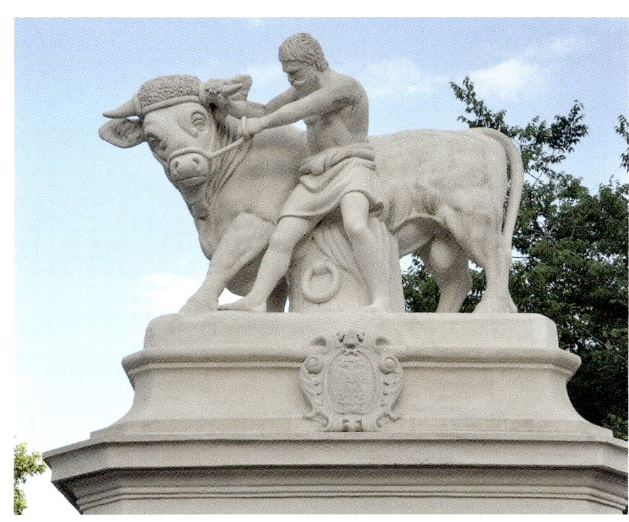

3 Schlachthof Wien, Eingangsplastik in antiker Manier, 2017.

Der Autor hat sich jedoch gegen eine exakte Wiedergabe der Geschichte der Schlacht- und Kuttelhäuser vor 1800 entschieden, weil das immense Städtewachstum im 19. Jahrhundert zu einer völlig anderen Qualität und Ausprägung der Schlachthöfe führte, die hier vor allem gewürdigt werden soll.

Im 19. Jahrhundert werden zuerst in Frankreich und wenig später auch in Deutschland regelrechte Systeme für öffentliche Schlachthöfe entwickelt. Ausschlaggebend für den Schlachthofbau im Industriezeitalter sind die frühen Planungen dieser Anlagen in Frankreich. Tholl beschreibt die Situation in Paris während der Französischen Revolution sehr anschaulich:

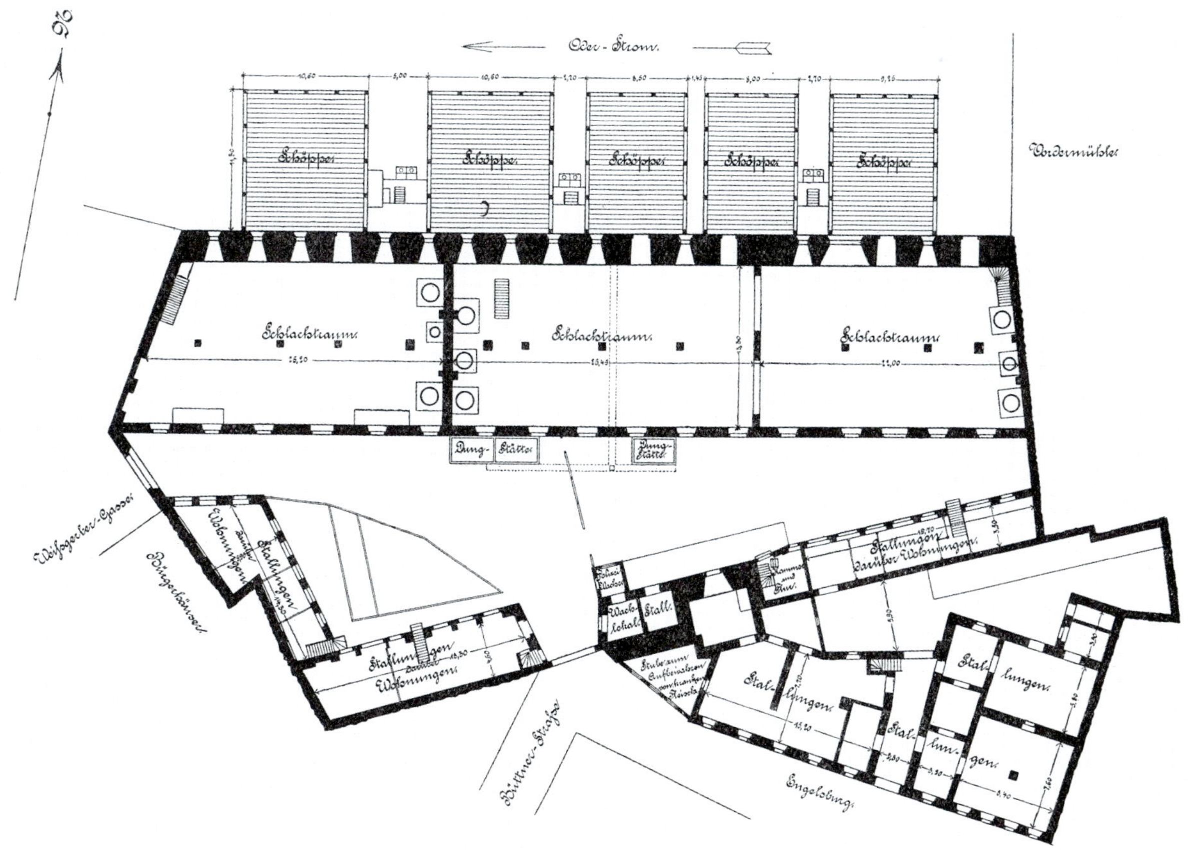

4 Schlachthof Breslau, Dispositionsplan.

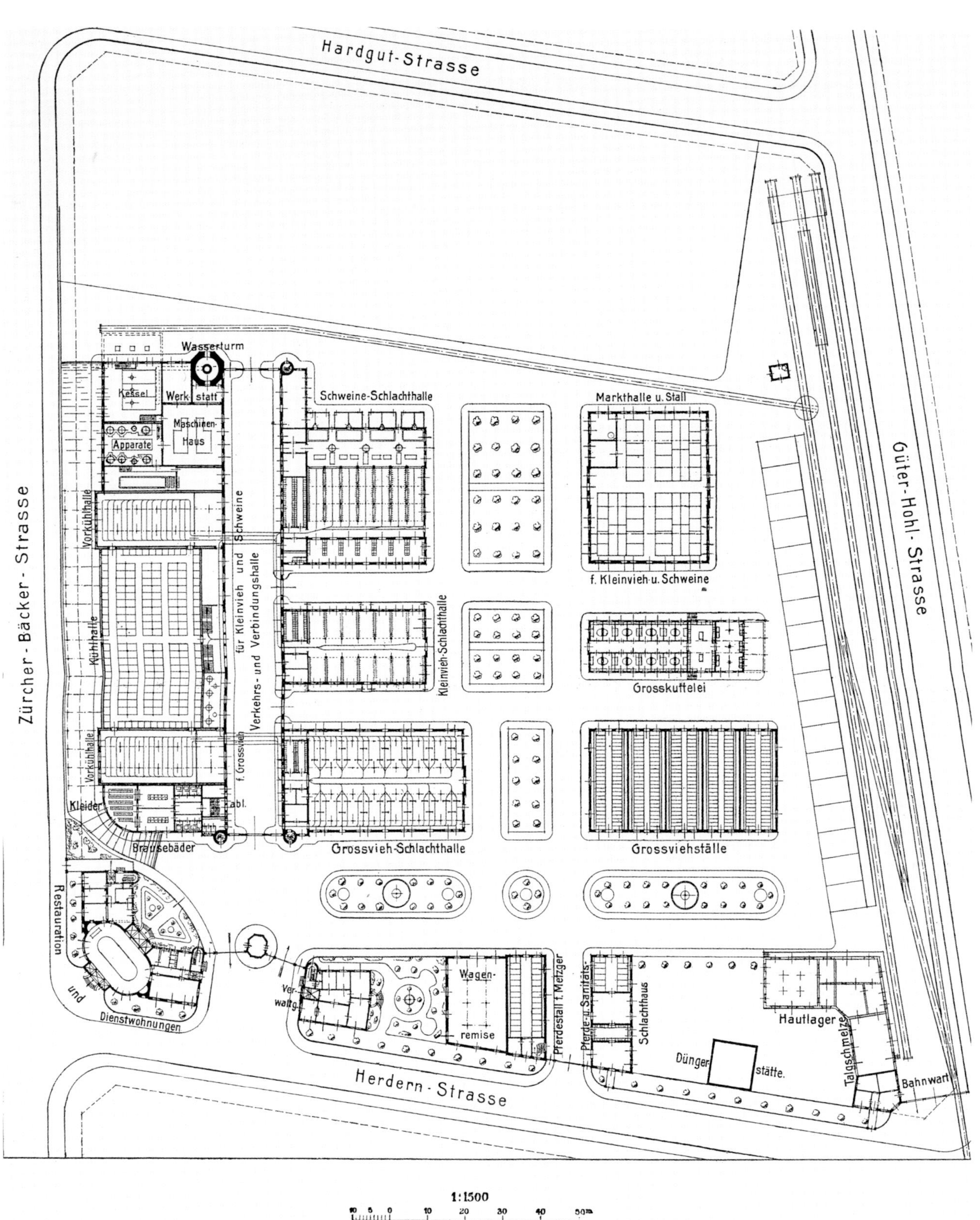

5 *Schlachthof Zürich, Dispositionsplan.*

»Jedermann bietet auf öffentlichen Plätzen und Straßen, in Zimmern und sogar in Kellern Fleisch zum Verkauf. Die hygienischen Zustände in den privaten Schlachthäusern sind katastrophal: Blut läuft in die Rinnsteine, Abfall häuft sich in den Straßen. Diese Belästigungen geben Anlaß zu immer neuen Beschwerden der Anwohner.«[3] Schon dabei wird deutlich, wie notwendig und dringlich eine Änderung im gesamten Schlachthofwesen zu dieser Zeit war.

Die eigentliche Bauaufgabe der großen Vieh- und Schlachthöfe gewann in Frankreich jedoch erst mit Napoleon I. an Bedeutung. 1807 ordnete der Kaiser für Paris die Erbauung öffentlicher Schlachthäuser an; 1810 erhielt diese Anordnung Gültigkeit für das ganze Land.[4] 1818 wurden in Paris die fünf gleich konzipierten Anlagen Montmátre, Villejuif, Menilmontant, Grenelle und du Roule erbaut.

Der deutsche Schlachthofarchitekt Felix Moritz erläuterte den Unterschied der französischen zur späteren deutschen Bauweise 1909 folgendermaßen: »Die Hauptunterschiede der französischen und der deutschen Anlage bestehen darin, daß in Frankreich nur die Schweineschlachtungen in gemeinschaftlichen Räumen vorgenommen werden, während jedem einzelnen Fleischer eine besondere abschließbare Schlachtkammer eingerichtet wird, in der er Rinder, Kälber und Schafe schlachtet, alle Nebenteile reinigt und endlich das Fleisch aufbewahrt, wobei diese Räume in einem oder mehreren parallel gestellten Gebäuden zu beiden Seiten von Innenhöfen angeordnet, die übrigen Nebenräume aber, die für den Schlachtbetrieb in ziemlicher Zahl nötig sind, in einzelnen Gebäuden untergebracht werden. In Deutschland dagegen wurden, sofern nicht alles Schlachten in den Behausungen der Schlächter stattfand, von jeher meistens alle Schlachtungen, namentlich aber die Rinderschlachtungen, gemeinschaftlich in einer Halle vorgenommen, mit der die ebenfalls gemeinschaftlich benutzten Nebenanlagen häufig unter einem Dache vereinigt waren.«[5] Beide Bauarten fanden ihr Verbreitung und Adaption. In der französisch offenen Bauweise wurde beispielsweise der Wiener Zentralschlachthof (1851 eröffnet) errichtet *(Abb. 1, 2)*. Doch schon in den 1860er-Jahren wurde das System des französischen Kammerschlachtens zum deutschen gemeinschaftlichen Hallensystem umgebaut.[6] Die Abbildungen zeigen die Hauptschlachthalle als heutigen Veranstaltungsort und die imposante Überbauung des Pförtnerhauses durch die moderne Geschäftshausarchitektur. Die städtebaulich in Reihe hintereinander aufgestellten Schlachthallen entsprachen auch dem französischen Prinzip. Damit kombiniert wurden auch Schlachthöfe errichtet, die mit dieser Gebäudedisposition deutsche gemeinschaftliche Schlachträume vereinten, so z. B. in Plauen im Vogtland. Der Typus der einheitlichen Baugruppe mit großen ungegliederten Schlachthallen existierte hingegen im schlesischen Breslau. Der Grundriss zeigt drei große gemeinschaftliche Schlachträume *(Abb. 4)*.

Aufgrund der französischen Gesetzgebung entstanden in Frankreich zahlreiche Schlachthöfe, die das Bauprogramm der ersten fünf Pariser Anlagen übernahmen und nur leicht modifizierten, wie z. B. in Rouen (1830), Marseille (1848) und Versailles (1858).[7] Der um sich greifende französische Schlachthofbau hatte entscheidenden Einfluss auf Belgien. So wurden z. B. in Brüssel (1840–1842) und Mecheln (1856) ähnliche Schlachthöfe erbaut.

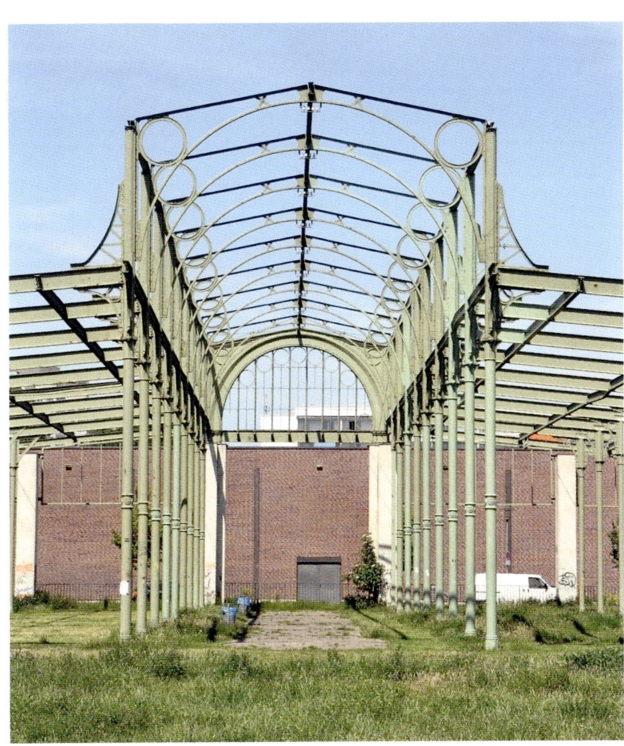

6 *Berlin, Schlachthallentorso, 2017.*

Die Entwicklungen in Frankreich hatten letztlich auf alle europäischen Länder gravierende Auswirkungen. In Italien wurde 1863 der Schlachthof in Mailand nach dem französischen System mit zahlreichen Schlachtkammern errichtet. Gegen Ende des 19. Jahrhunderts wurden sogar die Einrichtungen von Schlachthöfen gesetzlich vorgeschrieben.[8] In Österreich konnte bereits 1850 eine Reglung zur Errichtung öffentlicher Schlachthöfe getroffen werden. Tholl hat diese Entwicklung charakterisiert: »In der Mitte des 19. Jahrhunderts mehren sich die Stimmen, die öffentliche, ausschließlich zu benutzende Schlachthöfe fordern. Dies resultiert einerseits aus den Bestrebungen, eine geregelte Fleischbeschau durchführen zu können, andererseits soll dadurch die unkontrollierte Verunreinigung der Städte, hervorgerufen durch die bestehenden Privatschlächtereien, beseitigt werden.«[9]

In Deutschland wurde zuerst in Preußen ein Schlachthausgesetz erlassen. Dieses Gesetz vom 18. März 1868 gab den Städten das Recht, öffentliche Schlachthäuser zu errichten. Der Grund lag vor allem in den zunehmenden Fleischvergiftungen, z. B. durch Trichinen. Die Fleischbeschau konnte durch den Bau von Schlachthäusern und den kurz darauf folgenden Schlachthauszwang gesetzlich geregelt werden. Die genaue Beschreibung, die Tholl für die Entwicklung in Preußen liefert, zeigt, welch intensive Auseinandersetzung um die Errichtung von öffentlichen Schlachthöfen in Deutschland geführt worden ist. Das preußische Gesetz von 1868 betraf die Errichtung öffentlicher, ausschließlich zu benutzender Schlachthäuser und war auch ausschlaggebend für das in Sachsen erlassene Gesetz vom 11. Juli 1876.

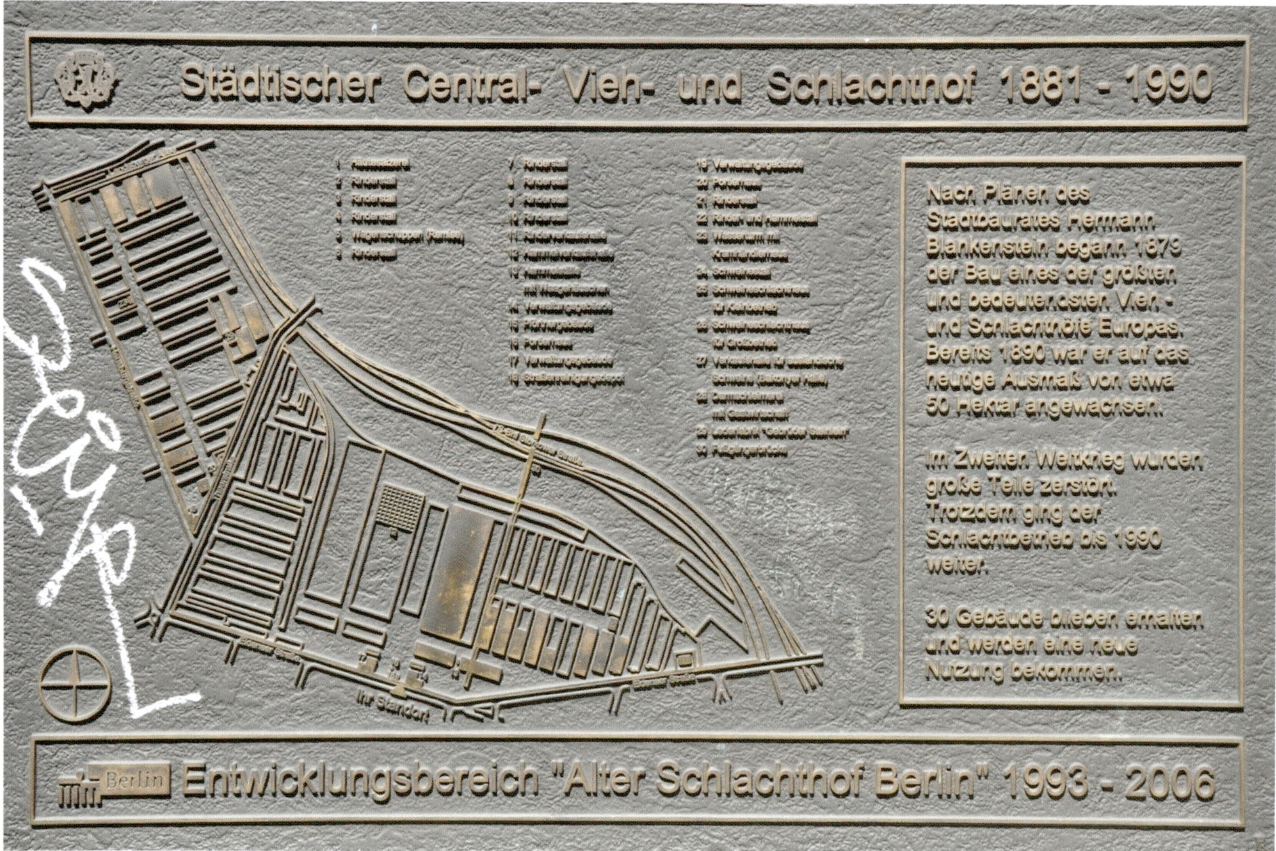

7 Schlachthof Berlin, Dispositionsplan, 2017.

Damit wurde ein zentraler Beitrag zur Lebensmittelhygiene in Deutschland geleistet. In den neueren Schlachthöfen in Stuttgart (1866) und München (1865 geplant), aber auch in Zürich (1864–1868, *Abb. 5*) kam eine Kombination aus französischem Zellensystem und gemeinschaftlichen Schlachthallen zum Tragen: »Von diesen Anlagen ausgehend, entwickelt sich in den darauffolgenden Jahren das sogenannte deutsche System, das in Deutschland vorherrschend wird und auch in ganz Europa zum Vorbild dient.«[10]

Nach dem Zweiten Weltkrieg wurden die Vieh- und Schlachthöfe im Westen Deutschlands modernisiert bzw. überformt, in der DDR aber fast unverändert weiter betrieben und nur durch kleine Anbauten ergänzt. Hier entwickelte sich durch die Beibehaltung einer völlig veralteten Technik und den langsamen Verfall der Bausubstanz eine arbeiterunfreundliche und tierunwürdige Situation. Was bei Erbauung der Anlagen eine Reform im Umgang mit dem Schlachtvieh war, verfestigte sich in den letzten Jahren der DDR zu einem katastrophaler Zustand des Schlachtwesens. Nach der Wiedervereinigung der beiden deutschen Staaten wurden in der ehemaligen DDR fast alle Schlachthöfe geschlossen. Zugleich stand die Frage nach dem Umgang mit derartigen Baumassen. Die Mehrzahl der Anlagen wurde abgebrochen. An den einst monumentalen und umfangreichen Schlachthof in Berlin erinnert neben einigen erhaltenen Gebäuden das Gerüst einer Schlachthalle mit ihren gusseisernen Säulen. Das Gelände wird als Entspannungspark und zur Erweiterung des Eigentumswohnungsbaus umgenutzt *(Abb. 7, 6)*.

Anmerkungen

1 Tholl, Stefan: Preußens blutige Mauern. Der Schlachthof als öffentliche Bauaufgabe im 19. Jahrhundert, Walsheim 1995.
2 Bau-Akten des Stadtrats zu Großenhain die Bauten in dem Grundstücke Nr. 677 betr., Weberallee 77, Flurstr. 405.
3 Tholl (wie Anm. 1), S. 31.
4 Moritz, Felix: Gebäude für Lebensmittelversorgung – Schlachthöfe und Viehmärkte, in: Handbuch der Architektur, 4. Teil, 3. Halbband, 2. Heft, Leipzig 1909. S. 12.
5 Ebd., S. 17.
6 Ebd., S. 20.
7 Tholl (wie Anm. 1), S. 32 f. Hennicke [1] 1866, S. 4. »Tholl stellt fest, dass diese Pariser Anlagen die Muster für alle derartigen Anlagen sind.«
8 Tholl (wie Anm. 1), S. 35.
9 Ebd., S. 39.
10 Ebd., S. 37.

Abbildungsnachweis:

1–3, 6, 7 Ulrich Hübner; **4, 5** aus : Moritz (wie Anm. 4), S. 18 bzw. zwischen S. 280 u. 281.

Die architektonischen Komponenten der Vieh- und Schlachthöfe

Die Schlachthallen bestanden in Deutschland zumeist aus einem großen Raum, während sie in anderen europäischen Ländern in einzelne Buchten unterteilt waren. Dort wurden die Tiere getötet, enthäutet, enthaart, ausgenommen und nach dem Brühen zum Abkühlen aufgehängt. Außerdem fand dort die tierärztliche Untersuchung sowohl des lebenden als auch des geschlachteten Tieres statt. Die Großviehschlachthallen waren im Inneren durch Säulen in mehrere Bereiche geteilt und mit Aufzugsvorrichtungen sowie oberen Laufkatzen für den Transport des geschlachteten Viehs ausgestattet. Oft wurden die Schlachthallen als dreischiffige Räume angelegt, wobei die seitlichen Schiffe für die Schlachtstellen und das Mittelschiff als Transportgang genutzt wurden. Eine seinerzeit außergewöhnliche Neuerung wurde in dem 1886 erbauten Schlachthof Leipzig ausgeführt. Hier wurde ein Kühlhaus durch die Hängebahn im Mittelschiff unmittelbar an die Schlachthalle angeschlossen, sodass das geschlachtete Vieh direkt ins Kühlhaus verbracht werden konnte, ohne schwierige Transportwege überwinden zu müssen. Diese organisatorische und technische Lösung wurde daraufhin auch in Meißen, Görlitz, Chemnitz, Zwickau und Limbach ausgeführt.[1]

Felix Moritz beschreibt in seiner umfassenden Abhandlung die technischen Einrichtungen und die Neuerungen der industriellen Anlagen samt der ausführenden Firmen in den Schlachthöfen sehr detailliert und genau, zumal er vermutlich selbst an der Entwicklung einer Hochbahn beteiligt war.[2]

Die Kleinviehschlachthallen wurden entweder mit den Großviehschlachthallen vereinigt oder, wenn sich eine Trennung von Schweine- und Rinderschlachthalle nicht lohnte, mit dem Schweineschlachthaus verbunden. Der Aufbau der Hallen entsprach meist einander, lediglich das aufwendige Windensystem der Großviehschlachthallen war für das Kleinvieh nicht notwendig, weil Kälber mit etwa 50 Kilogramm oder Schafe mit ca. 30 Kilogramm von jedem Fleischer angehoben werden konnten.[3]

Die Schweineschlachthallen erforderten eine differenziertere Einrichtung als die Bauten für das andere Schlachtvieh, da die Tiere nicht abgehäutet, sondern abgeborstet werden mussten. Dabei wurde der getötete Tierleib in einem Bottich gebrüht, woraufhin die Borsten leicht abzuschaben waren. Diese Brühbottiche, Schabetische und Hakenrahmen zum Ausschlachten der Tiere waren für die Schweineschlachthallen charakteristisch. Manchmal waren die Bottiche im mittleren Schiff untergebracht, wie beispielsweise im Schlachthof Leipzig. Doch hat sich aus logistischen Gründen für die Fleischbeschau eine andere Anordnung durchgesetzt. Die Schweineschlachthalle wird in Brüh-, Ausschlacht- und Kaldaunenwaschraum unterteilt (z. B. Schlachthof Plauen).[4] So mussten die Fleischbeschauer nicht mehr durch den Schlacht- und Brühprozess hindurch, sondern konnten gezielt die angesteuerten Räume betreten. Mitunter sind die Räume durch Hängebahnen, die von der Firma Kaiser & Co in Kassel entwickelt wurden und die Hakenrahmen ersetzten, ausgestattet. So konnten die Schweine vom Schabetisch direkt in den Ausschlachteraum gerollt und danach in den Vorkühlraum gefahren werden. Für die Rationalisierung und Verbesserung der Arbeitsverhältnisse wurden bestimmte Neuerungen eingeführt, so z. B. ein Einsatz des Drehkranes, damit die Schweine direkt aus der Abstechbucht in den Brühkessel fallen. Optimal wurde dieses Problem im Wiener Schlachthof (1846–1848, Inbetriebnahme 1851) gelöst: »Die Tiere werden auf Wagen mit Klapptür an eine Rampe gefahren, die sie in die Buchten führt. Die abgestochenen Körper gleiten ohne besondere Vorrichtung in den Kessel, aus dem sie dann mit einem Auswerfrechen auf den mit dem Kessel durch eine geneigte Ebene verbundenen Abschabetisch gebracht werden. Bei dieser Anordnung sind Vorkehrungen zu treffen, daß a) die Fleischer nicht in den Kessel fallen, b) das Spritzen beim Einwerfen der Tiere vermieden wird, c) kein Körper unter den Auswerfrechen gelangt, wo er verbrüht würde, und d) das Blut nicht in den Kessel fließt.«[5] In Sachsen gab es diesbezüglich ähnliche Verbesserungen in der Anordnung: »In den von Unruh & Liebig nach Kögler'scher Anordnung ausgeführten Schlachthallen zu Chemnitz, Oschatz, Olbernhau u. a. werden die getöteten Schweine aus dem um etwa 1 m erhöhten Abstechraume ohne alle mechanischen Hilfsmittel in den Brühbottich und durch ein Windewerk aus diesem auf den Enthaarungstisch gebracht, sodann einzeln an Schlachtspreizen gehängt, mit Flaschenzug hochgehoben und auf der Transportbahn in den Ausschlachteraum gebracht, wo die einzelnen Schlachtstände so eingerichtet sind, daß die Schlächter beim Schlachten nicht wie gewöhnlich nebeneinander, sondern hintereinander stehen. Hierdurch wird der Platz besser ausgenutzt und andererseits ein besonderer freier Gang für Tierarzt und Probennehmer geschaffen. Die Kleinteile werden an festen seitlichen Haken aufgehängt, die, um Verwechslungen vorzubeugen, mit den Schlachtplätzen gleichmäßig genummert sind.«[6]

Die Vorzüge der neuen Anordnung lagen vor allem darin, dass die Fleischer ohne Quälerei der Tiere arbeiten konnten, der Transport erleichtert wurde, der Schlachtplatz und Fleischbeschau deutlicher getrennt sowie eine höhere Reinlichkeit und Hygiene erreicht wurden.

Die Kühlräume und Fleischkühlanlagen waren für die Frischhaltung des Lebensmittels Fleisch sowohl aus gesundheitlicher als auch aus hygienischer Sicht in kleinen Schlachthöfen unablässig. Diese Häuser, die ausschließlich zur Aufbewahrung des fertigen und ausgeschlachteten Fleisches dienten, waren daher für jeden Schlachthof von grundsätzlicher Bedeutung. Zusätzlich war die Produktion von Eisblöcken zur Bestückung der Kühlschränke in den Privathaushalten erforderlich. Im Vorkühlraum wurde das Fleisch auf etwa +8° C heruntergekühlt, bevor es, um Temperaturschwankungen, Spannungen und Gelatinierungen vorzubeugen, in den endgültigen Kühlraum gelangte: »Die Hängezeit im Vorkühlraum beträgt 15 bis 24 Stunden, im Kühlraum durchschnittlich 5 Tage, im Sanitätskühlraum bis zu 3 Wochen.«[7] Das Pferdefleisch wurde aufgrund des besonderen Eigengeruchs in gesonderten Kühlräumen gekühlt und aufbewahrt. Der Pökelbereich, in dem das Fleisch zur Haltbarmachung mit Pökelsalz eingerieben wurde, befand sich im Kühlraum. Die Baulichkeiten der Kühlräume bedingten bestimmte Vorgaben: »Von besonderer Bedeutung ist der Schutz gegen Grundwasser und Regen, da durchlässiges Mauerwerk in hohem Grade wärmeleitend und von schädlichem Einflusse als Nährboden für Schimmelpilze und dergl. Wucherungen ist. Nasses Isoliermaterial verfehlt seinen Zweck; alle anzuwendenden Isoliermaterialien und Anstriche müssen ferner so geruchsfrei sein, daß das Fleisch gegen Annahme gesundheitsschädlicher oder unangenehmer Gerüche gesichert ist. Die Fußböden der Kühlräume und der Räume für die Luftkühler sind, sofern sie mit dem Erdreich in Berührung stehen, aus zwei durch eine gegebenenfalls asphaltierte Isoliermaterialschicht (wasserbeständig, imprägnierte Korkplatten oder etwa 40 cm starke, gestampfte, durch Kalkmörtel gebundene Koksasche) getrennte, je 15 bis 20 cm starke Betonschichten auszuführen. Als Bodenbelag sind weder Asphalt, noch Zementestriche zu empfehlen, sondern Sandsteinplatten mit sorgfältig ausgestrichenen Fugen. Die Fußböden sollen eben ohne Rinnen und ohne Entwässerungsschächte sein; Geruchsverschlüsse können sehr gefährlich werden. Das Reinigen hat mittels Bürsten und Wischtuch, nicht durch Abspühlen zu geschehen. Der Übergang vom Fußboden zur Wand ist zur Erleichterung des Reinigens auszurunden. Die Trennungsgitter der Zellen sind auf ausgerundete Erhöhungen zu stellen, um den Übergang von Blut und Wasser aus einer Zelle in die andere auszuschließen ... Die Decken sind in Zementbeton, Vollsteinen oder Hohlsteingewölben auszuführen und durch Torfmull, Bimskies, Kieselguhr, Blätterkohle oder Korkplattenbelag zu schützen, wobei feuergefährliche Stoffe wieder durch einen Lehmschlag, Backsteinbelag oder dergl. zu sichern sind. Zu empfehlen ist Eindeckung mit Holzzement unmittelbar über der Decke. Pappdächer sollten mit einer Mischung von Kalkmilch und Eisenvitriollösung geweißt werden ... Die Umfassungswände sind gegen Grundwasser zu schützen und so herzustellen, daß die Außenluftwärme möglichst abgehalten wird. Ein vorzügliches Mittel hierzu liegt in der Anordnung des Kühlhauses zwischen zwei anderen Gebäuden und der Verkehrshalle ... Zur sonstigen Isolierung können Hohlschichten, so hergestellt, daß die eingeschossene Luft die Eigenschaft ruhender Luft dauernd bewahrt, oder Hohlräume, die mit trockenen Ausfüllstoffen (Blätterkohle, schwefelfreie Asche, Kieselguhr, Bimskies) wirklich gefüllt werden, oder geruchlos imprägnierte Korkplattenschichten, helle Ziegelsteinverblendung oder äußerlicher Bewurf mit Kalkmörtel (weiße Farbe wirft die Wärmestrahlen zurück) angewendet werden. Im Inneren der Fleischkühlräume sind Baustoffe mit poröser Oberfläche, gewisse Sandsteine, Zementputz, die leicht beschlagen und Nährboden für Pilzbildungen und Wucherungen hergeben, zu vermeiden, die Wände und Decken vielmehr möglichst mit weißen glasierten Steinen oder Fliesen zu bekleiden. Wo die Mittel dazu versagen, kann diese Bekleidung auf die Zellenhöhe (2,50 m) beschränkt und Wand- und Deckenputz mit Porzellan-Emailfarbe deckend angestrichen werden.«[8] Diese genaue Beschreibung illustriert die strengen Vorgaben und notwendigen Grundlagen für den zeitgenössischen Kühlhausbau ideal.

Die Baulichkeiten für die entsprechende Behandlung der Innereien beschreibt Felix Moritz folgendermaßen: »Die Kaldaunenwäsche, auch Kuttelei, Brühhaus oder Spühlhaus genannt, sind Räume, in denen die Eingeweide entleert und nebst einzelnen Körperteilen, Köpfen, Füßen usw., gereinigt, gebrüht und verkaufsfertig hergestellt werden.«[9] Zur Einrichtung gehören vor allem »a) die Brühkessel, in denen die Magenhäute, Kalbsköpfe, Rinder- und Kälberfüße gebrüht werden. Sie entsprechen in Form und Konstruktion den Brühbottichen der Schweine-Schlachthalle, sind aber kleiner, um die Vermischung der den einzelnen Fleischern gehörenden Teile zu verhüten, und haben zu demselben Zwecke zum Teile außerdem innere Scheidewände oder eine Anzahl von durchlöcherten verzinkten Eimern, die an einer Mittelsäule angekettet sind; b) die Schabetische für die Reinigung der gebrühten Teile. Sie werden meistens aus einem Eisengestell hergestellt und mit hölzerner oder eiserner Platte versehen. Holz ist leicht abgängig, wird aber von den Fleischern lieber gesehen als Eisen, an dem die Messer leicht stumpf werden.«[10] Des Weiteren wurden zum Reinigen und Entfetten der Därme sowohl mit warmen als auch kaltem Wasser befüllbare Wasch- und Spühlgefäße aufgestellt. Letztlich dienten zahlreiche Abfallkübel der Aufnahme der Reste aus den Gedärmen. Diese Kübel waren neben den Schabetischen angeordnet. Die Arbeiten in der Kaldaunenwäsche bedurften einer besonders starken Beleuchtung, weshalb die Gebäude meist mit großen Fenstern und Lüftungsflügeln versehen wurden.

Das Düngerhaus steht entweder direkt an der Kuttelei oder etwas abseits. Das Entleeren der Magen (Wampendünger) und der Därme der Tiere verursacht einen stechend üblen Geruch, sodass eine Entfernung zu den Schlacht- und Produktionshallen unbedingt nötig war. Bei der Aufstellung derartiger Gebäude bzw. vertiefter Düngerkasten mit Überdachung musste auch auf die Windrichtung geachtet werden, um das städtische Leben nicht durch Gerüche zu beeinträchtigen. In Schlachthöfen mit Gleisanschluss wurden Düngerwagen befüllt, die schnell abtransportiert werden konnten. In Leipzig wurde dafür erstmalig eine bauliche Lösung gefunden, indem man die Eisenbahndüngerwagen über eine geringfügig ansteigende Rampe befüllte. In Posen wurde sogar eine Hebe- und Senkvorrichtung erbaut, die ein komfortables Beladen

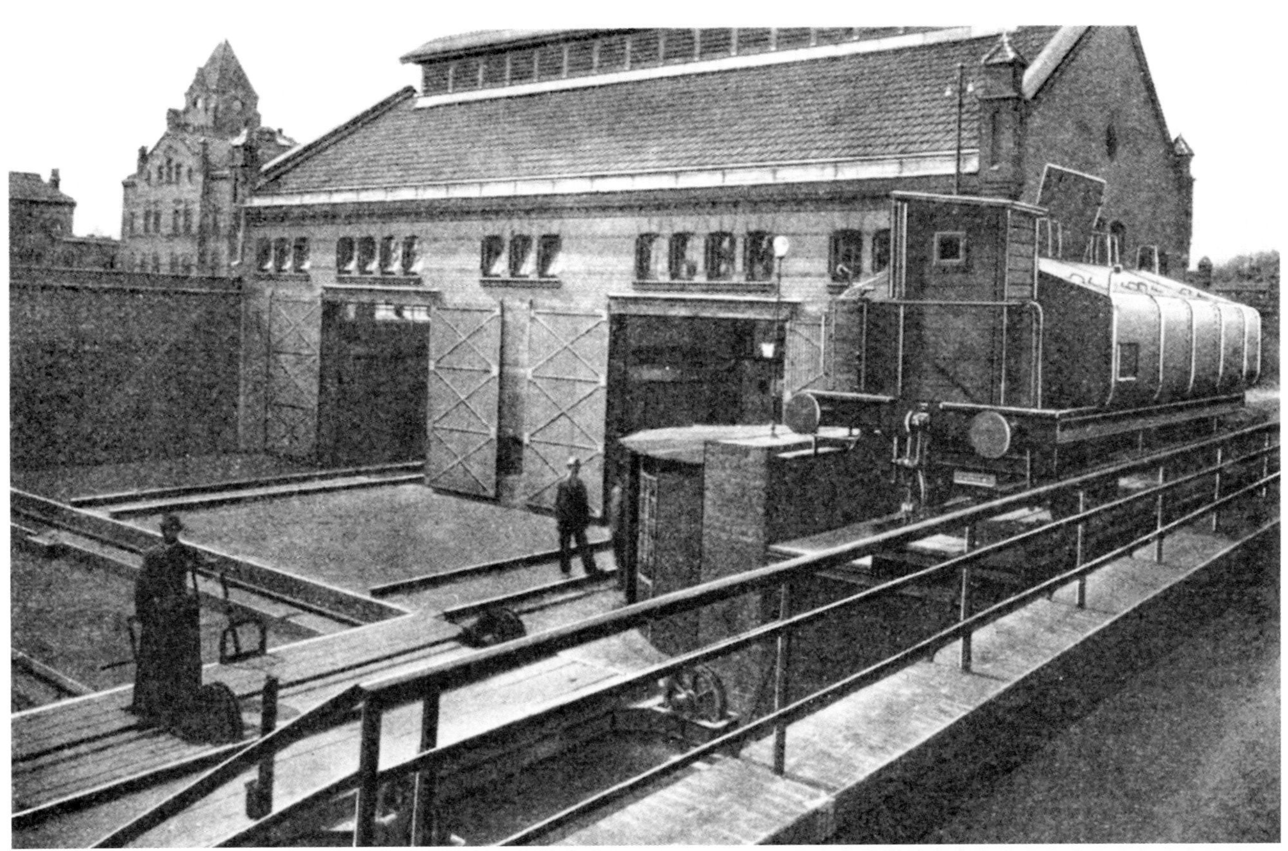

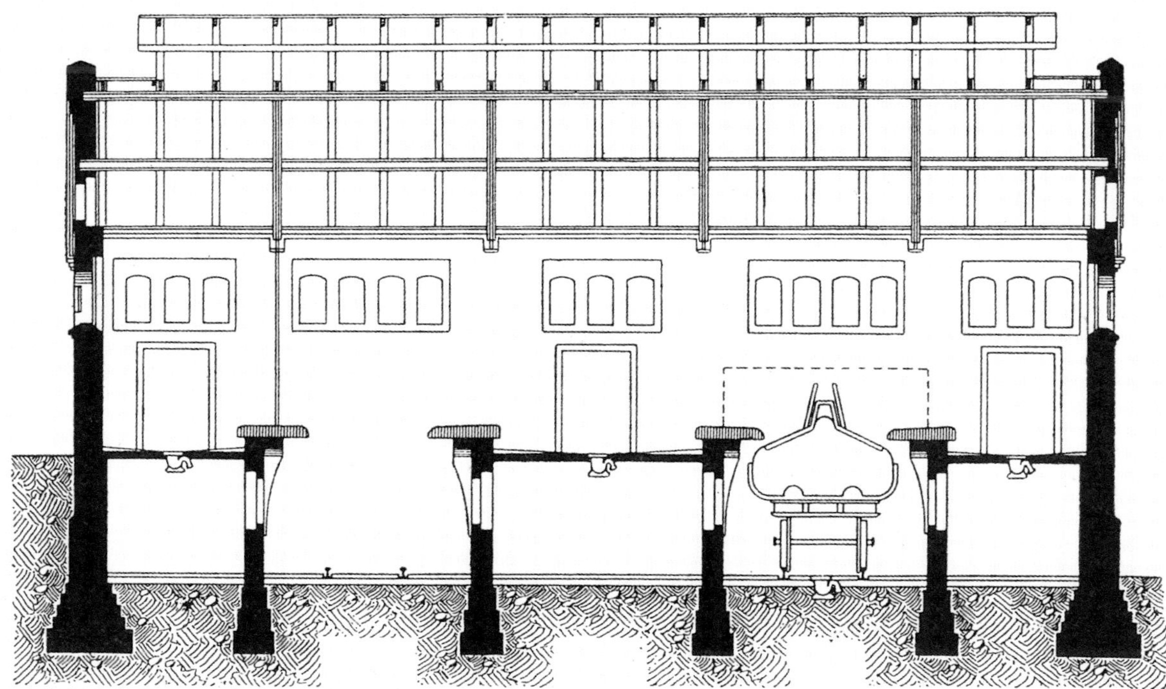

1 *Schlachthof Posen, Hebevorrichtung der Eisenbahnwagen am Düngerhaus.*

der zu befüllenden Eisenbahnwagen ermöglichte *(Abb. 1)*. In Plauen standen die Wagen neben der Schüttstelle in einem gut belüfteten und belichteten Raum *(Abb. 2)*. Von 1902 bis 1906 existierte in München eine besondere Anlage zur Brikettverarbeitung aus Dünger, die von Moritz beschrieben wurde: »Der Magen- und Darminhalt wird im Düngerhof im Kutteleigebäude gesammelt und in große, vertiefte eiserne Behälter eingefüllt, sodann mittels Schneckentransporteuren

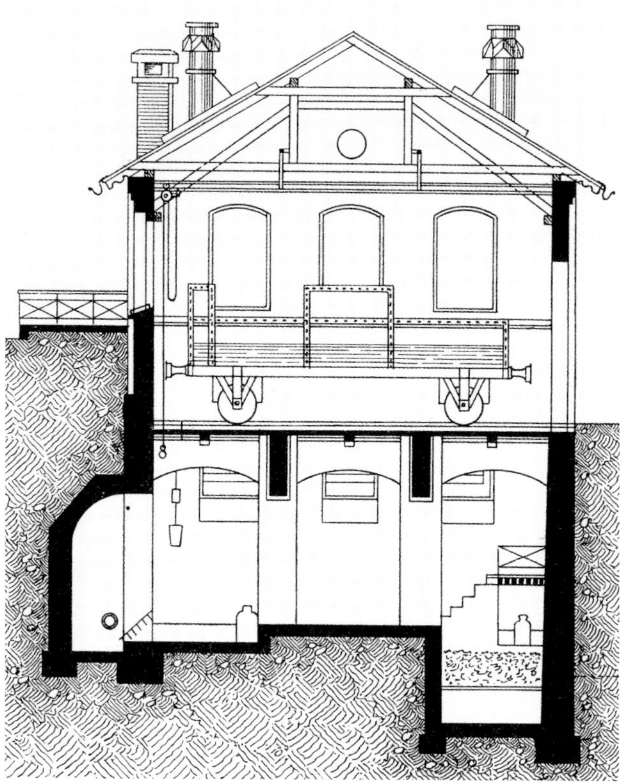

2 *Schlachthof Plauen, Düngerhaus, Querschnitt.*

in eine Walzpresse gedrückt. Der hierdurch um etwa 40 Vomhundert Feuchtigkeit verminderte Dünger wird dann mittels Transporteuren durch eine 20 m lange, mit Dampf geheizte Vorwärmeeinrichtung geleitet, gelangt von da in eine erste Trockenkammer (Scheibentrockner mit 22 großen, mit Dampf geheizten Scheiben) und hierauf in eine zweite Kammer, wo er getrocknet wird. Der so gewonnene Kunstdünger wird alsdann in die Einfüllvorrichtung weitergeleitet und dort in Säcke abgefüllt. Die in den Trockenkammern entstehenden Dünste werden mittels eines Exhaustors durch entsprechend angeordnete Abzugsrohre abgesaugt, durch eine Staubkammer geführt, in einem Berieslungskondensator vollends gereinigt und sodann, je nach Bedarf, entweder den Dampfkesselfeuerungen zugeleitet oder in den 54 m hohen Dampfschornstein unmittelbar eingeleitet und abgeführt. Belästigungen irgendwelcher Art werden durch diese Anordnung vollständig vermieden. Für den Betrieb der gesamten Anlage dient eine 60-pferdige Dampfmaschine.«[11] Jedoch setzte sich diese Art der Verarbeitung aufgrund zu hoher Betriebskosten nicht durch.

Der Wasserverbrauch im Schlachthof ist durch ständiges Reinigen – auch der Transportwege – sehr hoch. Beispielsweise wurden im Leipziger Schlachthof 1892 an einem Tag durchschnittlich 800 Kubikmeter Wasser verbraucht.[12] Die Wassertürme sorgten einerseits für den Wasserdruck, andererseits wurde dort das warme Wasser erzeugt, dass man für die Brühung und Reinigung benötigte. Diese Wasserbehälter waren mit Heizschlangen versehen, durch die der heiße Abdampf der Maschinen bzw. der Kesseldampf abgeleitet wurde. Deshalb stand in unmittelbarer Nähe des Wasserturmes auch das Maschinen- und Kesselhaus. Der elektrischen Stromerzeugung dienten stationäre Dampfmaschinen, die den Schlachthof mit Eis und elektrischem Licht versorgten. Gefeuert wurde der Dampfkessel durch den Maschinisten in unmittelbarer Nähe der Dampfmaschine.

In den Verwaltungsgebäuden waren Amtszimmer für den Anstaltsleiter, dessen Gehilfen, den Hofinspektor, eventuell den Viehhofinspektor, die Tierärzte sowie mindestens ein Kassenraum unterzubringen. Zudem waren häufig auch eine Pförtnerwohnung und ein Pförtnerzimmer vorgesehen.

Im Sanitätsschlachthaus fand die Schlachtung von Tieren mit minderwertigem Fleische oder mit Erkrankungen statt. Hier wurden auch Tiere geschlachtet, die – wie Pferde und Hunde – nicht als allgemeines Schlachtvieh galten. Die Sanitätsanlage diente auch der schnellen Schlachtung von Vieh aus Gebieten, die für die freie Ausfuhr gesperrt waren. In dieser Anlage waren alle bereits für die Schlachtung genannten Räume und Einrichtungen notwendig, jedoch in einem kleineren Maßstab. Größere Anlagen benötigen des Weiteren Räume für den Amtsschlächter, insbesondere zum Sezieren der Kadaver und einen Arbeitsraum für Sammlungen und wissenschaftliche Zwecke. Die Sanitätsanlage in Leipzig war – gemessen an anderen – eine der größten ihrer Art.[13] Die Schlachträume für Pferde und Hunde waren voreinander getrennt, aber dem Sanitätsschlachthaus angegliedert. Während für die Schlachtung von Pferden eine Einrichtung wie in der Großviehschlachthalle vorgesehen werden musste, benötigte man für das Schlachten der Hunde, »... die z. B. in Sachsen gewerbsmäßig betrieben wird ...«,[14] das Interieur einer Kleinviehschlachthalle. Der Anzahl des Viehs entsprechend war auch die Einrichtung von Stallungen notwendig. An das Sanitätsschlachthaus war mitunter auch eine Freibank angegliedert, in der das minderwertige Fleisch zu einem geringen Preis gekocht oder roh angeboten wurde. Die Freibank musste ein Fleischverkaufsraum sein, der von der öffentlichen Straße gesondert zugänglich war und den hygienischen Ansprüchen eines Lebensmittelgeschäfts entsprach. Die Beseitigung der vom Menschen fern zu haltenden tierischen Abfälle fand auf verschiedene Weise statt. Sowohl das Eingraben als auch das Verbrennen der Reste in Öfen der Firma Kori war üblich. In einigen Schlachthöfen konnte durch Fleischdämpfer von den Abfällen mitunter auch Düngerpulver hergestellt werden.

Die Stallgebäude dienten dem Aufenthalt der Tiere vor dem Schlachtprozess. Insbesondere die zum Schlachthof getriebenen und die mit der Eisenbahn angelieferten Tiere benötigten vor ihrer Schlachtung eine Ruhezeit, da das Fleisch gestresster und erhitzter Tiere minderwertig ist. Die Stallungen mit einzelnen Boxen waren mit Futterkrippen und Wasserbottichen ausgestattet. Zur Bewahrung der hygienischen Bedingungen wurden die Stallgebäude bis in zwei Meter Höhe mit Fliesen aus Niedersedlitz oder weißen Porzellansteinen aus Kahla ausgekleidet: »An reiner Buchtenfläche erfordert 1 Schwein 0,90 bis 1 qm, 1 Kalb 0,80 qm und 1 Schaf 0,60 qm. Die Stände für Großvieh sind 3 m tief, und für jedes Tier ist eine Standlänge von 1 m zu rechnen.«[15]

Der Trichinenschauraum war meistens im Verwaltungsgebäude untergebracht. Er wurde nach Norden ausgerichtet, da direktes Sonnenlicht das mikroskopische Untersuchen des Fleisches erschwert. Die Trichinenschau war seit Anbeginn des städtischen Schlachthofbaus in Sachsen und Preußen gesetzliche Vorschrift.[16] Beispielhaft und komfortabel eingerichtet wurde der Trichinenschausaal in Leipzig, der durch Weiträumigkeit und klare Gliederung beste Arbeitsbedingungen bot.[17]

Die Aufenthaltsräume für Fleischer dienten als Umkleide-, Ruhe- und Waschbereiche. Auch Ställe für das Zugvieh mussten vorgehalten werden. Um die Wartezeit angenehm auszufüllen, befanden sich in großen Schlachthöfen Kegelbahnen oder Billardzimmer, wie z. B. auch in Leipzig. Außerdem erhielt jeder Schlachthof eine Gastwirtschaft, die über die Öffnungszeiten der Anlage hinaus für die Besucher zugänglich war. Diese Restaurants befanden sich meist im Beamtenwohnhaus, das oft als Pendant zum Verwaltungsgebäude errichtet wurde und den Eingang des Schlachthofes markierte.

Die Wohnhäuser für Beamte, die Tag und Nacht auf dem Schlachthof anwesend sein mussten – dazu zählten der Anstaltsleiter, der Schlacht- und Viehhofswärter und mitunter der Pförtner, der Hallenmeister, der Tierarzt, der Maschinist und der Heizer – wurden in der Nähe des Schlachthofes angelegt, um die zügige Verfügbarkeit dieser Personen sicherzustellen. Die Wohnhäuser dieses Personals grenzten oft direkt an das Schlachthofgelände. Besondere Schmuckformen deuten dort auf die Funktion hin. In Dresden wurden in der Nähe des alten Schlachthofes – an der Erfurter Straße – in den späten 1920er-Jahren besondere Mitarbeiterwohnungen errichtet. Ein geplanter Fußgängerübergang über die Elbe sollte den Mitarbeitern des Schlachthofs den Weg zum Ostragehege verkürzen.

Die Anstaltsleiter erhielten fast immer Wohnungen im Beamtenwohnhaus. Doch sollten diese Gebäude so autark angelegt sein, dass die Familie und vor allem die Kinder dem Schlachtbetrieb fern blieben. Eine Trennung wurde durch Hofmauern erreicht.

Eine zentrale Aufgabe für die Baumeister ergab sich auch aus der verkehrstechnischen Erschließung des Schlachthofes. Sowohl extern als auch intern war ein logistisch ausgereiftes System zu schaffen, das dem Eisenbahnanschluss gerecht wurde und die Wege zwischen den Betriebsgebäuden einfach und günstig organisierte. Oft wurde eine schlachthofeigene Gleisanlage mit Loren angelegt, so z. B. in Plauen und Görlitz.

Ein Bahnanschluss war auch erforderlich, um das ankommende Vieh nicht erst durch die städtischen Straßen treiben zu müssen, aber auch für die Anlieferung von Kohlen für das Kesselhaus und Futter für das Stallvieh. Für den Abtransport des Düngers waren im Bahnverkehr besondere hygienische Vorkehrungen zu treffen. Eine Schienenwaage gab Auskunft über das Gewicht der Wagenladungen.

Die Talgschmelzen wurden in einem Gebäude gesondert untergebracht. Dort wurde der Rohtalg zur besseren Aufbewahrung in Form gebracht. Die Darmschleimereien dienten dazu, die Därme nach ihrer Reinigung für die Wurstfabrikation vorzubereiten. Dazu waren Räume notwendig, in denen die Därme getrocknet und gesalzen werden konnten. Wegen des unangenehmen Geruchs wurde eine Lüftung eingerichtet. Ein Fettabscheider diente zur Trennung des Fettes vom Spühlwasser.

In den Häutesalzereien wurden die Häute der Tiere eingesalzen bzw. getrocknet. Die Räume dafür befanden sich in den Trockenböden beispielsweise der Stallungen. Für das Salzen waren außerdem Räume notwendig, die ausreichend Platz für das Bestreuen der Häute mit Salz boten.

Die Albuminfabriken oder Blutverarbeitungsanlagen haben die Aufgabe »... aus dem Blute den Eiweißstoff abzuscheiden oder die Blutsubstanz durch geeignete Maßnahmen in ein Nahrungsmittel umzugestalten.«[18] Jedoch wurden nur wenige Albuminfabriken innerhalb der Schlachthöfe integriert. Der Schlachthof in Posen zeigt, wie so eine Einbindung im Gelände ermöglicht wurde.

Selten wurden Wurstküchen, Fleischhackräume und Milchküchen angelegt, um eine gemeinsame Produktverarbeitung zu ermöglichen. Auch hier hat Felix Moritz vor allem auf den vorbildlichen Schlachthof in Posen verwiesen.[19]

Die Wege- und Straßenbefestigung wurde in jedem Schlachthof fest, abspühlbar und undurchlässig gestaltet, um eine ständige Reinigung einfach zu halten und das Grundwasser nicht mit Blut, Dungstoffen und Keimen zu verunreinigen.

Eine Kläranlage sorgt für das Auffangen der Entwässerung. Fettabscheider und Trennrechen hielten bestimmte Rückstände fest. Sie mussten täglich gereinigt werden.

Oftmals befanden sich unmittelbar im Anschluss an den Schlachthof der Viehhof und Viehmarkt, wo das zu schlachtende Vieh und in den Markthallen das Schlachtfleisch gehandelt wurde. Nach Moritz waren für einen vollständig ausgeprägten Viehmarkt folgende Räume und Gebäude grundsätzlich notwendig: »1) Räume zur Aufstellung von Vieh, und zwar von Großvieh, von Kälbern, von Schafen und von Schweinen; 2) Stallungen für dieselben Viehgattungen, ferner für unverkauft gebliebenes, krankes und verdächtiges Vieh; 3) eine Börse zur Abwicklung der Geschäfte mit Gastwirtschaft; 4) ein Gasthof; 5) Verwaltungsgebäude; 6) ein Wasserturm mit Wasserbehältern, Maschinen- und Kesselhaus; endlich 7) Düngerstätte, und 8) Anschlußgleise.«[20]

Anmerkungen

1 Moritz, Felix: Gebäude für Lebensmittelversorgung – Schlachthöfe und Viehmärkte, in: Handbuch der Architektur, 4. Teil, 3. Halbband, H. 2, Leipzig 1909, S. 42.
2 Ebd., S. 43–54.
3 Ebd., S. 55–60.
4 Ebd., S. 70.
5 Ebd., S. 77
6 Ebd.
7 Ebd., S. 88
8 Ebd., S. 95
9 Ebd., S. 113
10 Ebd.
11 Ebd., S. 124
12 Ebd., S. 125
13 Ebd., S. 127.
14 Ebd.
15 Ebd., S. 137.
16 Ebd., S. 135.
17 Ebd., S. 82, Abb. 78
18 Ebd., S. 141
19 Ebd., S. 142.
20 Ebd., S. 183.

Abbildungsnachweis

1, 2 Moritz, S. 122, S. 124.

Die sächsischen Vieh- und Schlachthöfe

Wenn im Folgenden die Fallbeispiele aus Sachsen untersucht und betrachtet werden, geht es vor allem darum, den Bestand zu dokumentieren. Neben der Nennung der Architekten sollen Beschreibungen und transkribierte Originaltexte die Anlagen erklären und ihren Aufbau verdeutlichen. Die für die Bearbeitung der einzelnen Schlachthöfe verwendeten Quellen und die dabei konsultierte Literatur werden direkt im Anschluss an das jeweilige Architekturbeispiel benannt. Die Abbildungen werden ebenfalls objektspezifisch platziert und nummeriert. Sie stammen zumeist aus der ersten Phase der Forschungsarbeit und spiegeln daher nicht immer den aktuellen Zustand wider.

Die folgenden Vieh- und Schlachthöfe wurden aufgrund ihrer Ortsgeschichte und städtebaulichen Lage bisher vom Landesamt für Denkmalpflege Sachsen als Kulturdenkmale erfasst: Chemnitz (Verwaltungsgebäude), Glauchau (Gesamtanlage), Meerane (Verwaltungsgebäude), Roßwein (Gesamtanlage), Freiberg (Verwaltungsgebäude), Görlitz (Gesamtanlage), Radeberg (Wohnhaus und Stallgebäude), Leipzig (Gesamtanlage), Zittau (Gesamtanlage), Meißen (komplett abgebrochen), Mittweida (komplett abgebrochen), Grimma (Gesamtanlage), Plauen (Gesamtanlage), Pirna I (ein- und zweigeschossige Fabrikbauten), Stollberg (Gesamtanlage), Oschatz (Wohn- und Geschäftshaus), Torgau (Gesamtanlage), Reichenbach (Gesamtanlage), Zwickau (Gesamtanlage), Crimmitschau (Gesamtanlage), Dresden I (Gesamtanlage), Dresden II (Gesamtanlage) und Löbau (Wohnhaus). Einige dieser Kulturdenkmale bzw. Teile davon mussten jedoch aufgrund von Unzumutbarkeit einer Sanierung und immensen Substanzverlusten inzwischen abgebrochen werden.

- Dresden I (1873) 20
  Das Börsengebäude mit kolossaler Bogenhalle
- Meißen (1878) 23
  Der freistehende, architektonisch gegliederte Schornstein
- Waldheim (1880/81) 24
  Der Schlachthof an der Zschopau
- Görlitz (1881/1913) 24
  Die Anlage in Schwarzklinker
- Chemnitz (1882/83, Erweiterungen 1885–1903) 27
  Die urban gegliederte Anlage
- Frankenberg (1883/1926) 30
  Der Schlachthof als Fotomotiv
- Pirna I (1887) 33
  Der Schlachthof am Sonnenstein
- Leipzig (1886–1888) 34
  Umnutzung zur Medienanstalt
- Torgau (1888/1913) 42
  Die Anlage nach der Invention Georg Osthoffs
- Döbeln (1888/89) 46
  Der fein gegliederte Verwaltungsbau
- Meerane (1888/89) 47
  Die kompakt-kraftvollen Eingangsbauten
- Zittau (1887–1889) 49
  Die drei parallel angeordneten Hauptgebäude
- Schneeberg (1890) 52
  Die rein funktionale Anlage
- Reichenbach/Vogtland (1890/91) 55
  Die ideale Umfahrbarkeit der Schlachtgebäude
- Bautzen (1891) 57
  Der Schlachthof mit Kommunikationsflächen
- Leisnig (1891/1913) 59
  Der Schlachthof am Muldenufer
- Großenhain (1892) 61
  Das repräsentative Gasthaus als Auftakt
- Mittweida (1892) 63
  Die diffuse Gebäudestellung
- Zschopau (1892) 66
  Der Um- und Neubau zum Schlachthof
- Annaberg (1893) 68
  Die Hanganlage
- Zwickau (1891–1893) 72
  Die klare Teilung von Vieh- und Schlachthof
- Freiberg (1894) 79
  Die symmetrische Anlage
- Limbach (1893/94) 85
  Die Anlage mit offener Mittelachse
- Löbau (1894, 1927) 87
  Der monumentale Schlachthallenbau
- Riesa (1895) 90
  Funktionale Industriearchitektur
- Glauchau (1895/96) 91
  Die Anlage in gelbem Klinker
- Radeberg (1897/98) 96
  Das exponierte Verwaltungsgebäude
- Grimma (1899) 97
  Die malerische Anlage am Tempelberg
- Crimmitschau (1899) 100
  Vom Schlachthof zur hochwertigen Wohnanlage
- Roßwein (1899) 104
  Die Verbindung von »Schönem und Nützlichem«
- Penig (1900) 108
  Die Anlage direkt am Gütergleis
- Stollberg (1900) 111
  Der italienische Gutshof
- Plauen/Vogtland (1901) 114
  Der symbolhafte Festungsturm
- Neugersdorf (1902) 120
  Die eng verschränkte Gebäudestruktur
- Olbernhau (1902) 121
  Die Dreiflügelanlage
- Buchholz (1902) 127
  Der Schlachthof als Briefkopfmotiv
- Oschatz (1903) 130
  Die Kosten für einen mittelgroßen Schlachthof
- Aue (1906) 133
  Die über Eck erschlossene Anlage
- Dresden II (1906–1910) 137
  Der größte europäische Vieh- und Schlachthof
- Pirna II (1937/38) 144
  Die Anlage vom Schlachthofarchitekten Walter Frese
- Auerbach (1938) 147
  Vom Schlachthaus zum Schlachthof

Dresden I (1873)

Das Börsengebäude mit kolossaler Bogenhalle

Leipziger Straße
Architekten: Julius Otto Wehinger, Baumeister Mehlig, Baumeister Unterdörfer, Baumeister Schwanert

Die Fleischer-Innung zu Dresden schloss mit dem ortsansässigen Baumeister Julius Otto Wehinger am 22. November 1869 einen Vertrag über den Bau des Vieh- und Schlachthofes an der Leipziger Straße ab. Die Kosten sollten 126 154 Taler, 28 Groschen und 6 Pfennige betragen, beliefen sich letztlich aber auf 225 982 Taler.[1] Die Bedeutung der Anlage ist vier Jahrzehnte später beim Bau eines neuen Schlachthofes im Rückblick gewürdigt worden: »Nicht allein, daß das geschaffene Werk als bahnbrechend und lange Zeit hindurch als mustergiltig auf dem Gebiete des Schlachthof- und Viehmarktwesens galt, sondern es wurde in ungeahnter Weise eine Quelle des Wohlstandes für die Fleischer-Innung von der Eröffnung des Etablissements bis zum Schlusse desselben, ja bis weit darüber hinaus und in fernen Zeiten noch, wenn unsere Nachkommen nach dem Ursprunge des kräftigen Rückhaltes forschen, welcher der Fleischer-Innung zu Dresden ihre Wohlfahrtseinrichtungen ermöglicht, werden sie unseres jetzigen Schlachthofes gedenken und denen danken, welche ihn errichteten.«[2]

Die Anlage erfuhr häufig Erweiterungen, z. B. durch die Neubauten eines Krankenviehstalles (1877) und eines Schweinefutterstalles (1878), weiterer Wohn- und Arbeitsräume, eines Pferdestalls entlang der südöstlichen Grundstücksgrenze, eines Fachwerkbaus für das Schauamt seitlich der Einfahrtsstraße (1894), einer Rinderverkaufshalle, eines Schweineschlachthauses sowie eines Elektrizitätswerkes mit Maschinenhaus (1894, *Abb. 1*).[3]

1897 teilte Oberbürgermeister Beutler der Fleischer-Innung mit, dass die Stadt die Errichtung eines eigenen Vieh- und Schlachthofes plane.[4] Das bedeutete für die Innung die mittelfristige Schließung des Schlachthofes, da zwei Anlagen dieser Art wirtschaftlich nicht tragfähig gewesen wären.[5] Nach vielen Verhandlungen um Weiterbestand, Ablöse und Einvernehmen wurde am 20. August 1910 der Innungsschlachthof an der Leipziger Straße aufgehoben.

Kurze Erläuterungen der Entwicklungsgeschichte des ersten sächsischen Vieh- und Schlachthofes, die 1910 rückblickend publiziert wurden, illustrieren, wie die Fleischer-Innung ihres Bauwerks enthoben und damit der »Grundstein« für den neuen kommunalen Schlachthof im Ostragehege gelegt wurde.

Logistisch erlaubte die Anlage einen qualitätvollen Funktionsablauf. Die Gebäude waren in ihrer Kubatur sehr verschieden. Das Rinder- und Schweineschlachthaus hatte einen Innenhof und bildete gemeinsam mit dem Kleinviehschlachthaus, der Verwaltung und den Stallungen den ursprünglichen Kern der Anlage. Um einen zentralen Platz ordneten sich die in Sandstein errichteten Gebäude, die von abgetreppten Giebeln

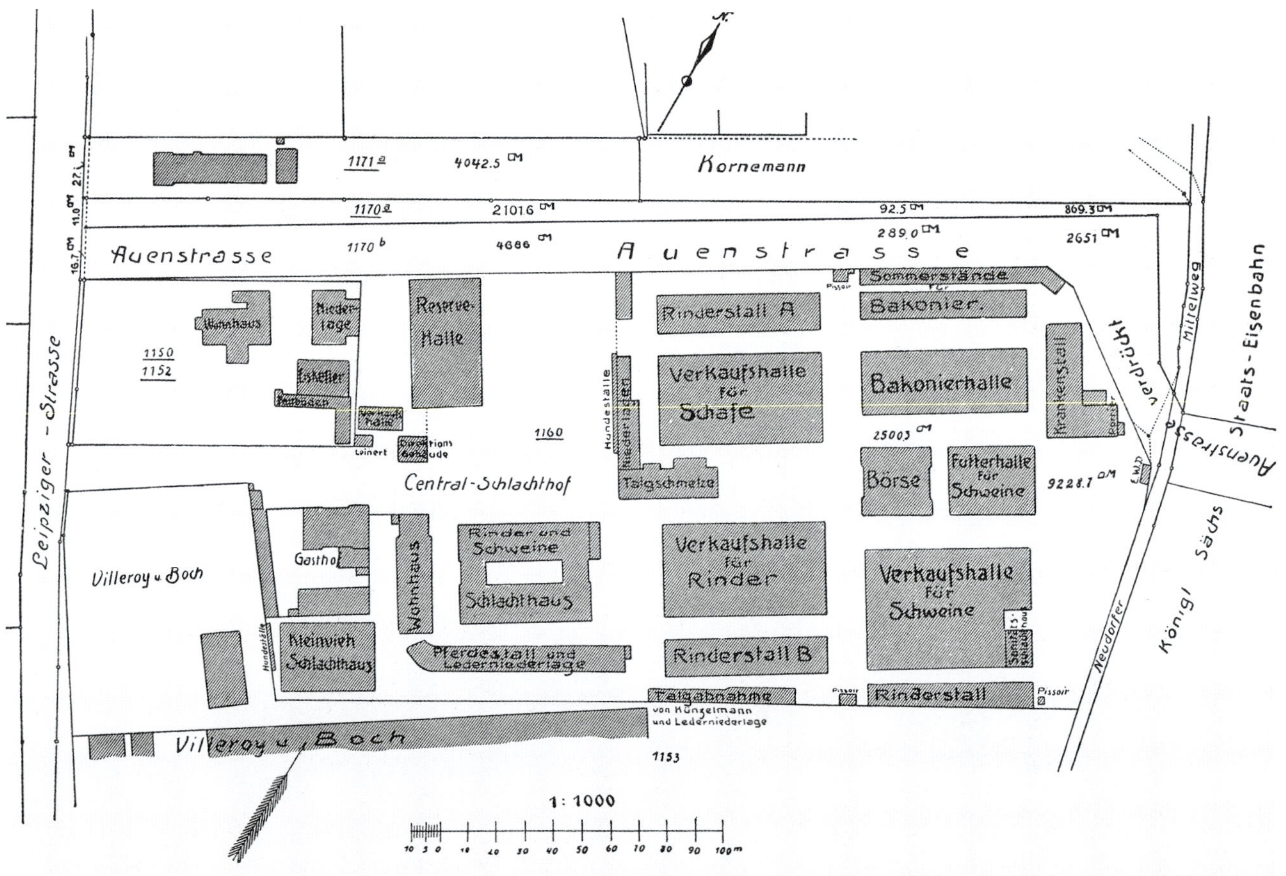

1 Schlachthof Dresden I, Dispositionsplan.

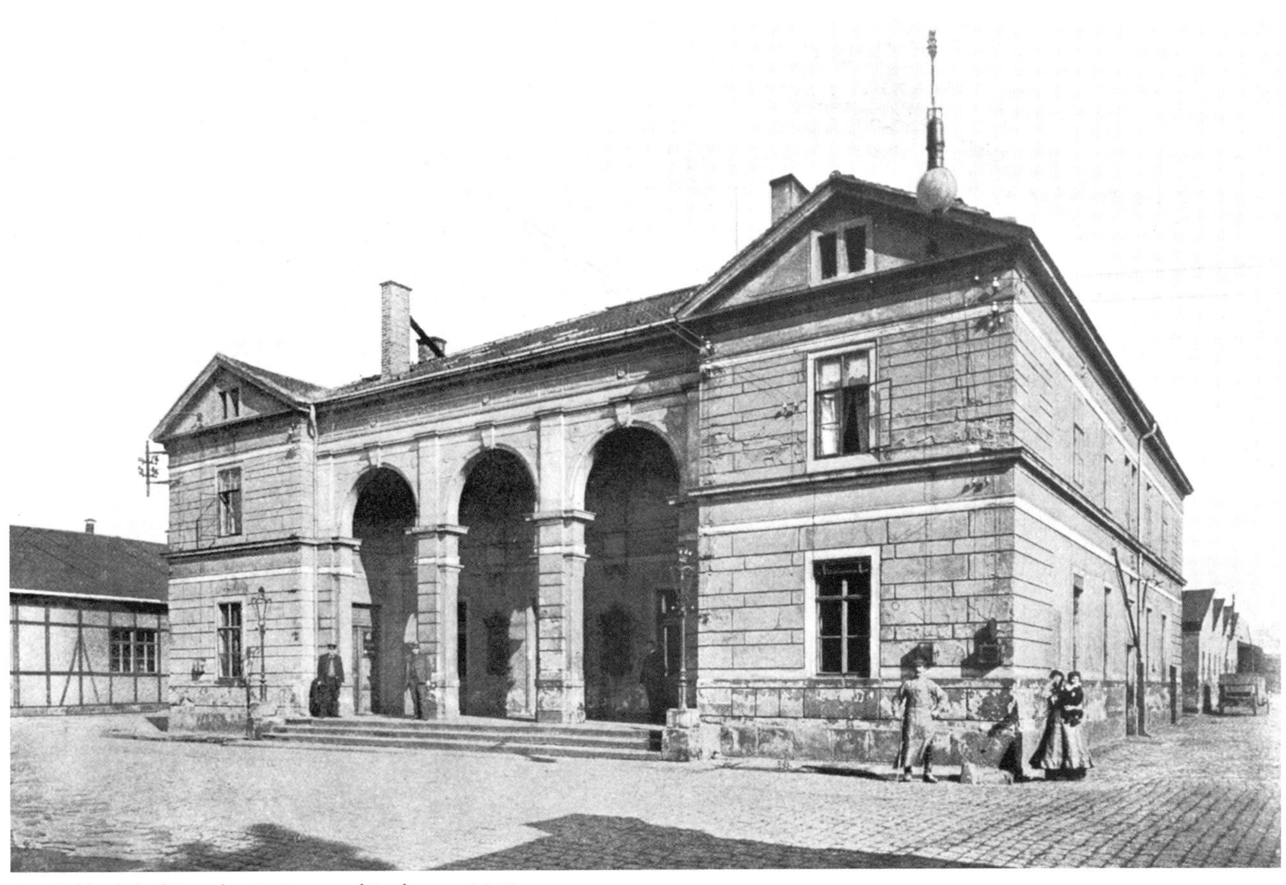

2 *Schlachthof Dresden I, Börsengebäude, um 1900.*

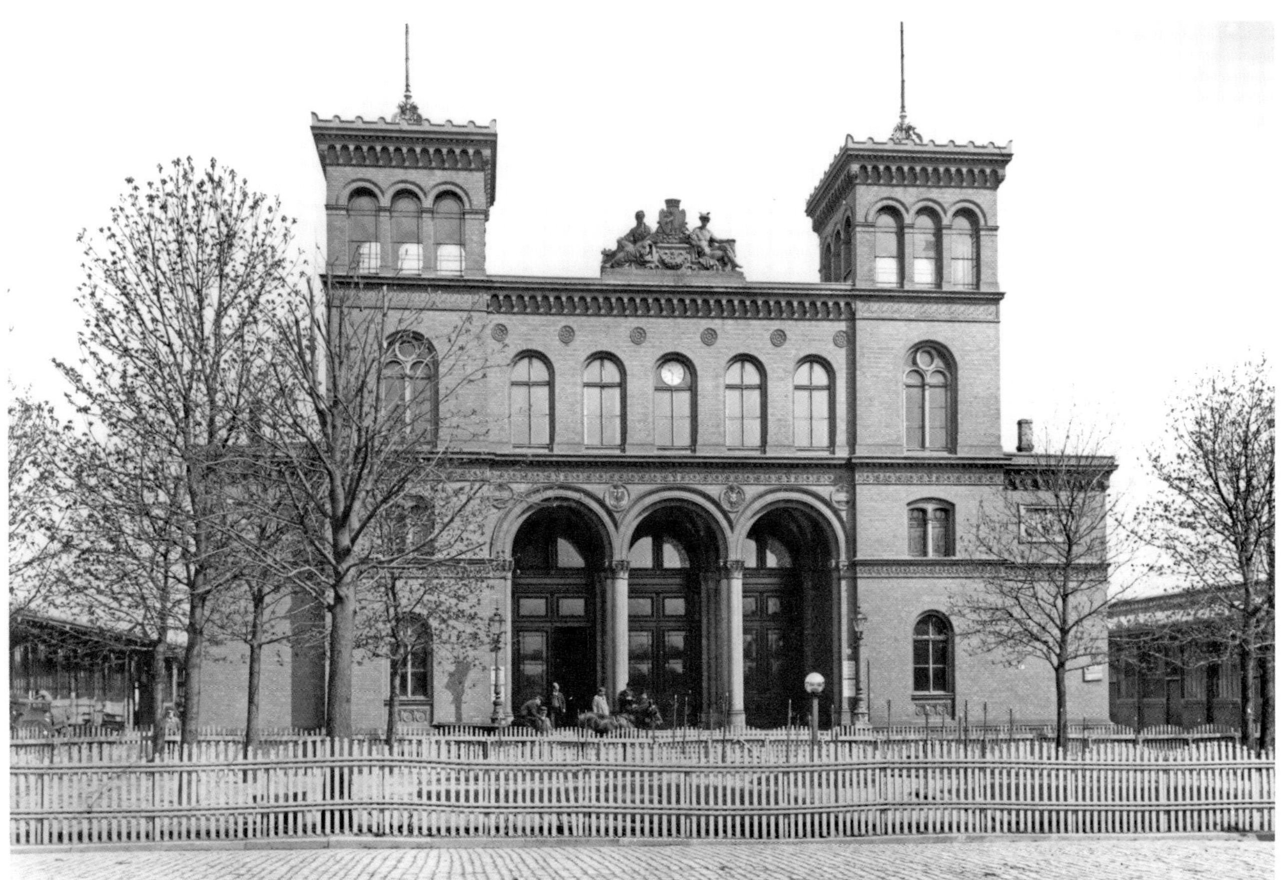

3 *Schlachthof Berlin-Friedrichshain, Börsengebäude, um 1897 (Waldemar Titzenthaler).*

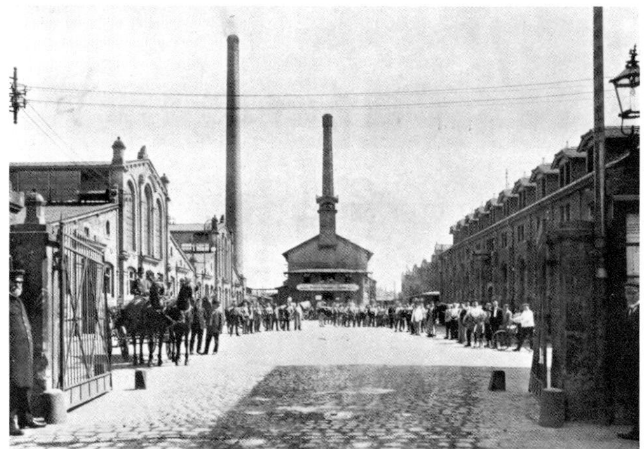

4 Schlachthof Dresden I, Eingang, um 1900.

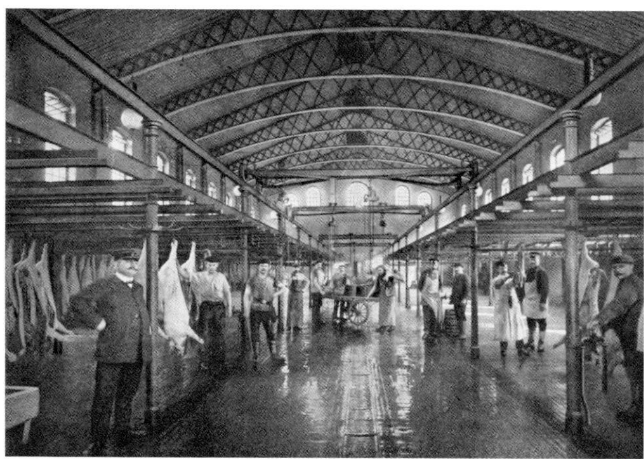

6 Schlachthof Dresden I, Schweineschlachthalle, Innenraum, um 1900.

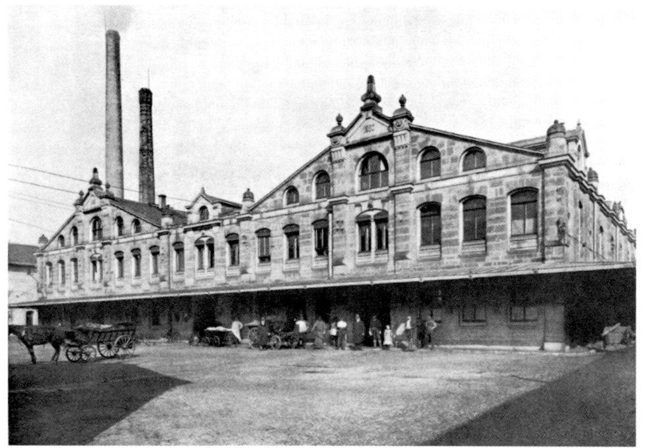

5 Schlachthof Dresden I, Schweineschlachthalle, um 1900.

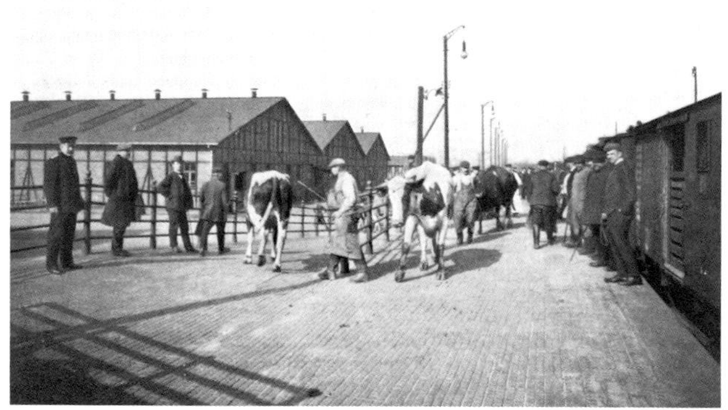

7 Schlachthof Dresden I, Viehladerampe, um 1900.

geprägt wurden. Große Natursteinquader sowie hohe Vertikalfenster mit Segmentbogen und Stelenaufsätzen als Eck- und Dachbekrönungen gaben diesen Bauten einen frühindustrielles Erscheinungsbild *(Abb. 5, 6)*. Die Gestaltung des Verwaltungsbaus am Eingang wirkte mit dem rechteckigen Fugenschnitt der Fassade geradezu klassizistisch.

Die Verkaufs- und Markthallen befanden sich im hinteren Bereich des Schlachthofareals, das nach Norden durch die Viehrampe und den Gleisanschluss abgeschlossen wurde *(Abb. 7)*. Den Auftakt zu diesem Bereich bildete das architektonisch herausragende Börsengebäude, das von einer Bogenhalle mit drei kolossalen Bögen dominiert wurde *(Abb. 1)*. Dieser repräsentative Bau wirkte wie die Loggia einer oberitalienischen Villa. Hier wird sicher auch das beispielhafte Börsengebäude des früher entstandenen Berliner Schlachtshofs Pate gestanden haben *(Abb. 2)*. Zu beiden Seiten der Bogenhalle befanden sich in symmetrischer Anlage monumentale Seitengebäude. Die gesamte Fassade erhielt einen Fugenschnitt und imitiert damit den Naturstein, wodurch wie am Verwaltungsbau ein klassizistischer Duktus entsteht.

Von diesem Schlachthof sind heute noch einige Gebäude des vorderen Bereichs erhalten, in denen Veranstaltungen und Konzerte stattfinden. Das Börsengebäude ist saniert, die Bögen jedoch teilweise geschlossen.

Anmerkungen

1 Der Schlachthof und Viehmarkt der Fleischer-Innung zu Dresden 1873–1910, Dresden 1910, S. 21 f., 26.
2 Ebd., S. 24.
3 Ebd., S. 33–68.
4 Ebd., Brief vom 16. Juli 1897, S. 80f.
5 Ebd., Die Empörung der Innung und die Verhandlungen sind nachvollziehbar und beschrieben auf S. 81–102.

Quellen und Literatur

▮ Der Schlachthof und Viehmarkt der Fleischer-Innung zu Dresden 1873–1910, Dresden 1910.

■

Meißen (1878)

Der freistehende, architektonisch gegliederte Schornstein

Poststraße 12
Architekt: unbekannt

Der Schlachthof in Meißen wurde 1873 von der örtlichen Fleischerinnung initiiert. Weil das Gelände des Kuttelhofes am Anfang des Roßplatzes keine Entfaltungsmöglichkeiten mehr bot, wurde das Areal an der Poststraße für die Errichtung der Schlachthofanlage ausgewählt. Bedauerlicherweise ist die Quellenlage zum Baugeschehen sehr dürftig, sodass eine genaue Beschreibung und Rekonstruktion des Arrangements der Gebäude nicht möglich ist. Kurz nach 1990 stellte dieser Schlachthof seinen Betrieb ein. 2002 wurde die verbliebene Bausubstanz durch das Elbehochwasser nachhaltig geschädigt; schon 2005 sind die Gebäude völlig abgebrochen worden.

Die wenigen erhaltenen Zeichnungen zeigen jedoch, dass die Gebäude in späthistoristischem Stil gehalten waren *(Abb. 9)*. Selbst das Maschinen- und Kesselhaus wurde durch einen risalitartig hervortretenden Turm dominiert, der seinen oberen Abschluss in einer reich verzierten Spitze fand. Die Fassade wurde im Erdgeschoss durch horizontale Putzlinien, im Obergeschoss durch zwischen den Fenstern angeordnete Pilaster, zudem durch Putzspiegel und Gurtgesimse belebt. Besonders erwähnenswert ist auch der freistehende Schornstein, der sich auf rechteckiger Basis durch einen gestalterisch anspruchsvollen Übergang mit angedeuteten rechteckigen Blindfenstern und kleinen Säulen zu einem hohen runden Turm entwickelt. Ebenso erhielt der obere Abschluss durch verschiedene übereinanderliegende Kranzgesimse in Backstein eine feingliedrige Gestaltung.

Zur Gebäudedisposition ist festzustellen, dass die notwendigen Funktionsgebäude einen geräumigen Innenhof bildeten. Dabei handelte es sich um das Hauptgebäude mit Wohn- und Schankraum sowie die Verwaltung entlang der Poststraße, den Pferde- und Kleinviehstall, die Kleinviehschlachthalle, das Kessel- und Maschinenhaus, das Kühlhaus mit Eis- und Gefrierraum, das Notschlachthaus, die Rinderschlachthalle und den Rindviehstall *(Abb. 8)*.

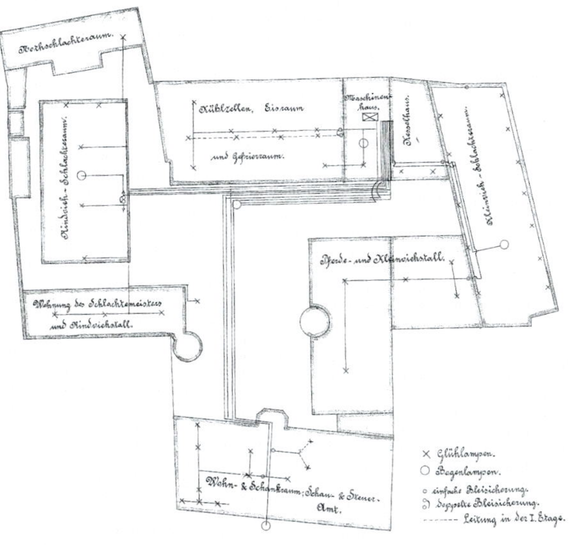

8 *Schlachthof Meißen, Dispositionsplan.*

Für die mittelgroße Stadt Meißen war die Errichtung eines eigenen Schlachthofes sowohl wirtschaftlich als auch politisch ein weiterer Schritt auf dem Weg zur Selbstlegitimation und Profilierung ihrer Außenwirkung. Heute befindet sich auf dem Gelände der Neubau eines Lebensmittelmarktes.

Quellen und Literatur

▮ 750 Jahre Fleischerhandwerk Meissen (1230–1980). Eine historische Skizze nach alten Dokumenten von Peter Thönis, S. 15.

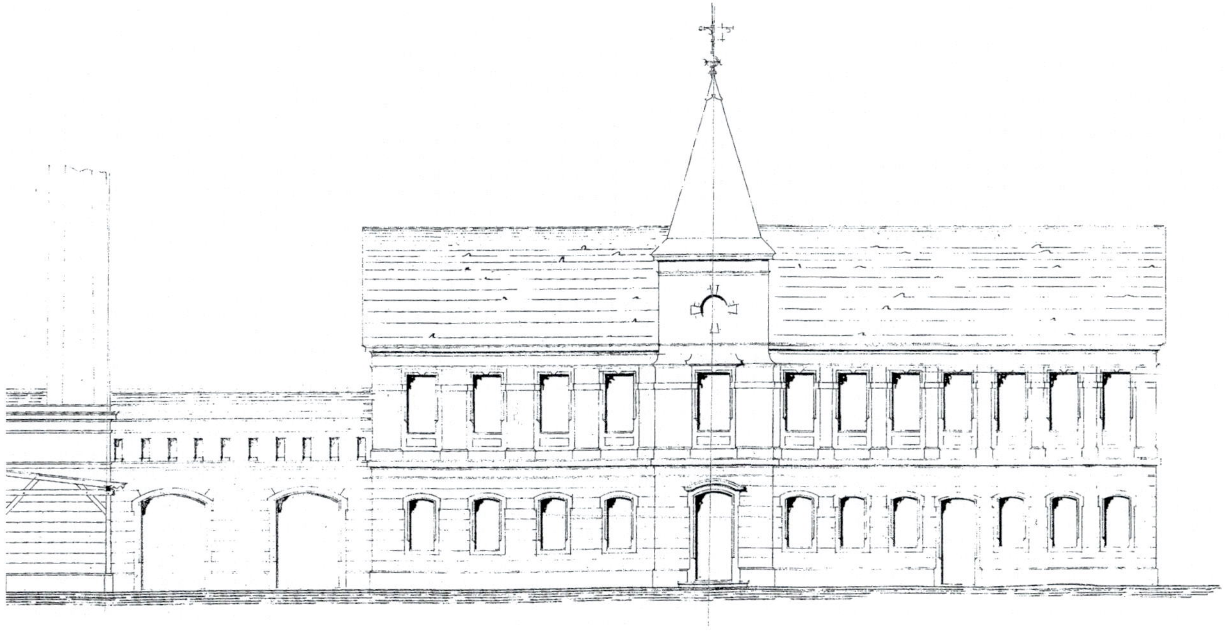

9 *Schlachthof Meißen, Maschinenhaus, Ansicht.*

Waldheim (1880/81)

Der Schlachthof an der Zschopau

Mittweidaer Straße
Architekt: unbekannt

Über den östlich der Zschopau gelegenen Vieh- und Schlachthof in Waldheim liegen dem Autor keine Informationen vor. Er wurde vollständig abgebrochen. Ein historischer Lageplan zeigt zwei parallel angeordnete Gebäudestrecken, in denen die Funktionsräume – unterteilt in Stallung und Schlachtung – aneinandergereiht wurden. Hinweise auf die Einrichtung sind einer Kostenaufstellung für Hängebahngleise in der Rinderschlachthalle, erstellt von der Maschinenfabrik Germania vorm. J. Schwalbe & Sohn, zu entnehmen.[1]

Anmerkungen

1 Stadtarchiv Waldheim, Akten des Rates der Stadt Waldheim, den Bau eines Schlachthofes betr., erg. im Jahre 1906 (774), S. 55.

Quellen und Literatur

▮ Stadtarchiv Waldheim, Akten des Rates der Stadt Waldheim, den Bau eines Schlachthofes betr., erg. im Jahre 1906 (774).

▮ Stadtarchiv Waldheim, Akten des Stadtrats zu Waldheim, den Bau eines neuen Schlachthofes betr., erg. 1898 (771).

Görlitz (1881/1913)

Die Anlage in Schwarzklinker

Rauschwalder Straße 73, Cottbuser Straße 21–23
Architekten: 1. Bauphase: Stadtbaumeister Kubale, W. Enders; 2. Bauphase (1913, Polizei- und Pferdeschlachthalle): Hugo Wedel

Der rasante Anstieg der Bevölkerungszahlen in der zweiten Hälfte des 19. Jahrhunderts, verbunden mit den neuen hygienischen Bestimmungen, führte in Görlitz dazu, dass 1878 eine städtische Absichtserklärung zur Errichtung eines Schlachthofes abgegeben wurde. Bereits Anfang der 1880er-Jahre kam es zum Bau eines kommunalen Schlachthofes. Als Unterzeichner der ersten Pläne wird der Stadtarchitekt Kubale genannt.[1]

Der Görlitzer Schlachthof wurde ursprünglich an der Rauschwalder Straße angelegt und das Grundstück von dort aus erschlossen. Mit der Erweiterung der Anlage durch das Sanitäts- und Pferdeschlachthaus mit integrierter Freibank erfolgte 1913 die Verlegung des Haupteingangs an die Cottbuser Straße *(Abb. 10)*.

Das Verwaltungsgebäude an der Rauschwalder Straße 73 ist ein monumentaler Baukörper, der aufgrund seiner architek-

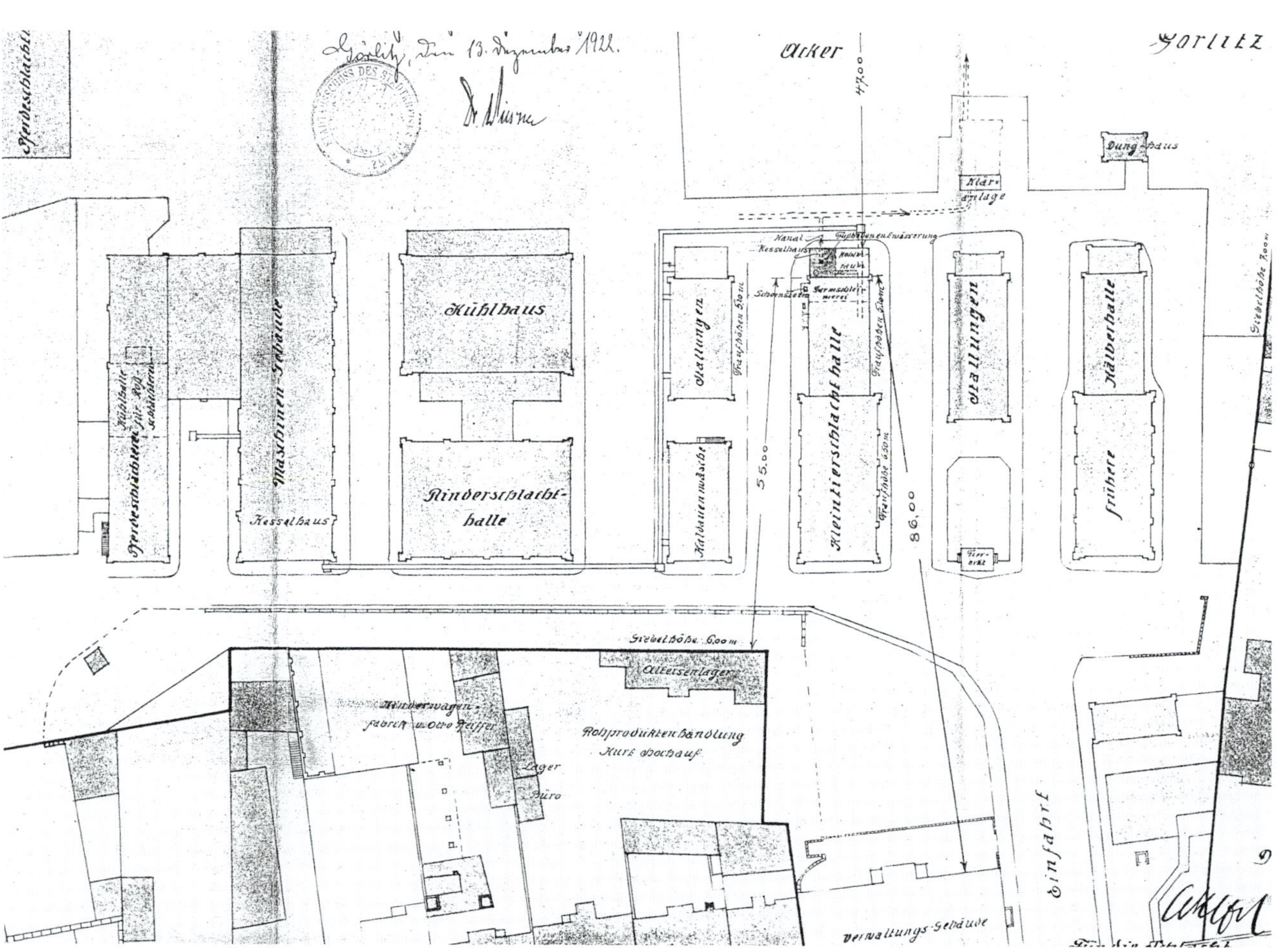

10 Schlachthof Görlitz, Dispositionsplan.

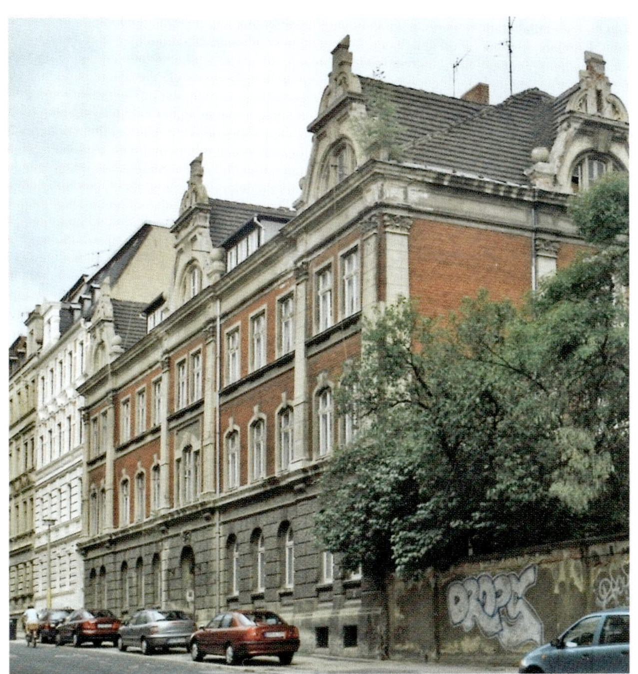

11 *Verwaltungsgebäude, 2005.*

tonischen Merkmale exemplarisch in die Formensprache der Repräsentations- und Staatsbauten des Historismus einzuordnen ist. Charakteristisch hierfür sind die axialsymmetrische und klare Fassadengliederung mit dem kraftvollen Sockelgeschoss in bossierten Sandsteinquadern, dem hervortretenden Mittelrisalit, der den Eingang markiert, zwölf Fensterachsen mit Kolossalpilastern, einem in entsprechender Größe gehaltenen Traufsims und aus dem Dach hervortretenden Dreiecksgiebeln mit Thermenfenstern, seitlichen Kugelpostamenten und durchbrochenen Giebelabschlüssen. Für ein Verwaltungsgebäude eines Schlachthofes ist ein Bau in dieser Formensprache in Sachsen singulär. Der Schlussstein über dem Eingang präsentiert einen Tierkopf, der auf die Funktion des Bauwerks verweist *(Abb. 11, 15)*.

Die weiteren Funktionsgebäude des Schlachthofes sind stärker funktional, aber in ihrer äußeren Gestaltung sehr innovativ ausgeführt worden. Beeindruckend ist die ästhetisch wirkungsvolle Verwendung des schwarz gebrannten Klinkers, der durch rote Klinkerbänder akzentuiert wird. Zur haptischen Gestaltung der Fassaden treten Stufengiebel, Bogenfriese und einzelne Ornamente aus der Oberfläche hervor.

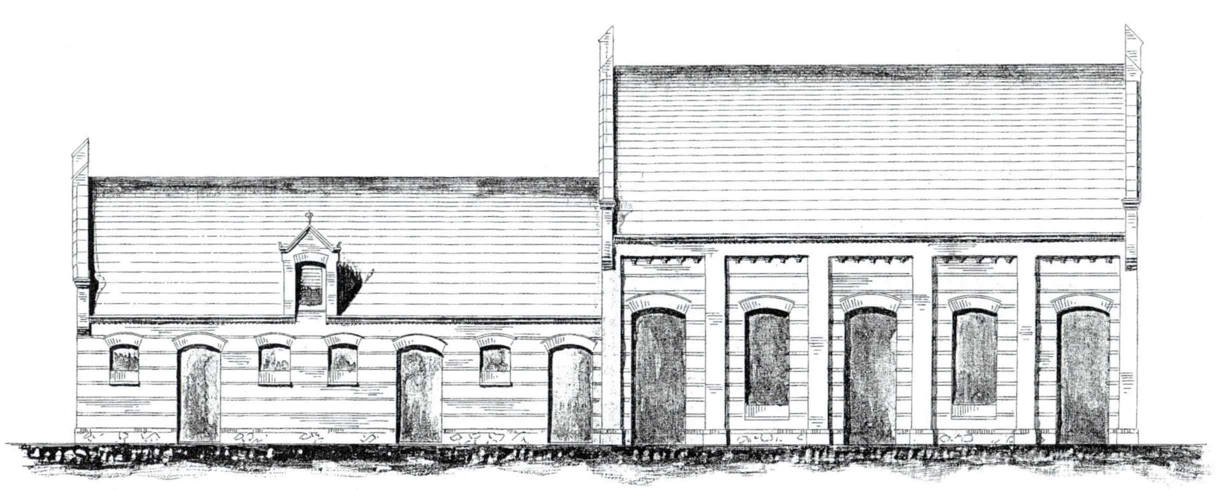

12 *Entwurf für eine Schlachthalle (Architekt Kubale).*

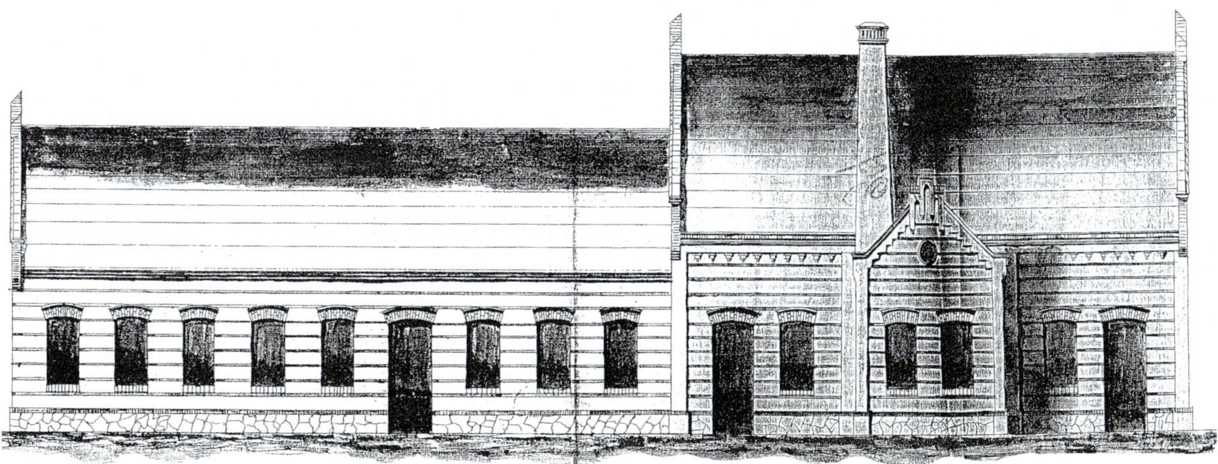

13 *Entwurf für eine Schlachthalle (Architekt Kubale).*

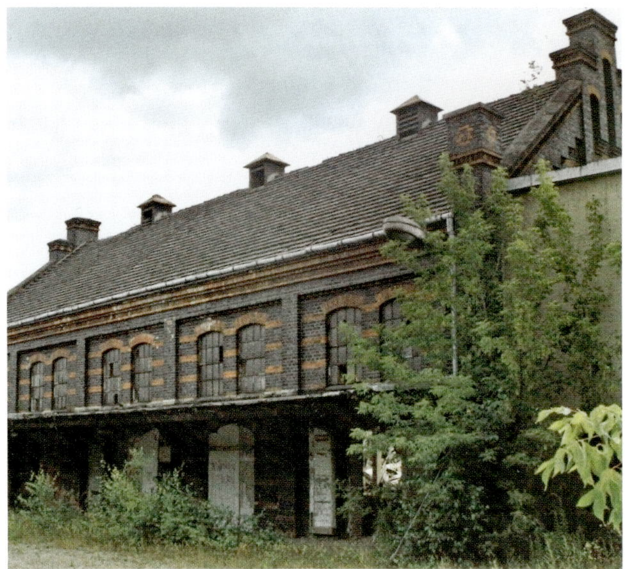

14 *Schlachthof Görlitz, Schlachthalle, 2005.*

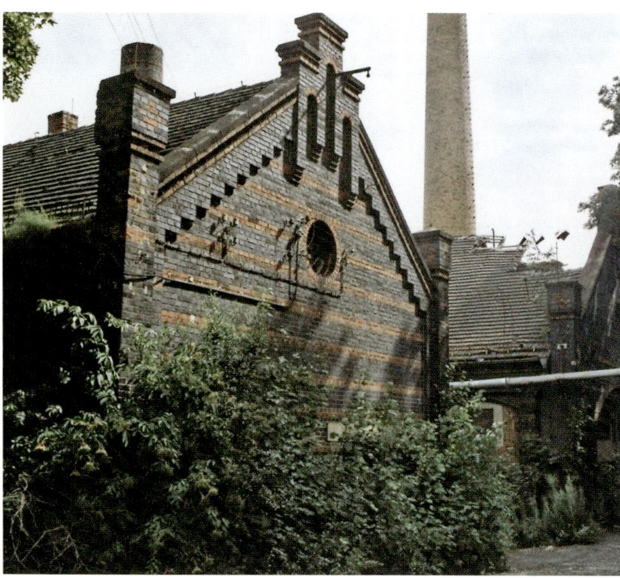

16 *Schlachthof Görlitz, Schlachthalle, 2005.*

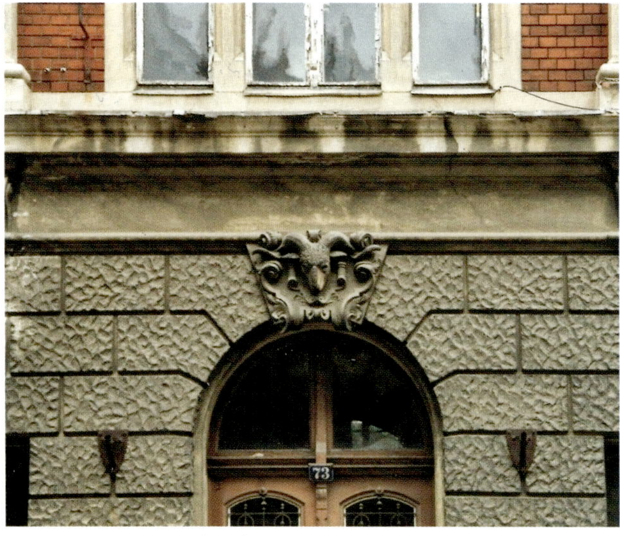

15 *Verwaltungsgebäude, Detail, 2005.*

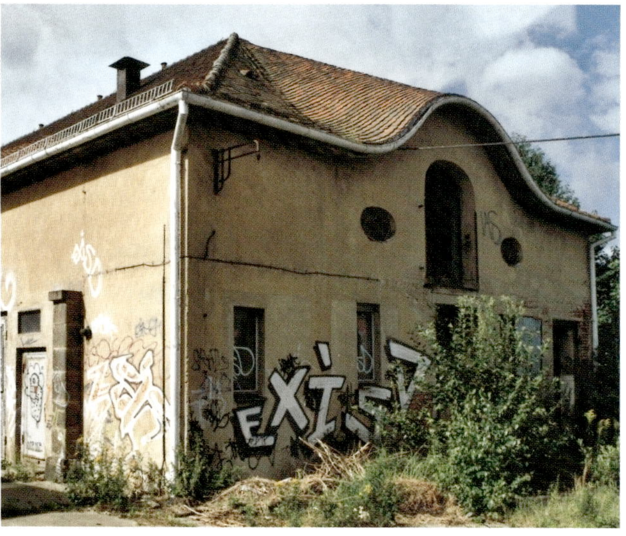

17 *Schlachthof Görlitz, Sanitätsschlachthaus, 2005.*

Durch zahlreiche Ausbesserungen und Anbauten der 1950er- bis 1980er-Jahre ist die gestalterisch geradezu modern und edel erscheinende Gesamtwirkung der Anlage stark gestört worden.

Dem Haupteingang neben dem Verwaltungsgebäude folgte im rechten Winkel die Werksstraße, die damit parallel zur Rauschwalder Straße hinter deren Bebauung verläuft. Die Rinderschlachthalle liegt im Zentrum des Grundstücks. Die anderen Funktionsgebäude reihen sich giebelständig an der kleinen Fabrikstraße auf *(Abb. 12–14, 16)*. Hinter dieser Hauptschlachthalle befindet sich in vergleichbarer Größe und Kubatur das Kühlhaus. Diese Nähe und eine innere Verbindung ermöglichte die schnelle Kühlung des Schlachtgutes. Westlich davon ordnete sich das langgestreckte Maschinengebäude mit dem Kesselhaus in die Anlage ein. Die Pferdeschlächterei und die dazugehörige Kühlhalle bildete den Abschluss der Bauten nach Westen. Östlich der Rinderschlachthalle befanden sich in der gleichen Nord-Südausrichtung, aber kleiner dimensioniert, die Bauten der Kaldaunenwäsche, Stallungen, die Schweineschlachthalle, der Brühraum und die Kälber- und Kleinviehschlachthalle sowie das Krankentierschlachthaus. Im Nordosten stand das Düngerhaus. 1913 wurde das Gelände im Nordwesten durch ein Sanitätsschlachthaus, eine Brüherei und eine neue Pferdeschlachthalle erweitert. Stilistisch sind diese Bauten der deutschen Reformarchitektur zuzuordnen. Vor allem das geschwungene und auffällig ausladende Walmdach an der Giebelseite des in Putz gefassten Sanitätsschlachthauses ist eine in der Baukunst nach 1900 typische architektonische Eigenart, bei der verschiedene Elemente – z. B. die Fledermausgaupe – spielerisch eingesetzt und gestalterisch abgewandelt wurden. Der Dachbereich erhält durch diesen eleganten Schwung in der nahezu bis zum First reichenden Anschleppung eine gewollte Dynamisierung *(Abb. 17)*. Ähnlich verhält es sich auch mit der aus diesem Gebäude heraustretenden Freibank, die straßenseitig durch ein halbrundes, auf Stützen lagerndes Dach abgeschlossen wird. Die zum Eisenbahnanschluss gehörende Rampe befand sich an der nördlichen Grundstücksgrenze.

Heute sind die Gebäude des Schlachthofs mit Ausnahme des Verwaltungsbaus völlig desolat und bedürfen einer grundhaften Sanierung. Kunst- und architekturhistorisch wertvoll ist die herausragende Gestaltung mit dem Farbspiel der Klinker und den Staffelgiebeln, die wiederum die Vertikale stark betonen und stilistisch auf die deutsche Backsteingotik anspielen.

Anmerkungen

1 Acta der Polizei-Verwaltung zu Görlitz, 7589 betr. Schlachthof, Vol. 1.

Literatur und Quellen

▮ Acta der Polizei-Verwaltung zu Görlitz, 7589 betr. Schlachthof, Vol. 1.

Chemnitz (1882/83, Erweiterungen 1885–1903)

Die urban gegliederte Anlage

Thomas-Mann-Platz 1, 2
Architekt: Stadtbaurat Eduard Hechler, Erweiterungen Franz Kögler

Der Schlacht- und Kuttelhof am Nikolaigraben genügte schon Mitte des 19. Jahrhunderts nicht mehr den Ansprüchen der wachsenden und prosperierenden Stadt. Daher trat 1857 der Stadtrat mit der Fleischerinnung wegen der Errichtung eines neuen, den Bedürfnissen entsprechenden Schlachthofes in Verhandlung. 1881 wurde von der Kommune die Genehmigung zur Errichtung des Schlachthofes nordöstlich der Stadt, auf einem Grundstück unmittelbar an der Staatseisenbahn, an die Fleischerinnung ausgereicht. Nach den Plänen des Stadtbaurats

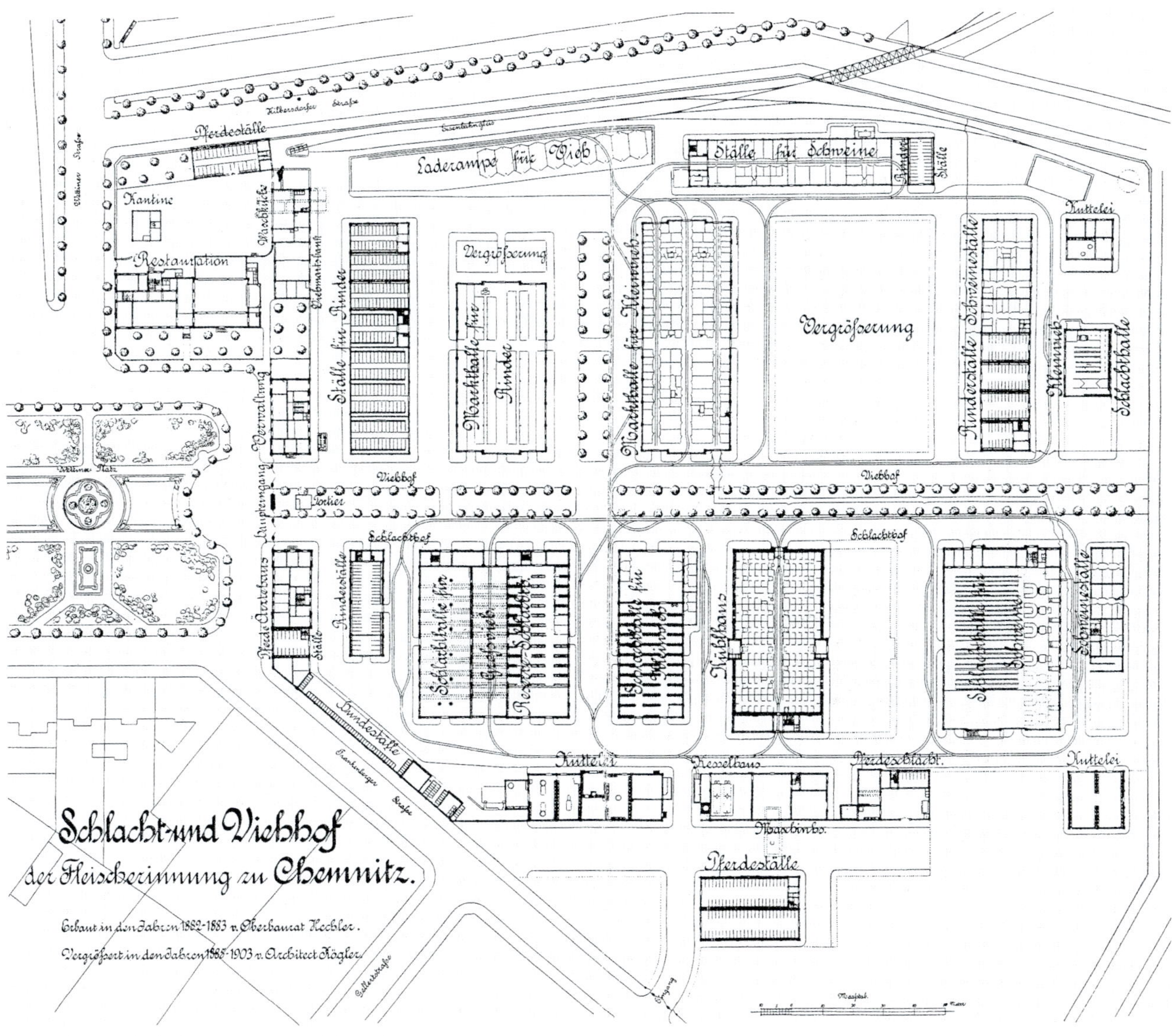

18 *Schlachthof Chemnitz, Dispositionsplan.*

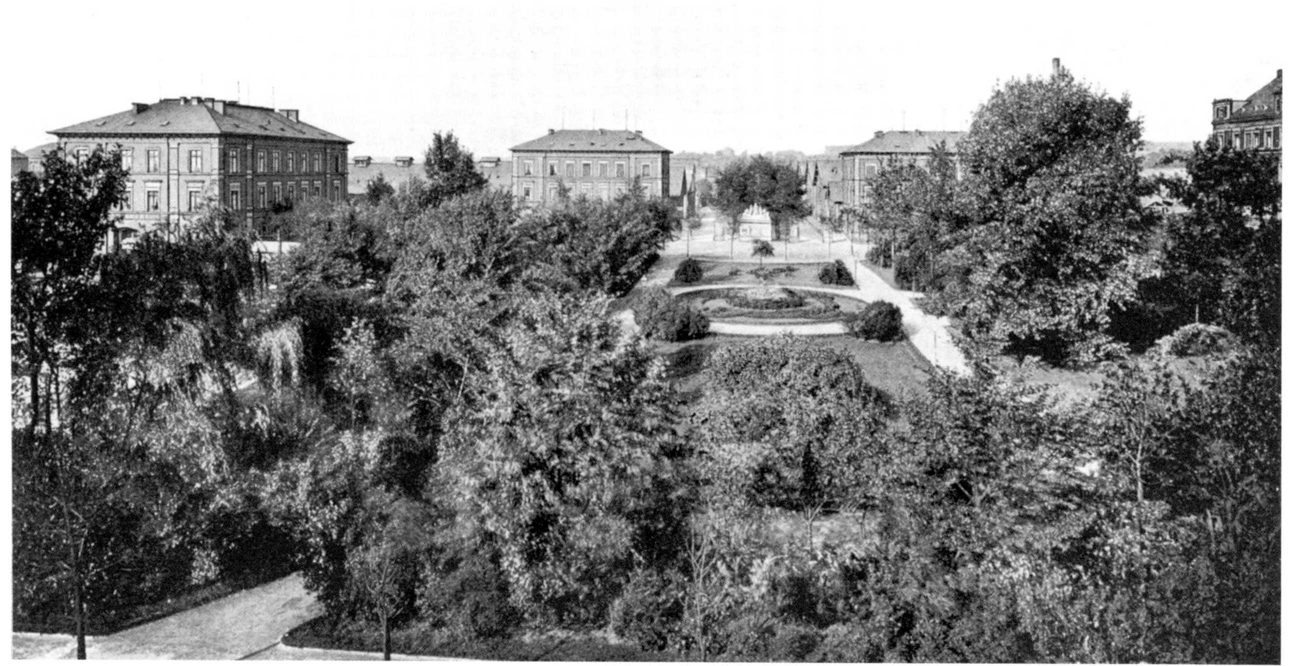

19 *Schlachthofgelände Chemnitz, um 1910.*

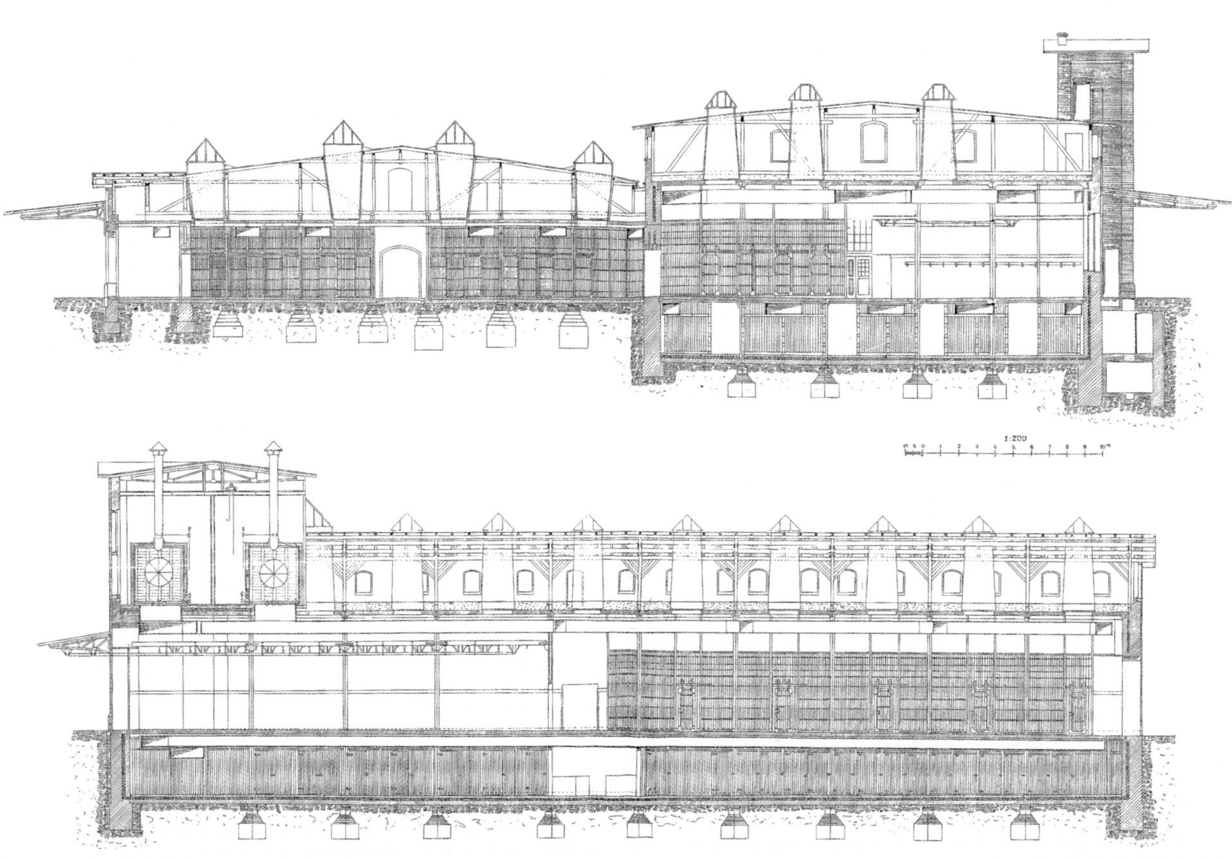

20 *Schlachthof Chemnitz, Kühlhaus, Franz Kögler.*

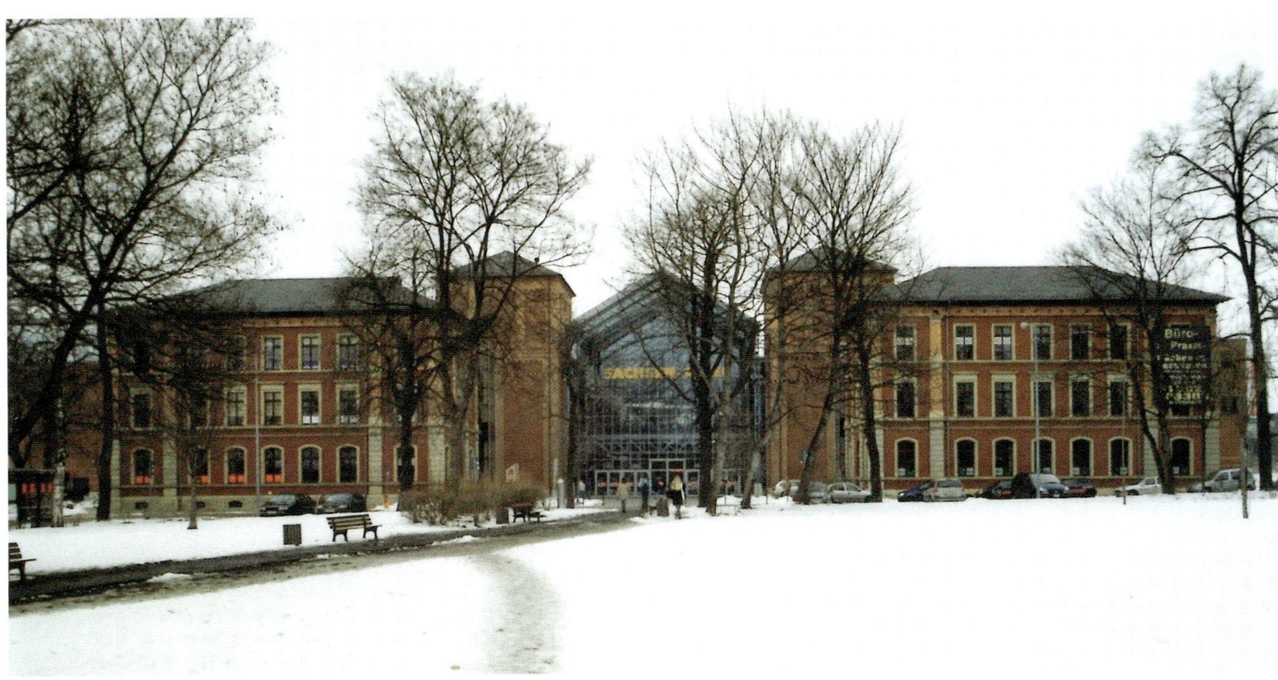

21 Verwaltungsgebäude und Einkaufszentrum, 2005.

Eduard Hechler konnte 1882/83 ein Schlachthof errichtet werden, der im Dezember 1883 seine feierliche Weihe erfuhr.[1]

Den Auftakt der bereits zur Erbauung auf beträchtliche Erweiterungsmöglichkeiten angelegten Anlage bilden am Wettiner Platz zwei Verwaltungsgebäude für die allgemeine Verwaltung und die Ärzte. Entlang einer Baumallee reihten sich die verschiedenen Funktionsgebäude auf: Gegenüber der Schlachthalle für Großvieh lag die Markthalle für Rinder, ebenfalls gegenüber der Markthalle für Kleinvieh befand sich – getrennt durch die Baumallee – die entsprechende Schlachthalle. Es folgten das Kühlhaus, eine große potentielle Erweiterungsfläche und die Schweineställe mit der auf der anderen Seite der Allee liegenden Schlachthalle für Schweine. Zahlreiche kleinere Gebäude umsäumten diesen Kern der Anlage.

Durch den architektonischen Kunstgriff der Baumallee wurden die Anlagen des Schlacht- und Viehhofes ideal voneinander getrennt. Des Weiteren befanden sich auf dem Gelände im Hintergrund der genannten Hauptgebäude mehrere Kutteleigebäude, Pferdeställe, ein Pferdeschlachthaus, Hundeställe, das erforderliche Kesselhaus sowie ein Restaurationsgebäude und eine Kantine. Die Laderampe für das Vieh lag direkt am schlachthofeigenen Gleisanschluss, der durch eine Eisenbahnbrücke über die Hilbersdorfer Straße ins Gelände geführt wurde. Um das Bewegen sämtlicher Güter zu erleichtern, verfügte das Gelände auch über ein umfangreiches Schmalspurnetz mit einer Gesamtlänge von etwa 2800 Metern und 68 Weichen *(Abb. 18, 19)*.[2]

Weil sich in Chemnitz die Einwohnerzahl um 1890 in kürzester Zeit fast verdreifacht hat, waren am Schlachthof bald schon große Erweiterungen erforderlich, die durch den Architekten Franz Kögler ausgeführt wurden.[3] Während sich die Gebäudegrundfläche 1883 noch auf 11676 Quadratmeter belief, waren 1907 bereits 26274 Quadratmeter überbaut. Die Vergrößerungen betrafen die Fleischkühlanlage mit der Eisfabrik, die Sanitätsanstalt, eine Schweineschlachthalle, die Ausstattung der Großviehschlachthallen mit elektrischen Winden, weitere größere Stallungen, eine Zweiggleishalle für die Eisenbahn mit Klär- und Desinfektionsgruben sowie die Pferdeschlächterei mit eigenem Kühlhaus. Hohe Schlachtzahlen belegen die hohe Frequenz, in der die Fabrikanlage arbeiten musste. 1907 wurden in dem Schlachthof z. B. 16134 Rinder, 33402 Kälber, 19027 Schafe, 208 Ziegen, 78019 Schweine, 892 Pferde, zwei Esel und 704 Hunde geschlachtet, wobei die Anzahl der gehandelten und auswärts geschlachteten Tiere noch weitaus höher lag.[4]

1911 wurde resümierend festgestellt: »Die Kosten der gesamten Schlacht- und Viehhofanlage, einschließlich der Kühlanlage, bezifferten sich bis Ende 1907 auf 5048000 Mark, wovon 489500 Mark auf Grunderwerb, 42000 Mark auf Schlachthausentschädigungen, 95000 Mark auf Straßen und Fußwege außerhalb des Schlacht- und Viehhofes und 4421500 Mark auf die gesamten Bauten, wie Gebäude, Maschinen-, Eisenbahnanlage, Straßen und Fußwege innerhalb der Anstalt, Gas-, Wasser-, Beleuchtungsanlagen und dergl. mehr entfallen. Außerdem sind für das Inventar bis Endes 1907 98000 Mark verausgabt worden.«[5]

Sämtliche Gebäude wurden in rotem Klinker unter der Mitverwendung von gelben Verblendziegeln ausgeführt.[6] Während die Schlachthallen durchgehend sehr massiv gebaut waren, erhielt die neue Schlachthalle für Schweine mit einer Holzdecke, einer eisernen Dachunterkonstruktion und seitlichen Oberlichtwänden eine größere Transparenz. Die Abteilungsabtrennungen der Buchten in den Ställen wurden in Kieferholzbrettern und Falzsäulen aus Eisen angelegt. Eine intensive Beleuchtung mit Gaslicht und elektrischem Licht ermöglichte auch während der Nachtzeit eine ausreichende tierärztliche Untersuchung. In diesem Schlachthof konnten an einem Tag 600 Rinder, 2000 Kälber und Schafe, 2000 Schweine und 25 Pferde geschlachtet werden.[7] Eine bauliche Besonderheit bildete das von Franz Kögler errichtete Kühlhaus. Es erhielt die erforderliche Isolation sowohl aus Luftschichtdämmung als auch durch Korksteinplatten. Die Isolierung der Decke wurde durch eine 50 Zentimeter hohe Kohlenschlackenschicht erreicht *(Abb. 20)*. Mit der Kühlanlage war eine Eisfabrik verbunden, die auch für die Kühlschränke der Privathaushalte die Eisblöcke lieferte. Um 1907 wurden täglich 40000 Kilogramm Eis produziert.[8]

Der Haupteingang wurde ursprünglich durch ein Werk des Berliner Bildhauers Pohlmann, eine Sandsteingruppe, geschmückt, die Gewerbe, Handel und Landwirtschaft darstellte.[9]

Das Verwaltungsgebäude wird derzeit als Büro- und Geschäftshaus genutzt. Alle anderen Gebäude wurden in den 1990er-Jahren vollständig abgebrochen. Heute befindet sich an dieser Stelle ein der Größe des Areals entsprechendes Einkaufszentrum *(Abb. 21)*.

Während die solide Backsteinarchitektur dieses Schlachthofes typisch für die zeitgenössische Architektur war, ist die durchdachte Organisation und Trennung in Viehhof und Schlachthof durch eine Baumallee bemerkenswert. Eine solche Klarheit in der Gliederung der Anlage und städtebaulich-gartengestalterische Präzision wurde in dieser Weise in keinem anderen sächsischen Schlachthof erreicht.

Anmerkungen

1 Vgl. N. N.: Der Schlacht- und Viehhof, in: Chemnitz in Wort und Bild. Festschrift zur Einweihung des Neuen Rathauses, Chemnitz 1911, S. 78–80; Zur Grundsteinlegung vgl. Chemnitzer Tageblatt 166 (1882), o. S., zur Einweihung: Deutsche Fleischerzeitung 50 (1883), o. S.
2 Moritz, F., in: Moritz, F./ E. Schmitt, Gebäude für Lebensmittel, in: Handbuch der Architektur, 4. Teil, 3. Halbband, 2. Heft, Leipzig 1909, S. 257.
3 Ebd., S. 256; Chemnitz in Wort und Bild, S. 80.
4 Moritz (wie Anm. 2), S. 257.
5 Ebd., S. 259.
6 Chemnitz (wie Anm. 3), S. 80.
7 Moritz (wie Anm. 2), S. 258.
8 Ebd., S. 258 f.
9 Chemnitz (wie Anm. 3), S. 80.

Quellen und Literatur

- Die Fleisch-Großverkaufshalle im Schlacht- und Viehhof der Stadt Chemnitz. Denkschrift zur Einweihung am 1. Februar 1938.
- Kögler, F.: Zur Erinnerung an das 25-jährige Bestehen des Schlacht- und Viehhofes der Fleischerinnung zu Chemnitz, 1908.
- Stadtarchiv Chemnitz, Akten Bauwesen Bd. 1, IIa 21, Die Erbauung eines Schlachthofes, 1876.
- Stadtarchiv Chemnitz, Akten Polizeisachen Bd. 1, Ve 39, Die Errichtung des Schlacht und Viehhofes betr., 1908.
- Chemnitz in Wort und Bild. Festschrift zur Einweihung des Neuen Rathauses, Auf Grund amtlicher Quellen bearbeitet, Chemnitz 1911.
- Moritz, F./ E. Schmitt, Gebäude für Lebensmittel, in: Handbuch der Architektur, 4. Teil, 3. Halbband, 2. Heft, Leipzig 1909, S. 256–259.
- Verwaltungsbericht der Stadt Chemnitz 1922–1928, Chemnitz 1929.

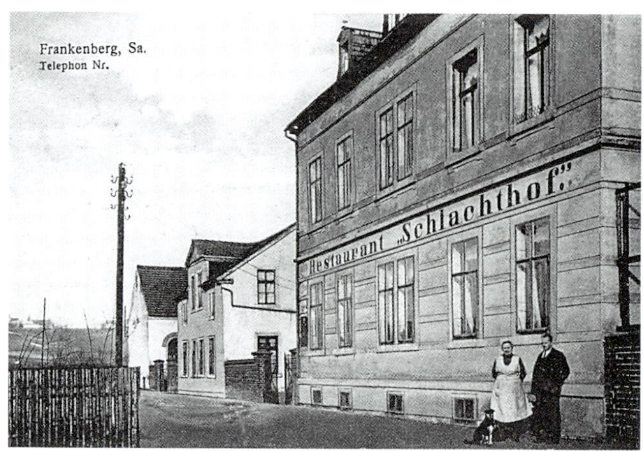

22 *Schlachthofrestaurant Frankenberg, Postkarte.*

Frankenberg (1883/ 1926)

Der Schlachthof als Fotomotiv

Merzdorfstraße
Architekt: Gebr. Hanitzsch,
Stadtbaumeister Messauer

Bereits 1882 beabsichtigte die Frankenberger Fleischerinnung, deren Innungsbrief auf 1483 zurückgeht und von Caspar von Schönberg auf Sachsenburg ausgestellt wurde, die an der Zschopau gelegene Pörzler'sche Bleiche zu kaufen, um an dieser Stelle einen modernen Schlachthof zu erbauen. Ein gewichtiger Grund dafür war, dass der Kuttelhof, der um 1700 am Mühlgraben erbaut worden war, Mitte des 19. Jahrhunderts ausgedient hatte und geschlossen wurde. Am 16. Oktober 1883 wurde der neue Schlachthof vor dem Merzdorfer Zschopausteg eingeweiht. Gleichzeitig führte man in Frankenberg den Schlachtzwang und die Fleischbeschau ein *(Abb. 23, 25)*. Den Eingangsbereich säumte das Wohn-, Verwaltungs- und Restaurationsgebäude. Eine historische Postkarte zeigt dieses Haus mit dem prägnanten Schriftzug »Restaurant Schlachthof«. Stolz stehen zwei Menschen, vermutlich die Betreiber, mit ihrem Hund neben dem Gebäude *(Abb. 22)*. Sowohl diese bildliche Inszenierung als auch die Idee einer Postkarte mit einzutragender Telefonnummer zeigen zeitgenössische Werbestrategien, die die Wichtigkeit und öffentliche Präsenz eines Schlachthofes unterstreichen. Das Gebäude war im Untergeschoss in seiner Putzstruktur horizontal gegliedert. Die klaren Fensterachsen mit teilweise gewändebündigen Fenstern, die Betonung der Mitte durch Zwillingsfenster sowie die Dachgaupen verleihen dem historistischen Gebäude geradezu eine biedermeierliche Anmutung.

Bekannt ist die Kapazität dieses Schlachthofes für das Jahr 1886, in dem 542 Rinder, 1336 Schweine, 1086 Kälber und 15 Ziegen geschlachtet wurden. In den Folgejahren stieg die

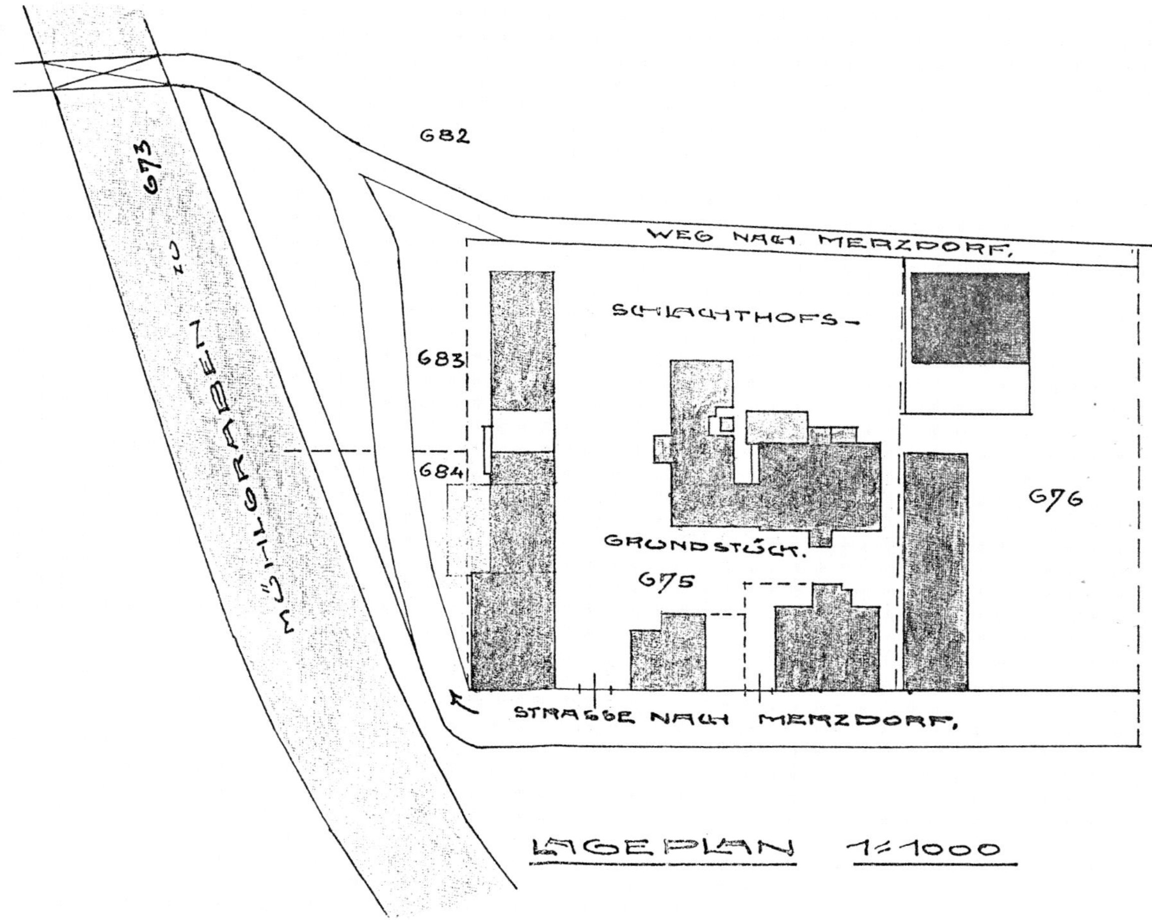

23 Schlachthof Frankenberg, Dispositionsplan.

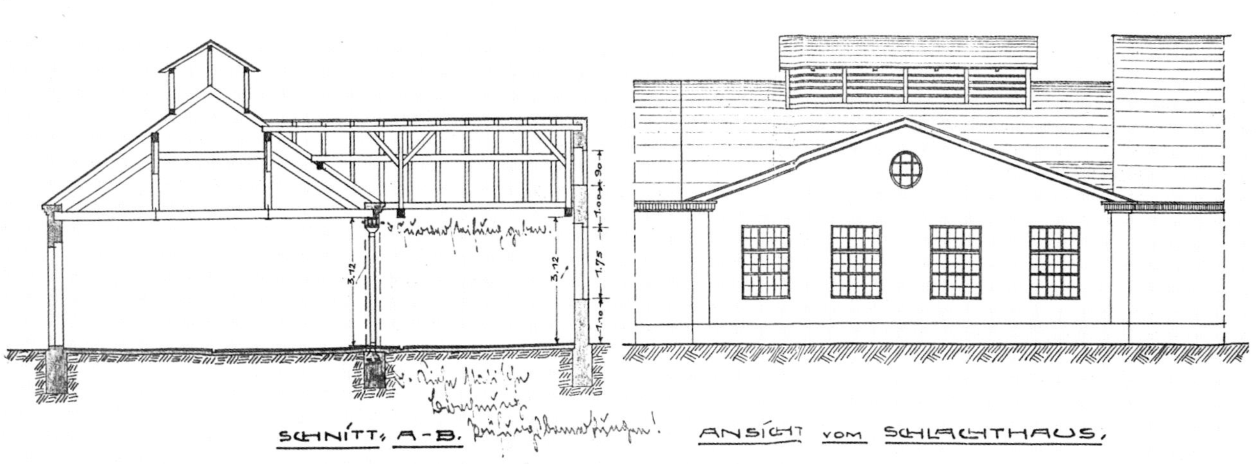

24 Schlachthof Frankenberg, Umbauplan, 1920er-Jahre.

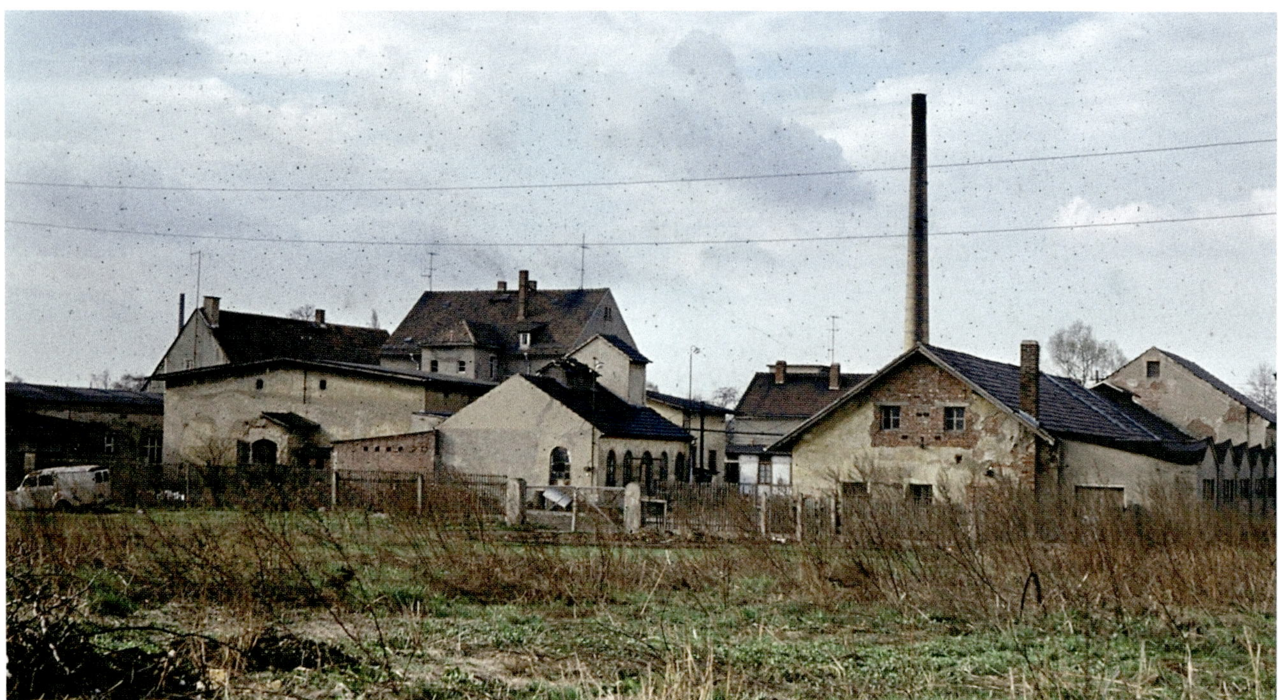

25 Schlachthof Frankenberg, Fotografie, 1950er-Jahre.

Anzahl der Schlachtungen immens an. Daher kam es 1893 zur Erweiterung der Dampfkesselanlage; 1894 wurde ein Kühlhaus mit 147,5 Quadratmetern Grundfläche errichtet. Leider sind weder die Architekten noch die Initiatoren hierfür bekannt.

Dass die Stadt Frankenberg 1888 einen Schlachthoftierarzt einstellte, ist ein Anzeichen dafür, dass sie der Anlage fördernd gegenüberstand und die Fleischerinnung aktiv unterstützte. 1892 wurde die Schlachthofordnung dahingehend verändert, dass die Tiere vor dem Schlachten grundsätzlich zu betäuben waren. Darin lassen sich moderne Tierschutzforderungen auf den Schlachthöfen bereits im 19. Jahrhundert verorten.

Ein größerer Um- und Neubau wurde 1926 durch die Architekten Gebrüder Hanitzsch und den Stadtbaumeister Messauer vollzogen *(Abb. 24)*. Während der Pferdestall funktional an das Schlachthaus, das sich direkt hinter dem Verwaltungs- und Restaurationsgebäude befand, angebaut wurde, erhielt das neue Kälberschlachthaus die zeittypische Gestaltung mit parabolisch zulaufenden Fenstern und einem Satteldach, auf dessen First eine langgestreckte Lüftungshaube aufgesetzt war. Der dem Schlachthofeingang zugewandte Giebel wurde durch eine kleine turmartige Erhöhung bekrönt.

Bereits 1971 wurde der Schlachthofbetrieb eingestellt. Heute gibt nur noch das als Wohnhaus vereinfacht sanierte Verwaltungs- und Restaurationsgebäude Zeugnis vom einstigen Schlachthof in Frankenberg *(Abb. 26)*.

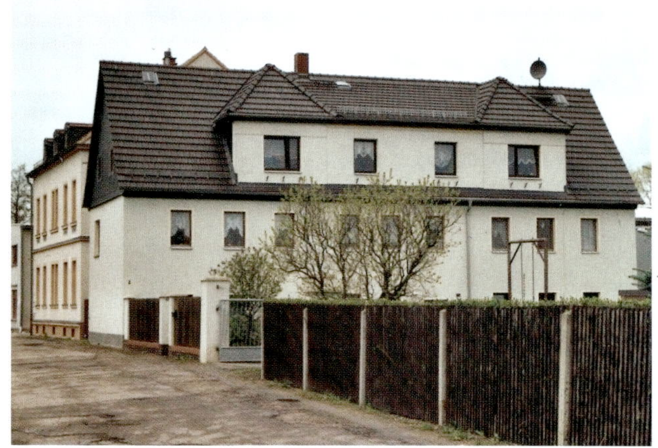

26 Zustand 2006.

Literatur- und Quellennachweis

- Stadtarchiv Frankenberg, Auszug aus dem revidierten Ortsstatut betreffend den Schlacht- und Fleischbeschauzwang in der Stadt Frankenberg vom 15. April 1887.
- Stadtarchiv Frankenberg, Akten des Stadtrats zu Frankenberg über das Haus Nr. 3, Abt. 3 der Ortsliste, die Schlachthofanlage betr., erg. im Jahre 1926, Abt. III, Abschn. 13, Nr. 69 Bd. II, Schlachthofstr. 3.
- Stadtarchiv Frankenberg, Acte: Die Erbauung eines neuen Kuttelhofes 1667, No. 46.
- Stadtarchiv Frankenberg, 1926 Anbau des Kälber-Schlachthauses und eines Pferdestalles im Schlachthofgrundstück für die Fleischerinnung zu Frankenberg, gepr. Vom Stadtbaumeister Messauer (22.4. 1926).

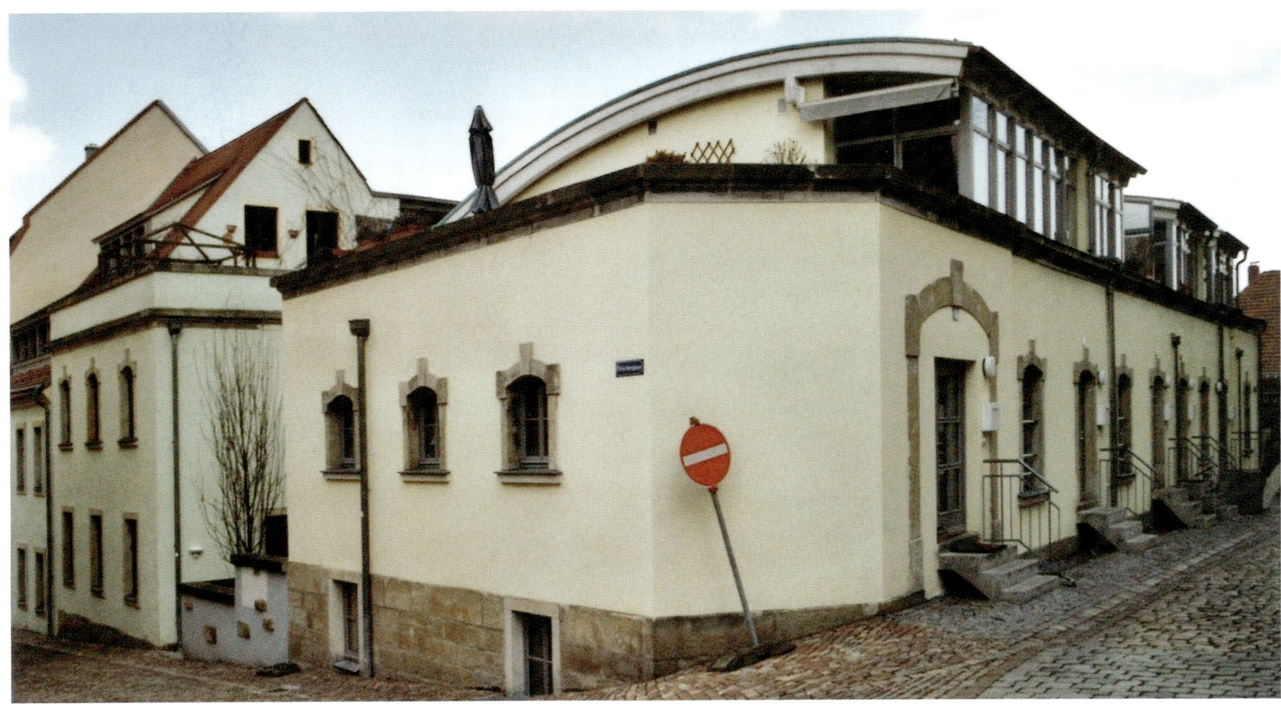

27 *Schlachthof Pirna I, ehemalige Schlacht- und Stallgebäude, 2006.*

Pirna I (1887)

Der Schlachthof am Sonnenstein

Fleischergasse 8 a–c, 9 a–c
Architekt: unbekannt

Die Stadt Pirna beschloss 1887 einen kommunal geführten Schlachthof zu errichten. Bereits am 1. Februar 1888 konnte die Anlage auf der Fleischergasse eröffnet werden. Die langgestreckten, horizontal ausgerichteten Baukörper dieses Schlachthofes liegen am Fuß des Sonnensteins. Sie wirken funktional und folgen den zeitgenössischen Bauformen der Industriearchitektur. Dieser Schlachthof wurde bereits durch den 1937 konzipierten und an der Max-Schwarzer-Straße errichteten Vieh- und Schlachthof abgelöst. Die Gebäude wurden zu modernen Wohnungen umgebaut *(Abb. 27, 28)*. Ein großer Sandsteinbottich der ehemaligen Viehtränke zeugt noch heute von der einstigen Funktion des Areals an der Fleischergasse *(Abb. 29)*.

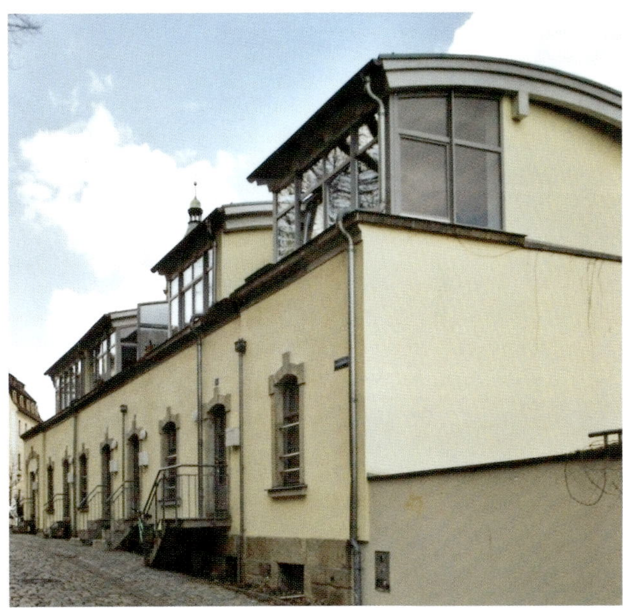

28 *Schlachthof Pirna I, ehemalige Schlacht- und Stallgebäude, 2006.*

Quellen und Literatur

- Stadtarchiv Pirna, Acten des Stadtrathes zu Pirna, den Schlachthauszwang und den öffentlichen Schlachthof betr., erg. 1892, B. III–XI, No. 04, 1919, Rep. I, Cap. IX, No. 214.
- Stadtarchiv Pirna, Akten des Stadtrats zu Pirna, Sachbetreff: Schlachthofberichte, erg. 1904 (Vol. II), B. III–XI, No. 1920, Rep. I, Cap. IX, No. 296.

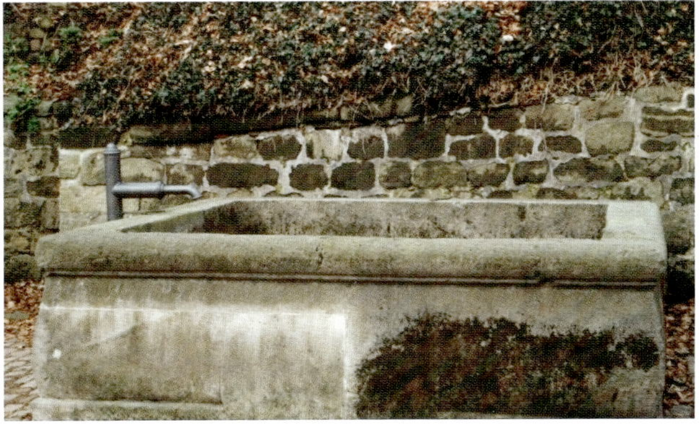

29 *Trinkbottich, 2006.*

Leipzig (1886–1888)

Umnutzung zur Medienanstalt

Altenburger Str. 3/ Kantstr. 71, 73
Architekt: Felix Moritz,
städtischer Baudirektor Hugo Licht

Am 11. Juli 1888 wurde in Leipzig der Vieh- und Schlachthof *(Abb. 30)* – gelegen am Bayrischen Bahnhof – eingeweiht.[1] Architekt der Anlage war Felix Moritz, später bekannt als Verfasser des Standardwerks zum deutschen Schlachthofbau »Gebäude für Lebensmittelversorgung – Schlachthöfe und Viehmärkte« (Leipzig 1909). Unter Aufsicht des Stadtbaurats Hugo Licht wurde der Vieh- und Schlachthof in zeitgenössischen historistischen Formen errichtet. Sämtliche Gebäude wurden in gelbem Klinker gefasst. Die überkragenden Dächer und die betonten, bis weit über das Dach geführten Mittelrisalite erinnerten an den Schweizerhaus-Stil. Darüber hinaus wurden die Fassaden durch die klare Fenstergliederung, Horizontalbänder, vereinzelte Eckbossierungen und einen Natursteinsockel akzentuiert. Zu den Gebäuden der ersten Bauphase gehörte eine Markthalle für das zu schlachtende Hornvieh, die für insgesamt 380 Rinder und 3000 Stück Kleinvieh konzipiert war. Vor dem Betreten der Halle wurde das Vieh vom Tierarzt untersucht. Die zweite Markthalle für Schweine konnte 1200 Tiere aufnehmen. Zusätzlich gab es 16 Sandbuchten für polnische und ungarische Tiere, um deren Stehgewohnheiten besser Rechnung zu tragen. Des Weiteren existierte eine Markthalle für unverkauftes und zusätzlich unterzubringendes Vieh. Im Dachboden war ausreichend Raum für notwendige Futtervorräte.

Das repräsentative Börsengebäude an der Südgrenze des Areals beherbergte einen großen Saal, das Geschäftszimmer des Leipziger Schlachtvieh-Creditvereins, eine Polizeiwache, ein Restaurant und weitere Wirtschaftsräume. Die aufwendige Innengestaltung des Börsensaales mit illusionistischer Ausmalung wurde 1906 ausgeführt. Als nördliches Pendant zum Börsengebäude, nur in seiner Dimension etwas kleiner, wurde die Verwaltung angeordnet. In diesem Gebäude befanden sich auch Wohnungen. Beide Gebäude flankierten die Südwestachse, die – ursprünglich leicht durchgrünt – sogar von der städtischen Straßenbahn befahren wurde. Rechts und links davon befanden sich die Werkstraßen, an denen sich die Funktionsgebäude aufreihten. Den westlichen Eingang mar-

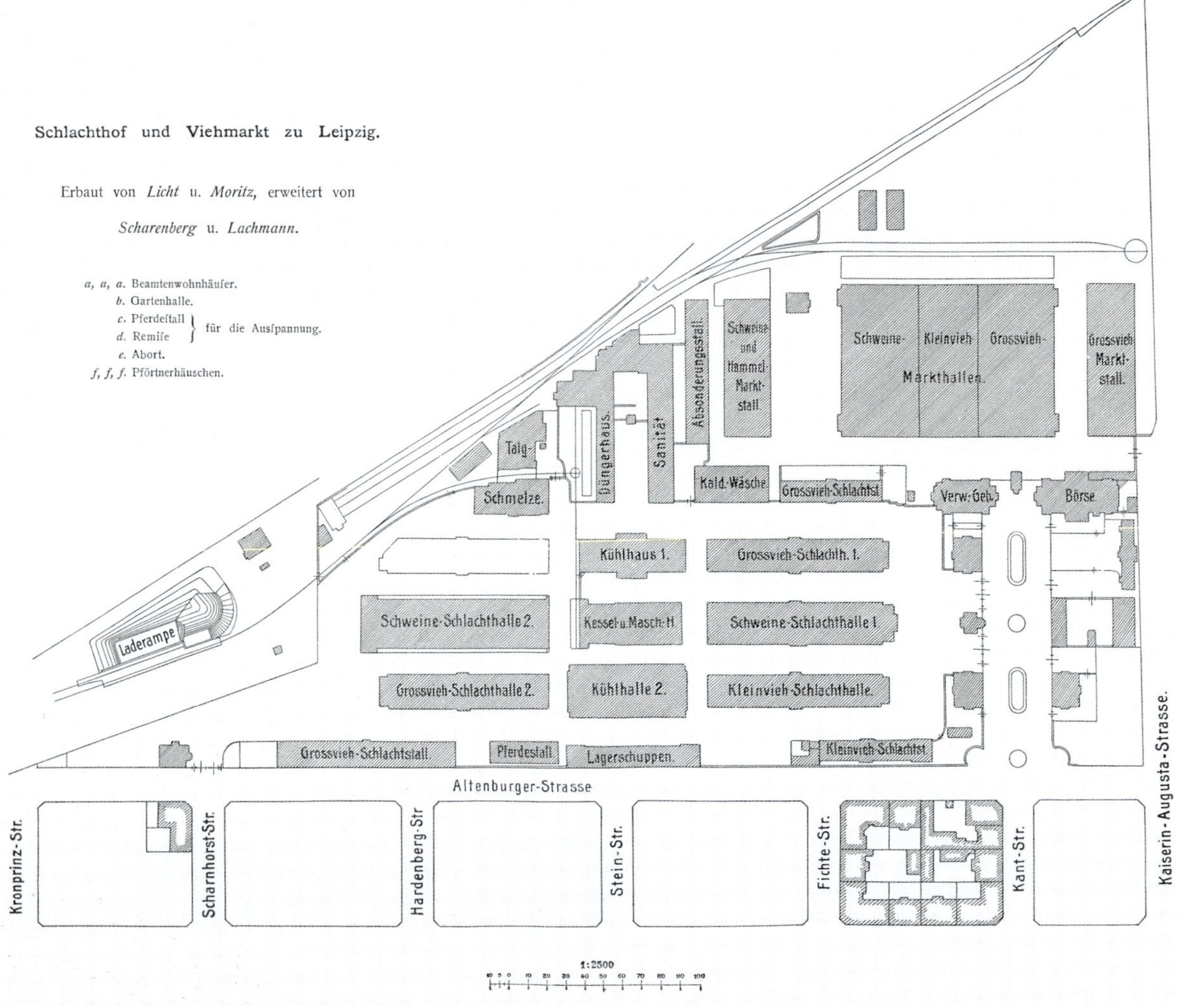

30 Schlachthof Leipzig, Dispositionsplan.

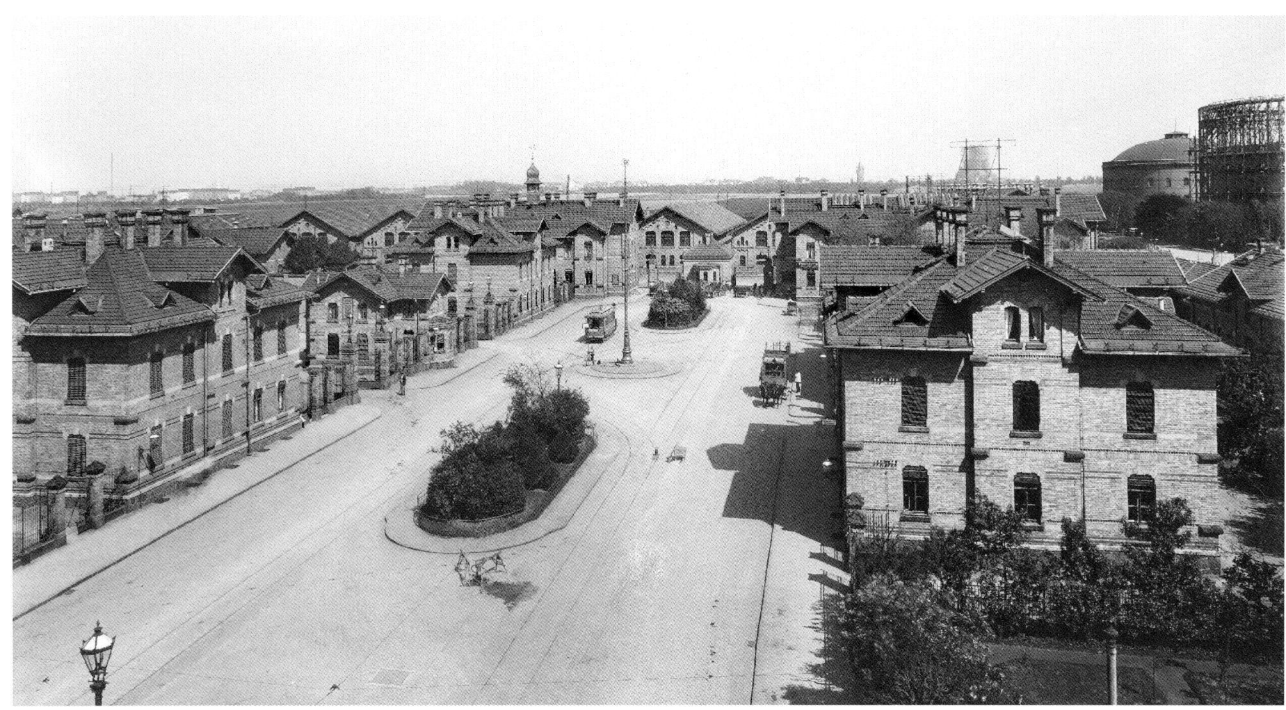

31 Schlachthof Leipzig, Luftbild, nach 1888 (Hermann Walter).

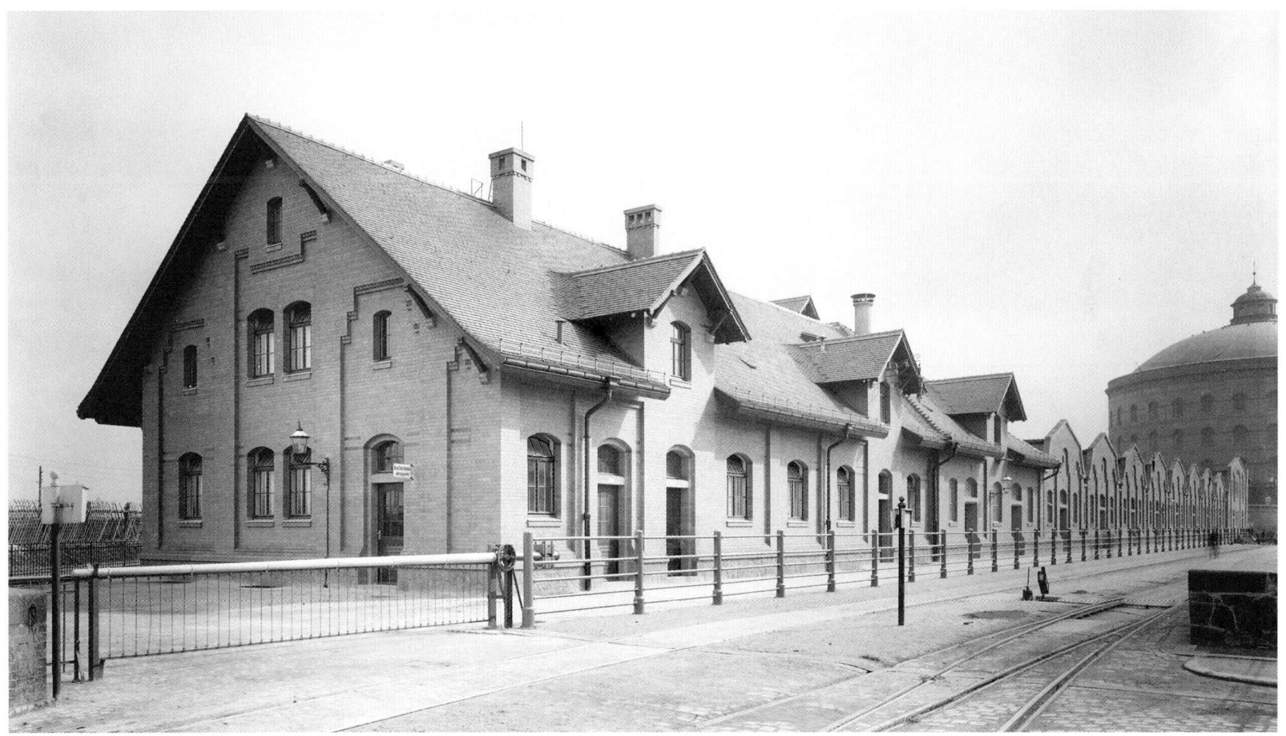

32 Schlachthof Leipzig, Großviehmarkthalle, nach 1888 (Hermann Walter).

kieren bis heute zwei formal fast identische Gebäude – das Beamtenwohnhaus und die Fleischbeschau. Der Eingang wird durch das Einschwingen der Umgebungsmauer an der Altenburger Straße zusätzlich akzentuiert *(Abb. 31)*.

Nach Norden nahmen drei langgestreckte Schlachthallen für Schweine, Groß- und Kleinvieh sowie weitere Funktionsräume umfangreiche Flächen ein *(Abb. 32–38, 40, 41)*. Dahinter lagen das Kessel- und Maschinenhaus sowie das Kühlhaus. Alle diese Gebäude verband das Erscheinungsbild in hellem Klinker, die durch Abtreppungen und Friese an den Fassaden gestalterischen Anspruch erhoben. Insgesamt erforderte die erste Bauphase des Schlachthofes einen Kostenaufwand von

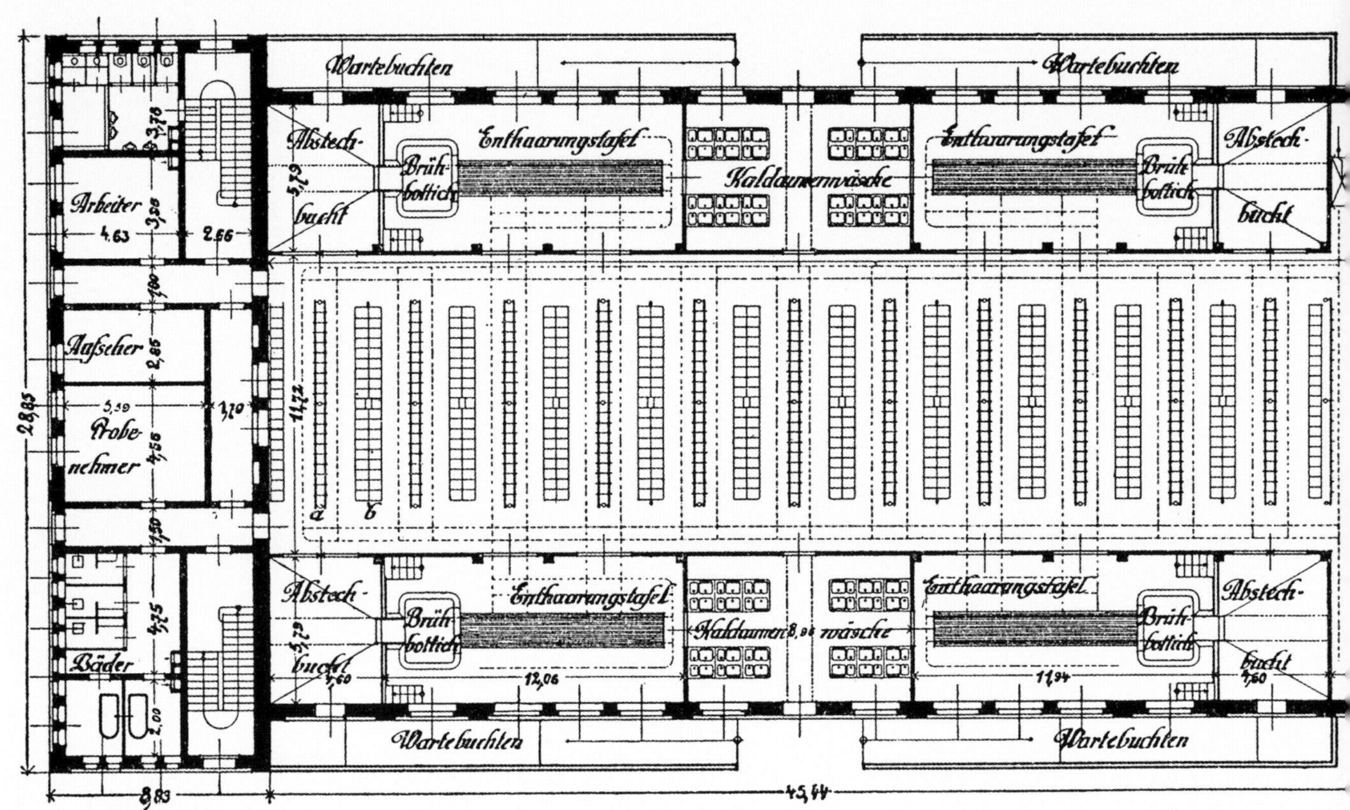

33 *Schlachthof Leipzig, Schweineschlachthalle, Grundriss.*

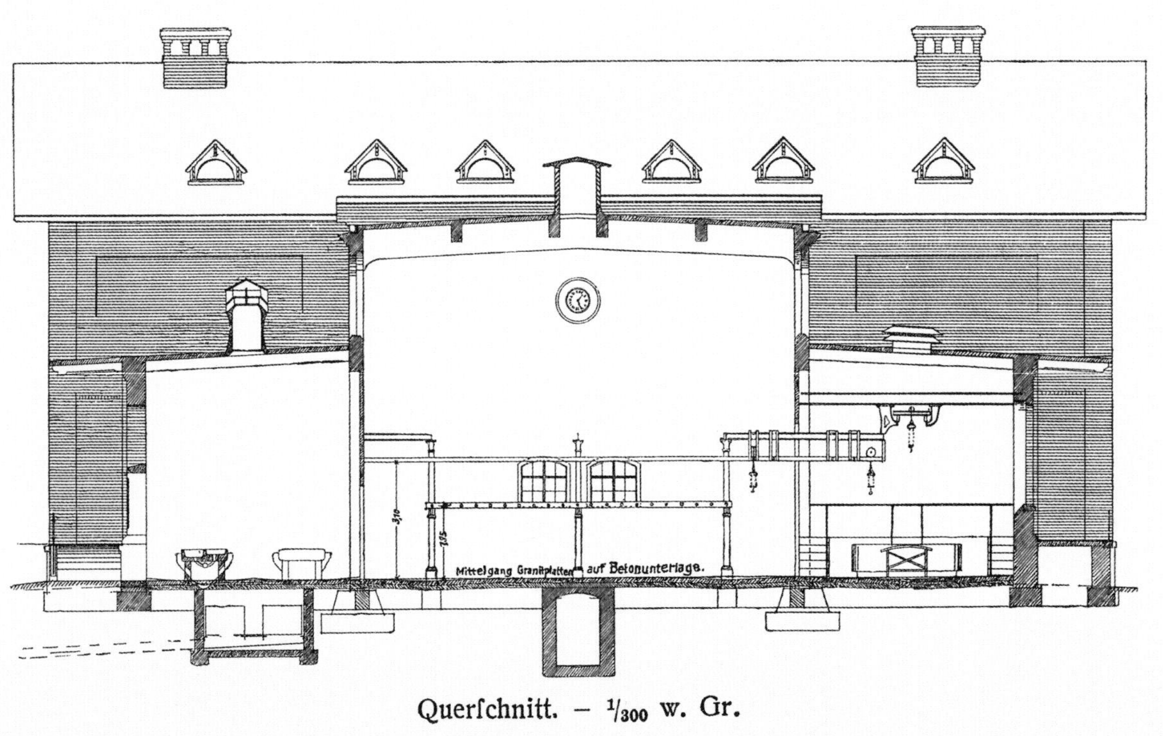

34 *Schlachthof Leipzig, Schweineschlachthalle, Schnitt.*

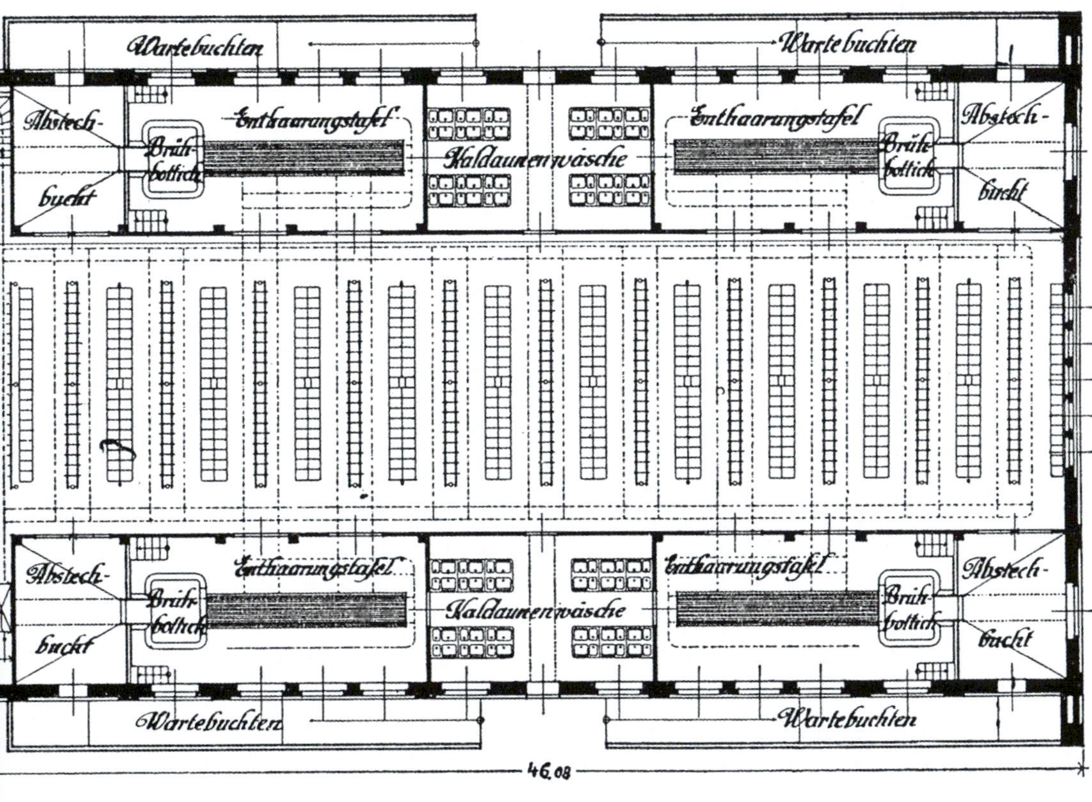

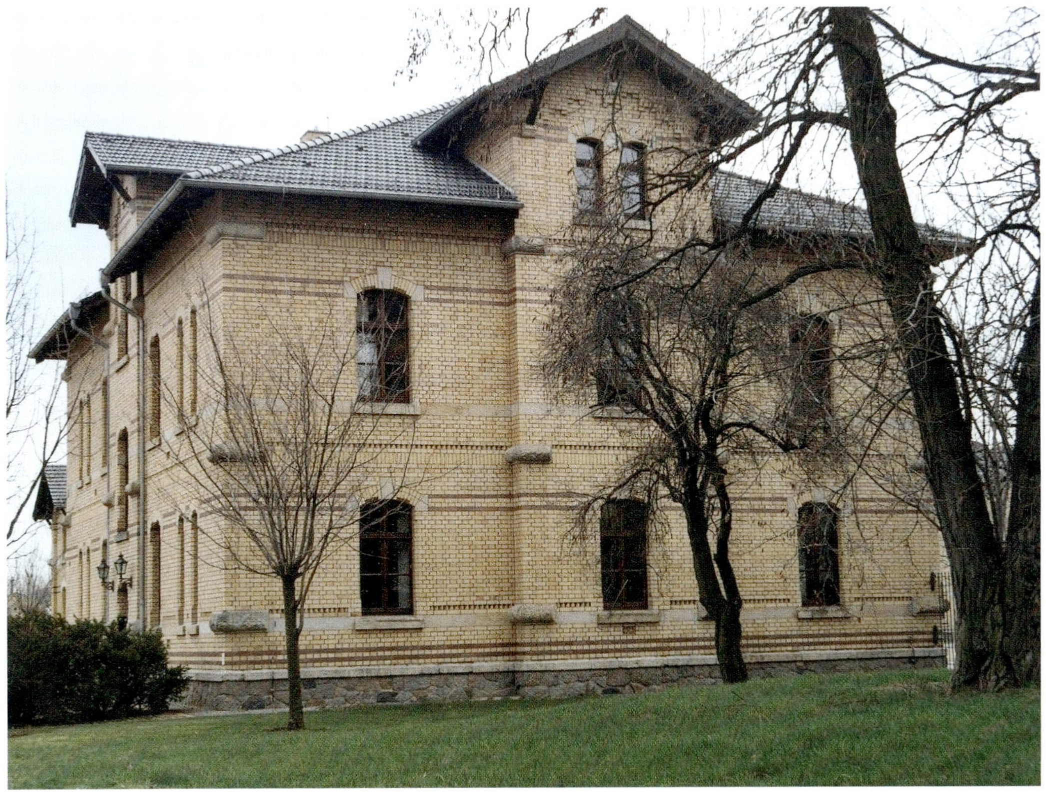

35 *Schlachthof Leipzig, Eingangsgebäude, 2007.*

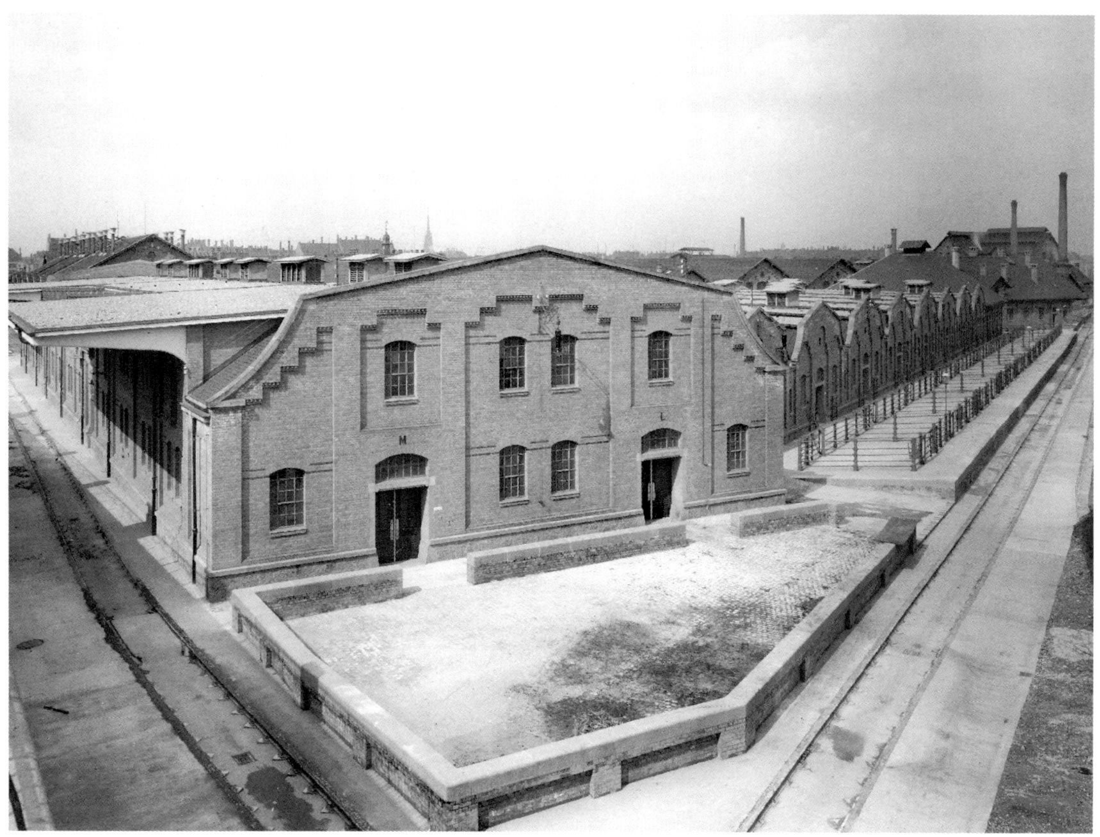

36 *Schlachthof Leipzig, Großvielhmarkthalle, nach 1909 (Hermann Walter, Atelier).*

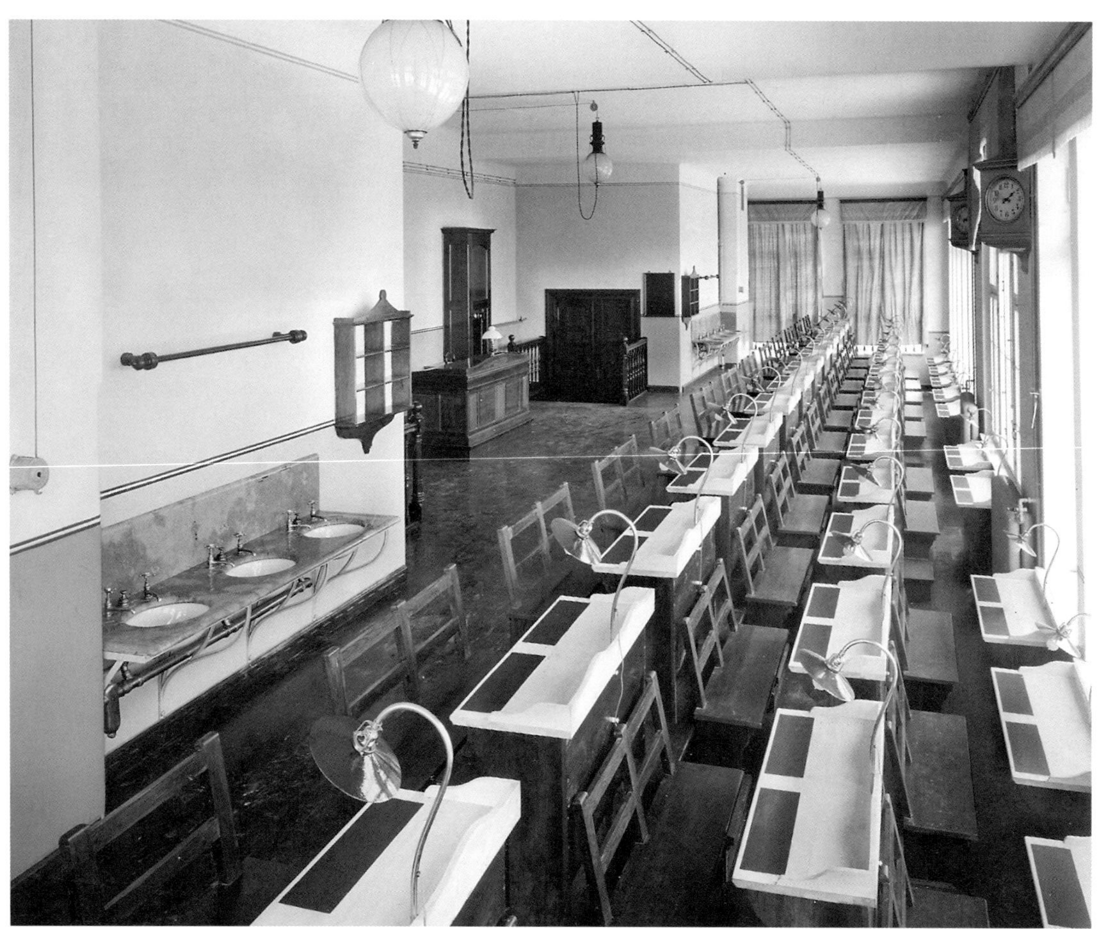

37 *Schlachthof Leipzig, Fleischbeschauraum, nach 1888 (Hermann Walter).*

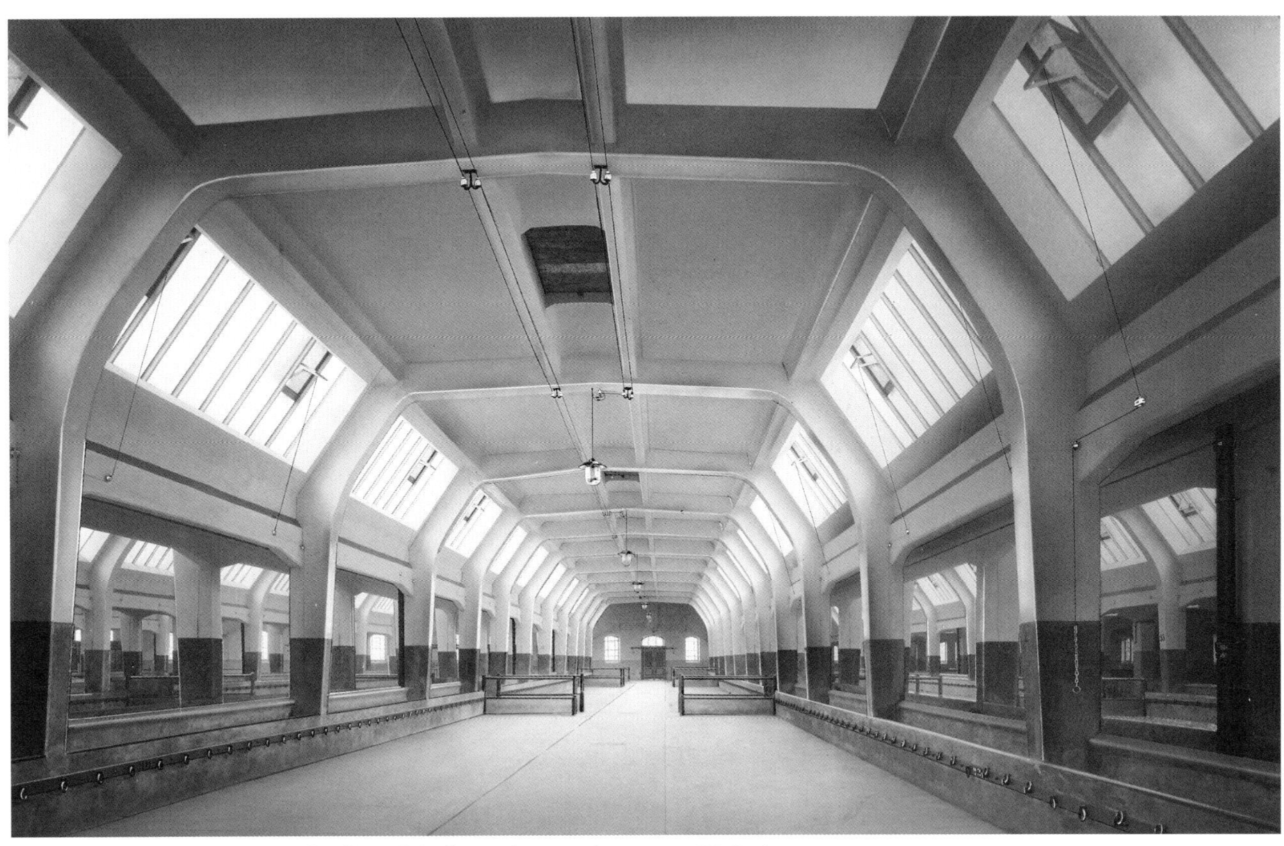

38 Schlachthof Leipzig, Großvielhmarkthalle, nach 1888 (Hermann Walter).

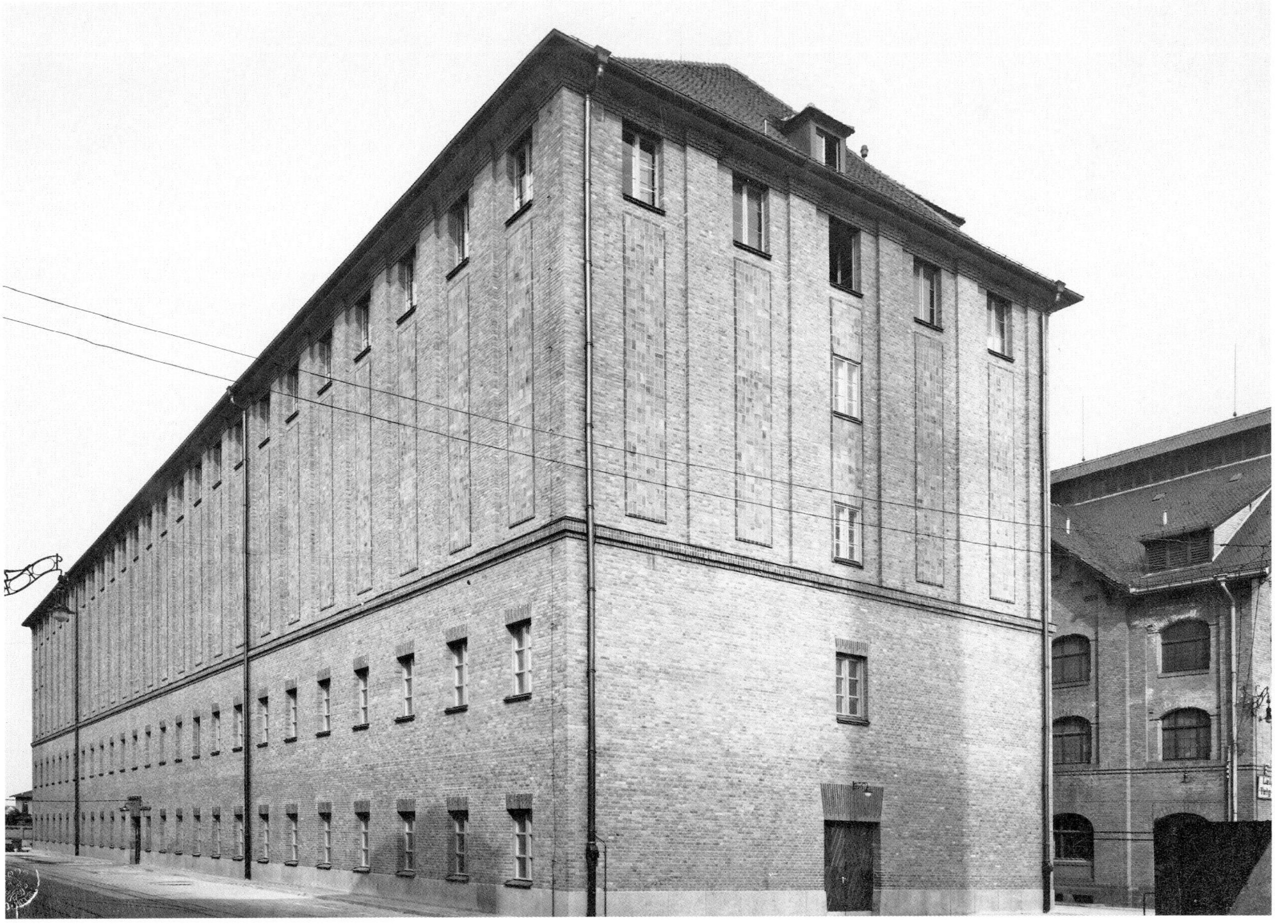

39 Schlachthof Leipzig, Fleischgroßhandelshalle, um 1930.

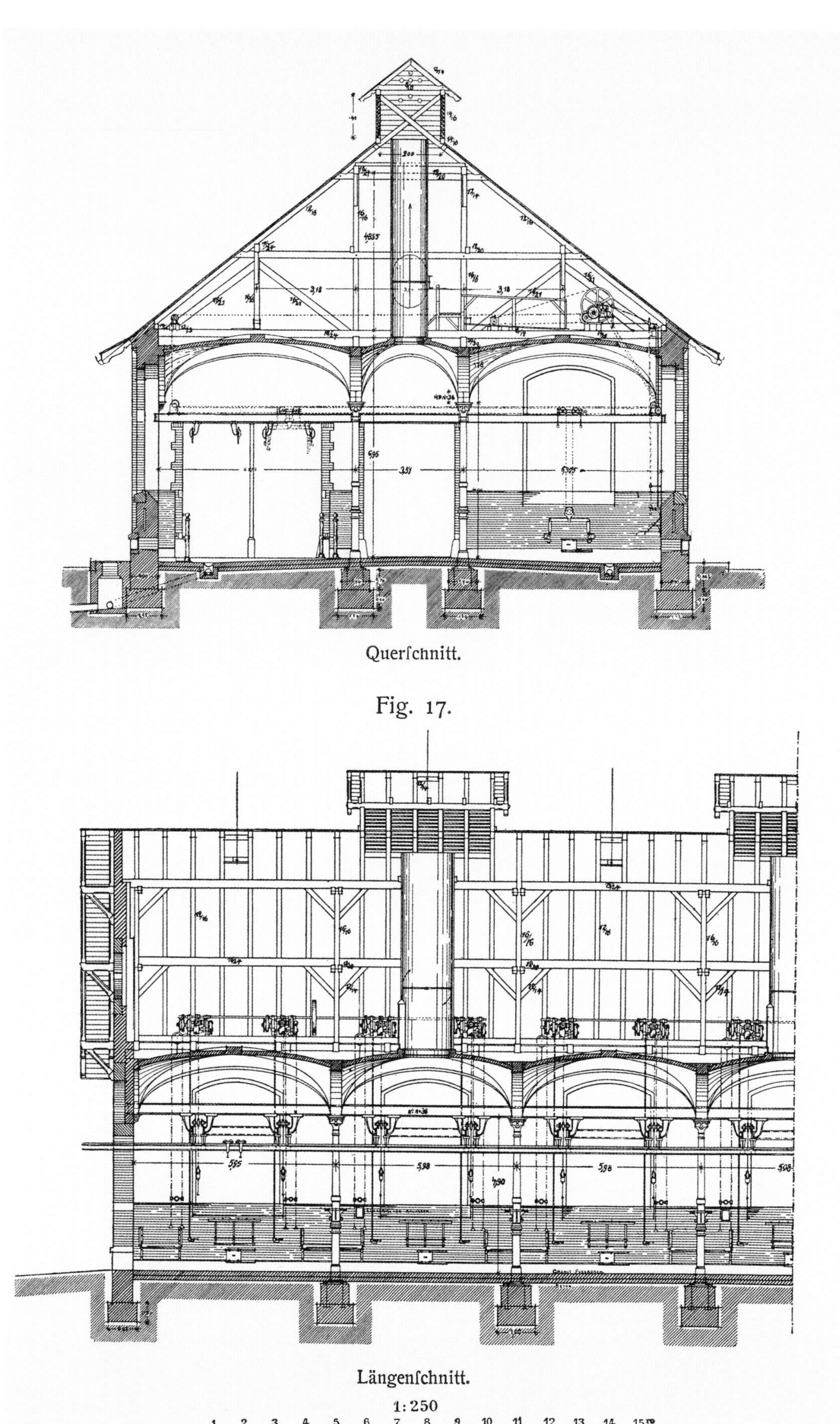

40 *Schlachthof Leipzig, Großviehschlachthalle.*

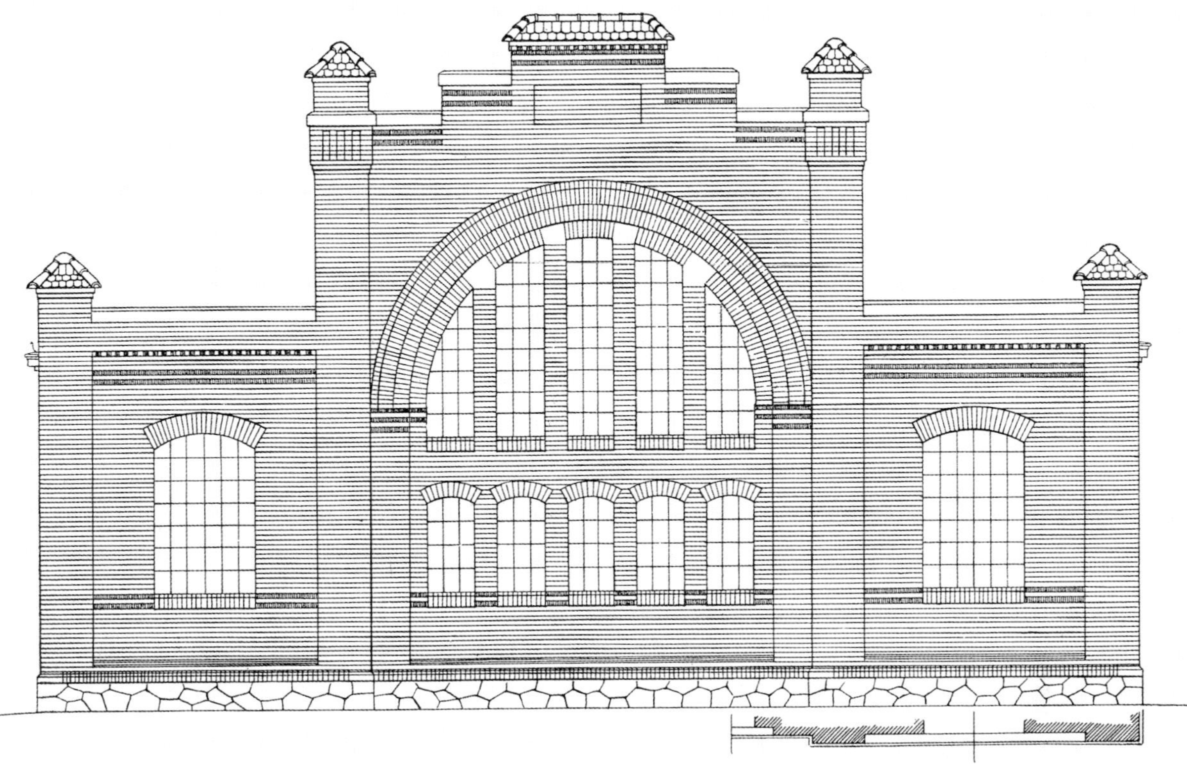

41 Schlachthof Leipzig, Kaldaunenwäsche.

rund 4,5 Millionen Mark. Der bauplastische Schmuck in Form von Reliefs und Tierköpfen, darunter auch eine Darstellung des von Putten mit Attributen des Schlachterhandwerks flankierten Stadtwappens, setzte sparsame Akzente.

Verschiedene Entwicklungsphasen und häufige Erweiterungen führten zu einem sehr heterogenen Erscheinungsbild der Anlage. Bereits 1925 wurde dem Leipziger Schlachthof die von den Stadtbauräten Hubert Ritter und Carl James Bühring errichtete Fleischgroßhandelshalle hinzugefügt, die in ihrer Größe und Monumentalität einen Gegensatz zu den zahlreichen Schlachtgebäuden aus Klinker darstellte *(Abb. 39)*. Die die Vertikaltendenz betonenden Putzspiegel, der Gebäudeschwung an der Schmalseite sowie die kraftvollen Dachhäuser bestimmten die Gestalt des architektonisch qualitätvollen Bauwerks, das formalästhetisch den Bauformen der 1920er-Jahre entspricht.

1936 wurde eine weitere Rinderschlachthalle errichtet. Deren Schauseite wurde von einer markanten vertikalen Fensterreihung zur Straße dominiert. Der spannungsvolle Wechsel zwischen gelben und roten Ziegeln und die Inszenierung der turmartigen Ausformung des Giebels, mit einer Turmuhr an der Südseite, akzentuierten das Bauwerk.

Heute hat sich das Erscheinungsbild des Schlachthofes völlig verändert. Die Zentrale des Mitteldeutschen Rundfunks hat sieben Gebäude denkmalgerecht saniert und auf dem Areal einige Neubauten errichtet. Die Erweiterungsbauten aus den 1920er- und 1930er-Jahren wurden abgebrochen.

Anmerkungen

1 DBZ vom 18.7.1888, S. 344; Felix war auch Patentinhaber für eine Transportvorrichtung für hängende Rinder, vgl. dazu DBZ vom 11.4. 1891, S. 180.

Quellen und Literatur

- Rat der Stadt Leipzig, Die Stadt Leipzig in hygienischer Beziehung. Festschrift für die Theilnehmer der XVII. Versammlung des Deutschen Vereins für öffentliche Gesundheitspflege, Leipzig 1891.
- Deutsche Bauzeitung, 11. April 1891, S. 180.
- Deutsche Bauzeitung, 18. Juli 1888, S. 344.
- Deutsche Bauzeitung, 1. Februar 1888, S.50f.
- Der Vieh- und Schlachthof der Stadt Leipzig in den ersten 25 Jahren (Juli 1888 bis Juni 1913), bearbeitet vom Direktor Veterinärrat Hengst, Leipzig 1914.
- Hocquél, Wolfgang: Alter Schlachthof, Leipzig. Ein Kulturdenkmal im Spannungsfeld von Abbruch und Erneuerung; in: Bauwelt 86 (1995) 1/2 S. 4f.
- Hocquél, Wolfgang: Zur Umnutzung eines technischen Denkmals, in: Architektur Denkmalpflege, Leipziger Blätter, H. 21, Herbst 1992, S. 21–25.
- Von der Fleischbörse zum Medientempel. Der MDR richtet seine Zentrale im alten Schlachthof in Leipzig ein, in: Sächsische Industriedenkmale in neuer Nutzung, Dresden 1999, S.45–56.
- Verwaltungsbericht des Vieh- und Schlachthofes der Stadt Leipzig, Leipzig 1909–1928.
- Hengst, Wilhelm: Der Vieh- und Schlachthof der Stadt Leipzig in den ersten 25 Jahren, Leipzig 1914.

Torgau (1888/1913)

Die Anlage nach der Invention Georg Osthoffs

Pestalozziweg (ehemals Fürstenweg)
Architekt: Stadtbauamt, Baumeister Rothe
Inventor: Georg Osthoff (Plauen)

Die Baugeschichte des Schlachthofs in Torgau ist eng verbunden mit dem deutschen Schlachthofarchitekten Georg Osthoff, der 1888 eine detaillierte Planung für eine derartige Anlage in Torgau lieferte *(Abb. 44)*.[1] Von der Stadt wurde dafür das Gelände des Stolzenheimschen Grundstücks, das wohl dem ehemaligen Rittergut Langöhr auf dem Fürstenweg 494 entsprach, vorgesehen. Direkt an der Elbe gelegen, eignete sich der Bauplatz besonders gut, um Abwässer günstig abzuführen. Zudem verhinderte die Stadtrandlage die Geruchsbelästigung der Bewohner. Georg Osthoff organisierte die notwendigen Gebäude auf dem relativ kleinen Grundstück um einen Innenhof herum *(Abb. 42)*. Den Auftakt der Anlage bildet das Wohn- und Verwaltungsgebäude aus rotem Klinker mit schmuckvoll verzierten Dachüberständen. Über eine kleine Straße hinweg, die die Zufahrt zum Hof gewährt, befinden sich der Schauraum für den Amtstierarzt sowie Stallungen für Pferde und krankes Vieh. Seitlich wird der Hof von den Ställen für Groß- und Kleinvieh gerahmt. Die große Schlachthalle erstreckt sich über die gesamte Breite des Hofes und bildet gleichzeitig auch den Abschluss. Darin befinden sich neben den Schlachtboxen auch das Kühlhaus, die Kaldaunenwäsche, der Brühraum, das Kesselhaus sowie das Düngerhaus. Damit hatte Osthoff für eine mittelgroße Stadt mit weiterem Wachstum eine Idealanlage geplant. Jedoch gab es von Seiten des Magistrats wegen baulicher Angelegenheiten, zu kleinen Schlachtebuchten sowie der Verlegung des Abwasserrohrs in die Mitte der Elbe starke Bedenken gegen Osthoffs Planungen. Die Stadt teilte dem Architekten ihre Bedenken am 20. Februar 1888 mit und bat ihn noch einmal nach Torgau zu kommen.[2] Hier enden jedoch die Informationsquellen. An der heutigen Organisation des Schlachthofes ist aber deutlich zu erkennen, dass die Planungen von Georg Osthoff den Bau maßgeblich beeinflusst haben. Der folgende Erläuterungsbericht zeigt im Vergleich mit dem Grundrissplan von Osthoff, dass der Magistrat keine entscheidenden Änderungen vorgenommen hat:

»Erlaeuterungsbericht zu dem Bau des Schlachthofes Torgau. Beschreibung der einzelnen Anlagen: Die sämmtlichen Gebäude sollen mit Holzcementdächern versehen werden, mit Ausnahme des Brühraumes und der Kaldaunenwäsche, welche eine flache Wellblechbedachung mit eisernen Dachstühlen erhalten. Der Fußboden sämmtlicher Gebäude soll aus einer 15 cm starken Betonlage mit einem 2 cm starken Cement Estriche darüber bestehen. Sämmtliche Hochbauten sollen aus einem einfachen Reinbaue in rothen Ziegeln mit abgerundeten Kanten und bei geringer Anwendung von Formsteinen hergestellt werden. Die Fenster der Schlachthalle, des Brühraumes und der Kaldaunenwäsche sind zum Drehen um horizontale Achsen eingerichtet, um eine kräftige Lüftung zu erreichen.

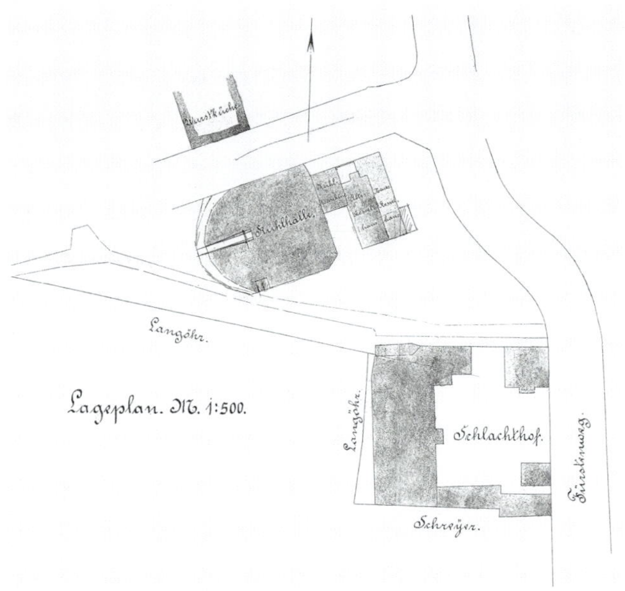

42 *Schlachthof Torgau, Lageplan mit Kühl- und Kesselhaus.*

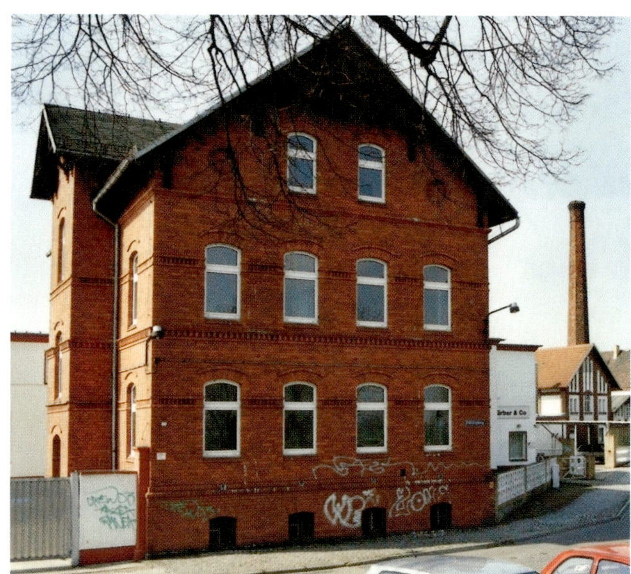

43 *Schlachthof Torgau, Verwaltungsgebäude, 2007.*

■ a) Der Stall für Fleischerpferde, Trichinenschauraum, darüber Wohnung für den Knecht, wird 2 geschossig mit Pfannendach gebaut, das untere Geschoß über dem Stalle überwölbt.

■ b) Das Schlachthaus und der Stall für krankes Vieh erhält keine Decke. Hier ist der Dachstuhl sichtbar. Der Schlachtraum ist mit einer Großviehwinde, einem Brühkessel, einem Kaldaunentroge mit Tischplatte aus Cement und mit Hakenrahmen ausgestattet, während der Stall 2 Stände für Großvieh, eine Bucht für Schafe und Kälber und eine andere für Schweine besitzt. Diese Buchten bestehen aus beidseitig abgeputztem Cementbeton von 10 cm Dicke und besitzen hölzerne Thüren. ... Stall und Schlachthaus für Pferde erhalten Holzcementdach ohne Balkendecke.

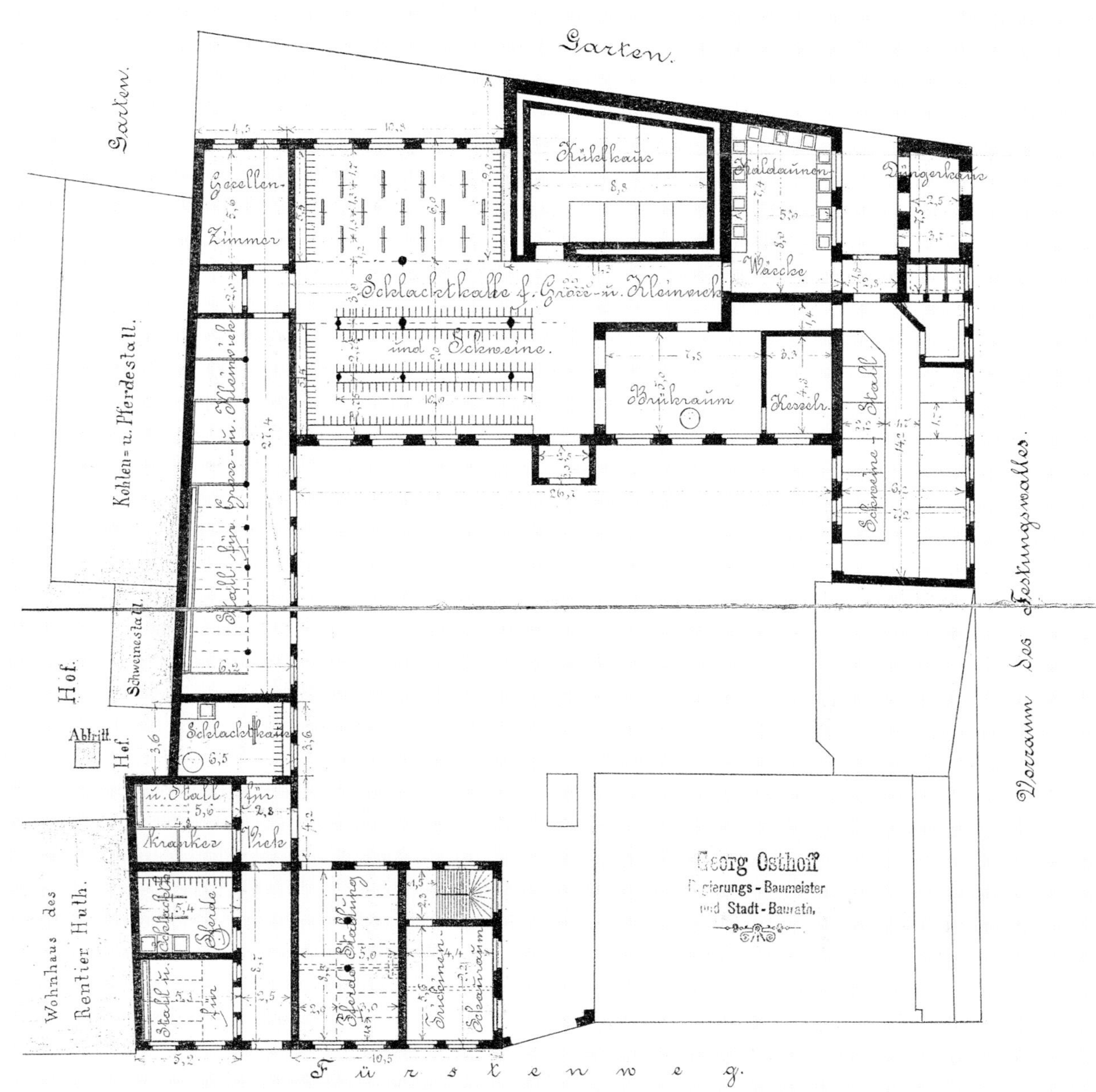

44 Schlachthof Torgau, Dispositionsplan nach Georg Osthoff.

■ c) Der Groß- und Kleinviehstall besitzt einen Futterboden, Thontröge und Buchten aus Cementbeton mit hölzernen Thüren. Holzcementdach. Der Großviehstall weist 10 Stände und der für Kleinvieh 4 Buchten von je 5 qm, zusammen von 20 qm Grundfläche auf, welche 40 Stück Kleinvieh beherbergen können.

■ d) Der kleine Gerätheraum wird durch Oberlicht erhellt.

■ e) Das Gesellenzimmer wird mit Schränken ausgestattet, welche an den Wänden befestigt sind und die Werkzeuge der Fleischer sowie ihre Kleider aufnehmen sollen. Von hier aus geht eine Thüre nach dem unbebauten Grundstück. ...

■ f) Die Schlachtehalle für Großvieh, Kleinvieh und Schweine ist in Cementbeton zwischen gemauerten Gurtbögen, welche auf eisernen Säulen ruhen, überwölbt, sodaß die geebnete Oberfläche zugleich den Fußboden des oberen Bodens bildet. In dem Schlachtraume sind 12 Großviehwinden, sowie 63 lfdm. Hakenrahmen untergebracht, während 11 Winden und 56 lfdm. Hakenrahmen gefordert wurden. Diese Halle besitzt 2 Eingänge vom großen Hofe und steht einerseits mit dem Stalle für Großvieh und Kleinvieh, dem Gerätheraum und dem Gesellenzimmer, andererseits mit der Kaldauenenwäsche und dem Brühraum in direkter Verbindung.

■ g) Die Kaldaunenwäsche erhält 2 große Reinigungströge für Großviehwampen, 6 kleinere Kaldaunentröge mit 7 steinernen Tischplatten dazwischen. Ueber jedem Troge befindet sich ein Kaltwasser- und ein Heißwasserhahn sowie Hakenrahmen.

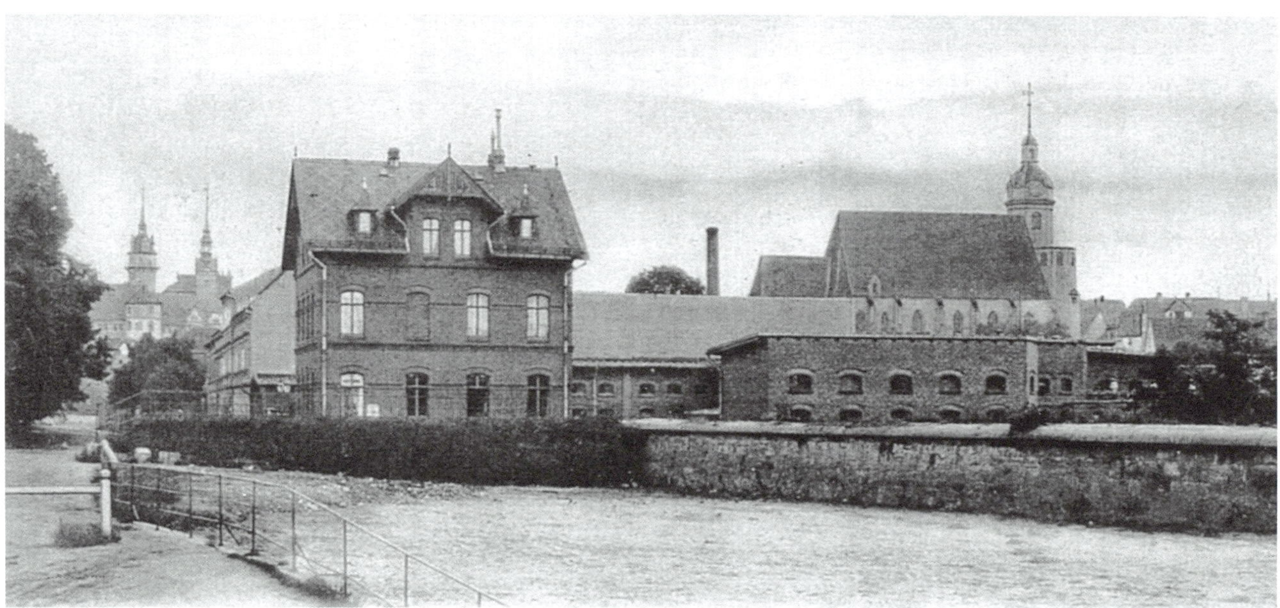

45 Schlachthof Torgau, Verwaltungsgebäude, Postkarte (Ausschnitt).

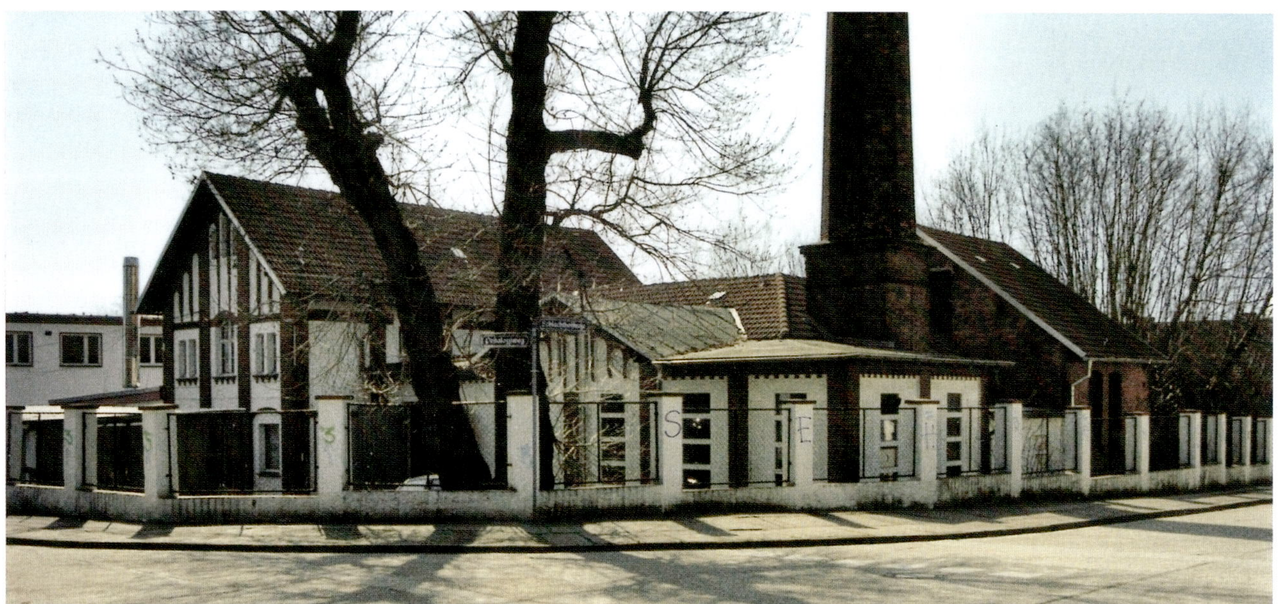

46 Schlachthof Torgau, Kesselhaus, 2007.

■ h) Der Hof zwischen der Kaldaunenwäsche und dem Düngerhause ist zum Theil von dem Dachüberstande des Hauptgebäudes, zum anderen Theile von dem niedrigeren Dachüberstande des Düngerhauses überdeckt.

■ i) Das Düngerhaus besteht aus einer betonierten wasserdichten Düngergrube und einem darüber erbautem Hause mit Dachlaterne zum Dunstabzuge. Die nach der Kaldaunenwäsche gerichtete Längswand des Hauses erhält in der Höhe des Hof Fußbodens drei, mit eisernen Klappen verschließbare Einwurföffnungen und an der anderen Seite zwei mittelst Schiebethürn zu schließende Auftragöffnung vor, welche die Düngerwagen fahren.

■ k) Der Brühraum ist im Dache mit Dunstabzügen und im Innern mit einem Schweine-Wartegehäge, einem Brühbottiche und einem Drehkrahne, sowie mit einem stehenden Dampfkessel und einer Wandpumpe versehen. Ueber dem Kessel steht auf eisernen Trägern ein Heißwasserbassin. Das Wasser desletzteren, sowie des Brühbottiches, wird durch den Dampf des Kessels erwärmt. Von dem Warmwasserbassin führt eine Rohrleitung zu dem Brühbottiche und zu den Hähnen der Kaldaunentröge. Vor dem Brühraum befindet sich ein kleiner Kohlenschuppen.

■ l 1.) In dem Stalle für Schweine sind 3 Aborte und ein Pissoir untergebracht, deren Abfallstoffe direkt in das Dünger-

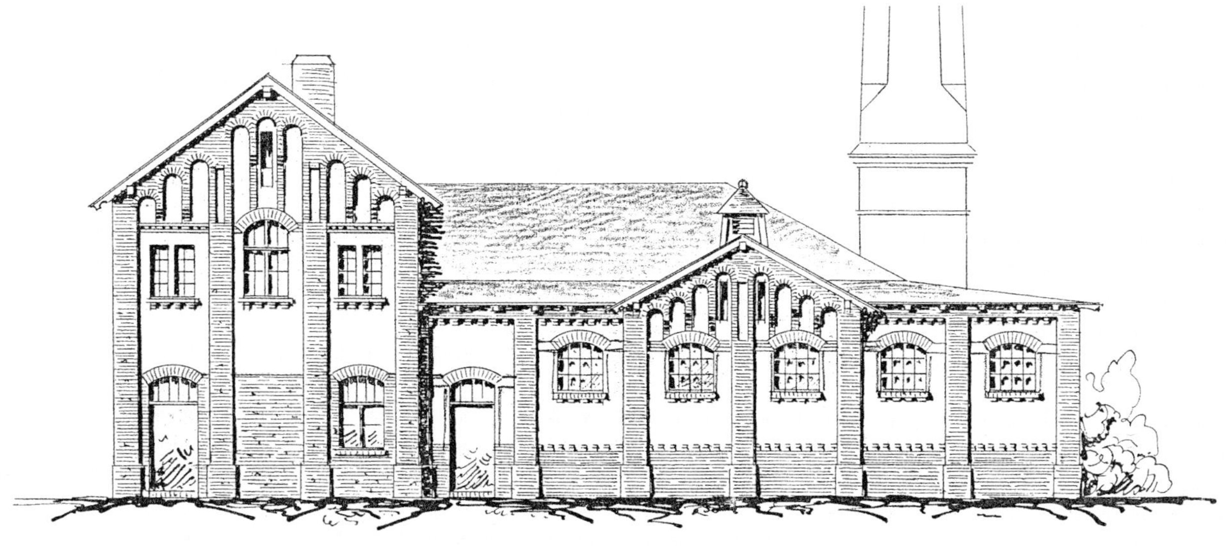

47 Schlachthof Torgau, Kesselhaus, Ansicht.

haus gelangen. Der Stall selbst besitzt zwölf mit eisernen Thüren und hölzernen Fresströgen ausgestattete Buchten zusammen von 36 qm. Grundfläche, welche 52 Schweine aufnehmen können. Ueber dem Stallraume befindet sich eine Balkanlage mit Dielenfußboden zur Aufbewahrung des Futters.

■ l 2.) Das Kühlhaus wird 3,0 m hoch mit besonderer Decke und Oberlicht erbaut und erhält Holzcementdach. Die Fläche desselben beträgt 125 qm.

■ m) Die ganze nicht bebaute Fläche des Grundstücks soll gepflastert bzw. mit Cementfußwegen versehen werden.

■ n) Die ganze Anlage soll mit Gas- und Wasserleitung ausgestattet werden. Auf dem Hofe werden 4 Hydranten stehen, während die sämmtlichen Räume mit Wasserhähnen und Hydranten versorgt werden sollen.

■ o) Zur Abführung der flüssigen Abwässer dient ein Thonrohr-Canal von 30 cm Lichtweite, welcher bis in die Mitte der Elbe geführt wird und hier unter Wasser seinen Ausfluß besitzt. Sollte bei Hochwasser der Elbe ein Rückstau der Abwässer des Schlachthofes in dem Canal zu befürchten sein, so ist an der in der Zeichnung angegebenen Stelle mittels eines Schiebers der Ablaufstrang nach der Elbe von dem Zulaufstrange abzusperren und der Pumpstrang aufzumachen. Dieser letztere steigt in dem Brühraume hinter dem Dampfkessel in die Höhe bis über das Dach hinaus und besitzt neben sich einen an mehreren Stellen in der Höhenrichtung mit ersterem verbundenen Abflussstrang, welcher hinter dem Schieber des Hauptcanales sich mit diesem in Verbindung setzt. Die Wirkung dieser Canalstränge ist so einfach, dass eine Beschreibung derselben unnöthig erscheint. Torgau, den 18. Mai 1888

Der Magistrat«[3]

Das derzeitige Erscheinungsbild der Anlage entspricht strukturell noch diesem Erläuterungsbericht. Umbaumaßnahmen und Erweiterungen, die der Verbesserung der hygienischen Anforderungen dienten, haben die Anlage in ihrer Substanz stark verändert. Das Verwaltungsgebäude markiert bis heute den Haupteingang *(Abb. 43, 45)*. Sehr reizvoll stellen sich die nördlichen Erweiterungen für ein Kesselhaus (1913) dar, die der Baumeister Rothe schuf *(Abb. 46, 47)*.[4] In einem Wechselspiel zwischen Pilastern aus rotem Klinker und weißen Putzflächen gestaltete er die Fassaden in den beiden Dreiecksgiebeln mit schmalen vertikalen Rundbögen, die den ansonsten einfachen Baukörper malerisch beleben. Der oktogonale Schornstein erwächst aus einem rechteckigen Schaft. Am oberen Ende wird er mit einem Schmuckkranz bekrönt. Diese Erweiterungsbauten sind in ihrer Substanz auch heute noch fast vollständig erlebbar. Die Gebäude werden derzeit von einem Fleischerbetrieb genutzt.

Anmerkungen

1 Stadtarchiv Torgau, vgl. Magistrat in Torgau, Communal-Verwaltung, Acta betreffend: Die Anlage eines Schlachthauses in Torgau, geschlossen 1893, S. 1–8.
2 Ebd., S. 9–12.
3 Ebd., S. 18f.
4 Stadtarchiv Torgau, Polizei-Verwaltung in Torgau, Bauakten über das Grundstück Pestalozziweg Nr. 13, Eigenthümer: Schlachthof, S. 10.

Quellen und Literatur

■ Stadtarchiv Torgau, Polizei-Verwaltung in Torgau, Bauakten über das Grundstück Pestalozziweg Nr. 13, Eigenthümer: Schlachthof.

■ Stadtarchiv Torgau, Magistrat in Torgau, Communal-Verwaltung, Acta betreffend: Die erlassenen Bestimmungen der Benutzung des öffentlichen Schlachthofes, angef. 1889, geschlossen 1908.

■ Stadtarchiv Torgau, Magistrat in Torgau, Communal-Verwaltung, Acta betreffend: Die Anlage eines Schlachthauses in Torgau, geschlossen 1893.

Döbeln (1888/89)

Der fein gegliederte Verwaltungsbau

Schlachthofstraße
Architekt: unbekannt

An den Schlachthof in Döbeln erinnern heute nur noch zwei Bauwerke und Teile der ehemaligen Einfriedung. Das Verwaltungsgebäude wurde wie die meisten seiner Art mit einem besonderen gestalterischen Anspruch konzipiert *(Abb. 48)*. Den weißen und höhengestaffelten Putzbau gliedern auskragende Pilaster in rotem Klinker, deren Vertikalität umlaufende Zahnschnittsimse im gleichen Material entgegenstehen. Zudem erhält die Fassade durch Segmentbogenfenster mit Klinkergewänden und einen kräftigen Sockel mit Zyklopensteinen ihre Ausgewogenheit. Der Sockel bildet auch die gestalterische Basis für die Einfriedung, die durch einen Staketenzaun das Gelände zur Öffentlichkeit abgrenzt. Um einiges einfacher stellt sich das erhaltene langgestreckte, im Grundriss in sich verspringende Seitengebäude an der Südostseite des ehemaligen Schlachthofareals dar *(Abb. 49)*.

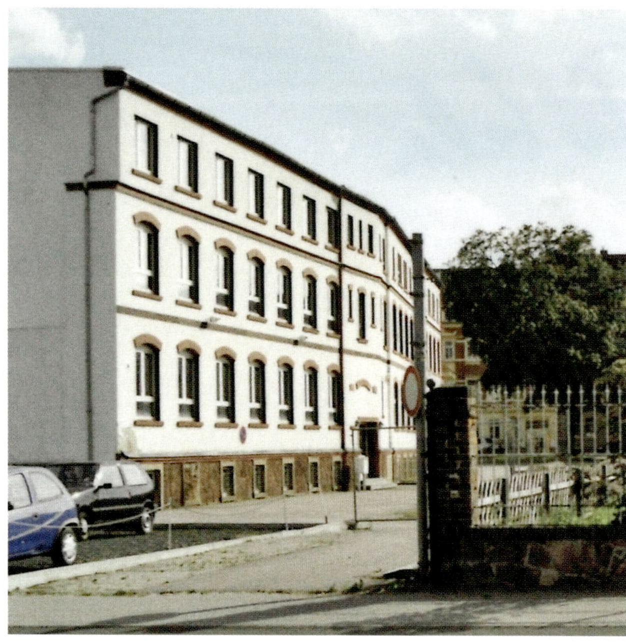

49 Schlachthof Döbeln, Seitengebäude, 2007.

Die schlechte Quellenlage zu diesem Schlachthof lässt eine Aufarbeitung der Geschichte der Anlage nicht zu. Der ursprüngliche Grundriss der Gebäude auf der Katasterkarte von 1979 zeigt deutlich eine große Halle, die mit sämtlichen sich um einen Hof gruppierenden Funktionsgebäuden verbunden war. Dabei handelte es sich vermutlich um die Schlachthalle. Über diese ersten Erkenntnisse hinaus besteht jedoch weiterer Forschungsbedarf.

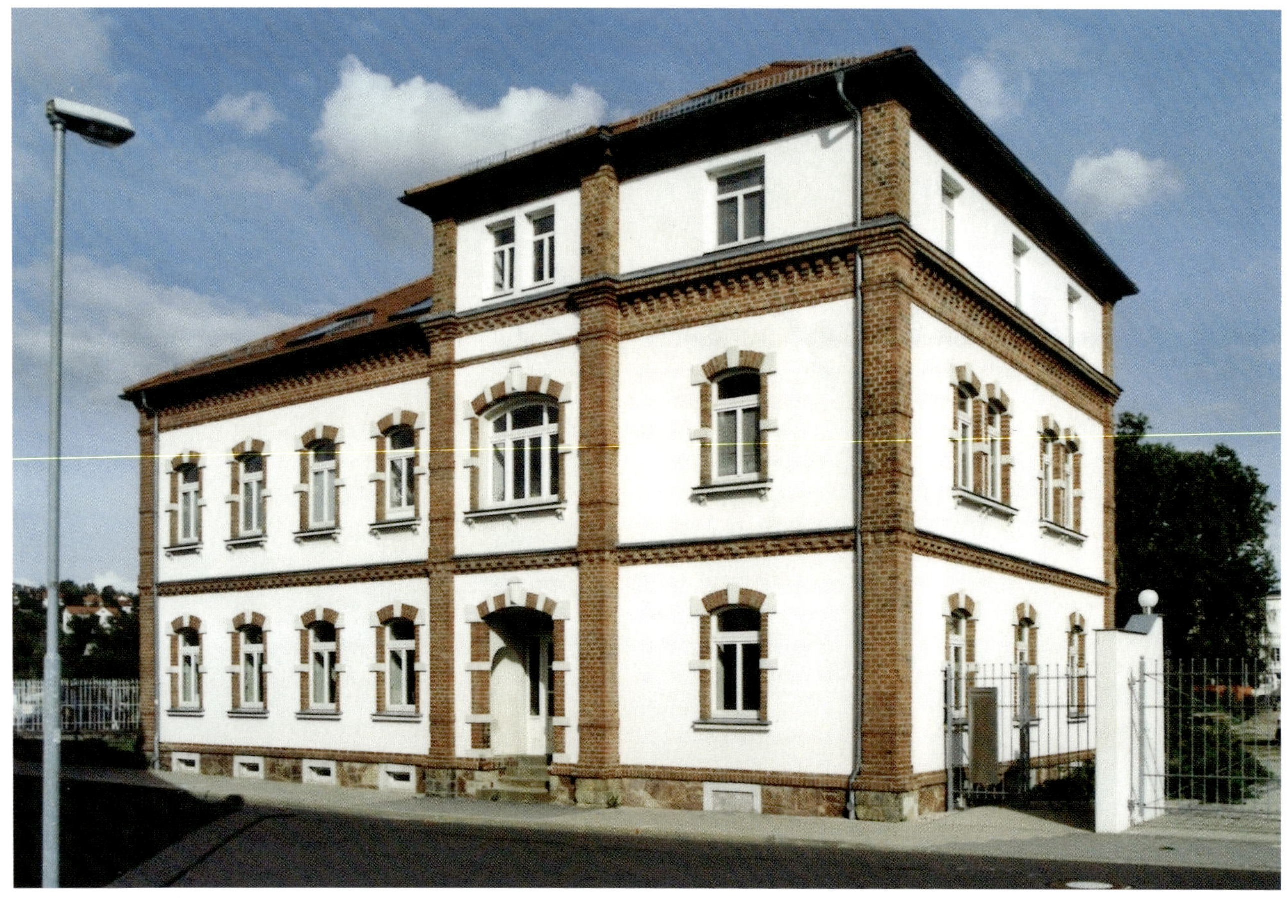

48 Schlachthof Döbeln, Verwaltungsgebäude, 2007.

Meerane (1888/89)

Die kompakt-kraftvollen Eingangsbauten

Zwickauer Straße 94
Architekt: unbekannt

Aus einem Gesuch der Fleischer-Innung zu Meerane geht hervor, dass der Wunsch zur Errichtung eines Schlachthofs auf das Jahr 1888 zurückgeht. Offensichtlich konnten die Pläne sehr schnell umgesetzt werden, da die Anlage schon im Folgejahr in Betrieb genommen wurde.[1]

Den Auftakt des Schlachthofs in Meerane bilden die beiden in ihrem Erscheinungsbild identischen Eingangsbauten des Verwaltungs- und Gastronomiegebäudes *(Abb. 50, 52)*. Ansichten der ursprünglichen Architektur zeigen, dass die beiden zweistöckigen Häuser nach allen vier Seiten geschmückte Treppengiebel besaßen, die im Einklang mit dem die Kontur betonenden Fries beispielhaft für die Architektursprache der zeitgenössischen Industriearchitektur sind. Ähnliche Gestaltungsvarianten sind an den zeitgleichen Bahnhöfen, Markthallen und Wasserwerken häufig vorzufinden. Die roten Klinkerfassaden werden horizontal und vertikal von gelben Klinkerbändern und -pilastern akzentuiert, wobei die schwarzen Schieferdächer und die rotbraunen Sockel aus Zyklopenmauerwerk einen anspruchsvollen farblichen Kontrast bilden. In diesen beiden Gebäuden des Schlachthofes befanden sich ursprünglich nicht nur Funktionsräume, sondern auch Wohnräume für den Schlachthofmeister und andere Mieter.

Nach Betreten des Geländes öffnete sich ein großer Platz, auf dem das in die Betriebsräume zu bringende Vieh sortiert und begutachtet wurde *(Abb. 51)*. Auf der Südseite bildeten Hundeställe, Remise, ein Schlachterpferdestall, ein Kleinviehschlachtstall, ein Rinderschlachtstall und ein Krankenviehschlachthaus die Grundstücksgrenze. Als Pendant dazu standen an der nördlichen Grundstücksgrenze die Rindermarktställe, das Pferdeschlachthaus und ein kleines Gebäude für die Viehhändler. Als Herzstück bestimmte jedoch das ein leichtes U bildende Schlacht- und Kühlhaus die Anlage. Während im rechten Flügel die Schweineschlachthalle mit dem großen Brühraum untergebracht war, befanden sich in dem ansichtsgleichen linken Trakt die Rinder- und Kälberschlachthallen. Beide Hallen waren durch das in der Mitte gelegene Kühlhaus über einen im Westen gelegenen breiten Korridor miteinander verbunden. Dieser Gang verstand sich ebenso als Verbinder zwischen den Hallen mit dem dahintergelegenen Maschinen- und Kesselhaus, der Kaldaunenwäsche und dem Düngerhof. Das gesamte Gelände war ursprünglich mit einem aufwendig gestalteten Staketenzaun eingefriedet. Ähnliche filigrane Schmiedearbeiten zeigten sich auch an den Eingangsbauwerken in Form von Giebelbekrönungen und -spitzen. Inwieweit die westlich gelegene Eisenbahnstraße eingebunden war oder optional eingebunden werden sollte, um die Belieferung zu erleichtern, ist nicht eindeutig feststellbar.

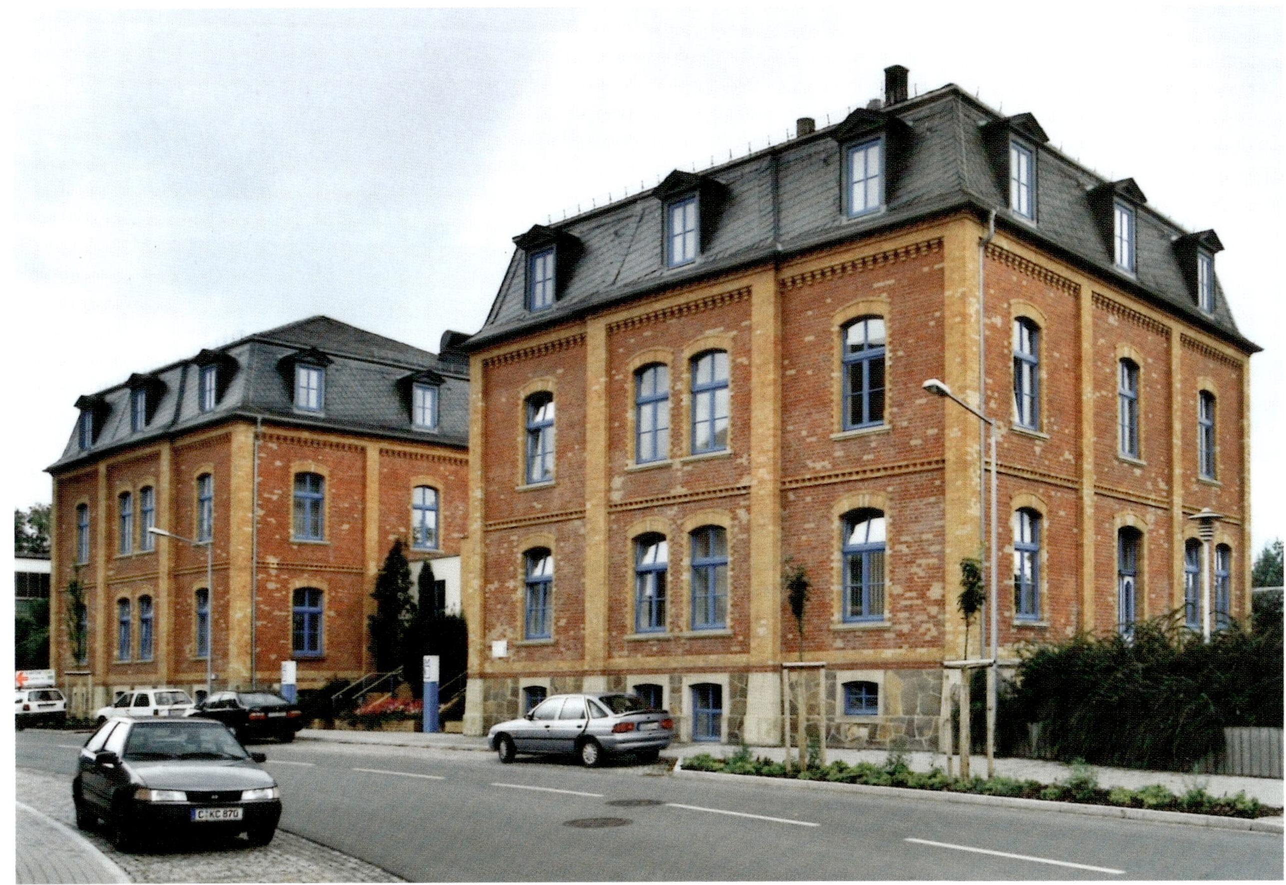

50 Schlachthof Meerane, Verwaltungs- und Gastronomiegebäude, 2007.

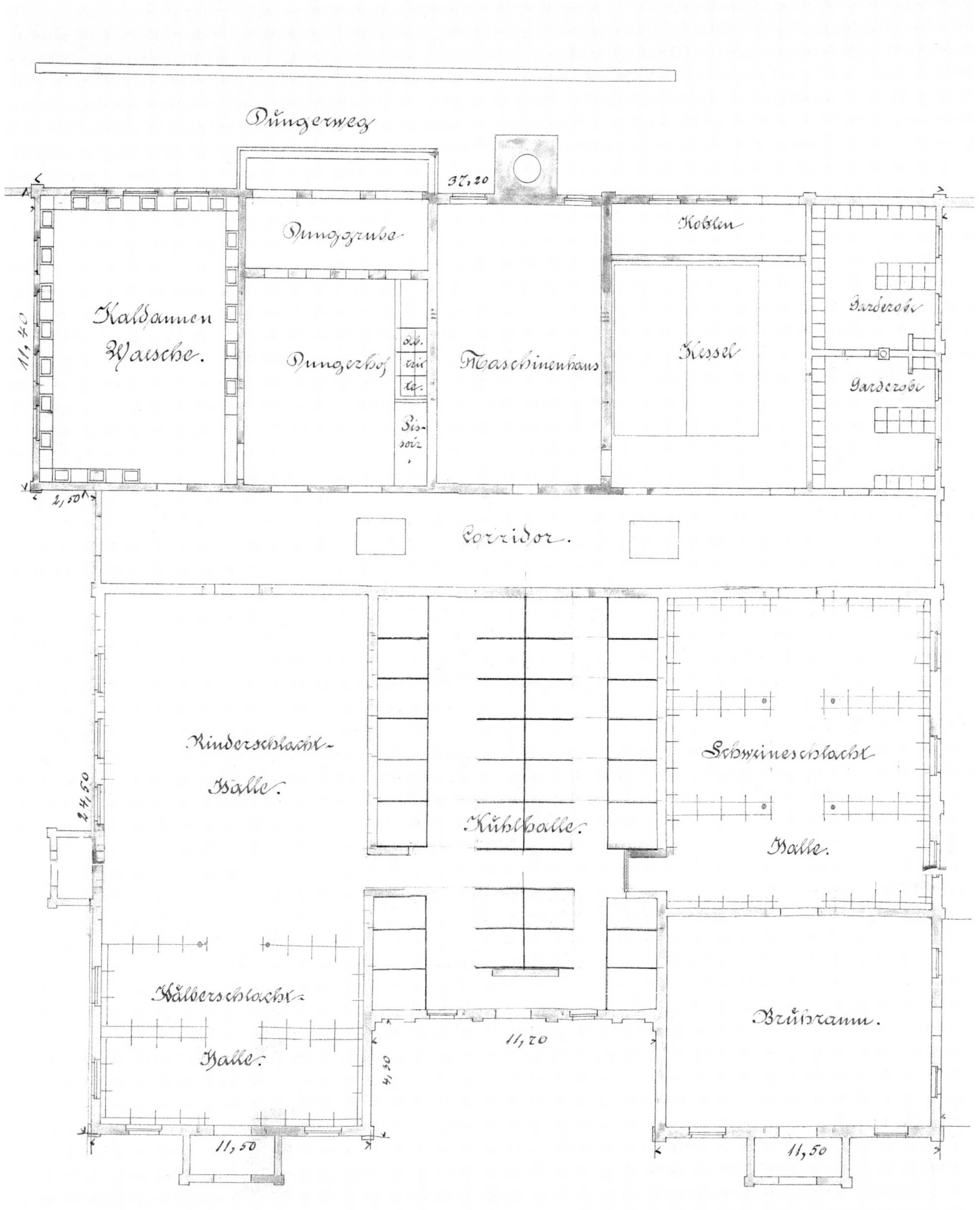

51 *Schlachthof Meerane, Dispositionsplan, Ausschnitt.*

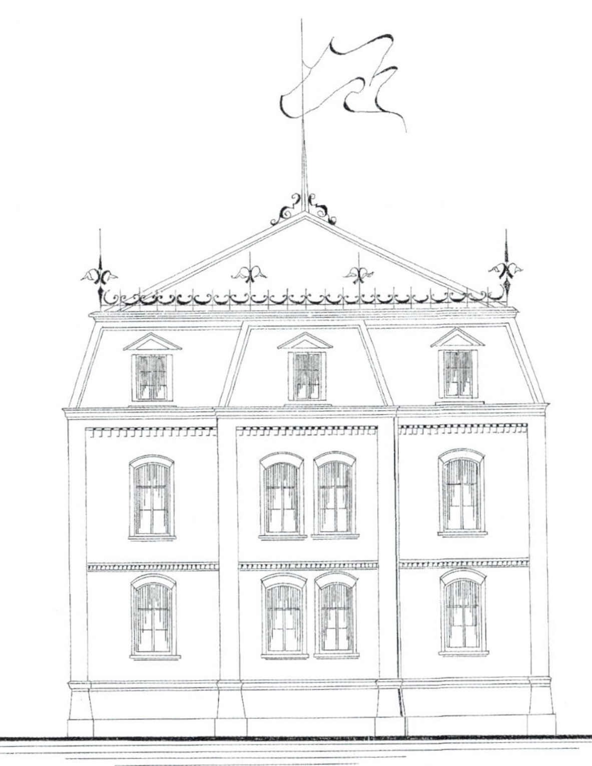

52 Schlachthof Meerane, Verwaltungsgebäude, Ansicht.

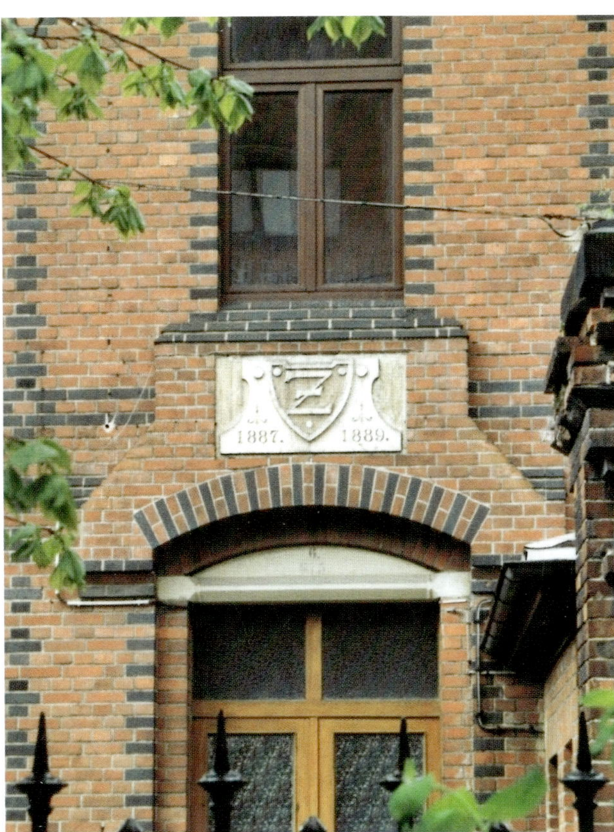

53 Schlachthof Zittau, Verwaltungsgebäude, Detail, 2006.

Heute sind nur noch die beiden Eingangsgebäude vorhanden und markieren das einstige Schlachthofgelände. Ihre Dachlandschaft wurde vereinfacht als Mansarddach ausgeführt; die Schmuckgiebel existieren nicht mehr.

Der Dispositionsplan zeigt eine logistisch sehr ausgereifte und auf den verhältnismäßig engen Raum konzipierte Gebäudeanordnung, die zum organisatorisch und technisch einwandfreien und schnellen Ablauf des Schlachtbetriebs beigetragen hat. Die Zeit des Abbruchs der Anlage konnte nicht genau ermittelt werden. Vermutlich wurde der Betrieb kurz nach 1990 eingestellt, das Gelände im folgenden Jahrzehnt beräumt. 2005 war die Sanierung der beiden Eingangsgebäude abgeschlossen und das Gelände dahinter völlig frei.

Anmerkungen

1 Stadtarchiv Meerane, Baupolizei-Acten des Stadtraths zu Meerane Schlachthaus, Vol. 1, S. 9.

Quellen und Literatur

- Stadtarchiv Meerane, Baupolizei-Acten des Stadtraths zu Meerane Schlachthaus, Vol. 1, S. 9, Gesuch der Fleischer-Innung zu Meerane einen Schlachthof zu errichten vom 14.3. 1888.
- Stadtarchiv Meerane, Baupolizei-Akten des Stadtrats zu Meerane über das Grundstück Zwickauer Str. Nr. 94: Fleischerinnung Meerane Vol. II, Umbau Kessel- und Maschinenhaus von Gustav Salzbrenner 1906, Umbau Kläranlage 1909, S. 48–65.
- Stadtarchiv Meerane, Der Oberbürgermeister zu Meerane, Wohn- und Betriebsgelände des städtischen Schlachthofes, H. 1, Bd. 2, 1943, S. 7: 1956 Umbaupläne für VEB Dampfkesselbau Meerane.

Zittau (1887–1889)

Die drei parallel angeordneten Hauptgebäude

Chopinstraße 6
Architekt: Planung von Kniebühler

Der Dispositionsplan des Schlachthofs in Zittau nach dem Entwurf von Kniebühler, nach dem auch der Kostenanschlag aufgestellt wurde, erfuhr in der Ausführung nur geringfügige Änderungen *(Abb. 54)*. Anstatt zweier rechts und links vom Eingang gelegener Verwaltungsgebäude realisierte man zunächst nur das rechtsseitige. Später wurde als Pendant dazu ein in seiner Dimension etwas größeres Gastwirtschafts- und Wohngebäude errichtet *(Abb. 55)*. Die auf dem Plan verzeichnete Wagenhalle wurde als vollwertiges Wohnhaus erbaut. Die westliche Grundstücksgrenze bilden Pferdestall, Vorwaschraumhaus, Rinderstall und Kleinviehstall. Abgesetzt dahinter liegt das Waagehaus.

Die restlichen Gebäude, die im früheren Plan rechtsseitig geplant waren, wurden mittig an der Südgrenze des Schlachthofgeländes realisiert. Damit konnten das Schlachthaus für Pferde, der Kuttelhof, das Schlachthaus für Krankvieh, die Kaldaunenwäsche und die Hundeställe von den Stallgebäuden separiert werden. Die drei großen, parallel zueinander angeordneten Hauptgebäudekomplexe, bestehend aus Kühlhaus mit

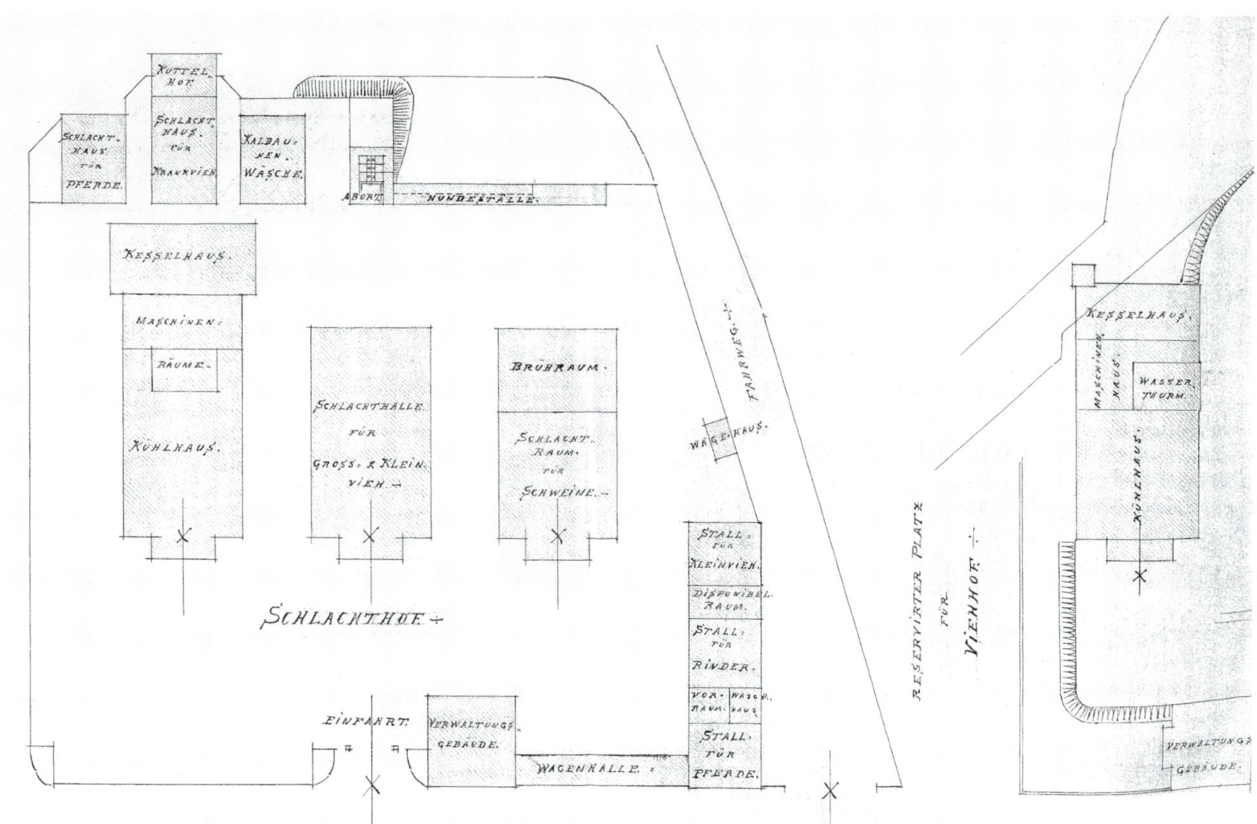

54 *Schlachthof Zittau, Dispositionsplan.*

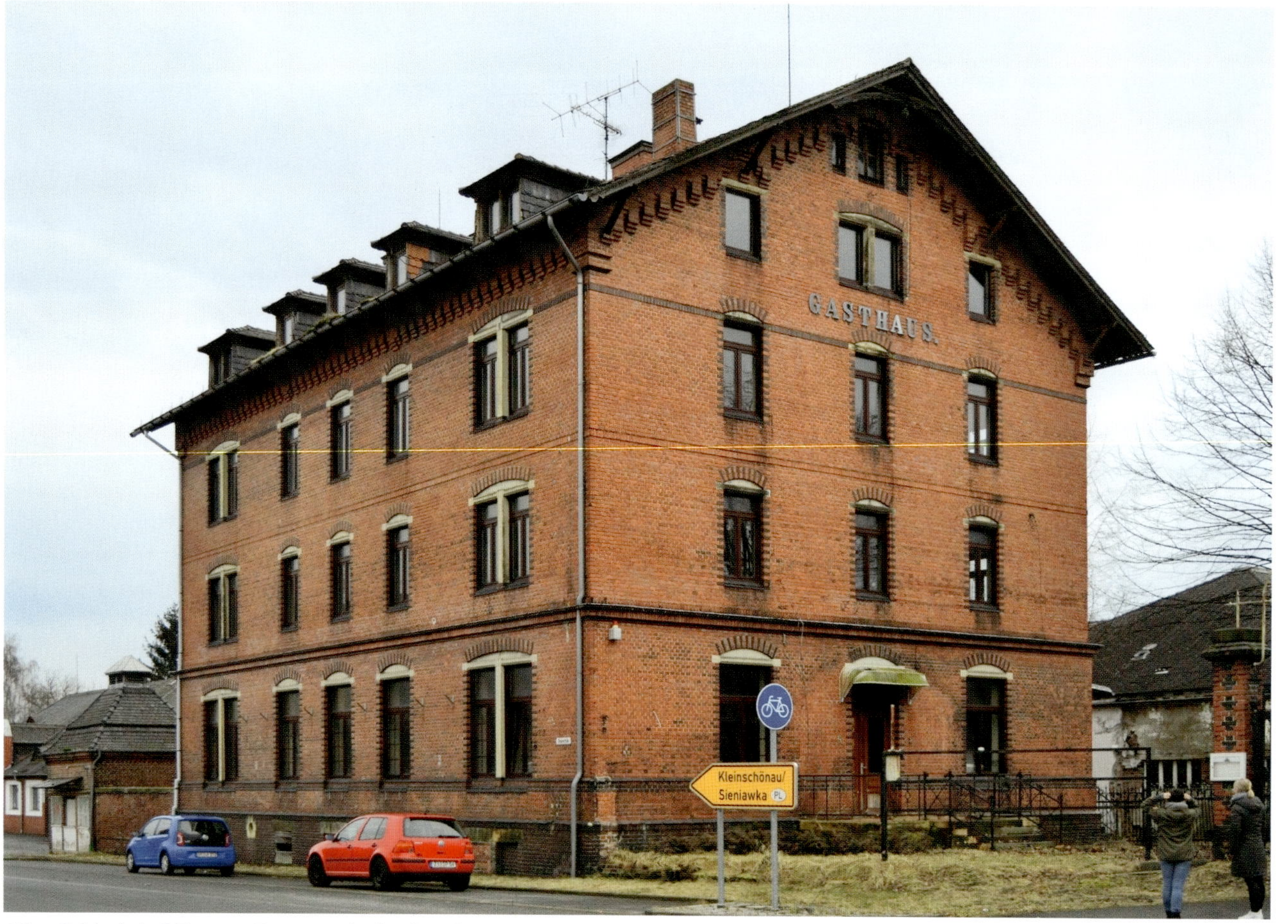

55 *Schlachthof Zittau, Gastwirtschaftsgebäude, 2017.*

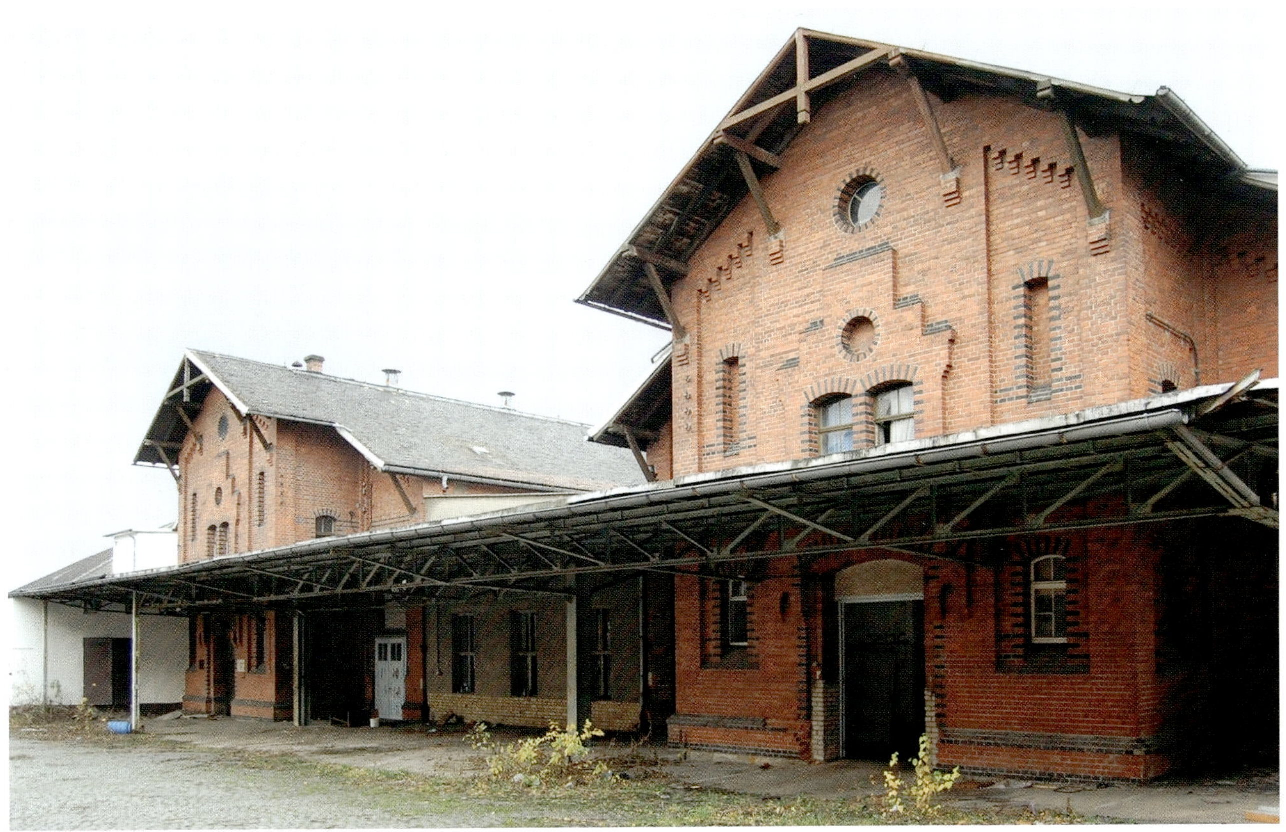

56 Schlachthof Zittau, Schlachthallen, 2006.

Maschinenräumen und Kesselhaus, der Schlachthalle für Groß- und Kleinvieh, dem Schlachtraum für Schweine und dem Brühraum bildeten in beiden Grundrissplänen den Mittelpunkt der Anlage *(Abb. 56)*.

Die Verwaltungsgebäude unterscheiden sich zwar in Größe und Dimension, entsprechen sich aber im Duktus. Sowohl die Dachüberstände als auch die Vertikal- und Horizontalbänderungen in dunklem Klinker führen die Gebäude formalästhetisch zusammen. Über dem Eingang des kleineren Verwaltungsgebäudes befindet sich ein Sandsteinspiegel mit dem Zittauer Wappen und der Baudatierung »1887.« und »1889.« *(Abb. 53, 57)*. Die überstehenden Dächer sind teilweise durch formschön geschnitzte Holzbalken mit der Fassade verbunden. Sie erinnern an das ländliche Bauen in der Schweiz oder in Oberitalien.

Sämtliche Funktionsbauten des Schlachthofs wurden ebenfalls in rotem Klinker und mit dunklen Absetzungen errichtet. Die Einheitlichkeit der Gebäude und deren Funktionalität richten sich nach zeitgenössischen Vorgaben der Industriearchitektur. Das zeigen exemplarisch sowohl die beiden Schlachthallen als auch das Kühlhaus in ihrer parallelen Stellung und äußeren Gestaltung. Geradezu herausstechend ist dabei der hochwertige und formenstarke oktogonale Schornstein, der vom Kesselhaus emporragt *(Abb. 58)*. Nach oben nimmt er eine runde Form an, trägt zudem eine beschauliche Musterung, die aus verschiedenfarbigen Klinkern hergestellt wurde. Während ein quaderförmiger Schaft die Basis bildet, wird der Schornstein nach oben hin durch eine monolithisch wirkende Haube abgeschlossen. Dieses Detail erinnert an die

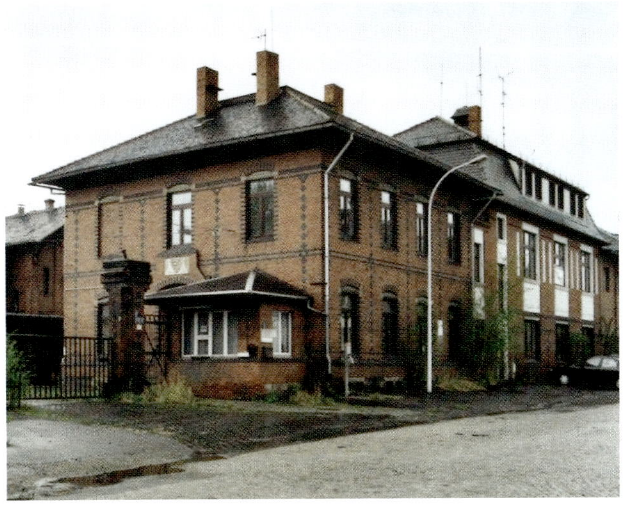

57 Schlachthof Zittau, Verwaltungsgebäude und Eingang, 2006.

Bismarcktürme, die sich kurze Zeit später über das gesamte Deutsche Reich ausbreiteten.

Ein ähnlich malerisches Detail ist das Trafohaus an der Nordostecke des Geländes *(Abb. 59)*. Mit klarem Baukubus auf quadratischem Grundriss wird es von einem hohen Mansarddach bedeckt und von einem Lüftungsaufsatz bekrönt. Das Spiel mit der funktionalen Form eines Kleingebäudes und dem herrschaftlich wirkenden Dach wirft Gegensätze auf, ist aber ein gelungenes architektonisches Motiv.

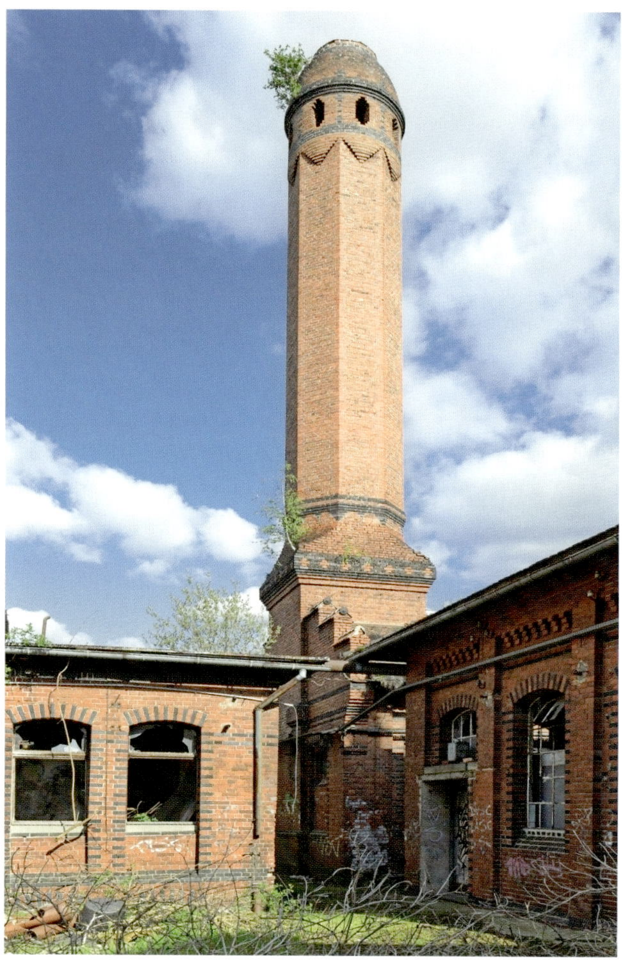

58 *Schlachthof Zittau, Schornstein, 2017.*

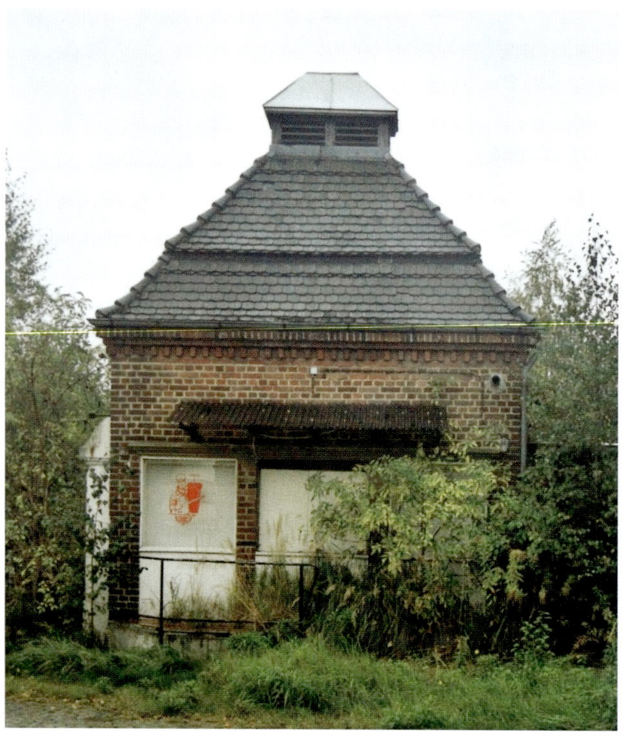

59 *Schlachthof Zittau, Transformatorenhaus, 2006.*

Einladend wirken die Treppenkapitelle der Pfeiler am Haupteingang. Nicht nur der farbige Wechsel der Klinker, sondern auch die kraftvollen, kristallin wirkenden Kapitelle verleihen dem Entrée einen besonderen, gestalterisch hochwertigen Anspruch. Die klare Gliederung und die funktionale Dispositionsplanung der Bauten lassen den Schlachthof betriebsorientiert und für seine Zeit modern wirken. Heute werden einige Teile des Schlachthofes als Lagerstätte genutzt.

Quellen und Literatur
Stadtarchiv Zittau, Akten zum Bau des Vieh- und Schlachthofes Zittau, 1885–1941 (23 Akten).

■

Schneeberg (1890)

Die rein funktionale Anlage

Schlachthofweg/ Schlachthofplatz
Architekt: Baumeister Görling

Am 1. Februar 1890 richtete die Fleischer-Innung Schneeberg an den örtlichen Stadtrat das Gesuch zum Bau eines Schlachthofes. Erstaunlich schnell konnte bereits am 14. Oktober 1890 der verhältnismäßig kleine Schlachthof eröffnet werden. Er umfasste ein Schlachthofgebäude, ein Wohn- und Verwaltungsgebäude, das Stallgebäude und ein Kühlhaus. Die Gebäude gruppierten sich um einen Hofraum. Trotz sparsamer Verwendung der vorhandenen Mittel entstand eine solide Anlage, die den zeitgenössischen Erfordernissen entsprach. Bis Ende 1945 wurde in Schneeberg geschlachtet; bis 1992 wurden an diesem Ort Notschlachtungen durchgeführt. 1995 wurde die Anlage endgültig geschlossen. Heute sind die Bauten zum größeren Teil abgebrochen, die noch vorhandenen befinden sich in einem desolaten Zustand.

Die Baubeschreibung der Anlage für die Fleischer-Innung Schneeberg charakterisiert sämtliche Gebäude folgendermaßen: »Die Schlachthof-Anlage Schneeberg für 9000 Einwohner berechnet, soll auf dem, durch Abtrag der alten Schlachthofgebäude gewonnenen Bauplatze Cat. No. 128. Flurbuch No. 128. Fol. 964 für die Stadt Schneeberg verzeichnet, am Schlachthof-Platz erbaut werden und erhält diese Anlage an Neubauten:

Das Schlachthallengebäude für Großvieh, Kleinvieh und Kaldaunenwäsche, = 32 m lang 10 m tief = 320 qm bebaute Fläche *(Abb. 60)*. Derselbe ist in seinen Umfassungen und Scheidungen massiv in Ziegelmauer erbaut mit Zementdachung abgedeckt projektirt. Im Inneren befinden sich ebengenannte 3 Betriebsstätten, dieselben werden durch 21 Stück Gußeisen-Rundbogenfenster mit zusammen 55,76 qm Lichtfläche erleuchtet. Die Höhe dieser mit ½ Steinstarken Kappengewölbe überspannten Räume beträgt ca. 4,70 m Spannung in doppelter Richtung fahrbar nebst den nöthigen Laufschienen und Stahlhaken.

Für die Kaldaunenwäsche: 1 Stk. großen Warmwasserkessel mit ... Feuerungsarmatur, 6 Stk. emaillierte Kaldaunenwaschgefäße mit Hartgummi-Ventilkegel sowie den erforderlichen Entfettungshilfen und Stahlhaken.

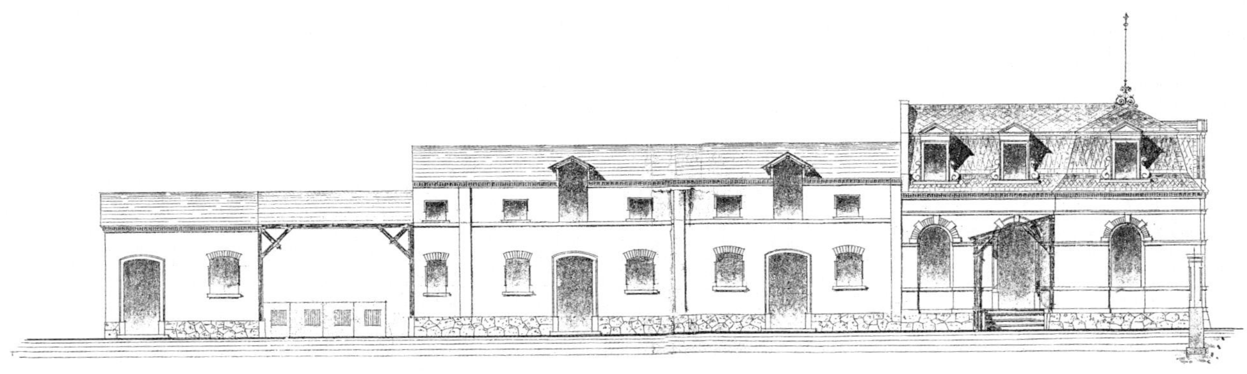

60 Schlachthof Schneeberg, Schlachthallengebäude, Ansicht.

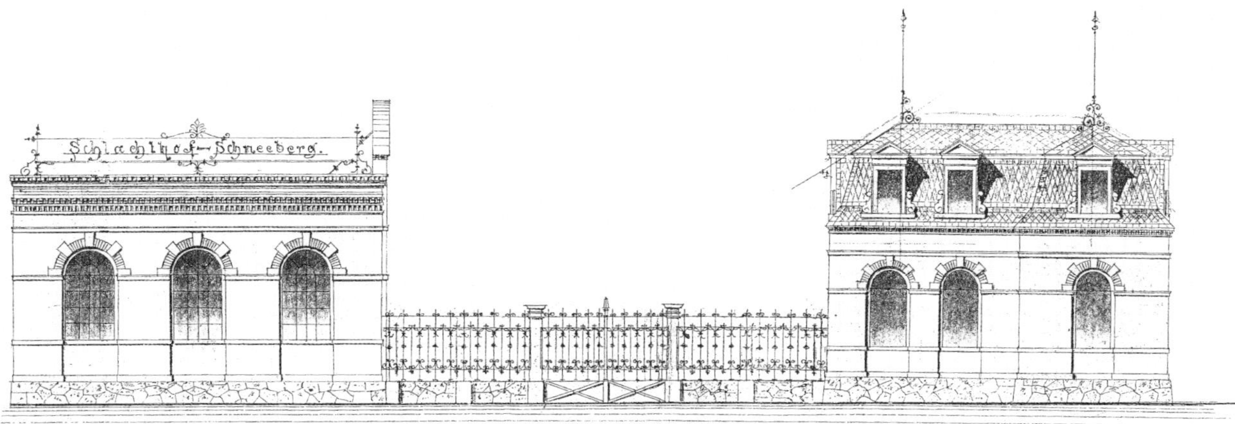

61 Schlachthof Schneeberg, vermutlich Stallgebäude, Ansicht.

Das Wohn- resp. Verwaltungsgebäude ist ebenfalls massiv ca. 7,80/9,60 m lang 10,20 tief, 88 qm Fläche in Ziegelmauerwerk erbaut und mit Schieferdach versehen. Es enthält in dem Erdgeschoß die Verwaltungs-Expedition mit Trichinenschau, den Hausflur, das Meister- sowie Gesellenzimmer und die nach dem in Mansardeform erbauten Dachgeschoß führende Steintreppe.

Im Dachgeschoß sind eingebaut: die Schlachtmeister-Wohnung mit Stube, Küche, 2 Kammern und Gehülfen-Stube nebst Vorplatz. Im Kellergeschoß wird der Raum von dem Waschhaus, dem Wirtschaftskeller mit Vorplatz und Treppe eingenommen.

Das Stallgebäude *(Abb. 62, 63)* ebenfalls massiv erbaut und mit Zementdachung versehen hat eine Länge von 25,00 m bei einer Tiefe von 7,75 m = 193,25 qm Fläche, von dem Wohngebäude durch einen Brandgiebel getrennt und umfaßt in seinem Inneren die gewölbten, mit Zementfußboden versehenen Groß- und Kleinviehstallungen, auch hier wird die Reinigung durch Wasserleitung bewirkt, deren Abzug durch offene Zementrinnen nach der im Hofe befindlichen 12 kbm Inhalts habenden wasserdicht gearbeiteten Grube geleitet wird.

Die Stallräume umfassen 12 Stück Großvieh-, 28 Kleinviehstände sowie 18 Schweineständе in 6 Eisenabtheilungen. Für das Großvieh sind Steinzeugtröge, für das Kleinvieh emaillierte Eisentröge vorgesehen.

Neben diesen Stallräumen liegt die nach dem Hofe zu offene Wagenremise mit Verbindungstreppe nach dem über den Stallungen befindlichen Futterboden, gleichzeitig sind in der Wagenremise 5 Hundestallungen durch Bretterverschlag voneinander getrennt erbaut.

Der Krankenstall mit 3 Großviehständen, sowie ein Reserve-Raum schließen sich der Wagenremise in der Verlängerung des Stallgebäudes an.

Das Kühlhaus ebenfalls massiv erbaut ist 9,50 m lang, 11 m tief = 104,50 bebaute Fläche. Die Dachflächen sind mit Schiefer eingedeckt. Das Innere enthält den Eisraum und 2 Kühlräume für Fleischvorräthe, sämtliche Räume sind überwölbt und mit Zementfußboden versehen, während die Vorhalle Asphaltfußboden erhält.

Die Abführung der Eiswasser sowie der übrigen Reinigungswasser geschieht durch Steinzeugrohrleitung nach dem vorüberfließenden Bach.

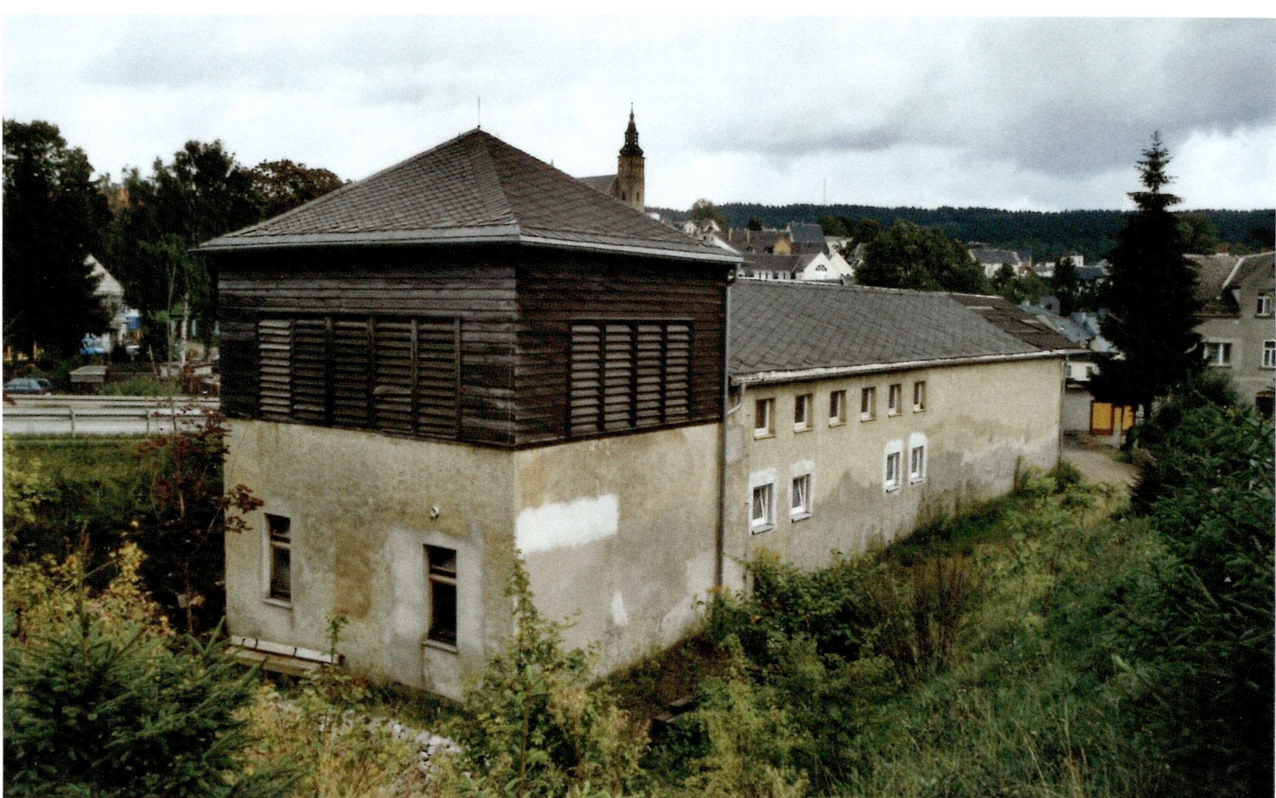

62 Schlachthof Schneeberg, Stallgebäude, 2006.

Der Hofraum umfaßt 549,60 qm Flächeninhalt, der in der Mittelaxe erhöht nach den zwei längs der Gebäude-Hofseiten gepflasterten Schnittgerinne, Ableitung der Tagewasser nach dem Bache hin erhält.

Die Abschlüsse resp. Einfriedungen des Hofraumes bestehen am Haupteingang durch Eisengitter, an den Nebeneingängen nach den von der Fleischer-Innung durch Kauf zu erwerbenden Wiesengrundstück, als Bauplatz für ev. später zu errichtenden Talgschmelze Düngzu[bereitung-] und Knochen-Düngmittelbereitungs-Anlagen, ist Stangenzaun vorgesehen.

Nach Vorstehendem umfaßt die Schlachthof-Anlage: 706 qm bebaute Fläche. 549,60 qm Hofraum demnach: 1255,85 qm Gesamtfläche.

Schneeberg d. 6. März 1890.«[1]

Quellen und Literatur

- Stadtarchiv Schneeberg, Acta, Die vom Kuttler über das im hiesigen Schlachthof allwöchentlich geschlachtete Rindvieh erstatteten Anzeigen betr., Rath zu Schneeberg 1857, Abth. III, Abschn. 8, Nr. 7 (4196).
- Stadtarchiv Schneeberg, Akta des Stadtraths zu Schneeberg den Neubau eines Schlachthofes u.w.d.a. betr., erg. 1889, Abt. III, Abschn. 8, Nr. 14, Bd. 1, S. 1; Zu Plänen vgl. S. 18: Lit.-Heftchen: Georg Osthoff, Schlachthöfe für kleine Städte von 5 000 bis 15 000 Einwohnern, Plauen/V. 1889 (Eigenverlag), S. 93–96; Beilage zum Erzgeb. Volksfreund 12. Oktober 1890, Nr. 238.
- Stadtarchiv Schneeberg, Acta des Stadtraths zu Schneeberg den Neubau eines Schlachthofes u.w.d.a. betr., erg. 1900 (4204).
- Stadtarchiv Schneeberg, Acta des Stadtraths zu Schneeberg den Neubau eines Schlachthofes u.w.d.a. betr., Abt. III, Abschn. 8, Nr. 14, Bd. 2, erg. 1891 (4203).
- Stadtarchiv Schneeberg, Akten des Stadtrats zu Schneeberg, Jahresberichte des städtischen Schlacht- und Viehhofs, erg. 1914 (4207).
- Stadtarchiv Schneeberg, Akten des Stadtrats zu Schneeberg, die Verwaltung des städtischen Schlachthofes betr., erg. 1913, Abt. III, Abschn. 8, Nr. 14, Bd. V (4206); S. 194: 25 Jahre städtischer Schlacht- und Viehhof Aue i. Sa. 1906–1931.
- Stadtarchiv Schneeberg, Akten des Stadtrats zu Schneeberg, den Neubau eines Schlachthofes u.w.d.a. betr., erg. 1908, Abt. III, Abschn. 8, Nr. 14, Bd. IV (4205), Schriftverkehr.

Anmerkung

1 Stadtarchiv Schneeberg (vgl. Quellen und Literatur), Akte 1889, S. 93–96.

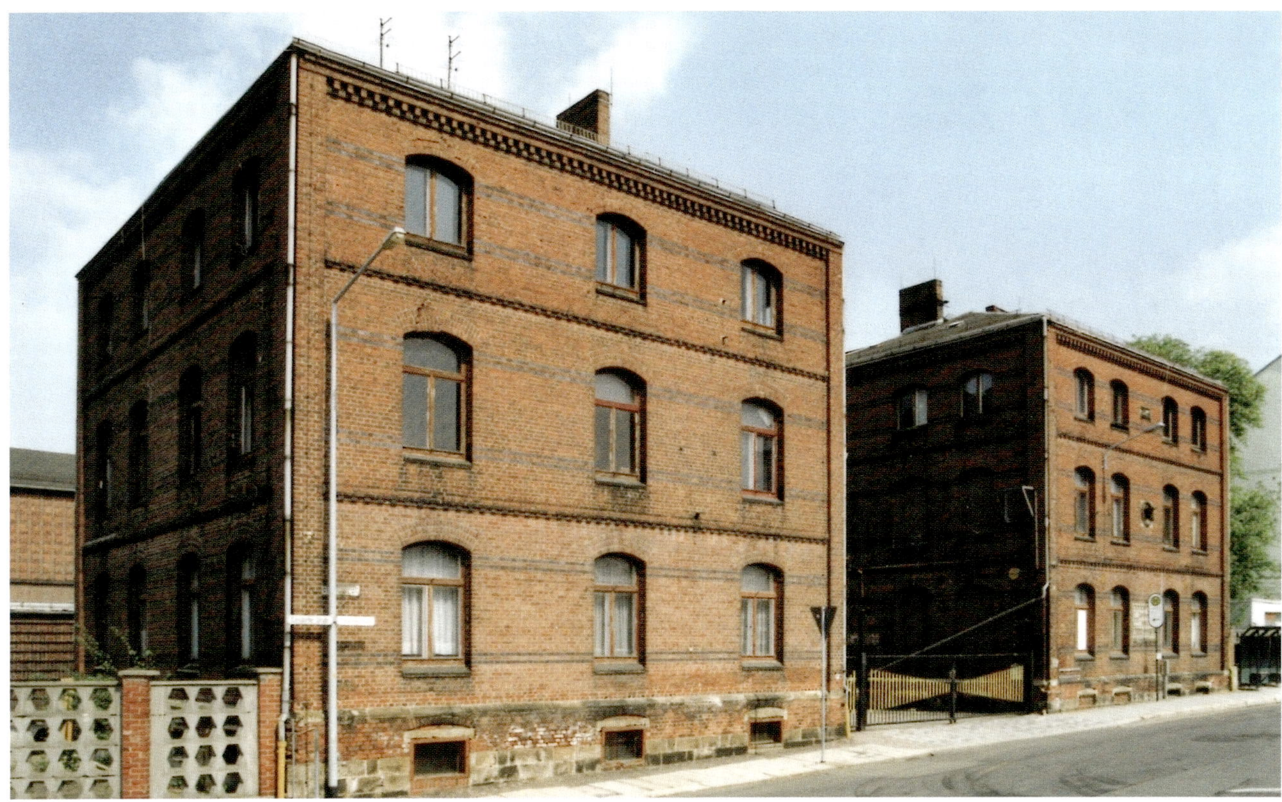

63 Schlachthof Reichenbach, Eingangsgebäude, 2006.

Reichenbach/ Vogtland (1890/ 91)

Die ideale Umfahrbarkeit der Schlachtgebäude

Schlachthofstraße 62/64
Architekt: unbekannt

Den Auftakt des Schlacht- und Viehhofes bilden die beiden Eingangsgebäude *(Abb. 63)*. Sie rahmen den Hauptzugang von der Schlachthofstraße. Die roten Klinkenbauten – fast identisch in ihrem äußeren Erscheinungsbild – bergen Wohnungen, Direktorenzimmer, Verwaltung sowie ein Restaurant. Schwarze Klinkerbänder und horizontale Zahnschnittsimse lassen die Gebäude gedrungen wirken, was durch die Ecklisenen im Zusammenspiel mit dem Kranzgesims zusätzlich verstärkt wird. Das rechte Restaurantgebäude erhält durch die Schrifttafel «Restauration zum Schlacht- und Viehhof» und durch ein Medaillon mit der Plastik eines Rinderkopfes einen bewussten Akzent *(Abb. 64)*. Den zentralen Bereich der Anlage bilden das Kühlhaus *(Abb. 65)* und die langgestreckten Schlachthallen für Großvieh und Kleinvieh linkerhand und die Schweineschlachthalle auf der rechten Seite. Die Schlachtgebäude sind an den Längsseiten durch den Zerlegeraum, die Kuttelei, einen Heißwasserbereiter und die Werkstatt miteinander verbunden. Den Abschluss bildet der axial stehende Wasserturm *(Abb. 66, 67)*. Die Gebäude wurden alle in rotem Klinker errichtet und haben – den breit gelagerten Dreiecksgiebeln folgend – flach geneigte Dächer. Der dreigeschossige Wasserturm wird als vertikaler Akzent mit einem weit auskragenden Dach zum gestalterischen Höhepunkt des Hauptbaukörpers. Einzelne Gestaltungsmittel wie Vertikalbänder und Dachbekrönungen an den Giebelseiten lockern die nüchtern wirkenden Industriebauten in ihrem Erscheinungsbild auf. Entlang der Grundstücksgrenzen erstrecken sich – ebenfalls in rotem Klinker – die weiteren Funktionsbauten. Während sich links die Kläranlage, die Gebäude für Häutung und Verwertung, die

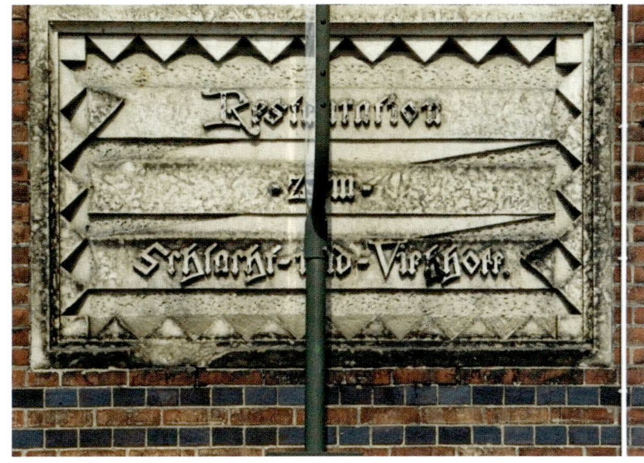

64 Schlachthof Reichenbach, Restaurantgebäude, Detail, 2006.

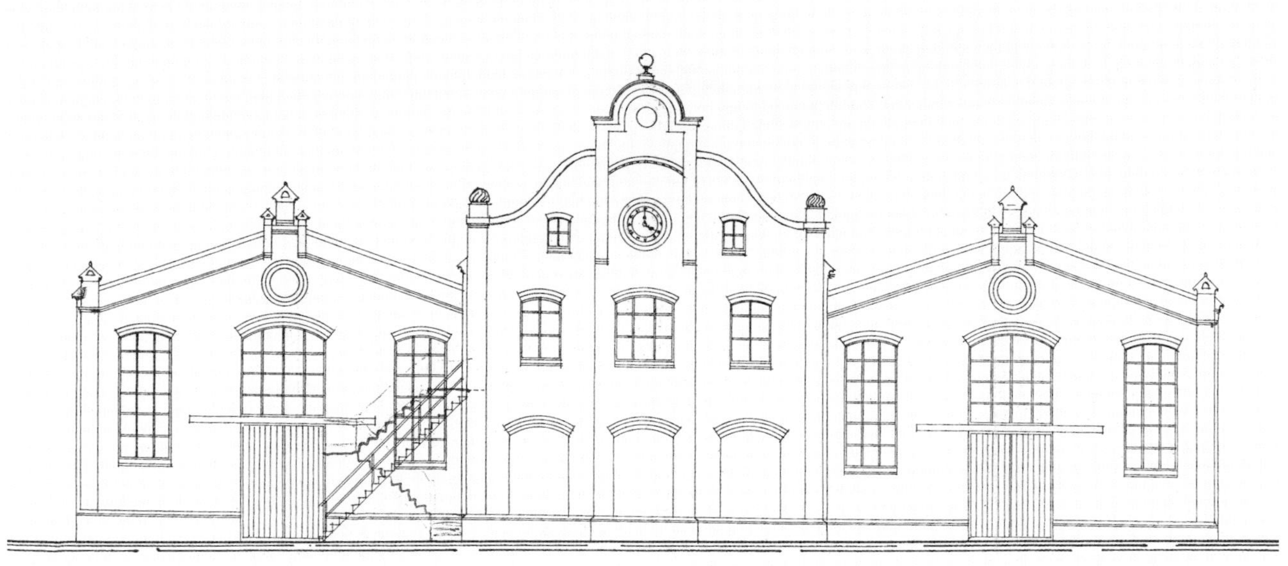

65 *Schlachthof Reichenbach, Vorkühlhalle, Ansicht.*

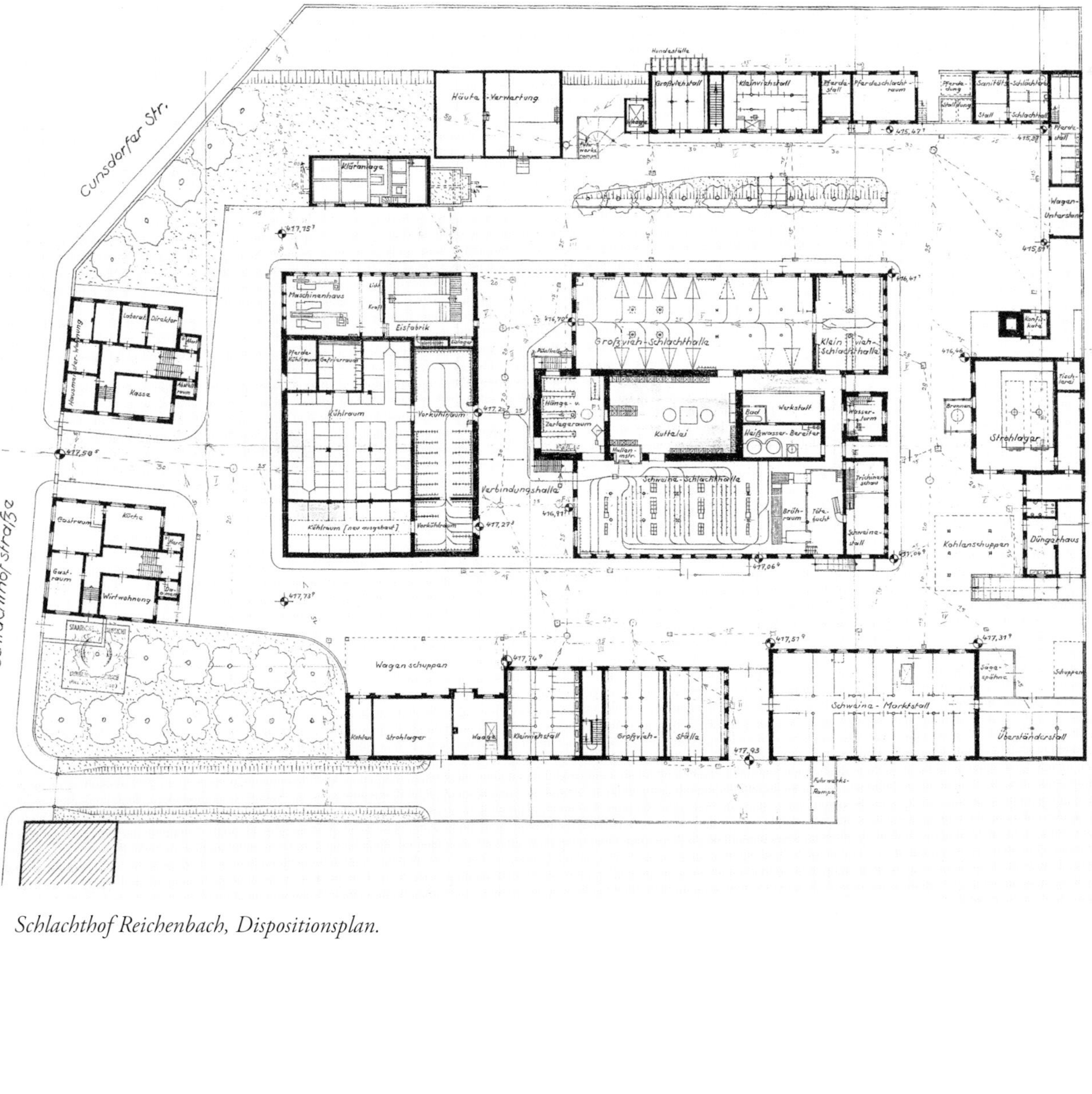

66 *Schlachthof Reichenbach, Dispositionsplan.*

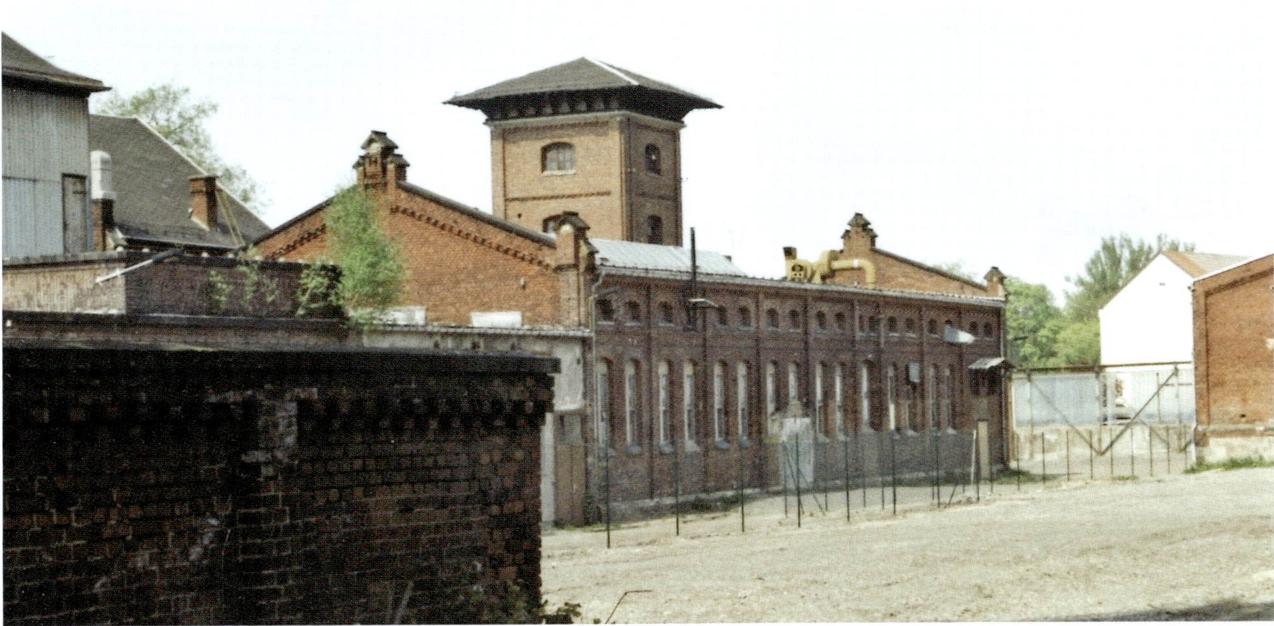

67 Schlachthof Reichenbach, Blick auf den Kühlturm, 2006.

Hundeställe, ein Teil der Groß- und Kleinviehställe, der Pferdeschlachtraum und die Sanitätsschlachtstätte befinden, schließt das Gebäude am rechten Rand mit dem Schweinemarktstall, weiteren Stallungen und dem Lagerschuppen ab. Ein Strohlager- und Düngerhaus sowie ein Brunnen ergänzten die Anlage im hinteren nordöstlichen Bereich. Umgeben sind die beiden zentralen Hauptgebäude von zwei breiten Werkstraßen, die für eine Umfahrung und den Viehtrieb geeignet sind. Zum Teil wurden die Straßen mit Bäumen bepflanzt, wodurch sie einen alleeartige Charakter erhielten, der zum urbanen Gefüge des Vieh- und Schlachthofes beitrug.

Große Bereiche der Anlage wurden abgebrochen, die Eingangsgebäude und der Wasserturm mit den Schlachthallen als Kulturdenkmale erfasst.

Hans-Georg Möckel, Amtstierarzt im Vogtland, beschreibt das Objekt Reichenbach rückblickend als »sehr schönen, gut strukturierten Schlachthof – Backsteinbauten in idealer Anordnung. Die regulären Schlachtungen endeten dort wohl Mitte der 60er Jahre – aber eine sog. Notschlachtung blieb bis vielleicht 1989 erhalten.«[1]

Anmerkungen

1 Schreiben von Hans-Georg Möckel, Amtstierarzt im Vogtland, an den Autor vom 1. Februar 2005.

Quellen und Literatur

Schriftliche Mitteilung (Mail) des Amtstierarztes im Vogtland, Hans-Georg Möckel, vom 1. Februar 2005.

Bautzen (1891)

Der Schlachthof mit Kommunikationsflächen

Schlachthofstraße

Architekt: unbekannt

Nachdem 1890 der Grundstein für den Schlachthof in Bautzen gelegt worden war, konnte die Anlage bereits 1892 feierlich eingeweiht werden. Der Antrag zum Neubau ging jedoch von der Schlachthofbetriebsgenossenschaft aus, was zeigt, dass gerade die entsprechenden Innungen in vielen Fällen die Initiatoren dieser modernen Anlagen waren.[1] In einem Brief des Obermeisters der Fleischerinnung Adolf Zieschang an den Stadtrat wurde mitgeteilt, dass die Innung den Schlachthof

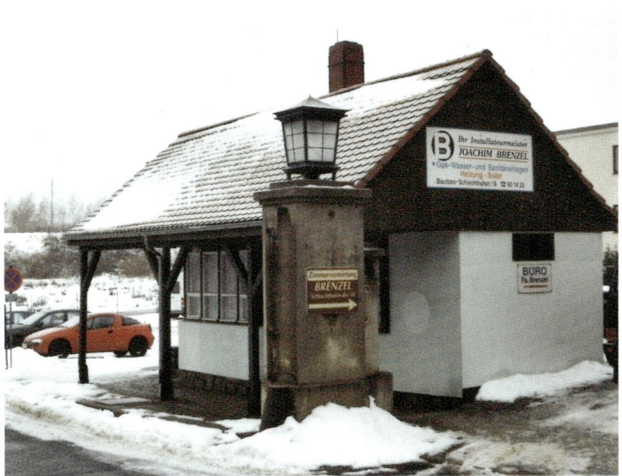

68 Schlachthof Bautzen, Pförtnergebäude, 2006.

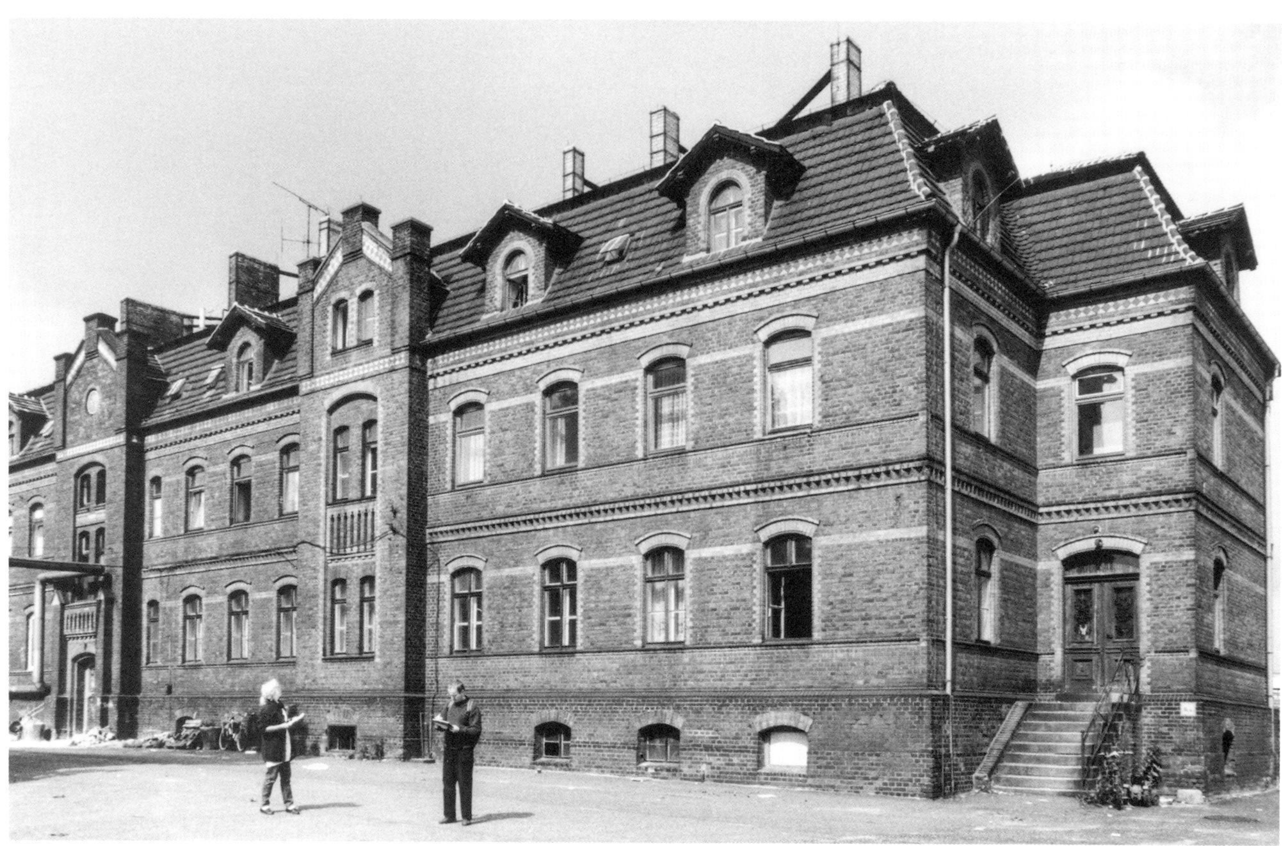

69 Schlachthof Bautzen, Verwaltungsgebäude, 1999.

errichten werde. Die Grundstücksparzelle, die noch zum Hospital »Maria am Wasser« gehörte, wurde für 15 000 Mark erworben. Sie lag außerhalb des städtischen Bebauungsplanes, sodass es keinerlei Vorgaben für die Baustruktur und Höhenentwicklung der Gebäude gab.[2]

Ab 1898 wurden Erweiterungen notwendig: Die Kühlhallen erhielten zwei weitere Geschosse. 1908 erweiterte man das Verwaltungsgebäude, um Wohnungen für den Schlachthofdirektor und für Beamte zu schaffen. Damit vereinten sich im Erdgeschoss des Verwaltungsgebäudes Gesellenräume, Tierarztzimmer, Trichinenschauamt, Kasse, Steueramt, Zimmer des Obermeisters, Meisterankleideraum, im Obergeschoss Vorstandszimmer und Wohnungen. Das zeigt symptomatisch, dass eine betriebliche Verbundenheit der Leitung mit der Fabrikationsstrecke gegeben war. Diese Art der Identifikation von Direktion und Produktion ist vor allem an den großen Industriebauten um 1900 abzulesen. In den 1910er-Jahren entstand neben einem kleinen Freibankgebäude auch ein großer Erweiterungsbau, der heute nach der Quellenlage nicht mehr genau zu verorten ist.

Damit befanden sich auf dem Gesamtgrundstück von 53 160 Quadratmetern 1925 folgende Gebäude: das erste Kühlhaus, ein zweistöckiges neues Kühlhaus, die Rinderschlachthalle, die Schweineschlachthalle, die Kleinviehschlachthalle, die Vorkühlhalle, der Pferdeschlachtraum, der Pferdekühlraum, das Maschinenhaus mit zwei Kesseln und einer elektrischen Eismaschine, die Verwertungsanlage für kranke Tiere, die Häuteverwertung, das Häutelager, die Brühräume, die Ställe für Klein- und Großvieh, das Hilfsschlachthaus, die Niederschlagsräume, der Kohlenschuppen, Räume für die Sterilisation und für beanstandetes Fleisch. Außerdem existierte ein Restaurant, in dem das frisch geschlachtete Fleisch angeboten wurde. Zentral im Gelände bildete ein runder Platz mit einem Baum eine »Oase inmitten eines Großgewerbebetriebes«.[3] Damit hatte sich die Anzahl der Gebäude des Schlachthofes nach dem Ersten Weltkrieg nahezu verdoppelt.

Hunde wurden vermutlich nur bis 1900 in Bautzen geschlachtet, denn sie kommen in den späteren Statistiken nicht mehr vor.[4] Im Oktober 1946 ging der Schlachthof in städtischen Besitz über.[5]

Das Verwaltungsgebäude wurde als repräsentatives breitgelagertes Klinkergebäude mit zahlreichen horizontalen Schmuckbändern erbaut *(Abb. 69)*. Der rote Klinker erfuhr dabei eine feine Gliederung durch die Sandsteingewände der Fenster, die Eingänge und hervortretenden Risalite. Mit breitem Dachüberstand gedeckte Gaupen belebten das ansonsten homogene Ziegeldach. Die Eingangstür des Gebäudes besitzt in der unteren Hälfte hölzerne Kassetten; die geschwungenen Metallstreben mit der Zahl des Einweihungsjahres im oberen Teil greifen die Formen des Jugendstils auf. Auch die sämtlichen eingeschossigen Fabrikations- und Wirtschaftsgebäude bestanden aus Klinkerfassaden und Ziegeldächern. Sie ordneten sich dem Gelände entsprechend und entlang des Werkstraßensystems an.

Bis auf das Eingangspförtnerhaus wurde der Schlachthof in den Jahren 1995 bis 1999 vollständig abgebrochen *(Abb. 68)*. Stilistisch waren die Schlachthofgebäude in Bautzen qualitätvolle und zeittypische Beispiele für die Architektur des Historismus. Zurückhaltender Schmuck an den Giebeln mit kreisrunden Klinkerformen und Schmucksegmentbogen über den Fenstern gaben dem Schlachthof einen baukünstlerischen Anspruch. Die Kommunikationsfläche rund um den Baum erinnerte an einen Dorfanger. Damit wollten die Architekten und Initiatoren des Schlachthofes auch ihren Mitarbeitern eine natürlich wirkende Werksorganisation bieten. Innerhalb der sächsischen Schlachthoflandschaft ist dieses Beispiel exemplarisch für eine herausragende sozialorientierte Anlage.

Anmerkungen

1 N. N., in: Bautzner Tageblatt vom 10. Januar 1942, o. S.
2 Stadtarchiv Bautzen, Acten die Errichtung eines öffentl. Schlachthauses betr., Stadtrath zu Bautzen, 1888 III.II. D. a. 33/2, S. 87 f., S. 99 und 125–131.
3 N. N.: Der Schlachthof zu Bautzen, in: Bautzner Nachrichten, Beil. zu Nr. 133 vom 11. Juni 1925, o. S.
4 Stadtarchiv Bautzen, Allgemeine Angelegenheiten des hiesigen Schlachthofes, 1909, 38/2.
5 N. N.: Schlachthof Bautzen in städtischem Besitz, in: Lausitzer Rundschau vom 3. November 1946, o. S.

Quellen und Literatur

▮ Stadtarchiv Bautzen, Acten, die Errichtung eines öffentlichen Schlachthauses betr., Stadtrath zu Bautzen 1888, III.II. D. a. 33/1 und 33/2.
▮ Stadtarchiv Bautzen, Acten des Stadtraths zu Bautzen, die Anstellungdes Thierarztes im Schlachthofe hierselbst betr., begonnen im Jahre 1891, Rep. III Sect. II D. a. 35.
▮ N. N.: Bautzener Tageblatt 10.1.1942: »50 Jahre Schlachthof Bautzen«.
▮ N. N.: Der Schlachthof in Bautzen, in: Bautzner Nachrichten, Beilage zu Nr. 133 vom 11.6. 1925.
▮ N. N.: Schlachthof Bautzen in städtischem Besitz, in: Lausitzer Rundschau vom 3. November 1946.

Leisnig (1891/1913)

Der Schlachthof am Muldenufer

An der Muldenwiese
Architekt: Heinrich Mossdorf (Bauphase 1913)

Der direkt an der Mulde gelegene Schlachthof wurde 1891 errichtet. Entstehungszeitliche Quellen sind zu dieser Anlage nicht vorhanden. Entlang der Mulde erstreckt sich das Stallgebäude mit dem Eishaus *(Abb. 70)*. Parallel dazu wurden in ähnlicher Dimension das Gebäude für die Schlachthalle für Groß- und Kleinvieh, die Kaldaunenwäsche, der Maschinenraum und der Kesselraum errichtet. Beide Gebäude bildeten eine Art Innenhof, der in Richtung Haupteingang durch das dreigeschossige und vierachsige Verwaltungsgebäude sowie das bereits erwähnte Eishaus abgeschlossen wurde. Ein kleines Freibankgebäude befand sich ursprünglich direkt am Haupteingang *(Abb. 71)*. Sämtliche Gebäude sind funktional ausgerichtet und entsprechen in ihrem Erscheinungsbild der Formensprache des Historismus. Während die langgestreckte achtachsige Schlachthalle ihre vertikale Gliederung durch die Bogenfenster mit darüber liegenden Wandvorlagen erhielt, wurde die Fassade des Verwaltungsgebäudes mit einem Sockel aus Zyklopenmauerwerk und typisch historistischen Kreuzstockfenstern aufgelockert. Die anderen Gebäude an der stadtabgewandten Seite erhielten vermutlich keinen Fassadenschmuck.

Der Leipziger Architekt Heinrich Mossdorf wurde 1913 von der Schlachthofgenossenschaft der Fleischerinnung zu Leisnig beauftragt, einen durch die zunehmenden Schlachtungen notwendig gewordenen Kühlhallenneubau zu errichten. Ursprünglich sollte diese Halle vor der Schlachthalle entstehen. Jedoch entschloss man sich, die Lücke zwischen Verwaltungs-

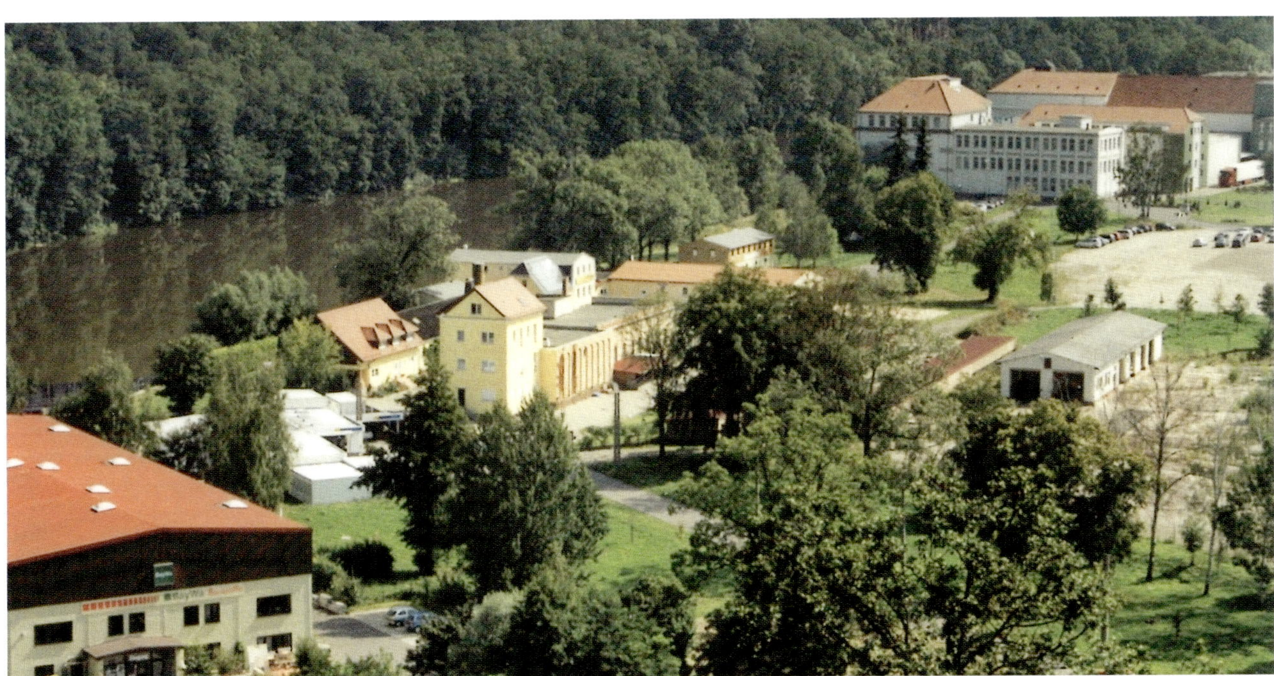

70 Schlachthof Leisnig, Luftbild, 2007.

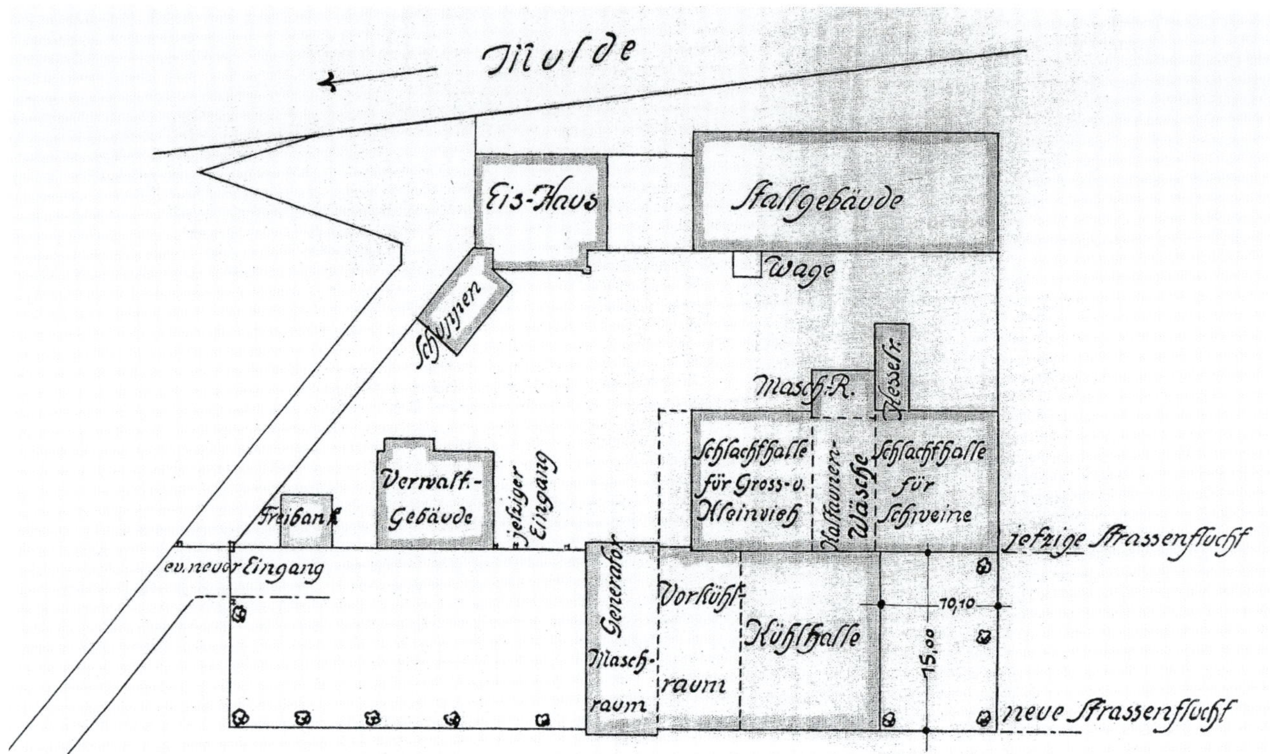

71 *Schlachthof Leisnig, Dispositionsplan.*

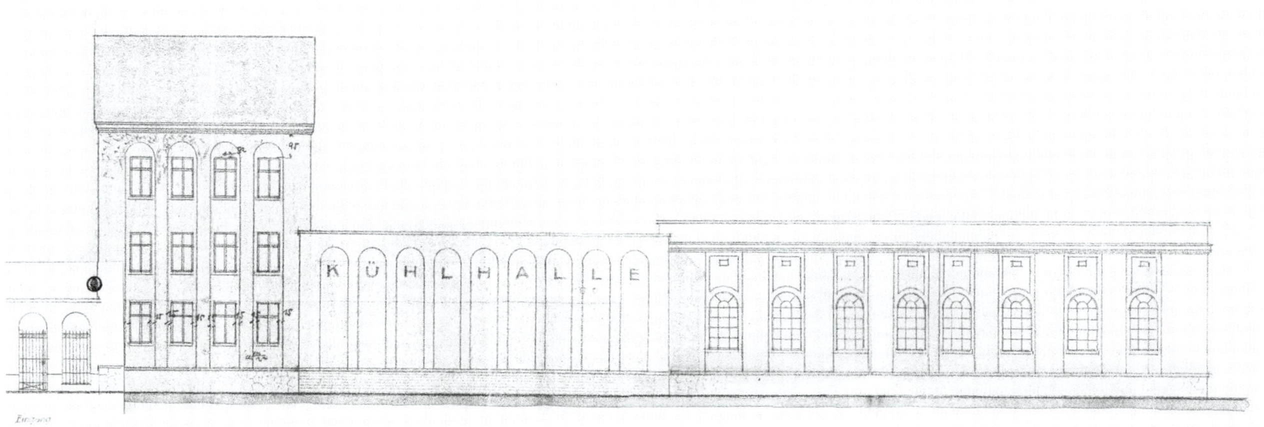

72 *Schlachthof Leisnig, Verwaltungs- und Stallgebäude, Abwicklung.*

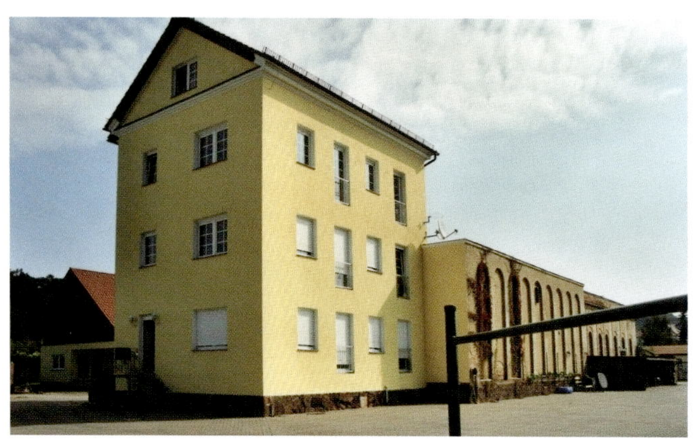

73 *Schlachthof Leisnig, Verwaltungs- und Stallgebäude, 2007.*

gebäude und Schlachthalle zu schließen und die Kühlhalle – leicht herausgerückt aus den Gebäudefluchten – als Verbinder zu organisieren. Die geschlossene Fassade der Kühlhalle mit neun hohen Bogenvorlagen wirkt einerseits geradezu modern und fortschrittlich, andererseits als Reminiszenz an die vergleichsweise gedrungenen Bogenfenster der Schlachthalle und die ursprünglichen Bogen der Fensterachsen des Verwaltungsgebäudes. Ein Sockel aus Zyklopenmauerwerk bezieht die Kühlhalle formal auf das mit einem ebensolchen ausgestattete Verwaltungsgebäude. Der Architekt Mossdorf hat eine sensible und der vorhandenen Substanz adäquate Erweiterung geschaffen, die weder den Schlachtbetrieb beeinträchtigte noch ästhetisch stört *(Abb. 72, 73.*

Bis 1973 wurde im Schlachthof Leisnig geschlachtet. Seit diesem Zeitpunkt bis 1990 fand hier nur noch die Zerlegung und die Verteilung des Fleisches statt. Das Verwaltungsgebäude ist vereinfacht in der Fassade saniert worden. Sämtliche anderen bestehenden Gebäude des Schlachthofes befinden sich in desolatem, aber ursprünglichen Zustand. Das Hochwasser der Mulde von 2002 hat nachhaltig zur Schädigung der Bausubstanz beigetragen.

Quellen und Literatur

- Stadtarchiv Leisnig, Schlachthof der Fleischerinnung zu Leisnig, Lageplan M. 1:500.
- Stadtarchiv Leisnig, Schlachthof der Fleischerinnung zu Leisnig, Schnitt M.1:100.

Großenhain (1892)

Das repräsentative Gasthaus als Auftakt

Carl Maria v. Weber-Allee
Architekt: Amtsbaumeister Carl Müller und dessen Sohn, Baumeister Erhard Müller

Die Akten belegen eine Beurkundung von 1657, durch die den Großenhainer Fleischhauern die Errichtung eines Schlacht- und Kuttelhofs genehmigt wurde. Ob sich dieses Gebäude auf dem Gelände des 1892 errichteten Schlachthofes befunden hat, ist nicht zu ermitteln. Aus einem Zeitungsbericht wird jedoch deutlich, dass auf diesem Gelände bereits seit über 100 Jahren ein Rinderschlachthaus bestand. Die Baukosten des durch die Fleischerinnung errichteten und am 5. April 1892 feierlich eingeweihten Schlachthofes beliefen sich auf 250 000 Mark. Bis 1917 wurden 225 000 Tiere geschlachtet.[1]

Die Organisation der einzelnen Funktions- und Schlachtgebäude folgte dem Bogen des Röder-Mühlgrabens. Während das repräsentative Gasthaus an der ehemaligen Augustus-Allee und heutigen Carl Maria von Weber-Allee den Auftakt bildete *(Abb. 74)*, reihten sich das Schweineschlachthaus, das Brühhaus, das Kleinviehschlachthaus, das Großviehschlachthaus und das Kühlhaus sowie der Wasserturm entlang der Röder im Osten und Süden des Grundstücks aneinander. Sie bildeten mit dem westlichen Maschinen- und Kesselhaus sowie dem Kohleschuppen einen großen Innenhof, der mit Stallungen bebaut wurde *(Abb. 75)*. Zwischen Gasthaus und Wagenschuppen führte der Eingang direkt zum Gebäude für die Fleischbeschau.

Bauakten vom Ende des 19. Jahrhunderts belegen beispielhaft die damalige Anlage und die intensive Auseinandersetzung um den Schlachthofbau:

»Diese Anlage umfaßt in sich: 1. Schlachthaus für Rinder; 2. Eins dergl. für Kleinvieh, beide sind von einander getrennt, zu letztern Zweck wird das gegenwärtige Schlachthaus eingerichtet; 3. Ein Brühhaus, welches nach der Röder gelegen zwischen beiden Schlachthäusern aufgeführt wird; 4. Die nöthige Stallung, Wagenschuppen, Kohlenraum mit darüber befindlichen Heu- & Strohboden, sowie; 5. Ein Wohnhaus links am Thoreingange, dasselbe schließt in sich im Parterre, Wohnung für den Aufseher, einschließlich großer Wohnstube die als Schanklocal benutzt werden kann, ferner ein geräumiges helles Local für den Fleischbeschauer; 6. In der Etage befinden sich nebst den Zugange nach den alten Schlachthausboden noch 2 Stuben, welche zu Innungszwecken p. p. benutzt werden. Im Dachraume können in Anbetracht der geringen Höhe nur Kammern eingerichtet werden; 7. Die gegenwärtige Dachwohnung im alten Schlachthause wird zu Kammern für die Gehilfen reservirt, hierbei sind wenig Baulichkeiten nöthig, und wird im Anschlage dafür eine Summe angenommen.

Bauausführung:

- 1. Schlachthaus für Rinder: Alles Mauerwerk ist in Bruchstein auf Betongründung auszuführen. Fußboden aus Granit, mit 0,40 stk. [Ergänzung: starker] Betonunterlage, letzteres ist Vorsichtsmaßregel gegen Ungeziefer, Ratten p. p. die Abflußschleuße liegt oberhalb, und wird mit Eisengitter abgedeckt, hat das Gefälle nach der neben der Düngerstätte befindlichen Grube. Bedachung erfolgt durch Meißner glassirte Falzziegel, desgl. auch die andern neuen Dächer. Alle Fenster in den Schlacht- & Stallräumen erhalten Eisenrahmen mit Pultthüröffnung von oben nach unten. Dielen infolge Bretter mit Fugenleisten.

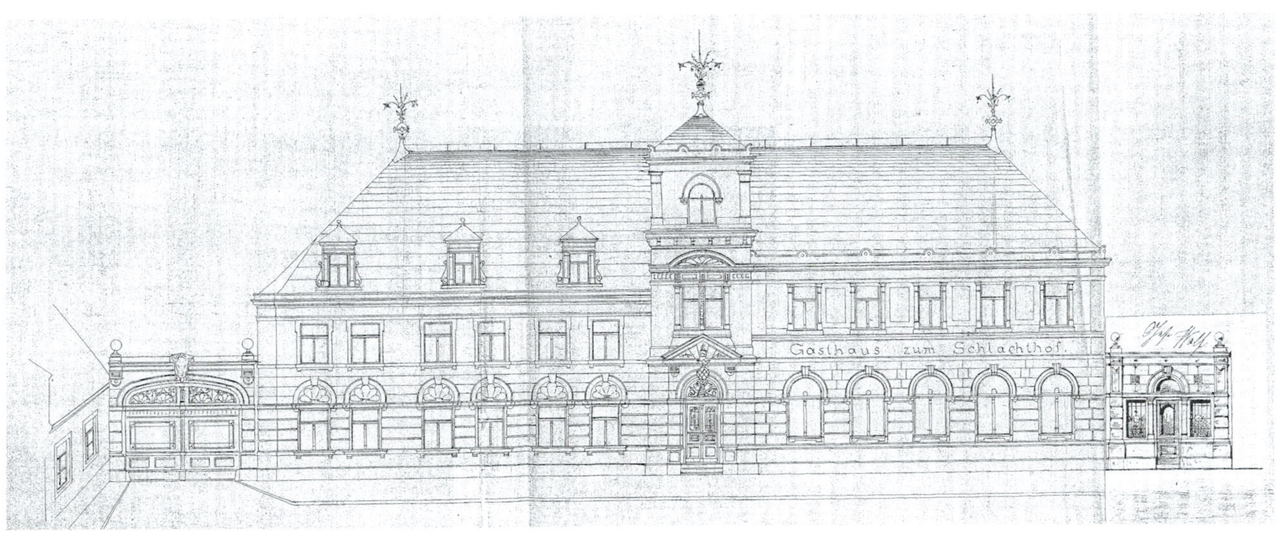

74 Schlachthof Großenhain, Gasthaus, Ansicht.

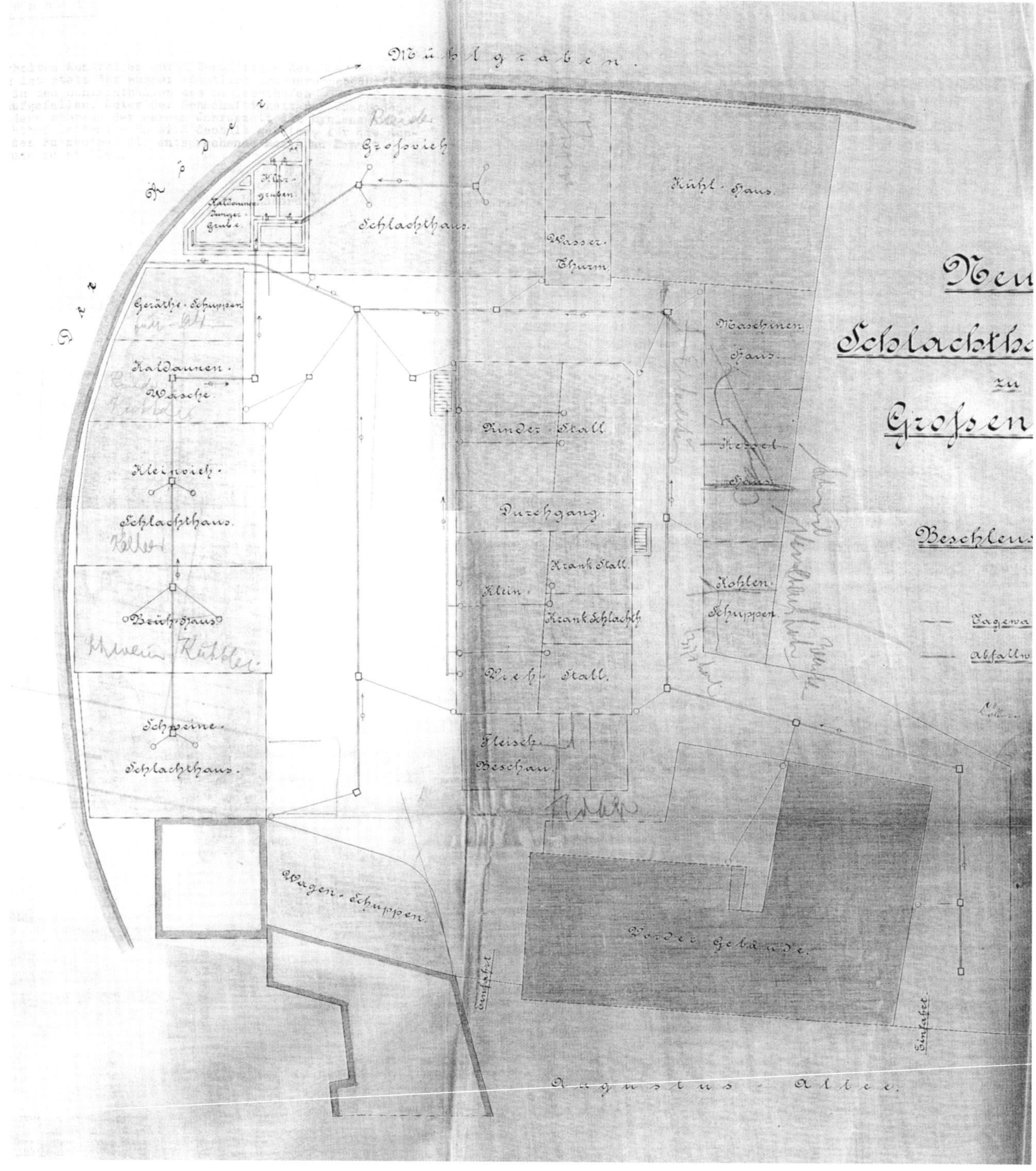

75 Schlachthof Großenhain, Dispositionsplan.

■ 2. Schlachthaus für Kleinvieh: Dieses Gebäude bleibt in seiner Größe unverändert, mit Ausnahme der Thüren und Fensteröffnungen. Der Fußboden wird ein von Granit wie im Rinderschlachthause. Die Sandsteinplatten werden entlang der Hinterfronte und Röder gelegt. Die Sandsteintreppe wird beseitigt, der Dachraum wird vom neuen Hause zugänglich und kommt in diesen, dort wo jetzt die Treppe austritt das Wasserbassin zu stehen; Pumpe mit Schwungrad wird unten an die Hinterfrontmauer angeschraubt. Die Anlage der Fleischzellen sind aus der Zeichnung ersichtlich, die noch herzustellende Decke wird wie bei 1.

■ 3. Brühhaus: Dieses Gebäude erhält um sich der anstoßenden Urform anzuschließen Zinkbedachung, Fußboden wird auch von Granit. Kessel, Brühwanne und Scheertisch wird entsprechend hergestellt;

■ 4. Stallung & Wagenschuppen p. p.: Die Ausführung von diesem Gebäude ist schon aus der Zeichnung ersichtlich, auch wird noch Alles im Anschlage speziell genannt; Umfassung wird theils Bruch- theils Ziegelmauer. Die Decken, außer den Schuppen werden gewölbt, Gänge erhalten Chamotte; Stände Bruchsteinpflaster. Die Ständersäulen beim Schweinekoben werden intern mit Falz und erhalten Schiebethüren, siehe Detailzeichnung.

■ 5. Wohnhaus & Local für den Fleischbeschauer: Bei diesen Hause ist Haupterforderniß daß Kellerei mit angebracht wird, folglich kommt daßelbe höher als die andern Gebäude zu stehen, wodurch sich Stufen vor der Hausthür nöthig machen. Die Umfassungsmauern werden von Bruchstein, theils auch mit Ziegeln ausgeführt. Um die Grundfeuchtigkeit abzuhalten, werden die Mauern unterhalb der Fußböden mit einer Asphaltschicht belegt. Das Dach wie die andern mit Falzziegel gedeckt, wird Pultdach mit Plattform, letztern Holzement. Der Lichthof wird 2,20 brt. & 3,00 lang, dieser kann auch mit Glas überdacht werden, ist aber im Anschlage nicht berücksichtigt.

■ 6. Grubenanlagen, Aborte & Wasserschöppe: Diese Baulichkeiten sind aus der Zeichnung und den speziellen Anschlag genau zu ersehen, und ist einer weiteren Baubeschreibung hierüber unterlassen. Alles andere geht aus der Zeichnung und den hier folgenden Anschlage hervor.«[2]

Es folgen alle Positionen detailliert und bepreist. Besonders anspruchsvoll wurde das äußere Erscheinungsbild des Wohn- und Wirschaftsgebäudes gestaltet. Als Entrée zum Schlachthof und in seiner Ausrichtung auf die Augustus-Allee und spätere Weber-Allee kommt dem Gebäude eine bemerkenswerte Mittlerstellung zwischen städtischem Gefüge und einem Wirtschaftshof für das Schlachtgewerbe zu. Das breitgelagerte Bauwerk wird durch einen betont hervortretenden und turmartig ausgeführten Mittelrisalit akzentuiert. Zahlreiche Elemente wie Fenstersäulen, Rundbögen, Schlusssteine, Gaupen mit seitlichen Voluten, Bossierungen im Erdgeschossbereich und Dachbekrönungen geben dem Objekt eine große Vielfalt und wirken sowohl streng als auch belebend. An das Gebäude schließt sich ein breites Tor mit einem ausladenden Korbbogen an. Den Schlussstein bildet die Plastik eines Kuhkopfes. In seiner Gesamtwirkung – der Adaption von Elementen der Renaissance, des Barock und des Klassizismus – erinnert der historistische Bau an öffentliche Gebäude, wie Rathäuser und Schulen.

Heute stehen die Gebäude zum großen Teil leer, sind verfallen oder wurden abgebrochen. Das denkmalgeschützte Wohn- und Wirtschaftshaus ist saniert.

Anmerkungen

1 N. N.: Der Schlachthof zu Großenhain, in: Großenhainer Tageblatt 78 (5.4. 1917), S. 3; Schuberth, Gustav: Chronik der Stadt Großenhain. Großenhain 1892, S. 224, 238 f., 246 und 317 f.

2 Bau-Akten des Stadtrats zu Großenhain die Bauten in dem Grundstücke Nr. 677 betr., Weberallee 77, Flurstr. 405, o. S.

Quellen und Literatur

■ Stadtarchiv Großenhain, Bau- Akten des Stadtrats zu Großenhain, die Bauten in dem Grundstücke Nr. 677 betr., Weberallee 77, Flurstr. 405.

■ Stadtarchiv Großenhain, Akte Weber-Allee 81, Nr. 679/ 681.

■ Stadtarchiv Großenhain, Bau-Akten des Stadtrats zu Großenhain, die Bauten in dem Grundstücke Nr. 679 der Brand-Vers.-Ortsliste betr., Fleischerinnung erg.1914.

■ Stadtarchiv Großenhain, Bau-Akten des Stadtrats zu Großenhain die Bauten auf dem Grundstücke 679/ 680/ 681 betr. Fleischer-Innung 1869.

■ Stadtarchiv Großenhain, Aktenverbund Archiv, Nr. 244, Bd. 254, Jg. 1657–1887.

■ Stadtarchiv Großenhain, Aktenverbund Archiv, Nr. 245, Bd. 255, Jg. 1615–1788.

■ Stadtarchiv Großenhain, Aktenverbund Archiv, Nr. 127, 128, Bd. 119, Jg. 1880–1934.

■ N. N.: Der Schlachthof zu Großenhain, in: Großenhainer Tageblatt, Nr. 78, Do., 5.4. 1917, S. 3.

■ Schuberth, Gustav: Chronik der Stadt Großenhain, Großenhain 1892, S. 224, 238 f., 246 und 317 f.

■

Mittweida (1892)

Die diffuse Gebäudestellung

Frankenberger Straße
Architekt: Franz Kögler

Bereits 1883 wurde in Mittweida auf dem späteren Schlachthofgelände ein Rinderschlachthaus errichtet. Der bestehende Kuttelhof, der zu diesem Zeitpunkt ausgedient hatte, wurde zu Anfang des 20. Jahrhunderts abgebrochen *(Abb. 76)*. Eine regionalhistorische Quelle berichtet: »Jahrelange Verhandlungen (von 1886–1892) zwischen dem Rate, den Stadtverordneten und der Fleischerinnung führten endlich im Frühjahr 1892 zu dem abermaligen Beschlusse der Einführung der allgemeinen Fleischbeschau in Mittweida. Gleichzeitig wurde der Bau eines Schlachthofes und der Schlachtzwang in demselben beschlossen. Den Schlachthofsbau überließ man der Fleischerinnung, deren Mitglieder sich bereit erklärten, auf alle Entschädigungen für ihre Privatschlachtstätten zu verzichten. Das vorhandene Rinderschlachthaus wurde zu einem Schlachthaus für Schweine umgewandelt. Dem Südgiebel wurde ein Mittelbau, der zur Kaldaunenwäsche bestimmt war, und ein neues Rinderschlachthaus, in dem auch die Schlachtungen der kleinen Wiederkäuer vorgenommen werden sollten, angegliedert. Die frühere Kaldaunenwäsche diente fernerhin

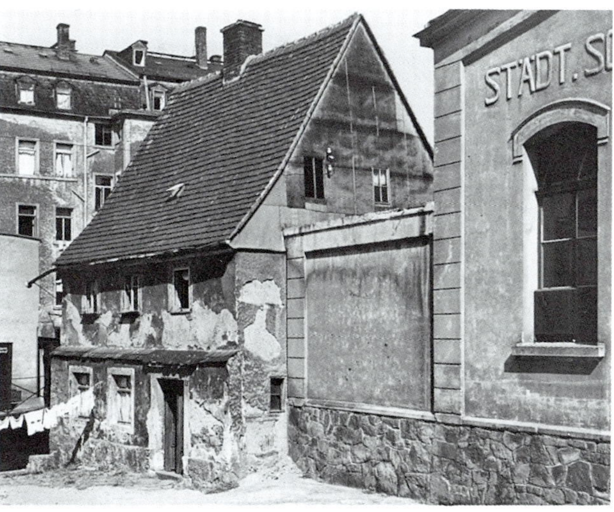

76 Schlachthof Mittweida, Kuttelhof.

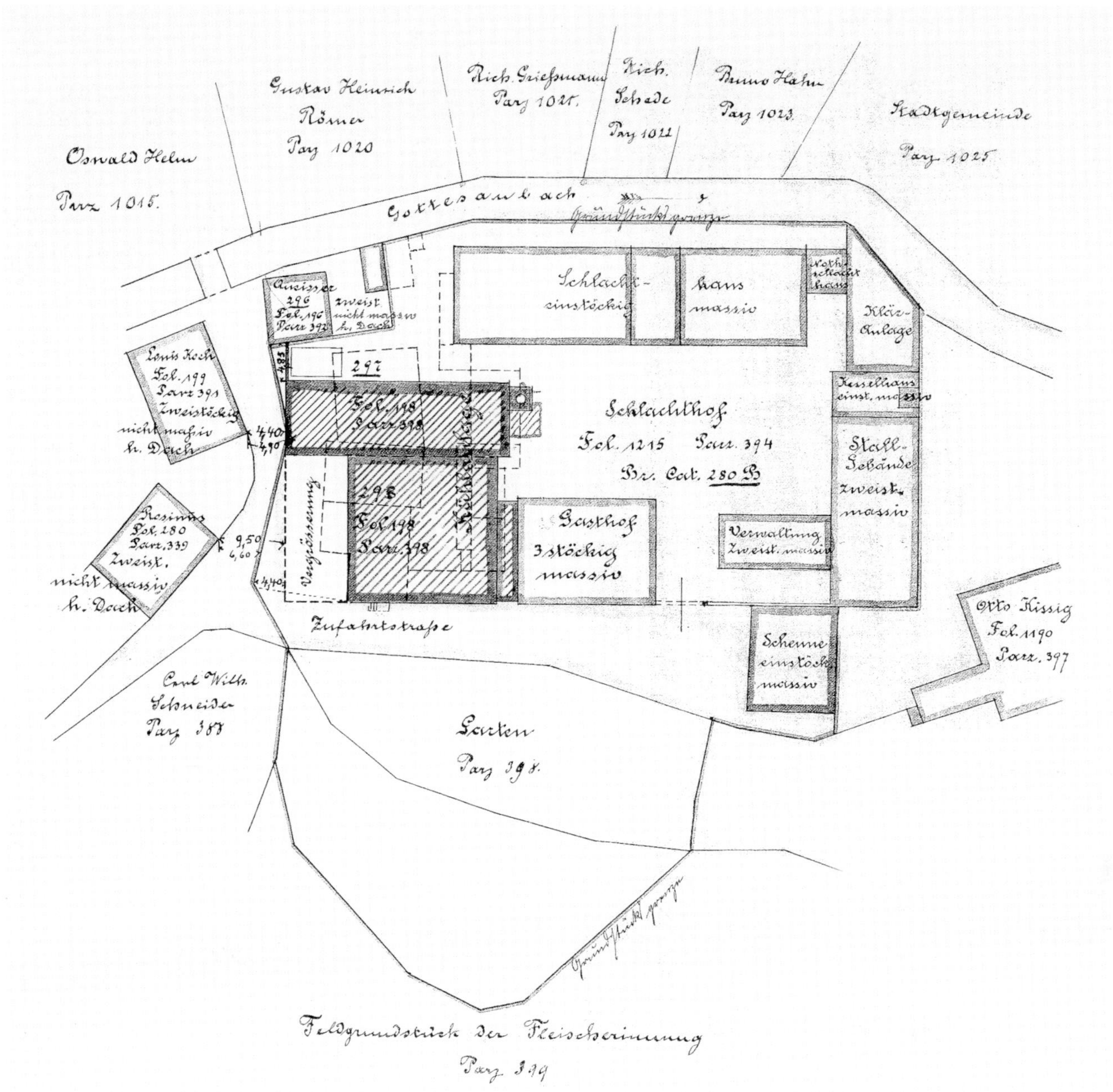

77 *Schlachthof Mittweida, Dispositionsplan*

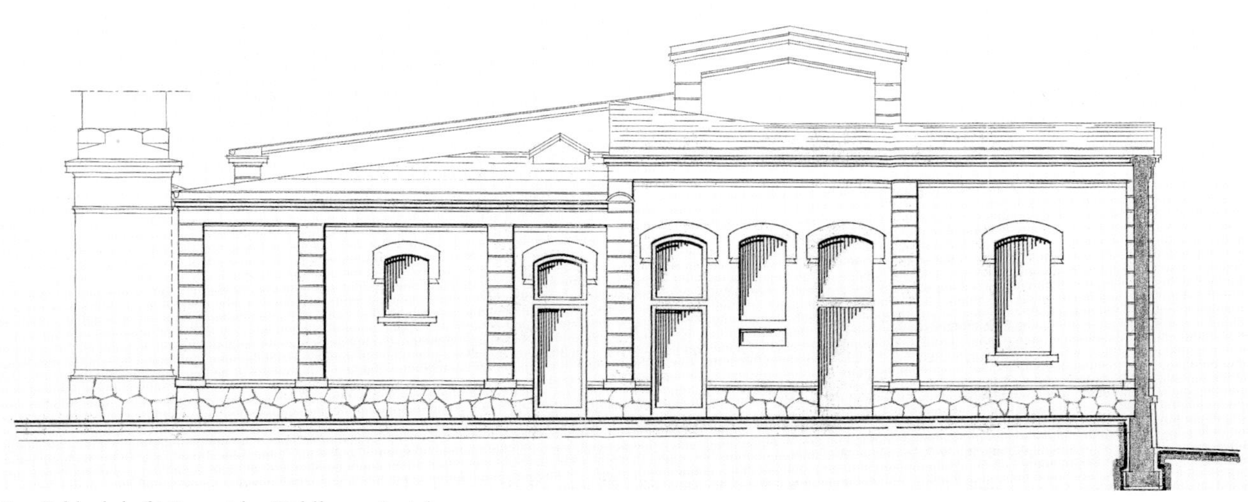

78 *Schlachthof Mittweida, Kühlhaus, Ansicht.*

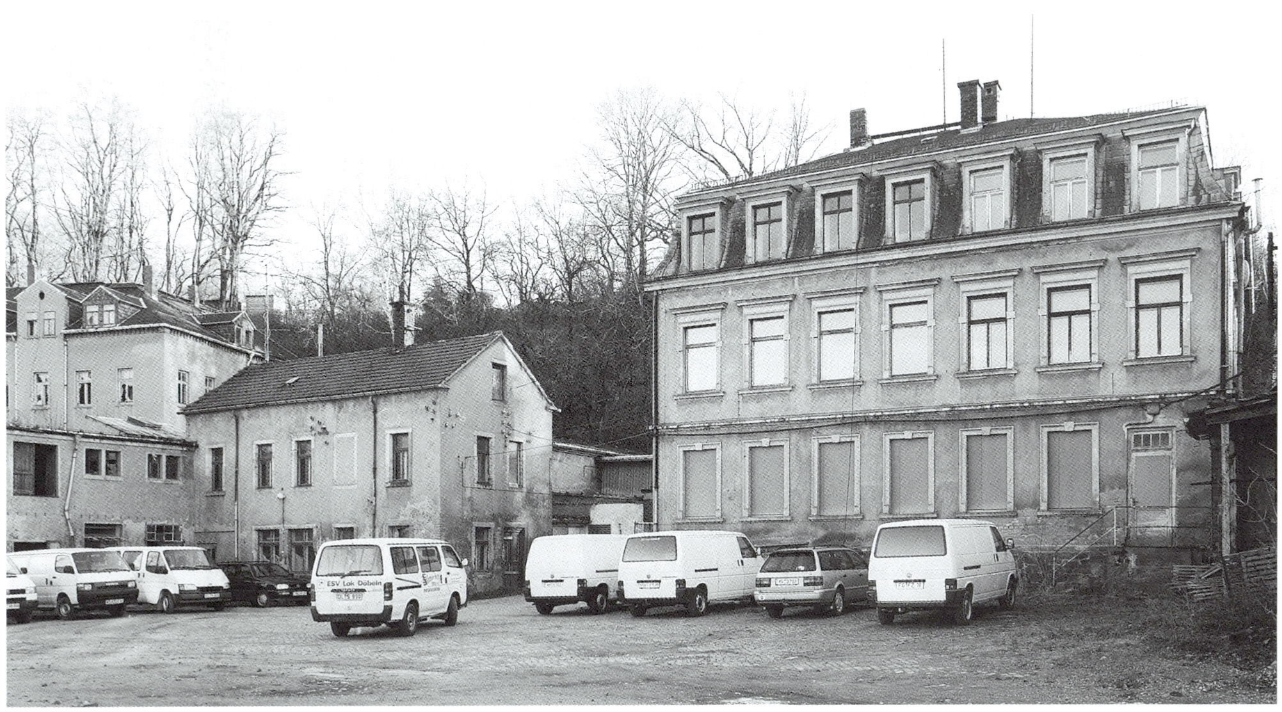

79 Schlachthof Mittweida, Beamtenwohnhaus, 1998.

als Schlachthaus für seuchenkranke Tiere. Durch eine Kläranlage wurde für mechanische und chemische Klärung der Abwässer gesorgt. Die Erwärmung des in den Schlachthallen gebrauchten Wassers erfolgte durch direkten Dampf, erzeugt in einem kleinen Dampfkessel. Stallungen zur Einstellung der Tiere und ein Wohnhaus, in dem auch das Trichinenschauamt und die Steuer-Rezeptur Aufnahme fanden, vervollständigten die Anlage. Am 6. Dezember 1892 fand die Weihe des erweiterten Schlachthofes statt und am folgenden Tage begannen die Untersuchungen, die einem städtischen Tierarzt und mehreren Trichinenschauern übertragen wurden.«[1] *(Abb. 77)*

Der Bau einer maschinellen Kühlanlage an der Südseite des Schlachthofes konnte erst 1898 realisiert werden *(Abb. 78)*. Er bestand aus einem Kesselhaus mit zwei Dampfkesseln, einem Maschinenhaus mit Dampfmaschine und Kompressor sowie dem eigentlichen Kühlhaus. Das Schlachten von Pferden und Hunden war im Mittweidaer Schlachthof ursprünglich nicht vorgesehen. Jedoch wurde 1903 eine außerhalb des Schlachthofes gelegene Scheune zu einem Pferde- und Hundeschlachthaus umgebaut, in dem fortan diese Tierarten geschlachtet werden konnten.

1893, im ersten vollen Betriebsjahr, wurden 913 Rinder, 2 959 Schweine, 2 846 Kälber, 587 Schafe und 229 Ziegen, also insgesamt 7 534 Tiere geschlachtet. 1920 wurde der Schlachthof von der Stadt übernommen.

Die seit 1892 errichteten Schlachthofgebäude mit Schlachthalle, Stall, Verwaltung und Gasthof mit Wohnhaus wurden im historistischen Stil erbaut. Während das Wohnhaus mit Mansarddach und zahlreichen Gaupen einen urbanen Charakter prägt, sind die Funktionsgebäude mit dem rustikalen Zyklopenmauerwerk im Sockelbereich und den gegliederten Pilastern typische Beispiele für den Industriebau

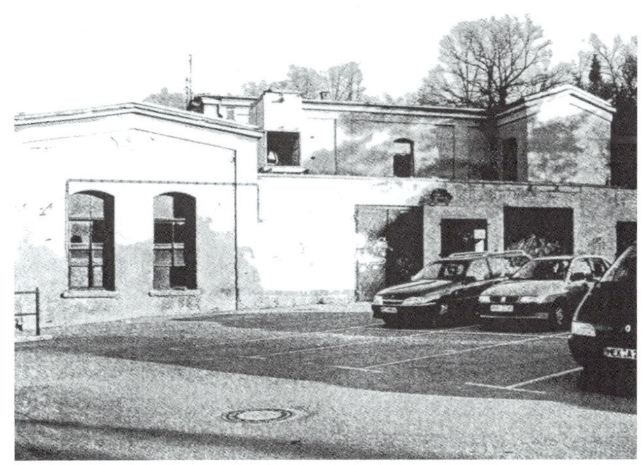

80 Schlachthof Mittweida, Schlachtgebäude, 1998.

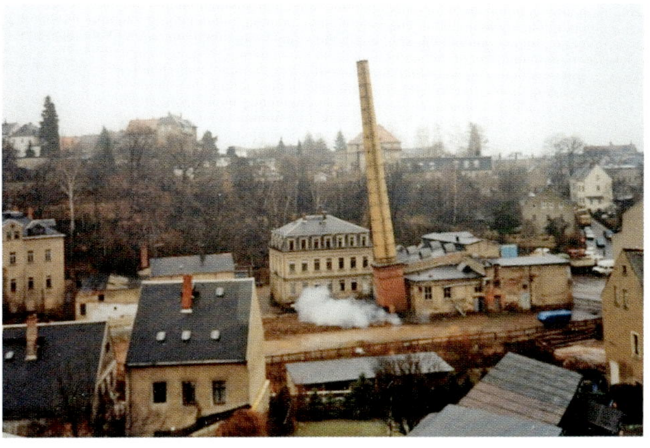

81 Schlachthof Mittweida, Abbruch, 2003.

um 1900. Auf einem historischen Foto ist als Anschluss an ein zweistöckiges Wohngebäude der giebelständige Kühlhaustrakt zu sehen, der die Aufschrift »Städt. Schlachthof« trägt *(vgl. Abb. 76)*. Insgesamt wirkt die Schlachthofanlage sehr schlicht und funktional *(Abb. 79, 80)*. Die Staffelung der miteinander verbundenen Gebäude unterschiedlicher Höhe und Dachgestaltung wirkt dabei ungeordnet und verklärt den Schlachthof. Um 1990 wurden nur noch Notschlachtungen durchgeführt. Die Anlage wurde noch als Wildschlachthof genutzt. Zwischen 1998 und 2003 erfolgte der Abbruch sämtlicher Gebäude *(Abb. 81)*. Das Gelände dient heute dem Busbahnhof.

Anmerkungen

1 Winter: Der Schlachthof zu Mittweida, in: Mittweidaer Tageblatt, 1930.

Quellen und Literatur

▮ Winter, Der Schlachthof zu Mittweida; in: Mittweidaer Tageblatt, 1930.

▮ Stadtarchiv Mittweida, Viehwirtschaftsverband Sachsen, betr. Errichtung einer Viehverteilungsstelle in Mittweida, 28. April 1943.

Zschopau (1892)

Der Um- und Neubau zum Schlachthof

Schlachthofstraße
Architekt: Carl Oestreich, Max Oestreich

Dieser relativ kleine Schlachthof liegt am Ufer der Zschopau. Das Grundstück der ehemaligen Graupnerschen Bleicherei wurde 1891 von der Fleischer-Innung, vertreten durch den Obermeister Heinrich Uhlmann, erworben. Das alte Schlachthaus auf der Johannisstraße unterhalb des Schlossberges genügte nicht mehr den hygienischen und wirtschaftlichen Ansprüchen.[1] Das neue Grundstück bot neben dem Feld- und Ackerland für Weidezwecke auch günstige verkehrslogistische Voraussetzungen, da direkt daneben die Strecke der Königlichen Staatseisenbahn Chemnitz-Annaberg verlief. Die Grundsteinlegung für den Neubau fand am 18. September 1891 statt. Bereits am 8. November 1892 konnte die Anlage den Betrieb aufnehmen. Der Zschopauer Baumeister Carl Oestreich baute das Bleichereigebäude um und errichtete sämtliche neuen Gebäude *(Abb. 82, 83)*.[2] Die hechtgaupenartige Öffnung des Daches für Lagerzwecke verweist auf die frühere Entstehungszeit als Bleichereigebäude. Der gesamte Bau einschließlich des Grundstückes und der eigenen Wasserversorgung kostete den vergleichsweise geringen Betrag von 150 000 Mark. Es handelt sich hier jedoch um einen relativ kleinen Schlachthof, in den das bereits vorhandene Bleichereigebäude (Bruchsteinmauerwerk und Schindeldeckung) in die Nutzung einbezogen wurde. Im Untergeschoss wurden die Stallungen für Großvieh, Kleinvieh und Pferde eingerichtet. Das Obergeschoss war für kleinere Funktionsräume vorgesehen.[3]

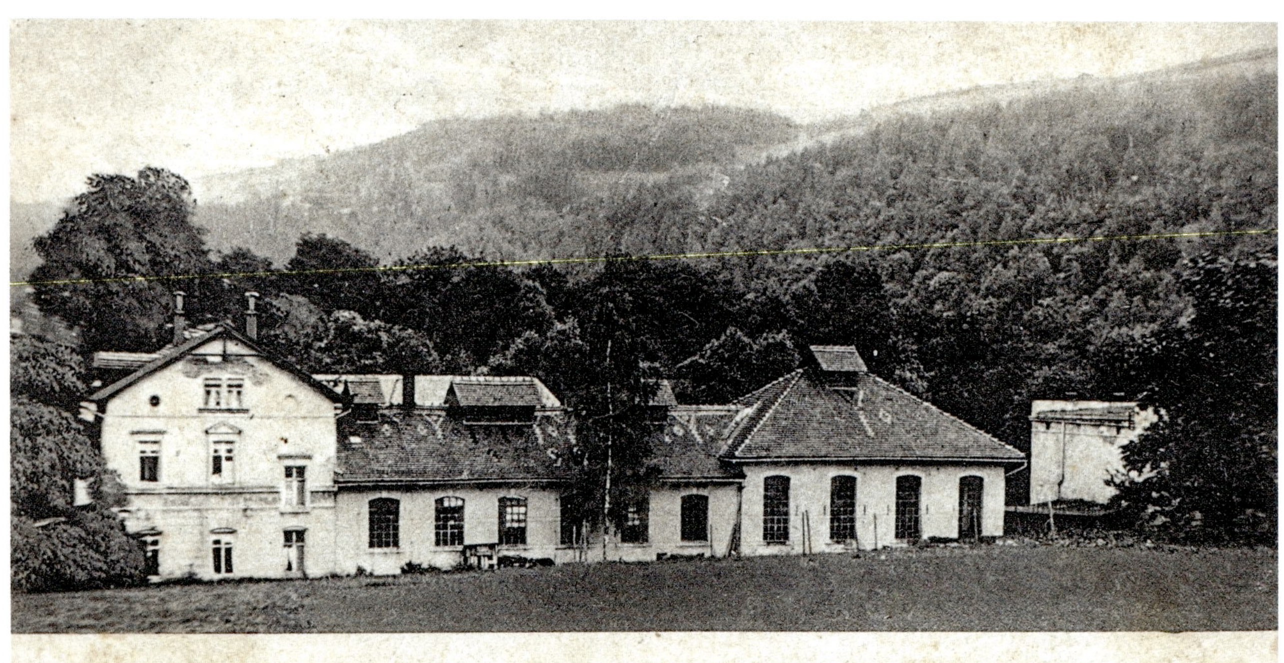

82 Schlachthof Zschopau, Restaurant, Postkarte 1913.

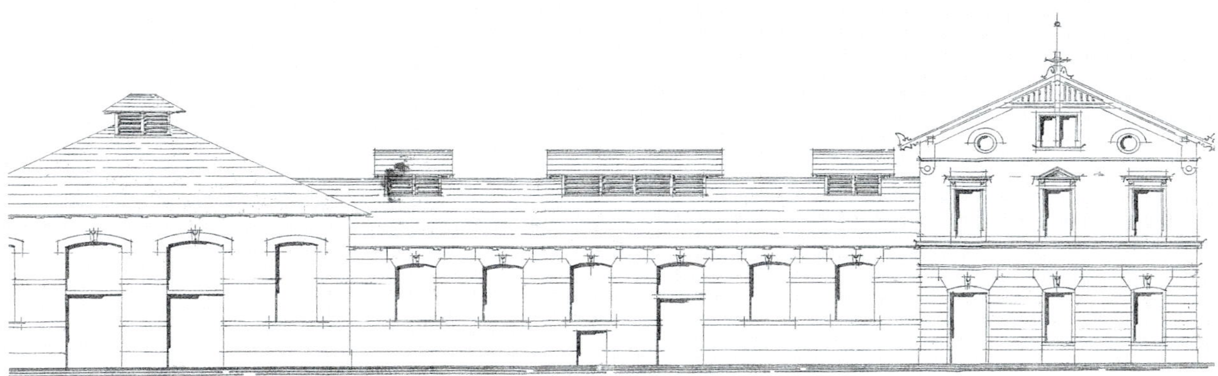

83 Schlachthof Zschopau, Schlachtgebäude, Ansichten von Carl Oestreich.

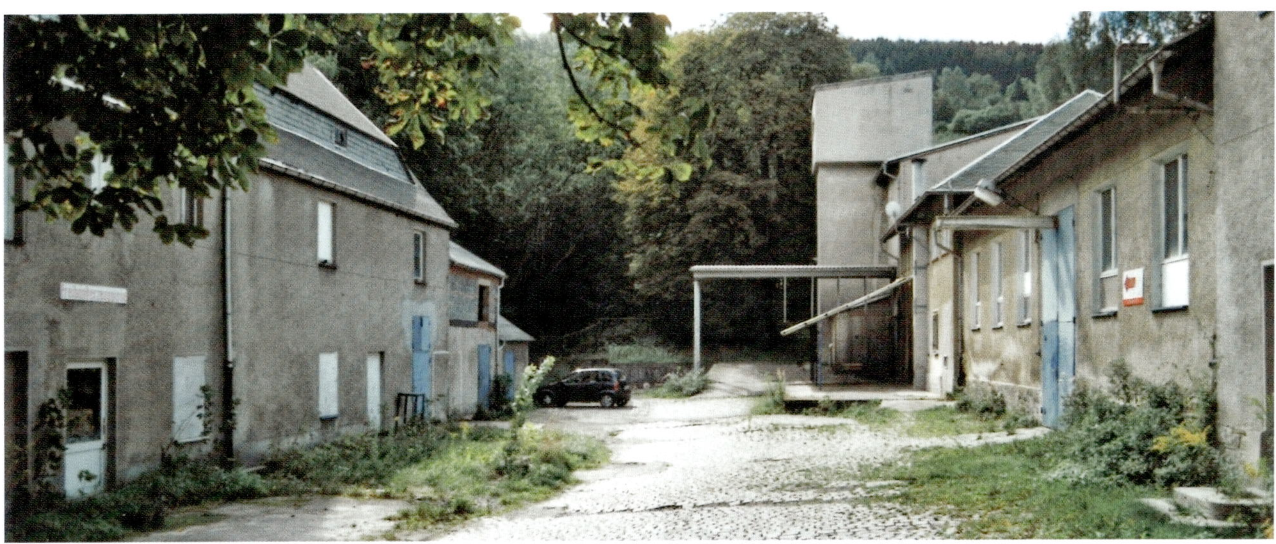

84 Schlachthof Zschopau, 2006.

Parallel dazu wurde im Westen die Schlachthalle mit dem Verwaltungsbau errichtet. Im südlichen Teil wurden die Rinder geschlachtet, im Zwischenbau befand sich die Kleinviehschlächterei mit anschließender Kuttelei. Der nördliche zweigeschossige Seitenflügel trat als Verwaltungsgebäude hervor. Es bot Räume für die Verwalter, den Tierarzt, die Mitarbeiter und eine Wohnung für den Fleischbeschauer. Außerdem wurde ein Schlachthofrestaurant, das auch den Eingang zum Schlachthof markiert, eingerichtet *(Abb. 85)*. Die Einweihung des Schlachthofes mit dem Restaurant wird folgendermaßen beschrieben: »Während des Probeschlachtens, das über zwei Stunden in Anspruch nahm, wurde das Restaurant fleißig frequentiert, dessen behagliche Einrichtung allgemeine Anerkennung fand und dessen Darbietungen aus Küche und Keller ungeteiltes Lob ernteten.«[4] Sämtliche Gebäude bilden einen langgestreckten Innenhof, der die klare Trennung von Stall und Schlachthalle unterstützt.

Aufgrund der steigenden Nachfrage an Pferdefleisch wurde der Kreishauptmannschaft 1914 die Einrichtung eines separaten Pferde- und Hundeschlachthauses empfohlen: »Der sich stets steigernde Konsum an Pferdefleisch, verursacht einerseits durch das Schwinden des Widerwillens gegen diese Fleischart andererseits durch die hohen Fleischpreise, verlangt, dass dem Pferdeschlachtraum mehr Aufmerksamkeit zugewandt wird. … Die Innung müsste veranlasst werden, auf ihrem Schlachthof die Möglichkeit hierfür zu schaffen. Denn ein Pferdeschlachthaus gehört zu den Bestandteilen eines Schlachthofes, der rechtmäßig zu einem öffentlichen erklärt worden ist.«[5] Des Weiteren erging die Forderung nach einer klaren räumlichen Trennung der Schlachthalle für gesunde Tiere und der Seuchenschlachtstelle für krankes Vieh. Ebenso sollte der Zugang zur Freibank nicht über den Schlachthof führen, sondern extern, um potentielle Keime von den Ställen und Schlachträumen fernzuhalten. Schließlich handelte es sich um einen Zweig der Lebensmittelindustrie, der hygienischen Bestimmungen unterlag.

1925 baute der Zschopauer Baumeister Max Oestreich an die Rinderschlachthalle ein funktionsorientiertes Kühlhaus an.[6] Drei Jahre später wurde eine Kläranlage für Schlachtabfälle installiert.[7] Der Baumeister Arno Ullbricht errichtete 1933 einen Kesselraum.[8] 1952 wurde eine Baugenehmigung für den Neubau eines Schweinestalls,[9] 1954 die für eine Wagenremise[10] erteilt. Der Architekt Gerhard Thieme aus Zschopau erbaute 1955 eine neue Tötungsbucht.

1970 übernahm die PGH Fleischergenossenschaft den Schlachthof von der Fleischer-Innung. Bis Mitte der 1990er-

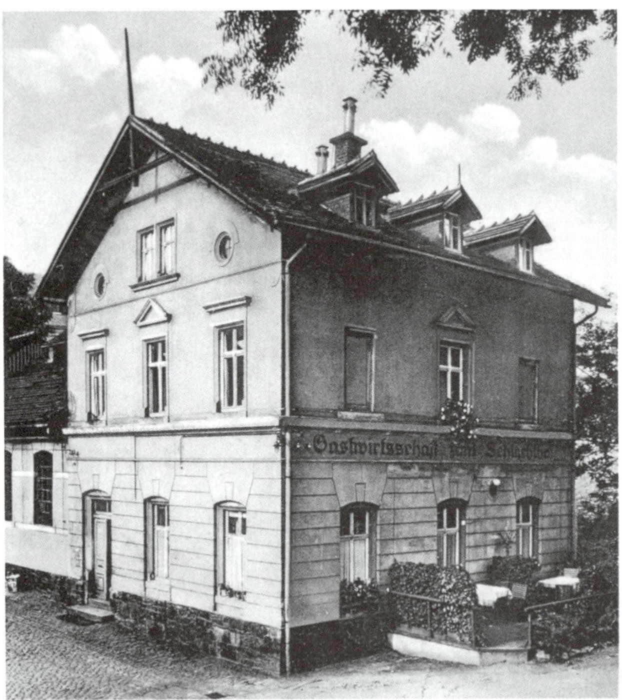

85 Schlachthof Zschopau, Wohn- und Gastwirtschaftsgebäude, um 1910.

Jahre arbeitete der Schlachthof, nach 1990 als Drebacher Fleischwaren GmbH. Heute befindet sich der ehemalige Schlachthof in einem ruinösen Zustand und wird teilweise zu anderen Zwecken genutzt *(Abb. 84, 85).*

Formalästhetisch stellt der Schlachthof in Zschopau keine Besonderheit für diese Baugattung dar. Kulturgeschichtlich hingegen verdeutlicht die Errichtung des öffentlichen Schlachthofs die gewachsene Selbständigkeit und das Verantwortungsbewusstsein der Stadt Zschopau.

Anmerkungen

1 Schwerdt, Hans: Aus Zschopaus Vergangenheit und Gegenwart, Zschopau 1938, S. 72; Stadtarchiv Zschopau, Acten des Stadtrats zu Zschopau: Der Schlachthof der Fleischer-Innung, Abt. III, Abschn. 7c, Nr. 191, erg. 1891, S. 1.
2 Wochenblatt für Zschopau und Umgegend, Nr. 133, 1892, S. 847; Stadtarchiv Zschopau, Acten 1891 (wie Anm. 1), S. 1.
3 Beschreibung der geplanten Schlachthofanlage für die Fleischer-Innung zu Zschopau, in: Stadtarchiv Zschopau, Acten 1891 (wie Anm. 1), o. S.
4 Wie Anm. 2.
5 Stadtarchiv Zschopau, Acten 1891 (wie Anm. 1) S. 102.
6 Planzeichnung Max Oestreich.
7 Stadtarchiv Zschopau, Acten 1891 (wie Anm. 1), S. 172.
8 Stadtarchiv Zschopau, Akten des Stadtrats zu Zschopau: Die Bauausführungen im Gebäude Ortslisten-Nummer 181 B betreffend, Abt. III, Abschn. 7c, Nr. 191 a, erg. 1930, S. 62.
9 Stadtarchiv Zschopau, Akten 1930 (wie Anm. 8), S. 70.
10 Ebd., S. 82.

Quellen und Literatur

▮ Stadtarchiv Zschopau, Aktenheft des Stadtrats zu Zschopau, Abt. II, Abschn. 9, Nr. 56 (1260).
▮ Stadtarchiv Zschopau, Acten des Stadtraths zu Zschopau: Die Bauausführungen in dem Gebäude Nr. 181, Brand-Kat. für Zschopau betr., erg. 1870.
▮ Stadtarchiv Zschopau, Akten des Stadtrats zu Zschopau: Die Bauausführung im Gebäude Ortslisten Nr. 181 c betreffend, erg. 1934, Abt. III, Abschn. 7 c, Nr. 191 b.
▮ Stadtarchiv Zschopau, Acten des Stadtrats zu Zschopau: Der Schlachthof der Fleischer-Innung, Abt. III, Abschn. 7 c, Nr. 191, erg. 1891.
▮ Stadtarchiv Zschopau, Acten des Stadtrats zu Zschopau: Die Bauausführungen im Gebäude Ortslisten-Nummer 181 B betreffend, Abt. III, Abschn. 7 c, Nr. 191 a, erg. 1930.
▮ Stadtarchiv Zschopau, Acten des Stadtraths zu Zschopau: Die Bauausführungen im Gebäude Ortslisten-Nummer 181 B des Brandcat. für Zschopau betreffend, Rep. 1, Loc. 26, Nr. 159, erg. 1871.
▮ Stadtarchiv Zschopau, 761 a OL 181 b Schlachthofstr. 2, 1938–1954

Annaberg (1893)

Die Hanganlage

Gärtnerweg 6
Architekt: Franz Kögler

Am 20. Juni 1893 wurde am Gärtnerweg ein neuer Schlachthof eröffnet, der den aus dem 16. Jahrhundert bestehenden Kuttelhof am Mühlenweg ablöste. Im Gegensatz zu dem einstöckigen Kuttelhof mit auffallend hohem Dach, präsentierte sich der Komplex als neuartig und trug den modernen Anforderung an den Schlachtbetrieb Rechnung. Die Fleischerinnung von Annaberg schrieb am 13. August 1892 an den Stadtrat: »Die unterzeichnete Fleischer-Innung erlaubt sich, ein geehrtes Stadtbauamt in Kenntniß zu setzen, daß am Neubau ihres Schlacht- und Viehhofes das Verwaltungsgebäude, samt der Schlachthallen und Sanitätsgebäude bis zur Rohbaurevision fertig gestellt ist.«[1] Die Einweihungsfeier fand am 20. Juni 1893 statt und wurde mit einem großen Festumzug durch die Stadt und Probeschlachtungen begangen. Insgesamt beliefen sich die Baukosten auf 280 000 Mark.[2] Der Komplex des Annaberger Schlachthofs wurde vom Chemnitzer Architekten Franz Kögler erbaut *(Abb. 86, 87, 90).*

Sämtliche Gebäude wurden in rotem Klinker errichtet. Ein mittlerer Betriebsweg, der in den Entwurfsplänen von 1892 als Hauptstraße bezeichnet wird, trennte die Schlachthalle mit dem Sanitätsgebäude vom Stall- und Kutteleigebäude *(Abb. 89).* Die beiden lang gestreckten Hallen werden auf eventuelle Vergrößerungen ausgelegt, da der zukünftige Bedarf 1893 noch nicht vollständig absehbar war. Konzipiert war der Schlachthof mit einer Großviehschlachthalle für 30 Schlachtungen, Kleinviehschlachtständen für 60 Tiere und einem Raum für Schweineschlachtungen für 72 Tiere. Im Anschluss an diese Räumlichkeiten befand sich der Brühraum, der wiederum den Schlachttrakt von den Stallungen und dem Schlachtraum für krankes Vieh abtrennte. Logistisch war damit eine hygienisch einwandfreie Situation geschaffen und die Ansteckungs- und Seuchengefahr minimiert worden. Das gegenüberliegende Stall- und Kutteleigebäude hatte Platz für 24 Rinder, 120 Hammel und Kälber sowie 100 Schweine. Außerdem konnten vier Pferde in Boxen untergebracht werden. Daneben befanden sich Räume für die Fellablage, die Kuttelei, das Kesselhaus, die Klärstation und die Düngergrube. Im Osten schloss sich an diesen Bau das Verwaltungsgebäude mit dem Gasthof an. Es

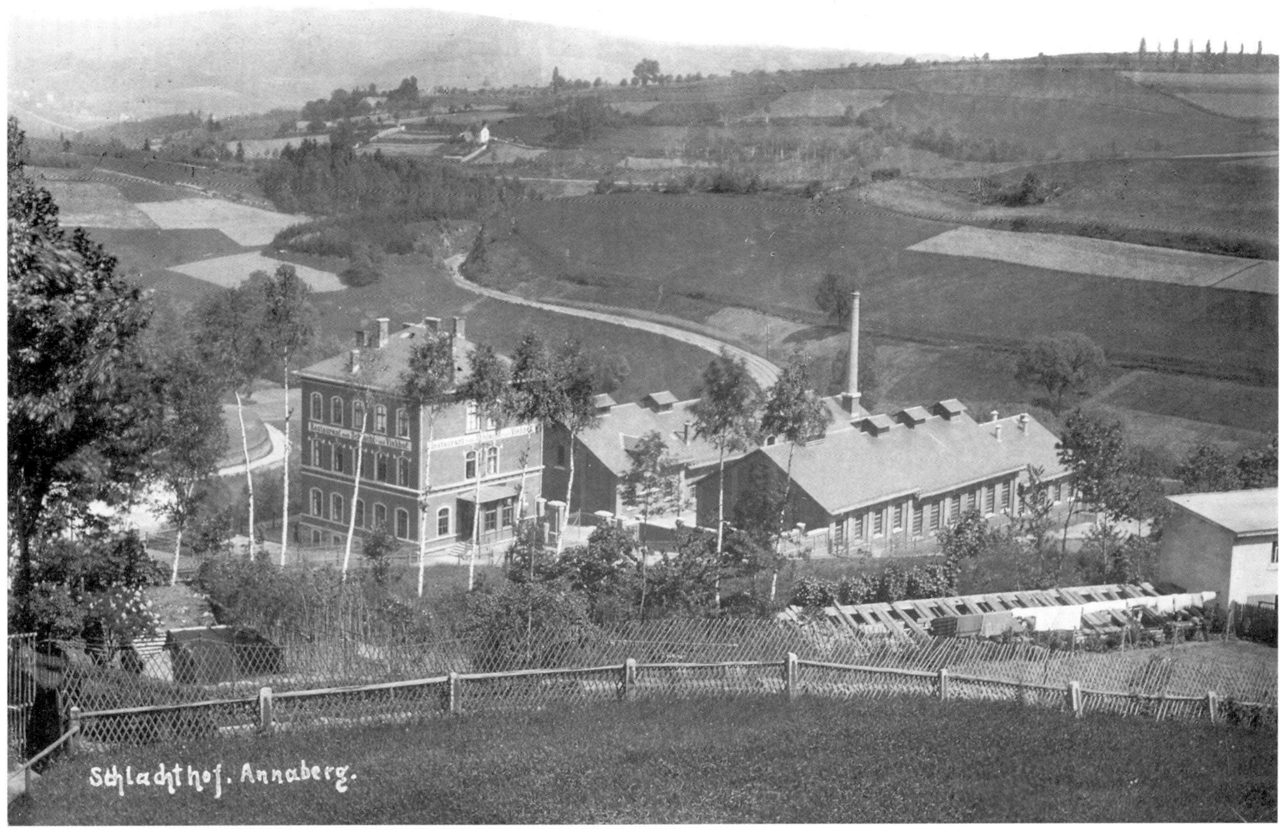

86 *Schlachthof Annaberg, Fotografie, um 1900.*

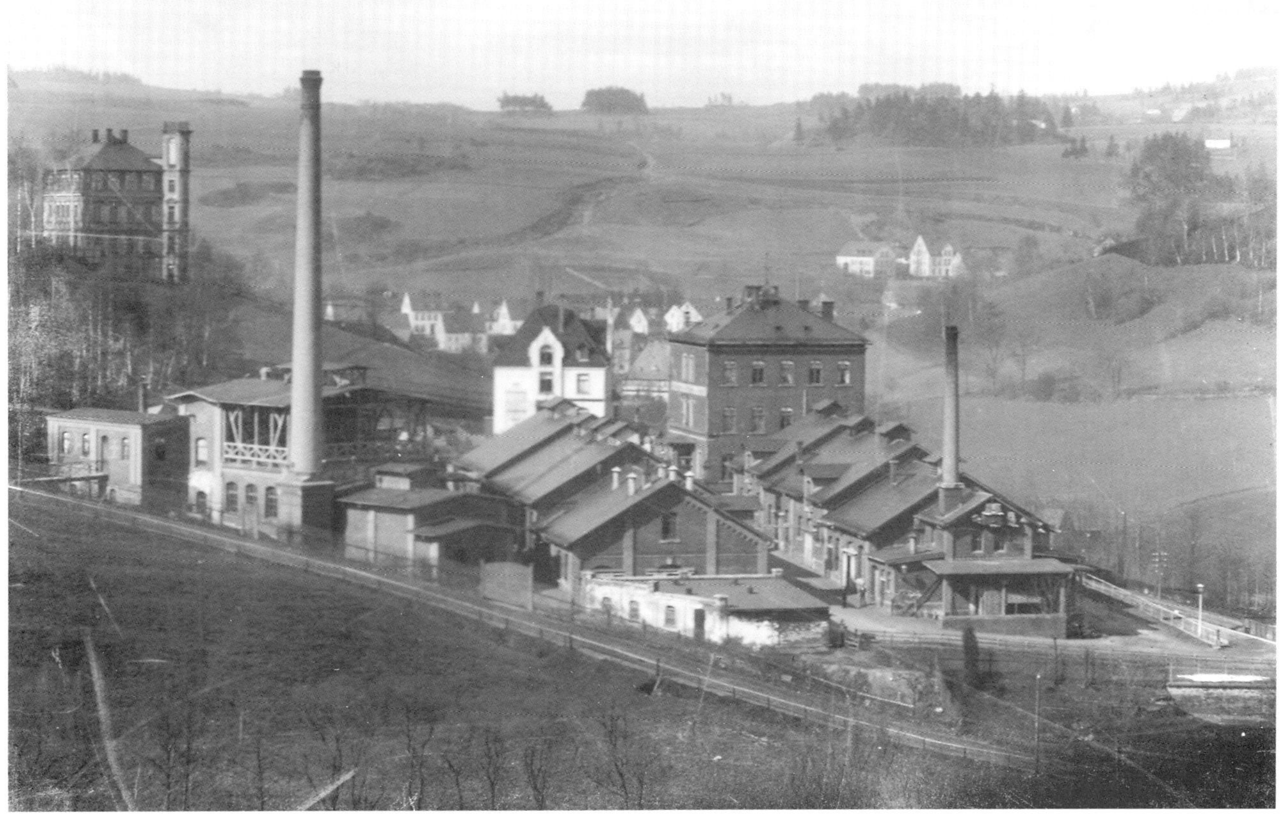

87 *Schlachthof Annaberg, Fotografie, um 1900.*

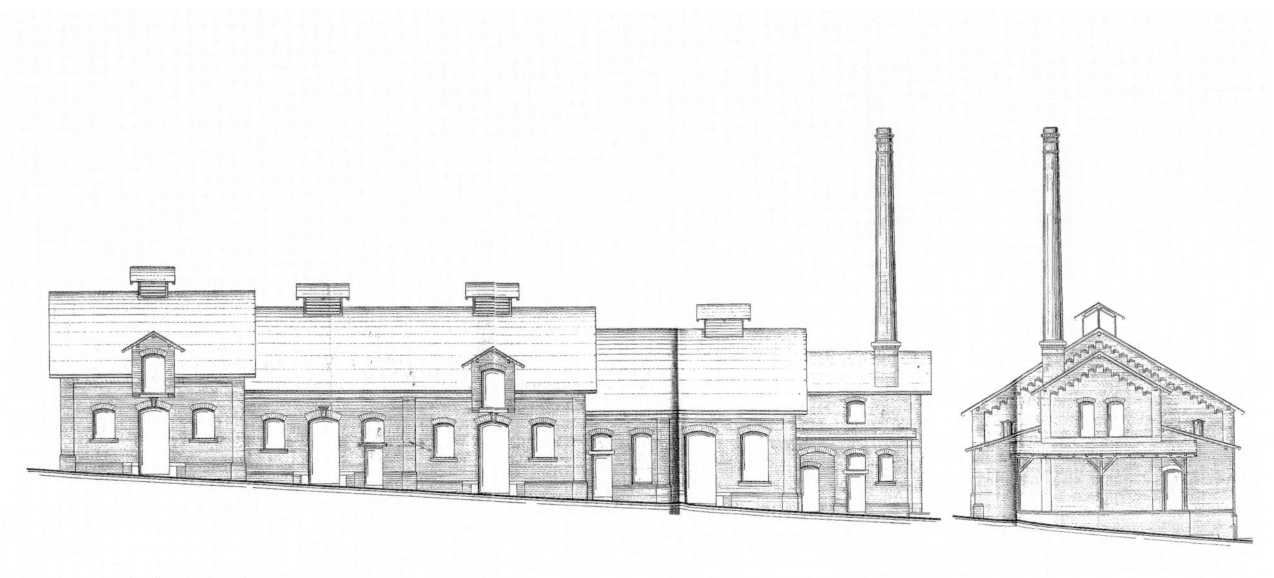

88 *Schlachthof Annaberg, Schlachtgebäude, Ansicht.*

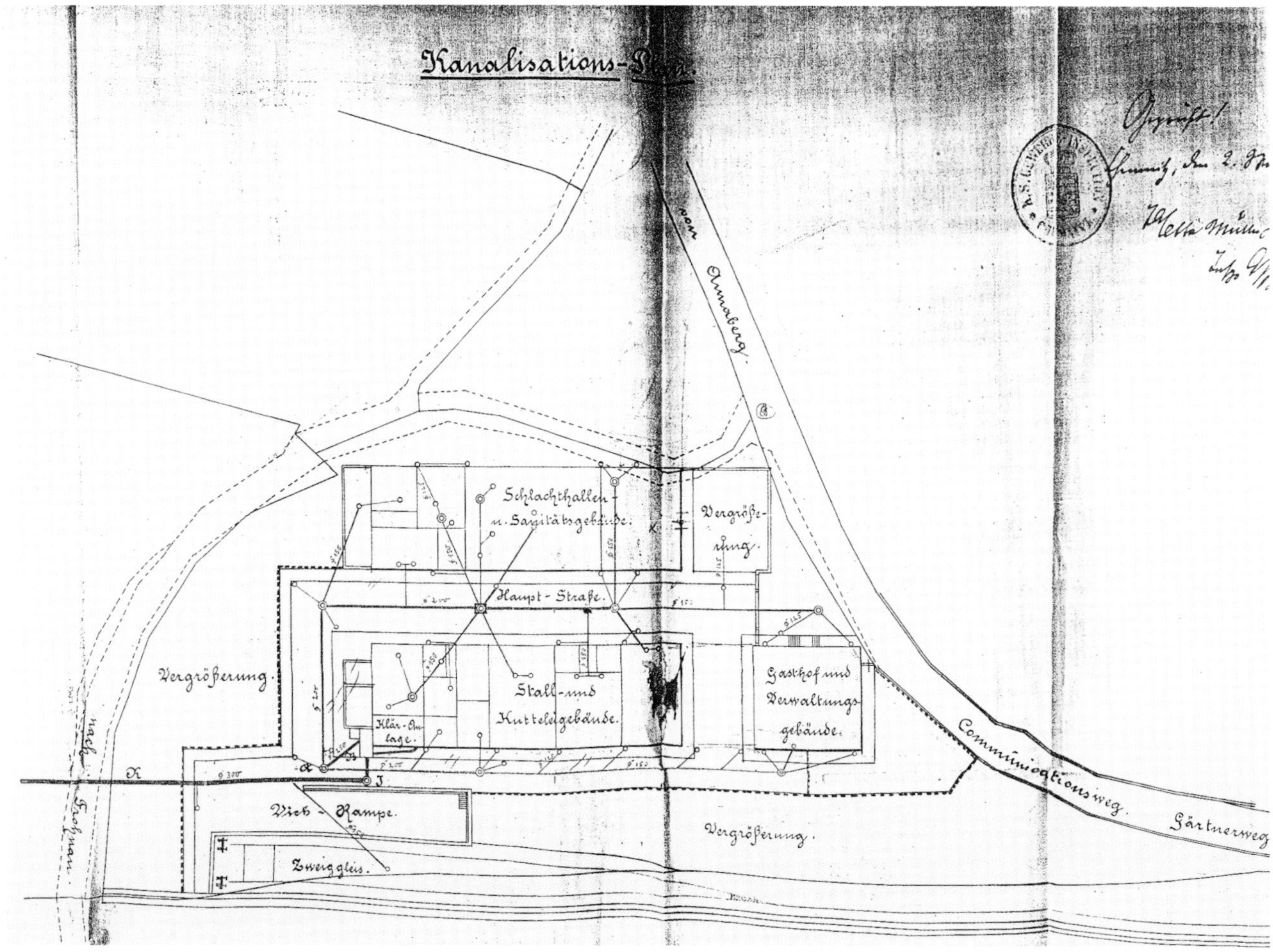

89 *Schlachthof Annaberg, Dispositionsplan.*

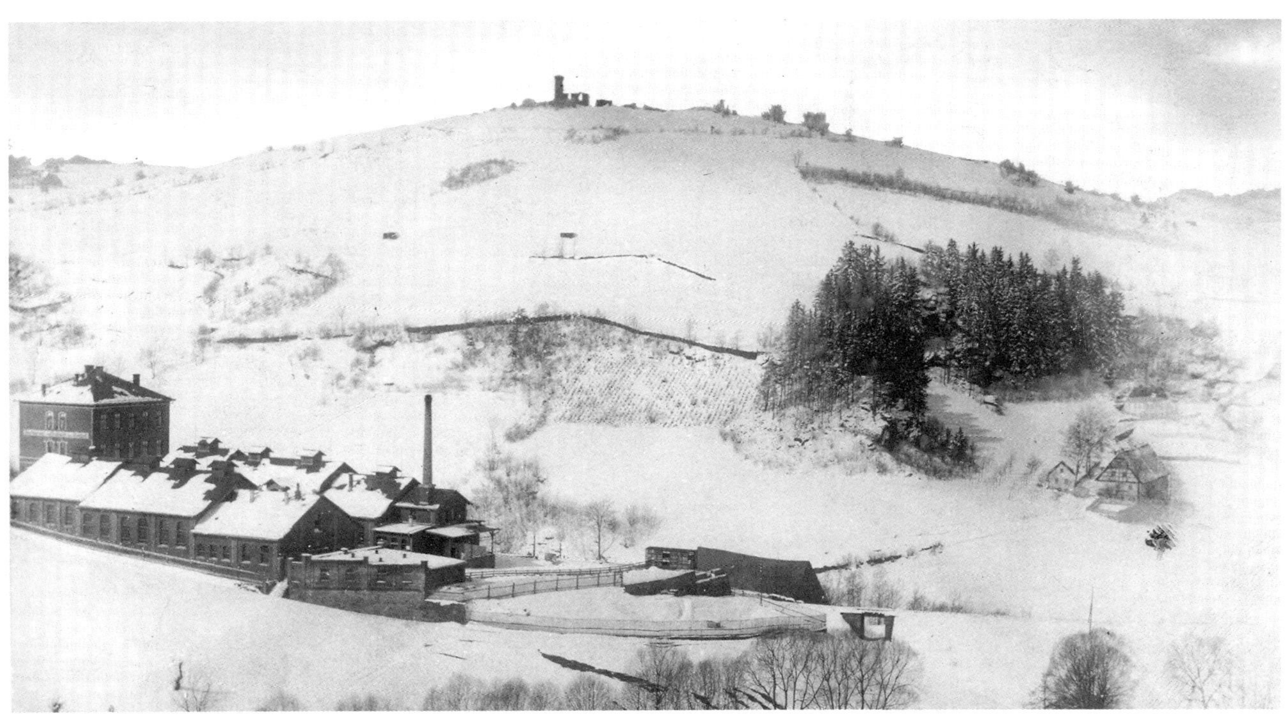

90 Schlachthof Annaberg, Fotografie, um 1900.

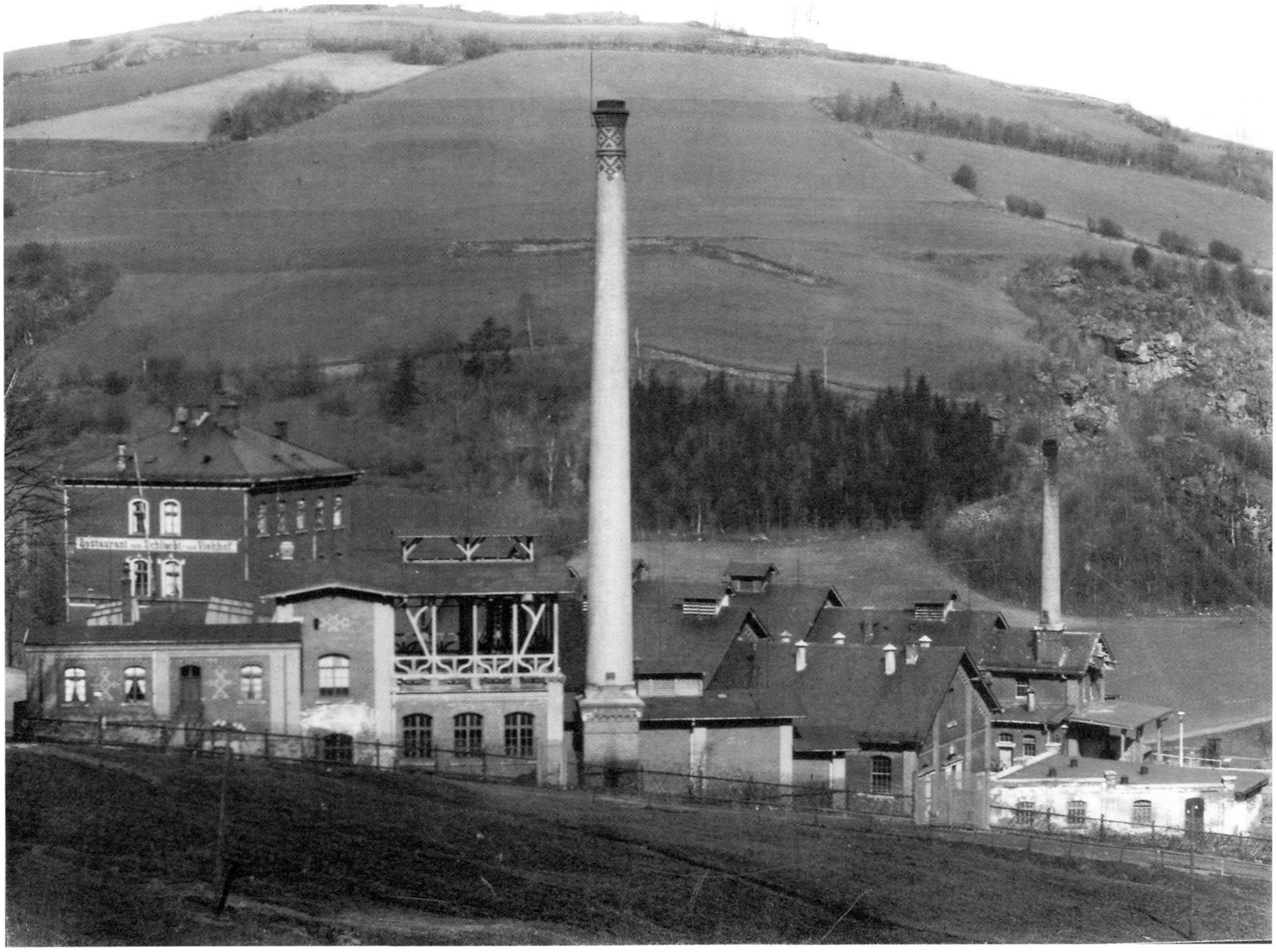

91 Schlachthof Annaberg, Fotografie, um 1900.

hatte drei Etagen, stand auf rechteckigem Grundriss und bildete den Auftakt zur gesamten Anlage am Gärtnerweg. Seine Höhe und sein flaches Pyramidendach stand im deutlichen Kontrast zu den Satteldächern der einstöckigen Funktionsgebäude. Neben den erforderlichen Räumen für den Schlachtmeister, den Inspektor, die Trichinenschau und dem bereits erwähnten Gasthof im 1. Obergeschoss befand sich im Erdgeschoss ein Saal für Innungszwecke. Nach außen wurde das Erdgeschoss durch einem rustizierten Sockel hervorgehoben, der Gebäudeschmuck aber zurückhaltend eingesetzt. Er kommt an sämtlichen Gebäuden auf Pilaster, Schmuckgesimse und Segmentbögen mit betontem Schussstein über Fenstern und Türen vor.

Aufgrund der Beschaffenheit des Geländes wurden die Hallen bezüglich der Traufhöhen verschieden konzipiert. So entstand der reizvolle Eindruck einer Aufreihung der Baumassen. Auf den Dächern sind die für Schlachthofbauten typischen langgestreckten Dachreiter zu sehen, die in den einzelnen Gebäuden und Räumen eine notwendige Luftzirkulation garantierten *(Abb. 88)*.

Die beschauliche offene Loggia und der weithin sichtbare Schornstein mit rechteckigem Schaft und ornamentaler Krone sind um 1900 gemeinsam mit dem kleinen Nebengebäude entstandene Zutaten. Die Terrasse könnte dem Gasthof gedient haben, ist jedoch in den Planungen von 1892 noch nicht enthalten. Ihr geschwungenes Geländer verweist schon auf die floralen Formen des Jugendstils *(Abb. 91)*.

Südlich der Anlage befand sich die Viehrampe mit der Gleisanbindung. Auch hier wird deutlich, wie durchdacht die Eisenbahn in den betrieblichen Ablauf integriert wurde. So konnte das Schlachtvieh direkt vom Zug in das Stallgebäude geführt werden und von dort wiederum in die Schlachthalle. In dieser befanden sich auch geeignete Räume für den Amtstierarzt, der seine Untersuchungen kurz vor der Schlachtung durchführte.

In der DDR wurde der Schlachthof fast völlig verändert, um neuen Anforderungen des Schlachtbetriebs gerecht zu werden.[3] Dabei wurden einige Erweiterungsbauten errichtet. 1994 wurde der Schlachthof geschlossen und vollständig abgebrochen.

Anmerkungen

1 Stadtarchiv Annaberg-Buchholz, Acten des Stadtraths zu Annaberg, Baupolizeiangelegenheiten in Nr. 56 des Brandvers. Catasters, Abth. B, Nr. 903 des Flurbuches, Betr. die Fleischerinnung, Vol. 1, ergangen 1891, S. 62.

2 N. N.: Einweihung des neuen Schlacht- und Viehhofes, in: Beilage zum Annaberger Wochenblatt, Nr. 139 (1893), S. 1.

3 Stadtarchiv Annaberg-Buchholz, Akte ohne Nummer, Baugenehmigungen. In der Akte befinden sich Pläne vom Ausbau des Kühlhausbodens 1958, vom Kesselhausausbau 1964, vom Anbau und Kühlraumeinbau 1962 sowie vom Einbau einer Hundefutterküche 1965.

■

Zwickau (1891–1893)

Die klare Teilung von Vieh- und Schlachthof

Pöblitzer Straße 6–12, Trabantstraße 7
(ehem. Schlachthofstraße)
Architekt: Stadtbauamt Zwickau

Der große städtische Vieh- und Schlachthof in Zwickau umfasst ein Gebiet von etwa sechs Hektar. Während anfänglich nur 4,8 Hektar bebaut wurden, konnten in den folgenden Jahren erforderliche Erweiterungen vorgenommen werden. Die klare Teilung in den Schlachthof westlich der anspruchsvoll gestalteten, durch eine mittlere Allee geteilten Werksstraße und den östlich gelegenen Viehhof, gab dem Objekt ein urbanes Gefüge *(Abb. 94)*. Den Auftakt zur Allee bildeten zwei fast identisch gestaltete Gebäude, von denen das westliche für die Gastwirtschaft und das östliche für die Verwaltung bestimmt war. Ein kleines Portierhaus stand in der Mitte des Zugangstores und trennte die Ein- und Ausfahrt vom Gelände *(Abb. 95, 96)*. Alle Bauten des Schlachthofes wurden in rotem Klinker ausgeführt. Aufgelockert werden die Fassaden sowohl durch schwarz-grün glasierte Klinker als auch durch Eckbossierungen, Pilaster und Sandsteinfassungen.

Die flächenmäßig größten Gebäude waren die Markthallen für Klein- und Großvieh (sogenannte Schweinemarkthalle) sowie die Stallungen. Ihre Stirnseiten wandten sich repräsentativ der Mittelallee zu. Die Hauptfassade der Großviehmarkthalle gliederte sich in einen überhöhten Mittelbau mit symmetrisch angelegten Seitenarmen. Weit überstehende hohe Walmdächer bekrönten die Gebäudeteile *(Abb. 98)*. Die Fassade der Rindermarkthalle hingegen erhielt einen ganz besonderen Akzent durch das großdimensionierte Bogenfenster im Obergeschoss. Zahlreiche Applikationen an der Fassade verliehen dem Bauwerk einen gestalterisch anspruchsvollen Habitus *(Abb. 92, 93)*.

Auf der anderen Seite der Allee befanden sich ursprünglich die Schlachthallen, die zumindest in ihrer Fassadengliederung eine ähnliche Struktur hatten. Dies ist ansatzweise auf historischen Kleinbildfotografien zu erkennen. Das Pendant zur Kleinviehmarkthalle bildete die Schweineschlachthalle, die wiederum in zwei Abteilungen die Feinkuttelei umfing. So war ein logistisch und hygienisch günstiger Produktionsablauf mit Schlachtung und sofortiger Verarbeitung der Innereien gegeben. Im nördlichen Anschluss daran, durch einen Fahrweg getrennt, befand sich die Rinderschlachthalle, an die sich in westlicher Richtung das hier notwendige Kühlhaus anschloss. Im rechten Winkel dazu erstreckte sich, die westliche Grundstücksgrenze markierend, das Dampf- und Kesselhaus *(Abb. 97)*. Diese Gebäude schlossen einen weiträumigen Wirtschaftshof ein, der vermutlich in den 1920er-Jahren eine teilweise Überdachung erfuhr. Das Dampf- und Kesselhaus präsentierte sich – durch seine kraftvolle, fast bastionär wirkende, vertikal aufragende Turmgestalt für den notwendigen hochgelagerten

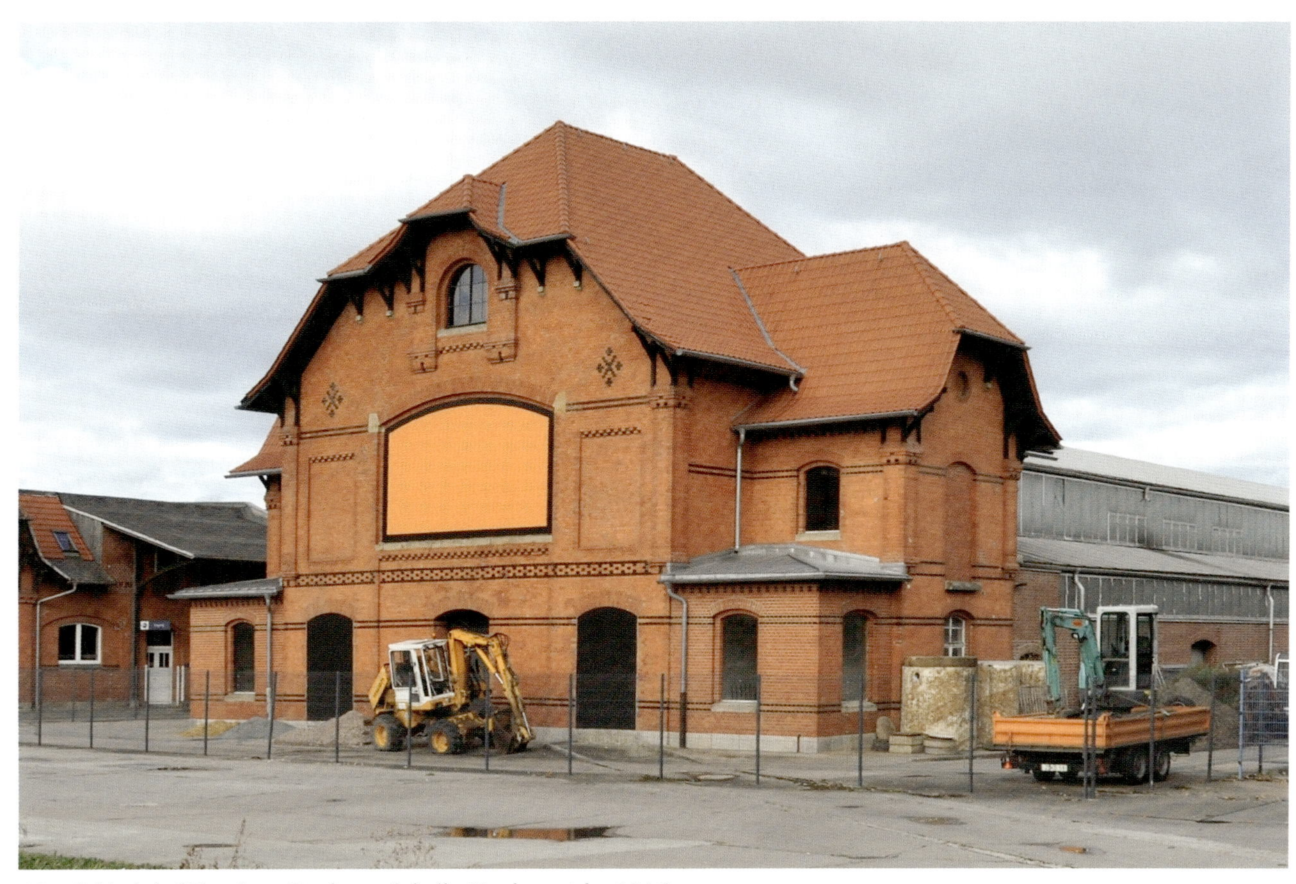

92 Schlachthof Zwickau, Rindermarkthalle, Vorderansicht, 2016.

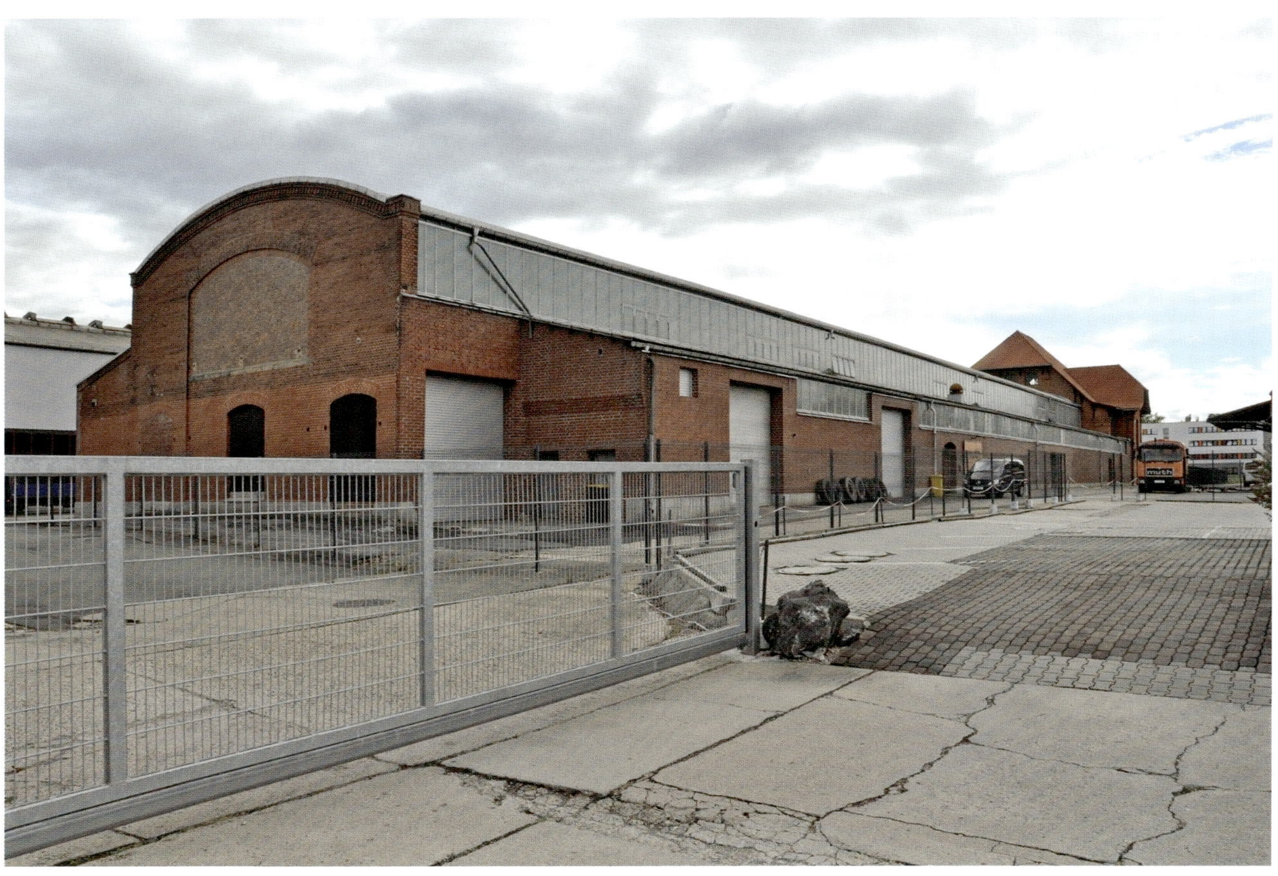

93 Schlachthof Zwickau, Rindermarkthalle, Rückansicht, 2016.

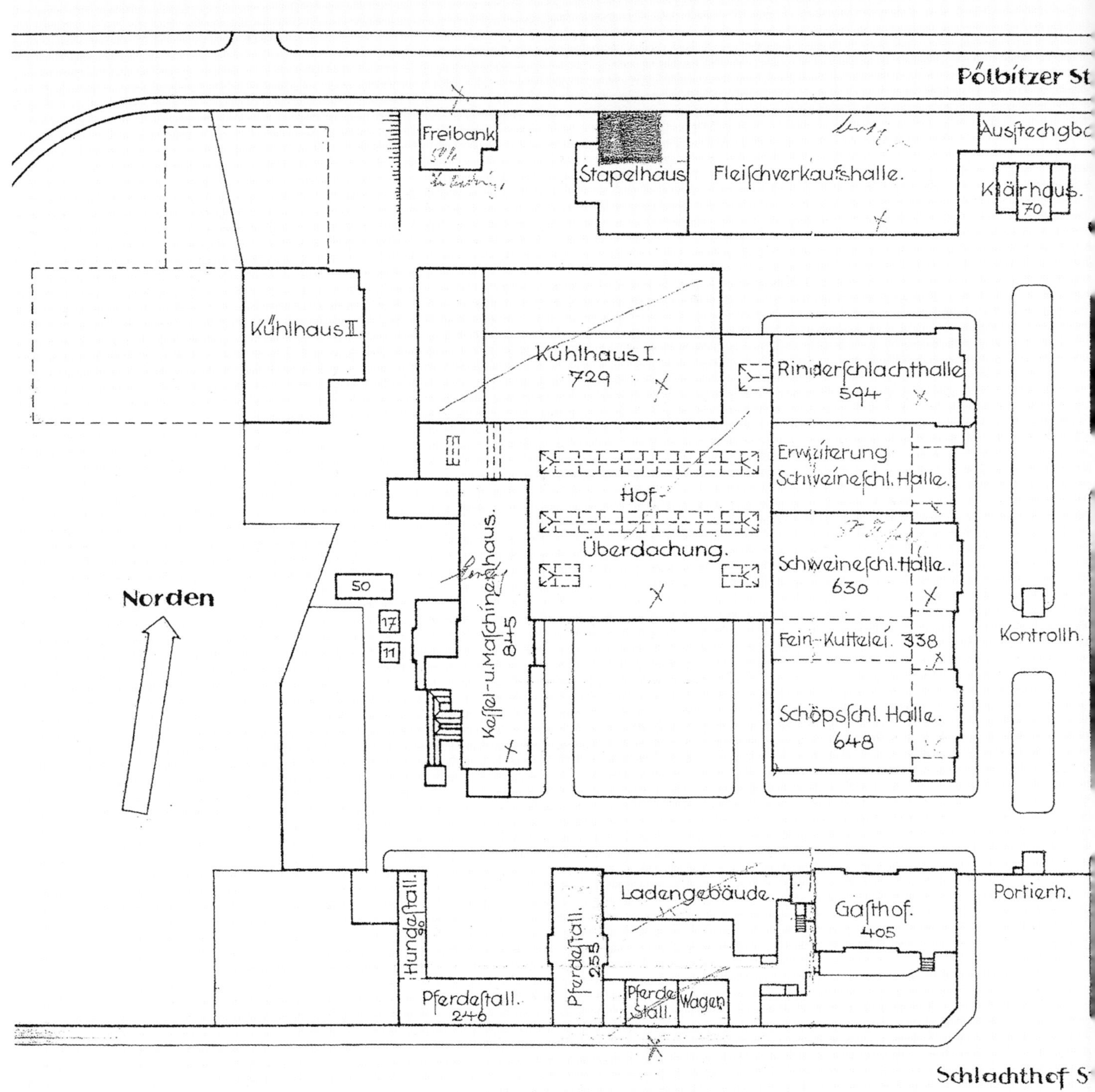

94 Schlachthof Zwickau, Dispositionsplan.

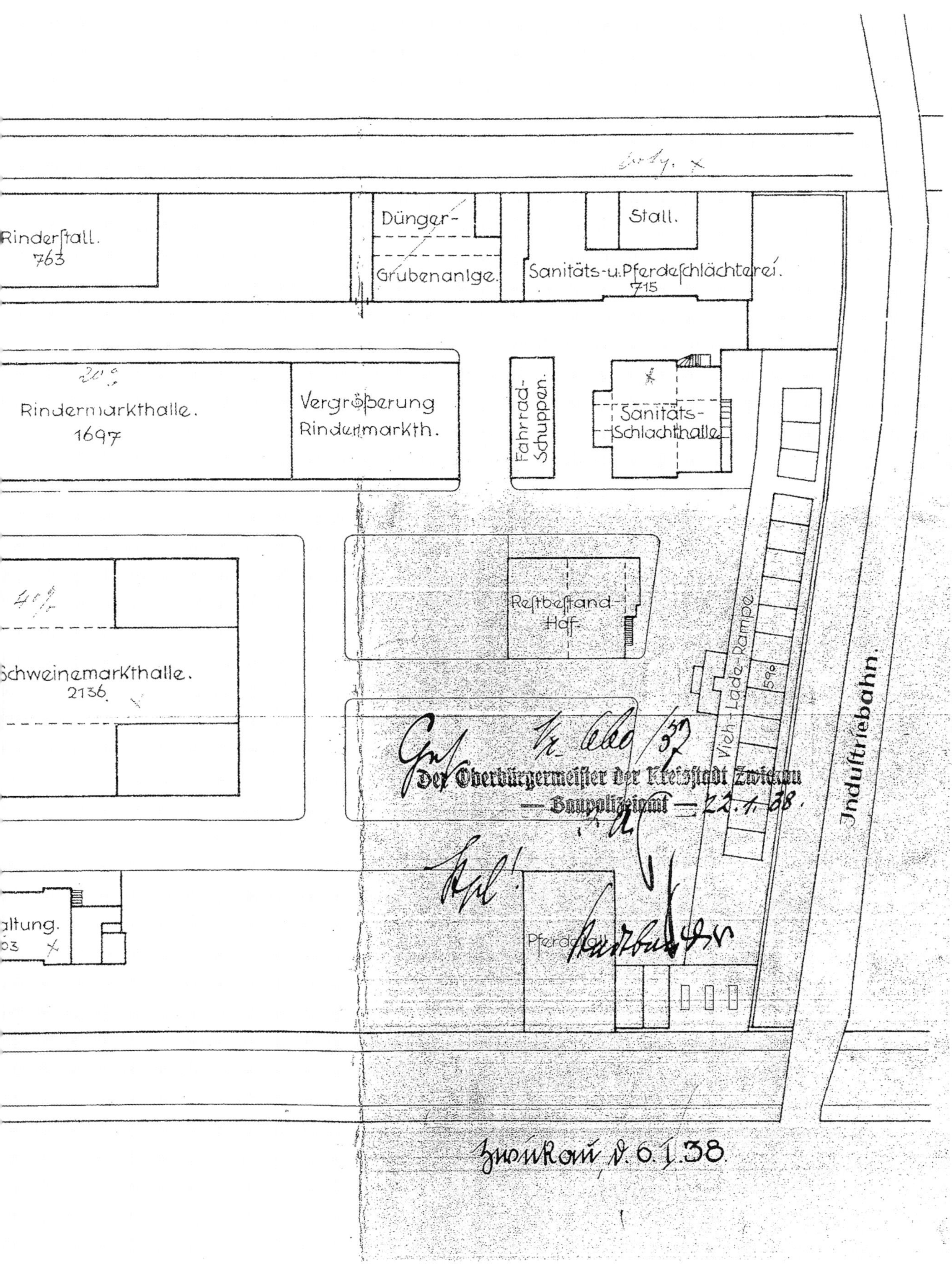
Rinderstall.
763
Dünger-
Grubenanlge.
Stall.
Sanitäts-u. Pferdeschlächterei.
715
Rindermarkthalle.
1697
Vergrößerung
Rindermarkth.
Fahrrad-
Schuppen.
Sanitäts-
Schlachthalle
Restbestand-
Hof-
Schweinemarkthalle.
2136
Vieh-Lade-Rampe.
590
Industriebahn.
Der Oberbürgermeister der Kreisstadt Zwickau
— Baupolizeiamt — 22.1.38.
Pferdestall
Zwickau, d. 6.1.38.

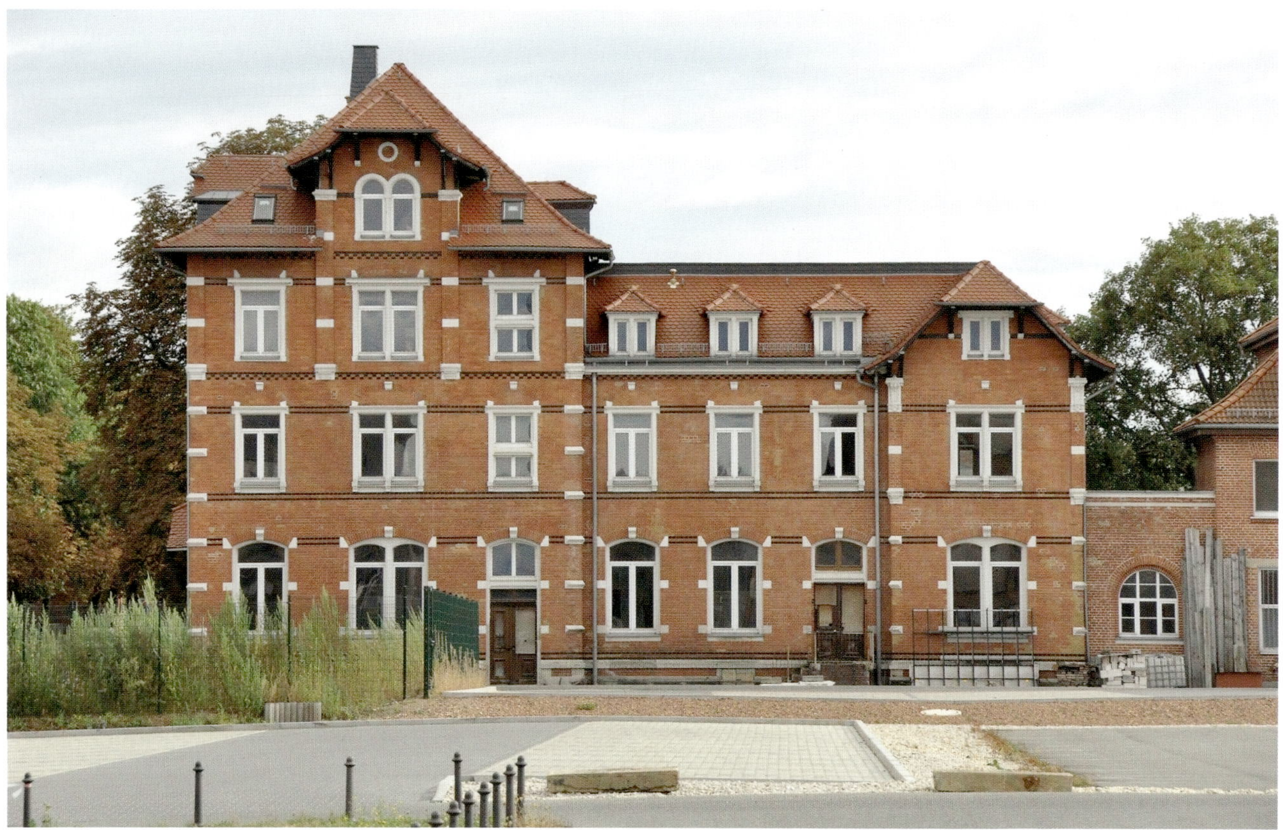

95 *Schlachthof Zwickau, Verwaltungsgebäude, 2016.*

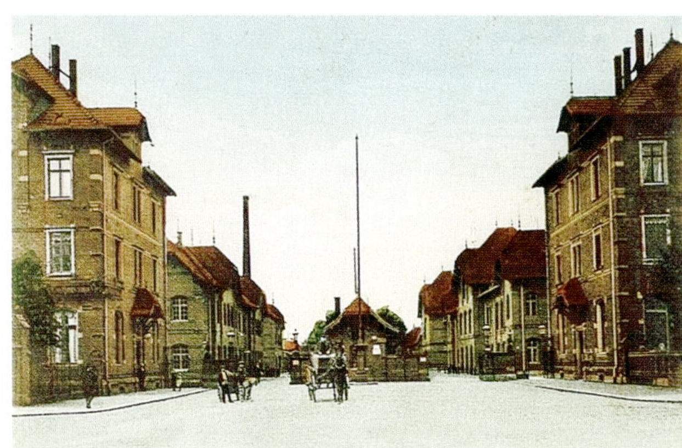

96 *Schlachthof Zwickau, Postkarte, um 1900.*

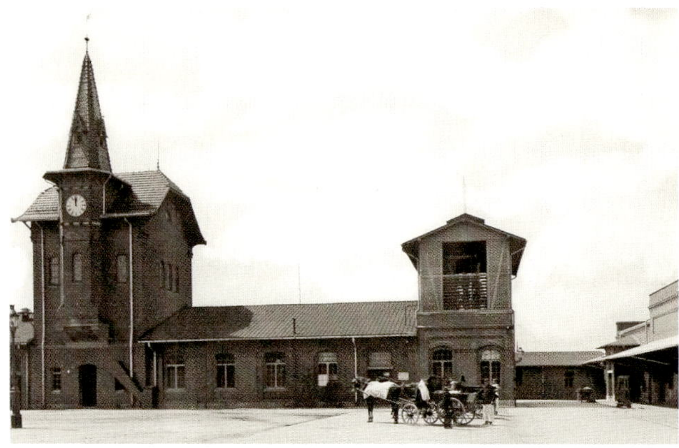

97 *Schlachthof Zwickau, Kesselhaus, Fotografie, um 1900.*

Kessel und den daran anschließenden, bewusst flach gehaltene Seitentrakt – als sehr gelungene Gebäudekomposition. Der frontale erkerartige Risalit mit Turmuhr und hohem Pyramidendach vermittelte einen Eindruck von Sakralität.

Eine genaue Beschreibung sowohl der einzelnen Gebäudefunktionen als auch ihrer Inneneinrichtungen bietet der Verwaltungsbericht von 1899.[1]

Sämtliche untergeordnete Gebäude *(Abb. 99–101)*, wie Sanitäts- und Pferdeschlächterei, Hundeställe, Düngerhaus befanden sich an den straßenseitigen Grenzen des Grundstücks. Die östliche Grenze bildete die Viehrampe mit dem Anschluss an die Gleise der Industriebahn. Aus logistisch und werksorganisatorischer Sicht stellte die Anlage eine zwar unübliche Aufstellung der Gebäude dar, die aber durch die klare Trennung in Lebendbereich und Schlachtbereich einen besonderen Anspruch erhielt.

Dennoch hieß es 1951 im Erläuterungsbericht des VEB Vieh- und Schlachthof Zwickau zu den katastrophalen hygienischen Bedingungen: »Die Grobkuttelei im Zwickauer Vieh- und Schlachthof ist im jetzigen Zustand nicht mehr tragbar, d. h. einmal auf hygienischer Grundlage, im anderen Fall unkostenmäßig. Unsere Grobkuttelei liegt unmittelbar in der Nähe der Verkaufshalle. Der anfallende Kuttelmist bleibt tagelang liegen. Es ziehen sich Ratten usw. an diese Stelle. Bei warmer Witterung bilden sich Fliegenschwärme, die sich außer dem üblen Geruch des Mistes für den Fleischverkauf sehr schädigend auswirken können.«[2] Diese Probleme hatten ihre Ursache vor allem aus der Umorganisation von Verkaufsraum und Abfallager und bieten keinen Hinweis auf eine eventuelle Schwäche des architektonisch-betrieblichen Bau- und Werkplanes.

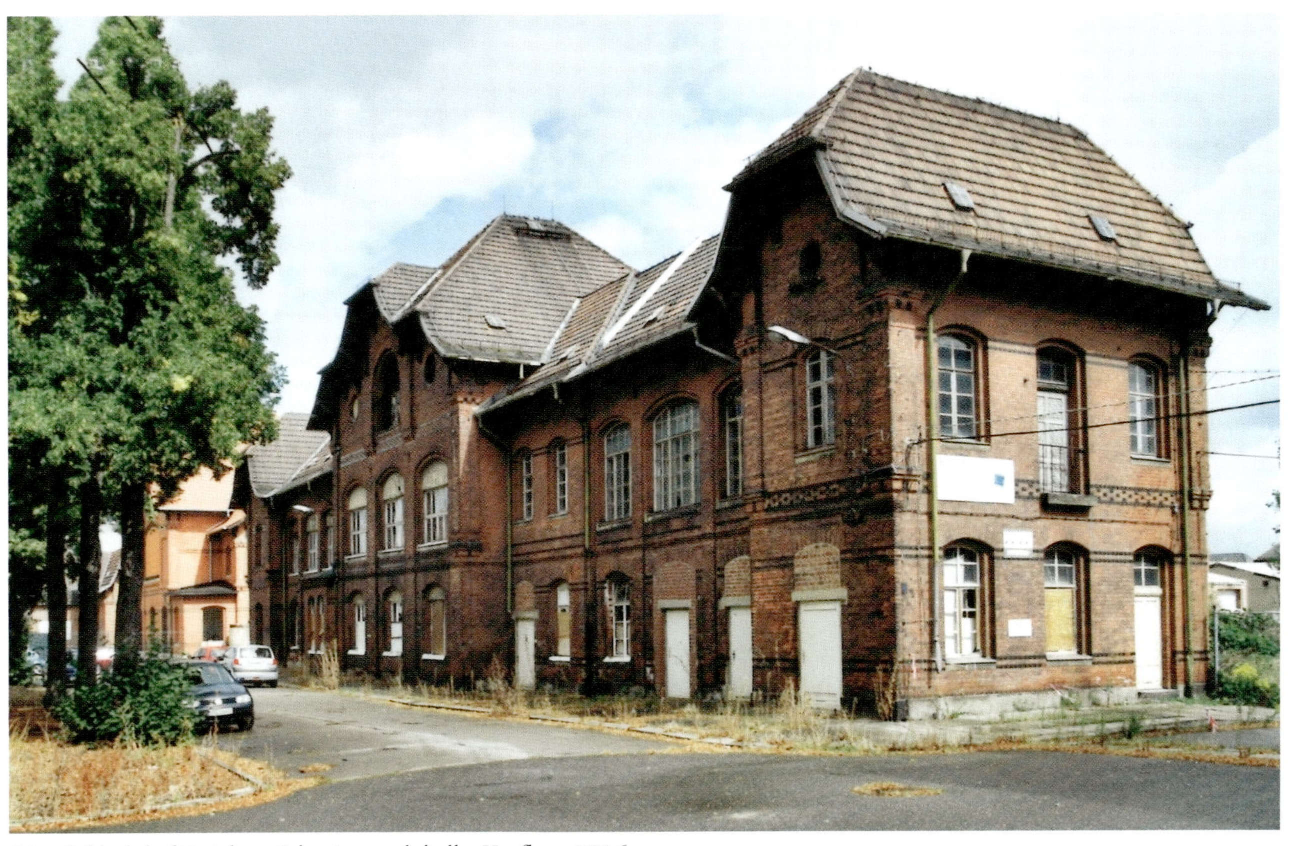

98 *Schlachthof Zwickau, Schweinemarkthalle, Kopfbau, 2006.*

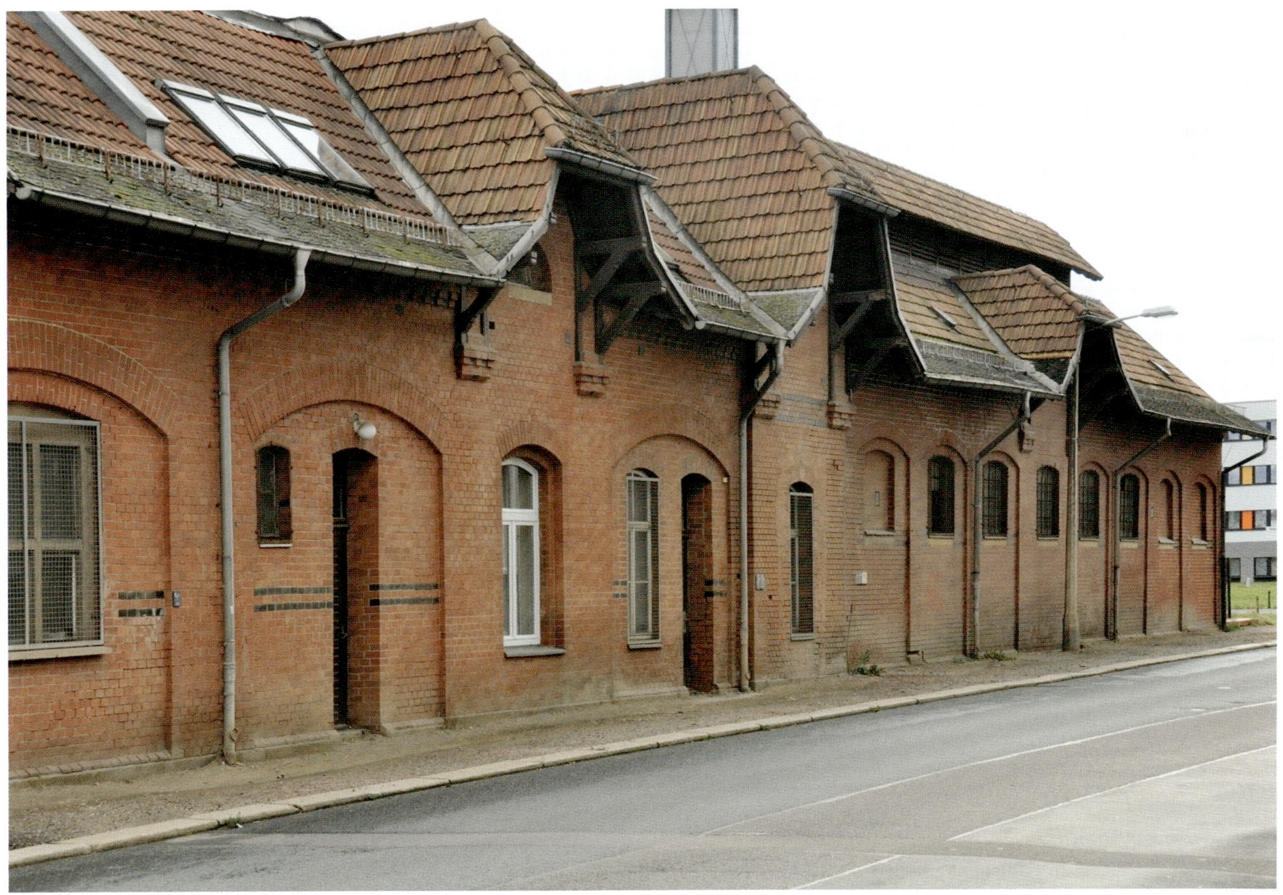

99 *Schlachthof Zwickau, Rinderstall, 2016.*

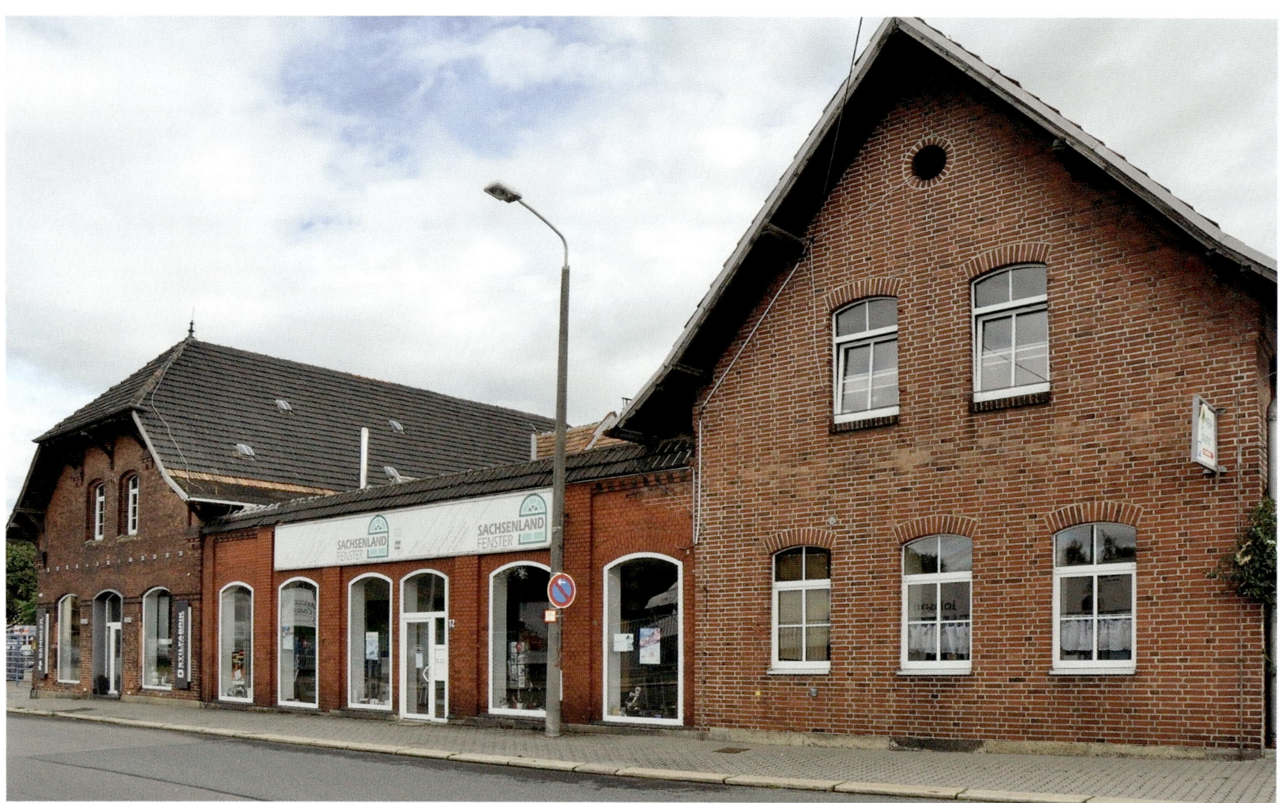

100 *Schlachthof Zwickau, Sanitäts- und Pferdeschlächterei, 2016.*

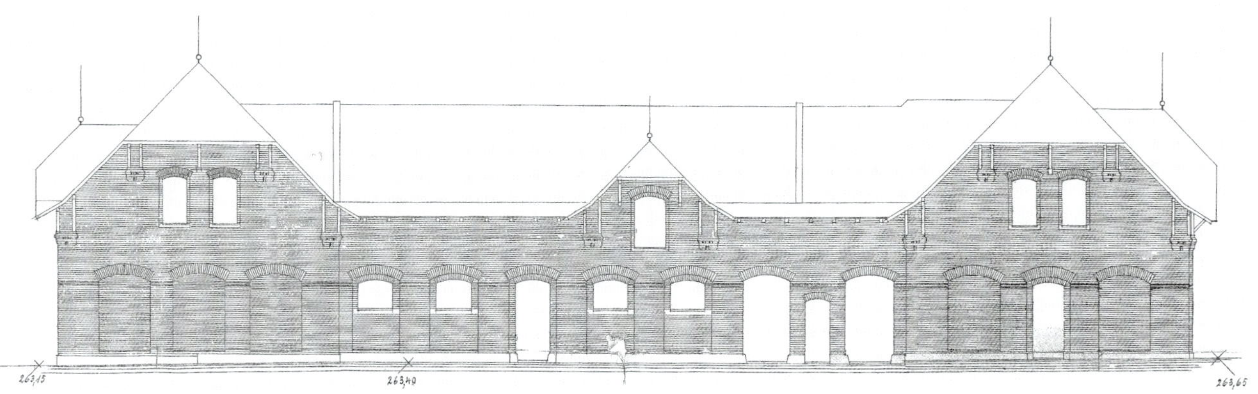

101 *Schlachthof Zwickau, Sanitäts- und Pferdeschlächterei, Ansicht.*

Kunsthistorisch entsprechen die Gebäude des Vieh- und Schlachthofes dem historistischen Formenverständnis. Gestalterisch werden sie aufgelockert durch Elemente wie Bogenfenster, den Turm und den erkerartigen Vorbau am Dampf- und Kesselhaus. Mit diesen baukünstlerischen Elementen verweisen die Architekten bereits auf Formen des Jugendstils und der deutschen Reformarchitektur.

Seit den frühen 1990er-Jahren wurde der Schlachtbetrieb eingestellt. Die Gebäude des Viehhofes und die Eingangsbauten sind heute zum Teil desolat bzw. werden für Lagerzwecke genutzt. Der Bereich der Schlachthallen und der Technik, wie das herausragende Dampf- und Kesselhaus, wurden Anfang der 2010er-Jahre abgebrochen.

Anmerkungen

1 Verwaltungsbericht der Kreisstadt Zwickau in Sachsen auf das Jahr 1899, S. 141–147.

2 Stadtarchiv Zwickau, Erläuterungsbericht des VEB Vieh- und Schlachthof Zwickau vom 8.12. 1951 an den Rat des Stadtkreises Zwickau, in: Akte des VEB Schlacht- und Verarbeitungsbetrieb Zwickau BTTKV – Wiederaufbau des Vieh- und Schlachthofs, erg. 1950, B 7145, o. S.

Quellen und Literatur

▌ Stadtarchiv Zwickau, Aktenheft des Rathes der Stadt Zwickau – Bauamt Schlachthofstr betr., erg. 1897, EL 12069.

▌ Stadtarchiv Zwickau, VEB Schlacht- und Verarbeitungsbetrieb Zwickau BTTKV – Wiederaufbau des Vieh- und Schlachthofs, erg. 1950, B 7145.

▮ Stadtarchiv Zwickau, Kläranlage Schlachthof von 1929–1943, D 1840.
▮ Stadtarchiv Zwickau, Schlachthofstr. 3, D 2132.
▮ Stadtarchiv Zwickau, A 7656, D 120, D 973, D 974, A 2672, A 10039.
▮ Trostdorf, Ralf: Abriss der Historie des Schlacht- und Verarbeitungsbetriebes Zwickau einschließlich seiner Betriebsteile Glauchau und Aue, Berlin 1984 (unveröffentlicht).
▮ Verwaltungsbericht der Kreisstadt Zwickau in Sachsen auf das Jahr 1899.
▮ Verwaltungsbericht der Kreisstadt Zwickau in Sachsen auf das Jahr 1901.
▮ Verwaltungsbericht der Kreisstadt Zwickau in Sachsen auf das Jahr 1908.

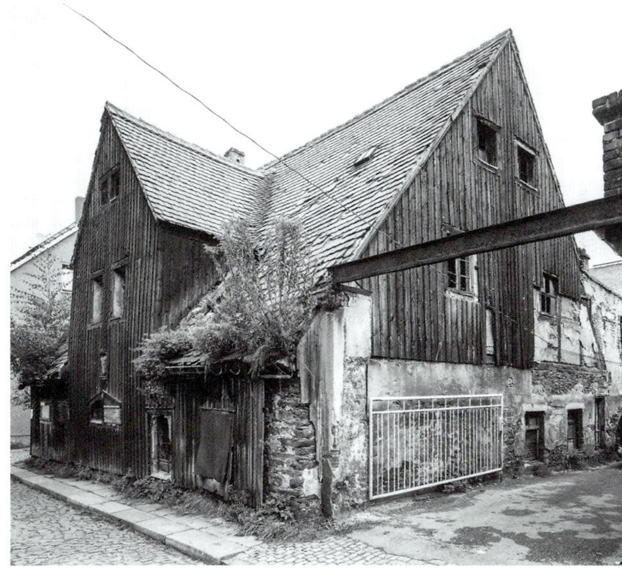

102 Freiberg, Kuttelhof, 1993.

Freiberg (1894)

Die symmetrische Anlage

Frauensteiner Str. 55/57
Architekt: Franz Kögler

Der Schlacht- und Viehhof in Freiberg wurde von der dortigen Fleischerinnung initiiert, die damit den aus dem 16. Jahrhundert stammenden Kuttelhof auf der Gerbergasse aufgab. Dieses in Sachsen älteste Schlachtgebäude wurde 2005 zum Abbruch freigegeben *(Abb. 102)*. Ein Ochsenkopf mit dem Datum 1664 zierte einst als Hauszeichen die Fassade.[1]

Den modernen Schlachthof ließ die Innung 1894 von dem Chemnitzer Architekten Franz Kögler vollständig in roten Klinkerbauten errichten. Der Lageplan zeigt eine klar gegliederte und quasi symmetrisch angelegte Schlachthofanlage *(Abb. 104)*. Den Auftakt dazu bilden die beiden Eingangsgebäude, die üblicherweise die Verwaltung, den Gasthof und ein Wohnhaus bergen. *(Abb. 103)*. Dahinter reihen sich entlang der Hauptwegeachse die Funktionsgebäude auf. Während sich im Nordwesten die Schlachthalle für Groß- und Kleinvieh, das Kühl- und Kesselhaus sowie die Schweineschlachthalle im gleichen Abstand voneinander befinden, stehen in der Gebäudeflucht des Verwaltungsbaus im Südosten drei Stallgebäude für Rinder, Kälber, Hammel, Pferde und Schweine. Die Kuttelei und das Sanitätsschlachthaus sind an der Geländegrenze hinter den Schlachthallen angeordnet *(Abb. 106)*. Den nordöstlichen Abschluss bildet die Viehrampe am schlachthofeigenen Gleisanschluss der Sächsisch-Königlichen Staatseisenbahn von Halsbrücke nach Freiberg. Dort konnte das Vieh bequem mit dafür vorgesehenen Eisenbahnwaggons dem Schlachthof zugeführt werden, ohne dass dabei öffentliche Wege gekreuzt wurden. Vergrößerungsflächen wurden von Kögler bereits zur Erbauungszeit eingeplant. Sie befanden sich an den Rückseiten der Schlachthallen und im vorderen Bereich neben dem Gasthaus an der Frauensteiner Straße.

Die stimmungsvolle Architektur der Klinkerbauten trug urbane Züge *(Abb. 105)*. Keines der Gebäude wurde äußerlich rein funktional aufgefasst. Vielmehr erhielten die Bauten durch hervorspringende Pilaster, giebelständige Zahnschnittsimse, Horizontalbänder und Sockelbereiche mit Zyklopenmauerwerk einen Fassadenschmuck. Zahlreiche Eckbossierungen und Fensterlaibungen wurden in Sandstein gefertigt. Sowohl der Sandstein als auch der Porphyr des Zyklopenmauerwerks standen als natürliches Gestein im Kontrast zu den industriell gebrannten Klinkern. Die dreigeschossigen Eingangsgebäude mit ihrem dunklen Schieferdach und dem über einen Meter hohen Drempel sind die repräsentativsten Bauten der Anlage. Die Schlachthallen hingegen erhielten durch die hohen Vertikalfenster mit den Segmentbogenabschlüssen eine besondere Transparenz und damit eine anspruchsvolle Fassade. Die leichten Dachüberstände sind für die zeitgenössische Industriearchitektur des ausgehenden 19. Jahrhunderts typisch und geben der Fassade nicht nur Schutz, sondern wirken

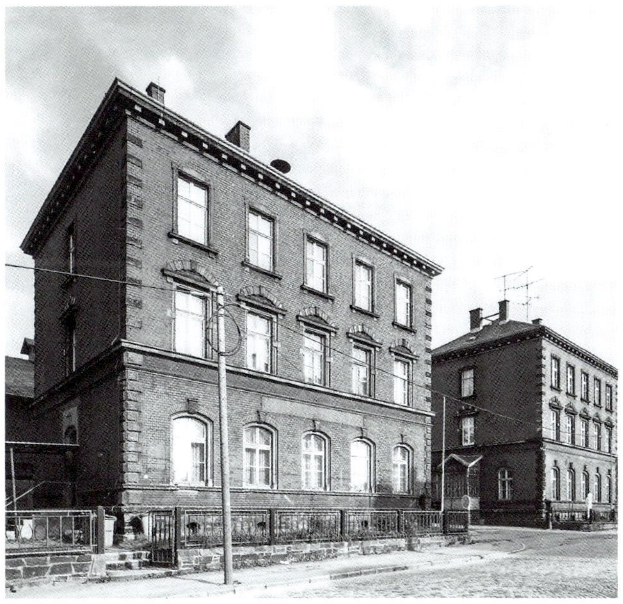

103 Schlachthof Freiberg, Eingangsbauten, 1993.

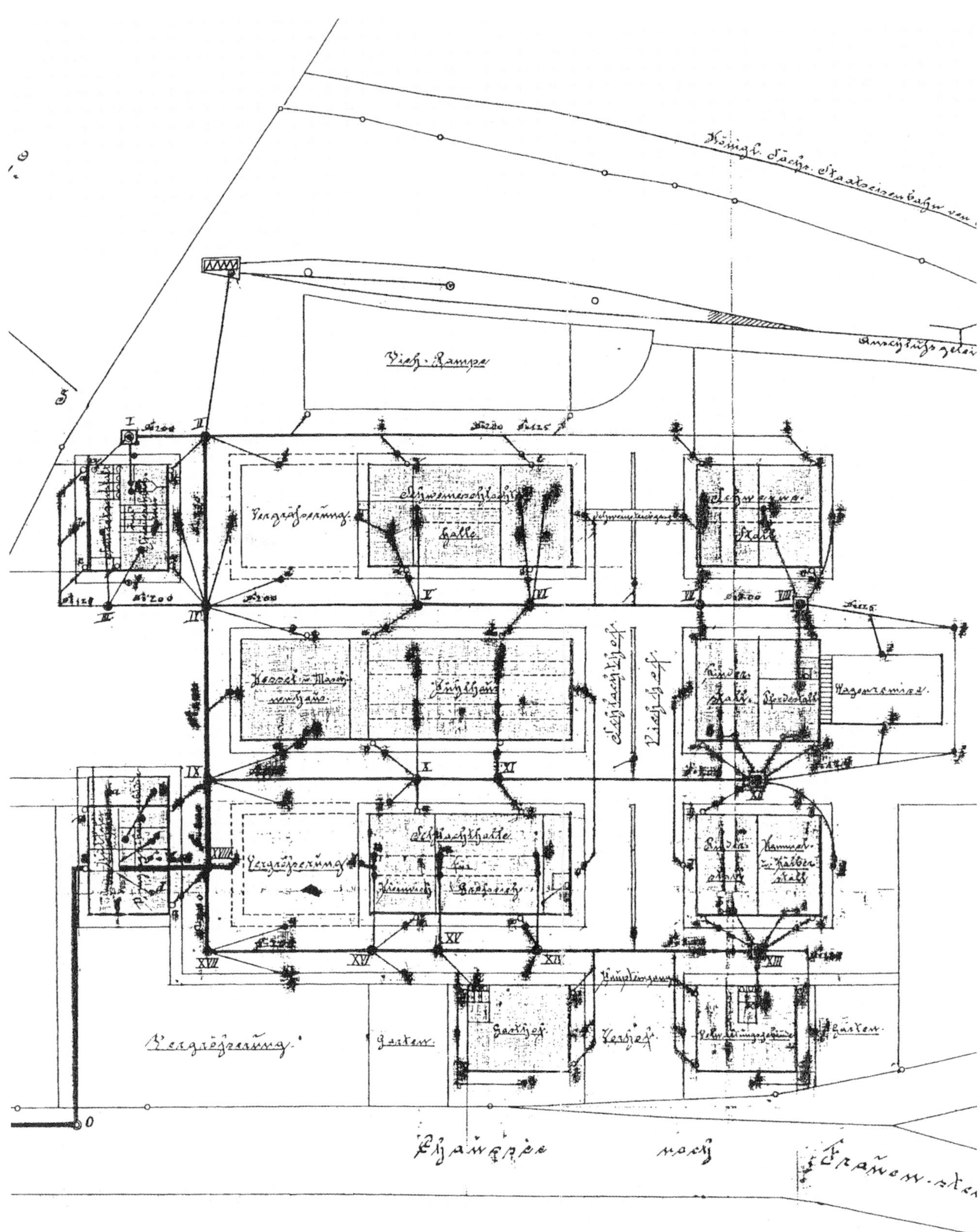

104 Schlachthof Freiberg, Dispositionsplan.

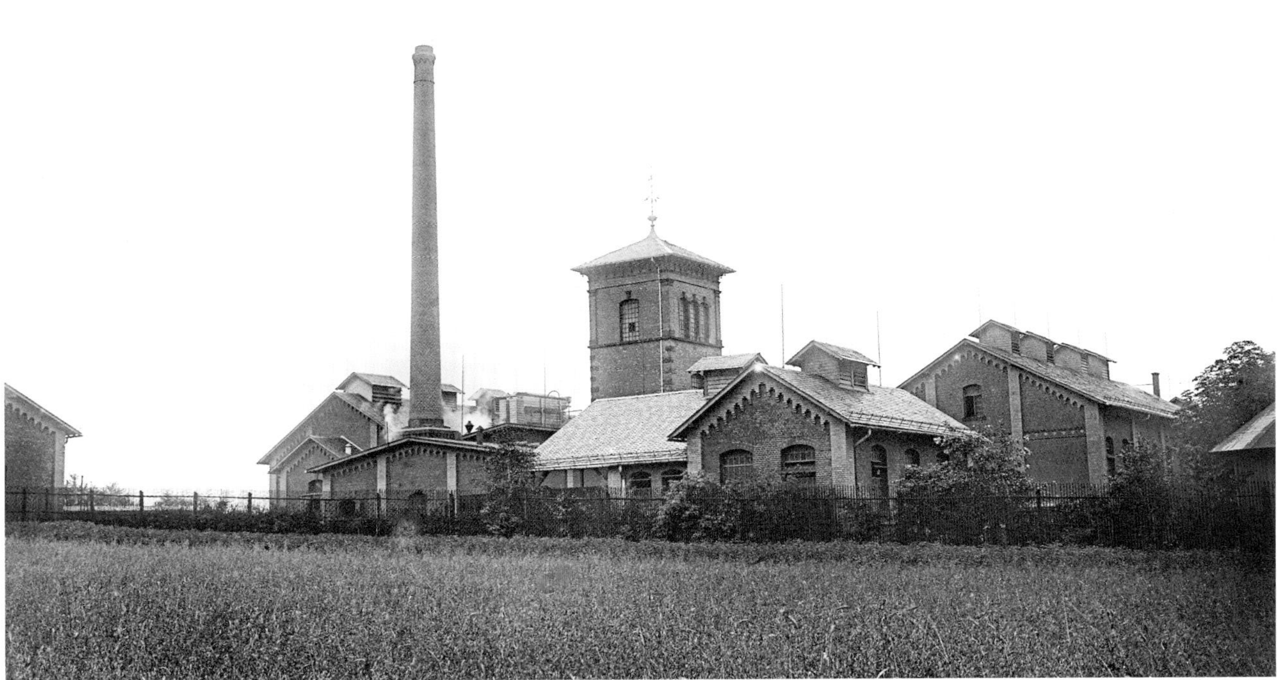

105 Schlachthof Freiberg, Rückseite, Erbauungszeit.

gestalterisch ausgleichend gegenüber der Massigkeit der Klinkerfassaden. Im Inneren wurden die Produktionsstätten nach den zeitgenössischen Regeln der Technik konzipiert. Preußische Kappendecken, Walzstahlunterzüge auf gusseisernen Säulen sowie Oberlichter und Dachreiter zur notwendigen Ent- und Belüftung gehörten zur Ausstattung.

Markantes Zeichen der Anlage war der die Gebäude überragende Kühlturm als Teil des Kühlhauses, der nicht nur die funktionelle Aufgabe eines Wasserreservoirs für die Prozesskühlung, sondern auch großen symbolischen Wert für die Identität des Schlachthofes hatte. Das Mauerwerk des Kühlhauses bestand aufgrund der erforderlichen Wärmedämmung aus einem mehrschaligen Ziegelmauerwerk mit einer Verblendklinkerfassade. Seit den 1950er-Jahren wurden zahlreiche Um- und Anbauten innerhalb der Schlachthofanlage vorgenommen, wodurch die Klarheit der Anlage und die Architektur stark beeinträchtigt wurde. So kamen beispielsweise eine Exporthalle und zahlreiche Garagen sowie bauliche Zusammenschlüsse der Schlachthallen zur Ausführung, die wohl einem veränderten Schlachtablauf und einer erhöhten Fleischnachfrage Rechnung trugen. Der Freiberger Schlachthof stellte 1991/92 die Produktion ein und war bis 2005 dem völligen Verfall preisgegeben. Der Kühlturm sowie die beiden Eingangsgebäude wurden durch das Landesamt für Denkmalpflege Sachsen als Kulturdenkmale ausgewiesen, wobei der Kühlturm nach dem umfänglichen Abbruch der gesamten Anlage 2005/06 nicht mehr zu erhalten war.

Diese ursprüngliche Schlachthofanlage von Franz Kögler bestach durch ihre klar geführte Wege- und Gebäudeorganisation, die einen reibungslosen und rationellen Ablauf des Schlachtgeschehens optimal ermöglichte. Heute zeugen nur noch die beiden Eingangsgebäude von der einst für die Stadt Freiberg bemerkenswerten Industrieanlage.

Anmerkung

1 N. N.: Der »Kuttelhof« – ältester städtischer Schlachthof der Stadt Freiberg, in: Bauten der Technik und Industrie, Dresden 1996, S. 330; N. N.: »Kuttelhof«, in: Baudenkmale, die einen neuen Eigentümer oder neue Nutzung suchen, Dresden 1999, S. 58.

Quellen und Literatur

■ Bautechnische Begutachtung vom Ingenieurbüro für Baustatik K. Jahn und U. Lippmann, Auftraggeber: Stadtverwaltung Freiberg, 17.4. 2000.

■ N. N.: Der »Kuttelhof« – ältester städtischer Schlachthof der Stadt Freiberg, in: Bauten der Technik und Industrie, Dresden 1996, S. 330.

■ N. N.: »Kuttelhof«, in: Baudenkmale, die einen neuen Eigentümer oder neue Nutzung suchen. Dresden 1999, S. 58.

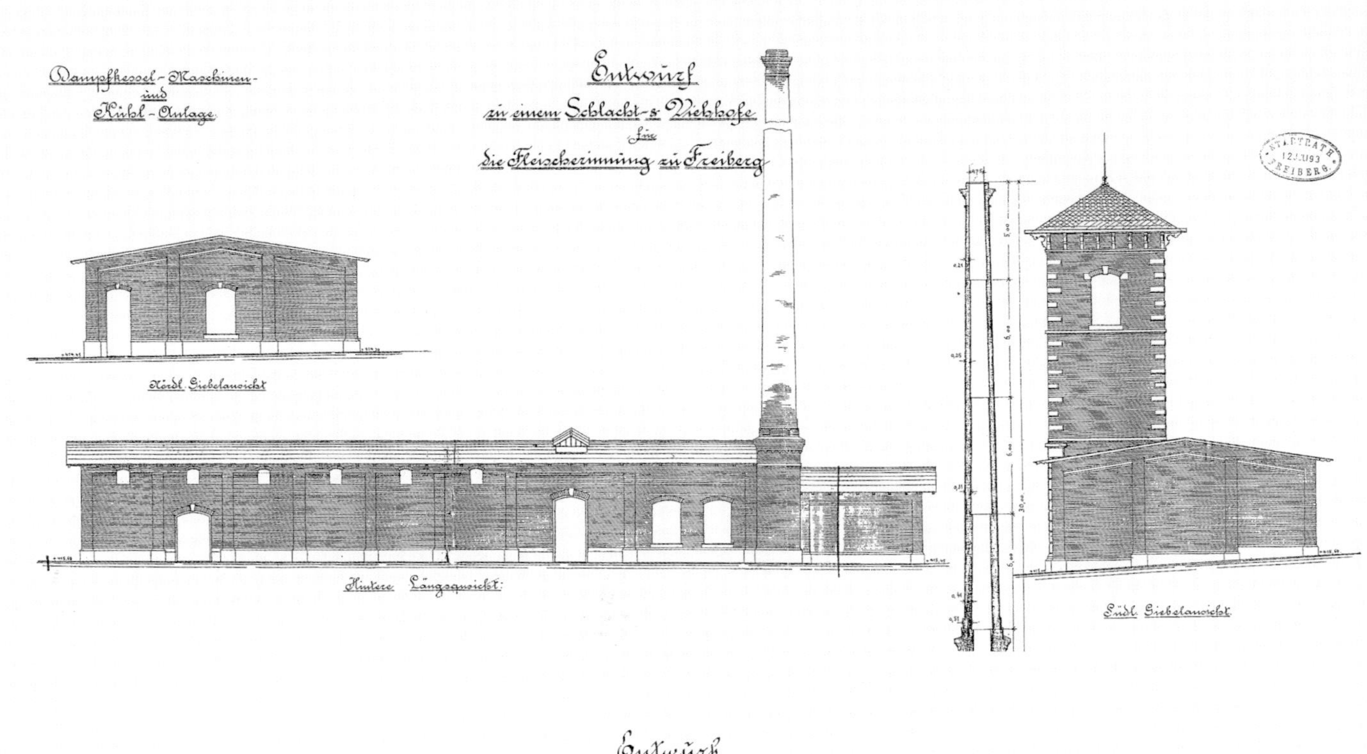

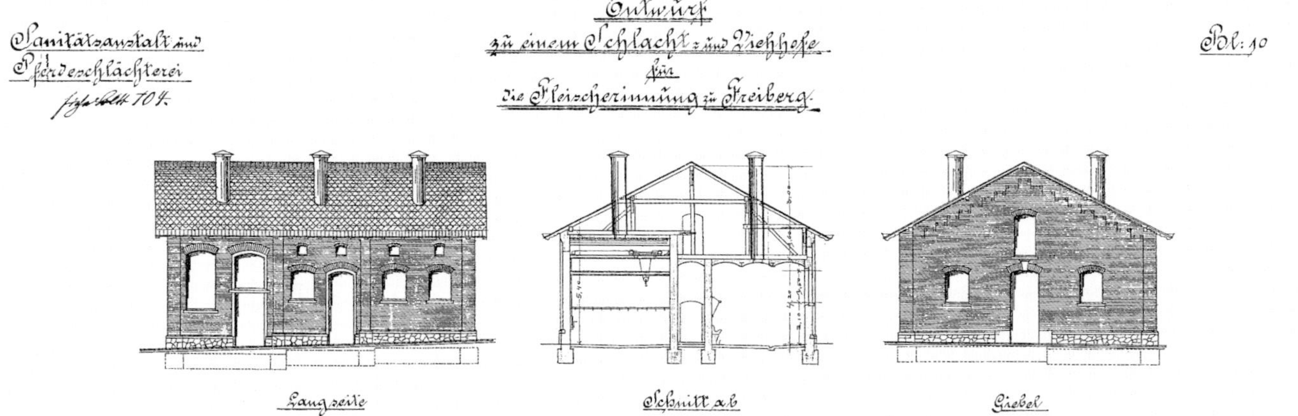

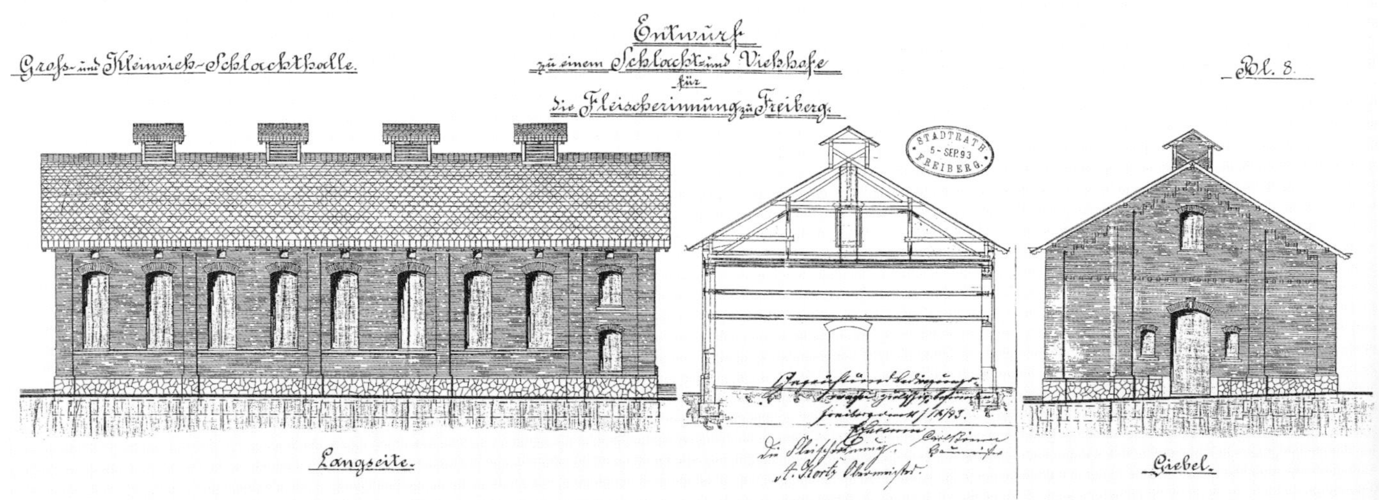

106 *Schlachthof Freiberg, Schlachtgebäude, Ansichten.*

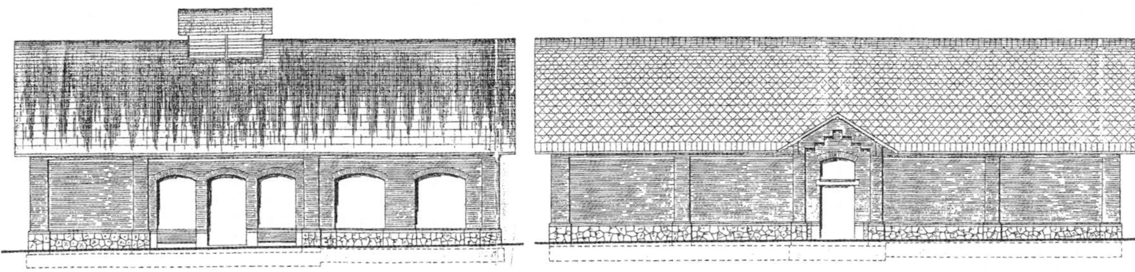
Kühlhaus u. Maschinenhaus.
Entwurf
zu einem Schlacht- und Viehhofe
für
die Fleischerinnung zu Freiberg.

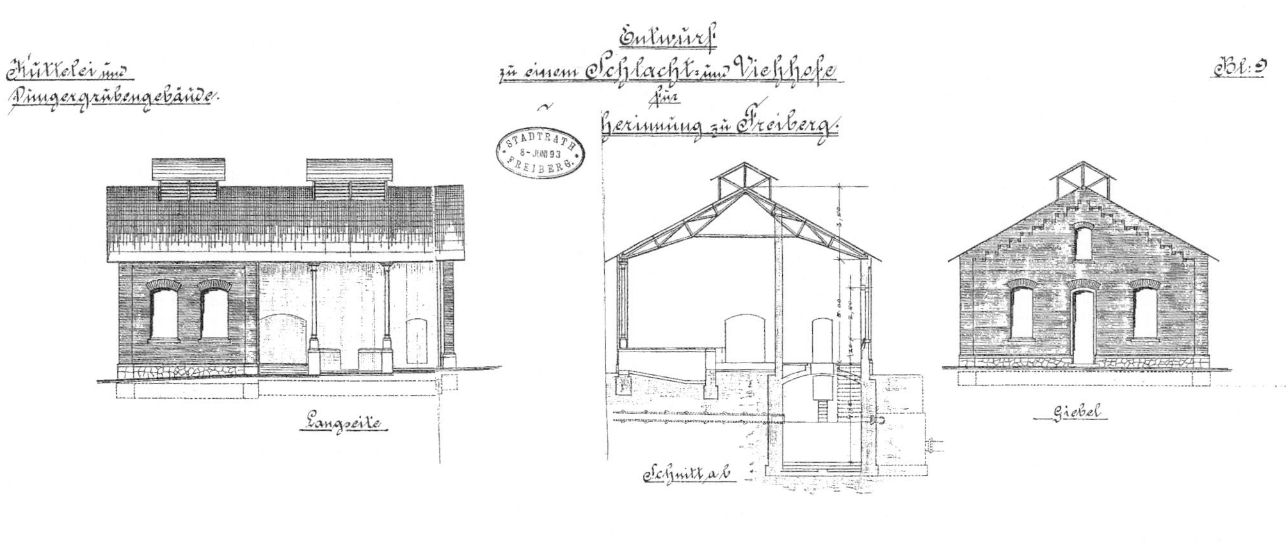
Kuttelei und
Düngergrubengebäude.
Entwurf
zu einem Schlacht- und Viehhofe
für
...herinnung zu Freiberg.
STADTRATH
FREIBERG
Langseite
Schnitt a b
Giebel

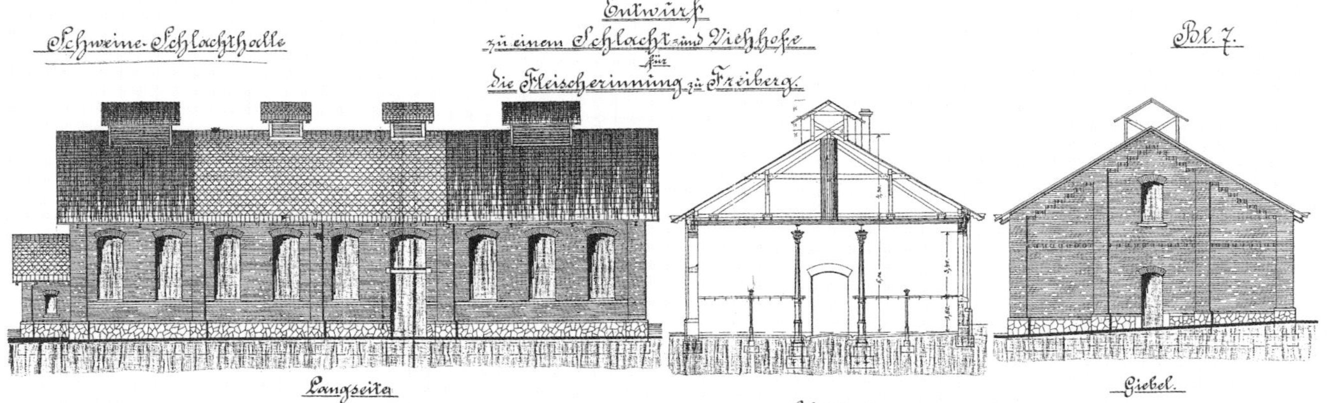
Schweine-Schlachthalle
Entwurf
zu einem Schlacht- und Viehhofe
für
die Fleischerinnung zu Freiberg.
Bl. 7.
Langseite
Giebel.

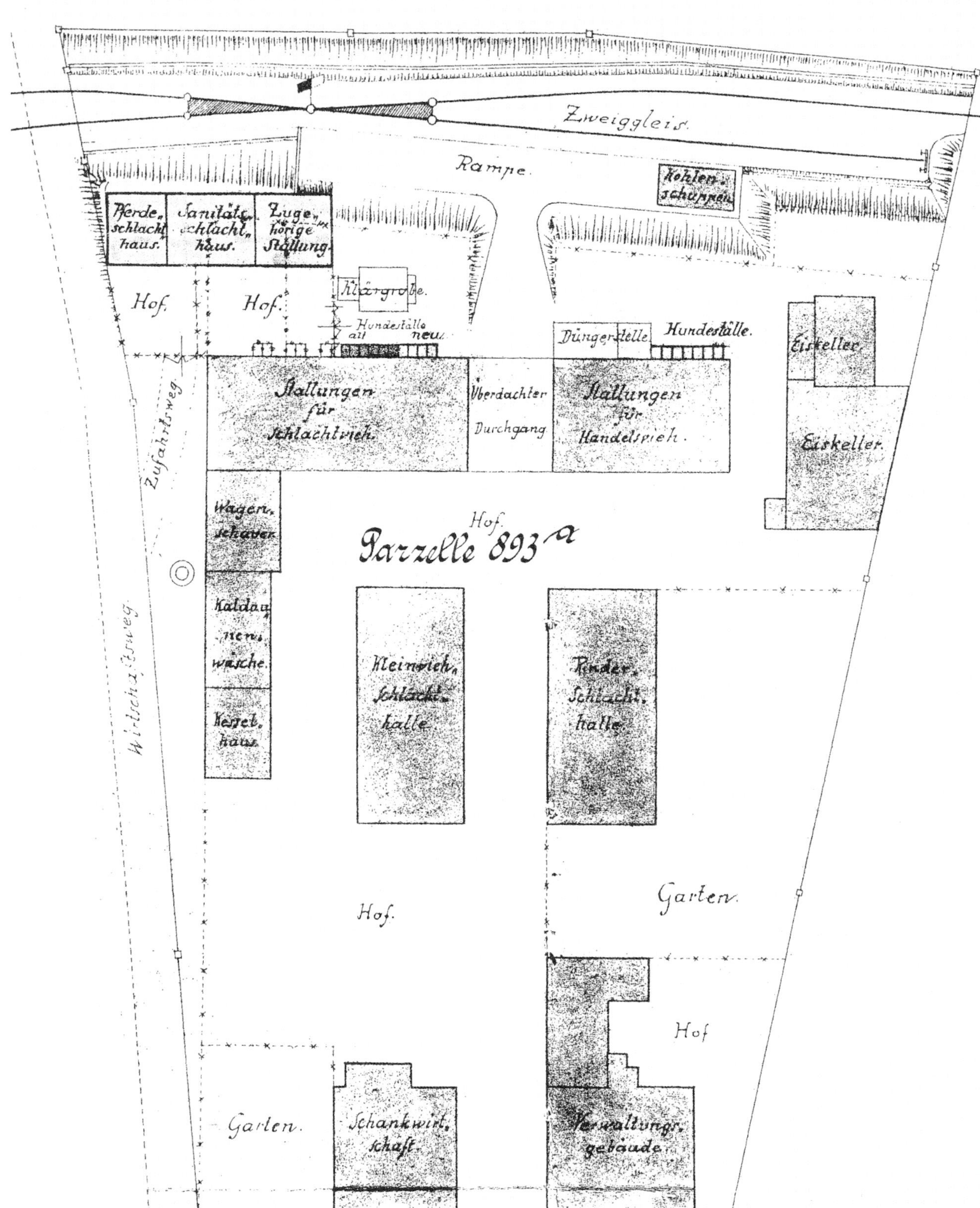

107 *Schlachthof Limbach, Dispositionsplan.*

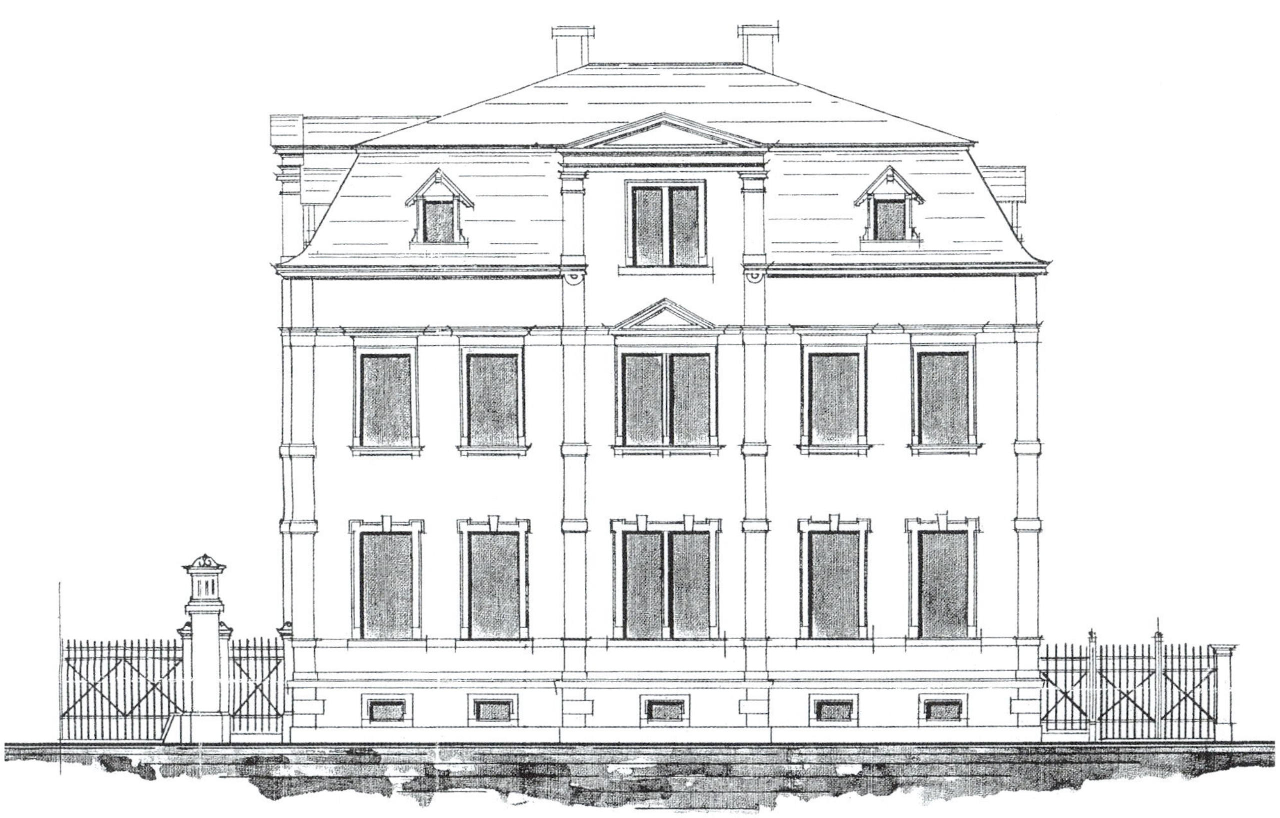

108 Schlachthof Limbach, Verwaltungsgebäude.

Limbach (1893/94)

Die Anlage mit offener Mittelachse

Hohensteiner Straße 9–11
Architekt: Curt Sussig

Der Vieh- und Schlachthof in Limbach wurde von der ansässigen Fleischer-Innung initiiert und als symmetrische Anlage an der Hohensteiner Straße geplant *(Abb. 107)*. Den Auftakt bildeten dabei das Verwaltungsgebäude und die sogenannte Schankwirtschaft. Eine mittlere, bis zur Viehrampe und dem Bahngleis durchgehende Haupterschließungsstraße führte an einem weiträumigen Hof und Garten vorbei zu zwei langgestreckten Schlachthallen für Groß- und Kleinvieh, die sich in gleicher Kubatur gegenüberstanden. Dahinter befanden sich in gebührendem Abstand im rechten Winkel zu den Hallen die Stallungen für das Schlacht- und Handelsvieh. In diesem Bereich war die Mittelachse überdacht. Eine genaue Baubeschreibung gibt sowohl Aufschluss über die Organisation und Funktion der Gebäude als auch einen exemplarischen Einblick in die zeitgenössische Architektursprache: »Das an der Hohensteiner Straße gelegene von dem Kirchhofschen Areal abgetrennte Grundstück hat eine Größe von: 7390,34 qm ... mit 55,30 Mtr. westl. Straßenfront. Die Terrainregulierung wird derartig vorgenommen, daß das Grundstück auf die Länge der städtischen Grenze ein Gefälle von 1,0 Mtr. und auf die Länge der westlichen Frontseite ein solches von 0,43 Mtr. erhält. Zur Ausführung des Schlachtens macht sich die Errichtung von sechs Gebäuden erforderlich, nämlich die eines Verwaltungsgebäudes, einer Rinderschlachthalle, einer Schweine- und Kleinviehschlachthalle, eines Stallgebäudes für Schlachtvieh, eines dergl. für Handelsvieh und eines Seitengebäudes mit Schauer zur Unterbringung von Kessel und Kohlenraum, Kaldaunenwäsche, Aborten, Viehwaage, Hundeställen etc.

Verwaltungsgebäude *(Abb. 108)*: Das Verwaltungsgebäude enthält im Erdgeschoß eine Expedition, welche zugleich zur Ausübung der Trichinenschau dient, eine Wohnung für den Schlachtmeister und eine zu vermiethende Wohnung, aus zwei Räumen bestehend. Das Obergeschoß enthält eine Wohnung für den Schlachthofinspector und ein Sitzungszimmer mit Gardarobe für die Innungsmitglieder. Im Dachgeschoß befinden sich außer Nebenräumen noch zwei vermiethbare kleine Wohnungen. Das Gebäude ist vollständig unterkellert.

Rinderschlachthalle: In diesem Gebäude sind außer der eigentlichen Schlachthalle untergebracht eine Gesellenstube und ein Raum zum Einsalzen von Fellen. Eine massive Treppe führt nach einem Trockenboden und von da aus eine hölzerne Treppe nach dem Hallendach, dessen Bodenraum nur zur Unterbringung von Stroh und Futtervorräthen Verwendung finden kann.

Schweine- und Kleinviehschlachthalle: Die Halle erstreckt sich über die ganze Grundform des Gebäudes, nur die beiden

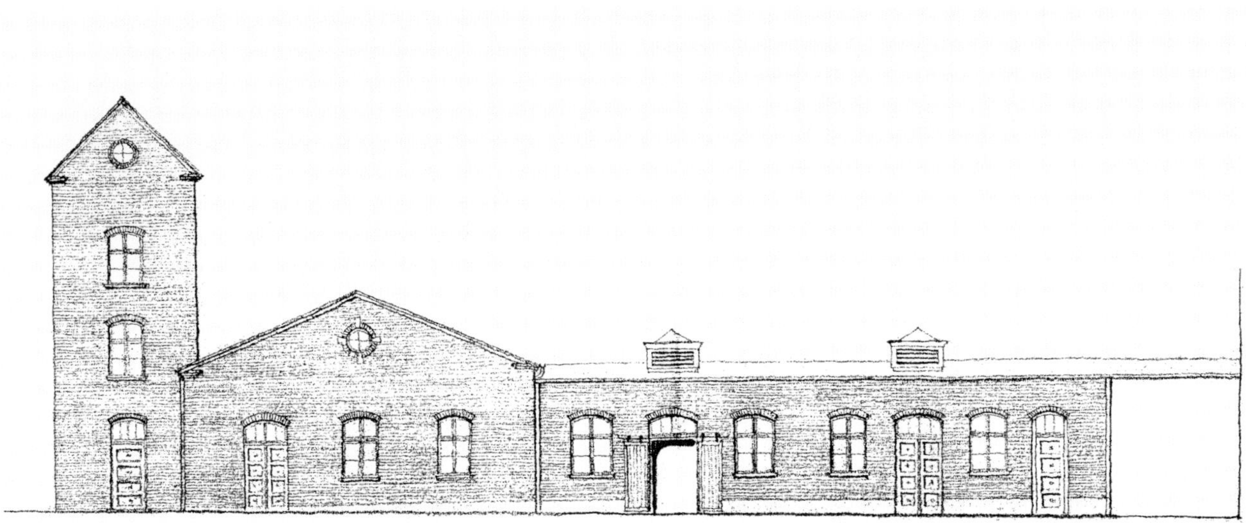

109 Schlachthof Limbach, Kesselhaus.

Tötungshallen sind durch niedrige Mauern eingefriedigt. Der Bodenraum ist vom unteren Giebel aus mittels eiserner Stiege zu erreichen.

Stallgebäude für Schlachtvieh: In diesem Gebäude sind ein Stall für Schweine und Kleinvieh und ein solcher für Rinder, außerdem aber auch zwei Seuchenställe, von verschiedenen Seiten zugängig untergebracht. Der Rinderstall kann auch zum Einstellen von Zugthieren benutzt werden. Die Seuchenställe können auch nöthigenfalls unter sich verbunden werden. Der geräumige Futterboden besitzt 4 Heulücken und am Giebel einen auf hölzerner Treppe zu erreichenden Zugang. ... Vorrichtungen und Canäle zur Ab- und Zuführung von verdorbener (Stalldunst) bzw. frischer Luft sind vorgesehen.

Stallgebäude für Handelsvieh: Das enthält ebenfalls einen Stall für Schweine und einen solchen für Rinder. Im Uebrigen finden sich hier die Einrichtungen wie im Schlachtviehstalle.

Seitengebäude: Das Seitengebäude enthält einen Kesselraum zur Beschaffung heißen Schlacht-, Brüh- und Waschwassers mit daneben liegendem Kohlenraum, einer Kaldaunenwäsche mit 2 Reihebecken, ein Pissoir und einem dreitheilgen Abort. Die Bedachung der Kaldaunenwäsche wird in Wellblech, die Dachconstruction in Eisen ausgeführt. Der in der Mitte des Daches angebrachte Dachreiter dient zur schnellen Abführung der Wasserdämpfe, die Dächer des Verwaltungsgebäudes mit Ausnahme der Hallen und Stallgebäude werden mit Schiefer eingedeckt.«[1]

Eine Auflistung der baulichen Entwicklung gibt Aufschluss über das sich stetig entwickelnde Schlachthofgelände und zeigt, wie rasant die moderne Schlachttechnik neue Gebäude und Einrichtungen benötigte: »1893: Bau Schlachthof durch Curt Sussig; 1897: Bau Eishaus durch Curt Sussig; 1898: Bau Kohlenschuppen durch Curt Sussig; 1904: Bau Verwaltungsgebäude durch Curt Sussig; 1908: Bau Stallgebäude, Eiskeller, Überdachung durch Hugo Johne; 1910: Bau Sanitäts- und Pferdeschlachthalle durch Curt Sussig; 1911: Verlegung Düngerstelle durch Curt Sussig; 1914: Bau Konfiskatgrube durch Curt Sussig; 1919: Bau Eis- und Kühlanlage durch Curt Sussig; 1925: Bau Wagenschuppen durch Curt Sussig; 1924: Brunnenbau, Bau Kühlanlage durch Guido Zetzsche; 1925: Zwischenbau durch Guido Zetzsche; 1927: Anbau Salzerei, Pferdestall durch E. F. Poser; 1928: Bau Kuttelei-Gebäude durch Guido Zetzsche; 1928: Bau Großviehschlachthalle durch Albin Süß; 1928: Bau Büro- und Wohngebäude durch Guido Zetzsche; 1929: bauliche Veränderungen Waschküche durch Curt Sussig; 1958: Garageneinbau durch Guido Zetzsche; 1959: Bau Notschlachthalle durch Guido Zetzsche; 1961: Bau Auskochraum durch Guido Zetzsche; 1970: Kühlhausbau durch Guido Zetzsche«[2]

Formalästhetisch entsprachen die beiden repräsentativen Haupteingangsgebäude mit neuklassizistischen Fassadenelementen wie kolossalen Pilastern, die bis in den Giebel führten, der historistischen Architektursprache. Das ausgeprägte Mansarddach hatte auf das ansonsten streng konzipierte Bauwerk eine harmonisierende Wirkung. Sämtliche Funktionsgebäude wurden hingegen in den zeitgenössischen Formen der Industriearchitektur ausgeführt. Die eingeschossigen Hallen waren mit Fenstern mit flachen Segmentbogen, Rundfenstern an den Giebelseiten, Zyklopenmauerwerksockel und einfachen Schiebetüren ausgestattet. Im Anschluss an das Kesselhaus an der nördlichen Grundstücksgrenze stand ein dreigeschossiger Turm, der eine besondere Höhenkomponente innerhalb der Anlage bildete *(Abb. 109)*.

Der Schlachthof wurde in den 1990er-Jahren geschlossen und 1999 vollständig abgebrochen. Sowohl die Gebäudedisposition als auch die Architektursprache zeichneten sich durch Klarheit aus. Ihre Fassadengestaltung untersetzte die funktionsbedingte Differenziertheit der Gebäude.

Anmerkungen

1 Stadtarchiv Limbach, Erläuterungsbericht zum Entwurf für die Errichtung eines Schlachthofes in Limbach vom Oktober 1893, in: Akten des Stadtrats zu Limbach, betr. Schlachthof, S. 22–24.

2 Stadtarchiv Limbach, Baumeister-Übersicht, in: Akten des Stadtrats zu Limbach, betr. Schlachthof, o. S.

Quellen und Literatur
▮ Stadtarchiv Limbach, Erläuterungsbericht zum Entwurf für die Errichtung eines Schlachthofes in Limbach vom Oktober 1893, in: Akten des Stadtrats zu Limbach, betr. Schlachthof.
▮ Stadtarchiv Limbach, Baumeister-Übersicht, in: Akten des Stadtrats zu Limbach, betr. Schlachthof, o. S.

Löbau (1894, 1927)

Der monumentale Schlachthallenbau

Görlitzer Straße 5
Architekt: Stadtbaudirektor Schmidt (Bauphase 1927)

Den Auftakt des Schlachthofes in Löbau bildete das bis heute erhaltene Verwaltungs- und Wohngebäude *(Abb. 111)*. Der zweigeschossige Klinkerbau wird durch das weit hervortretende Dach, ein auffälliges Gurtgesims zwischen den Geschossen und ein großes Stadtwappenschild an der Fassade akzentuiert. Im Untergeschoss werden die Fenster durch schwungvolle Backsteinrahmungen hervorgehoben, die an die sonst üblichen Natursteingewände der Putzbauten erinnern. Der straßenabgewandte Eingang des Gebäudes wird durch einen bis ins Dachgeschoss geführten Risalit betont. Die Eingangstür wird durch ein neugotisches Stufenportal gerahmt, das typische Gotizismen wie Spitzbogen und Wimperg aufweist. Dieser Duktus setzte sich auch an der Giebelseite der Schlachthalle fort, die über einen kleinen Platz mit mittlerer Grünanlage zu erreichen war *(Abb. 110)*.

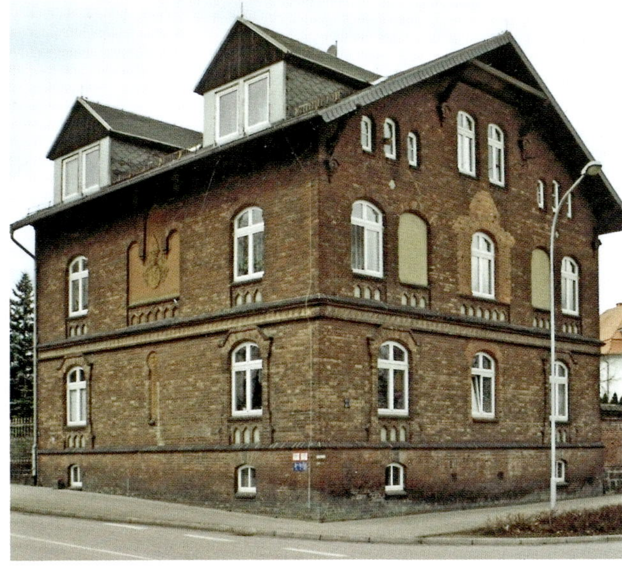

111 Schlachthof Löbau, Verwaltungsgebäude, 2006.

Die beiden großen Fensterpaare rechts und links neben dem Eingang waren im oberen Teil durch Dreipassfenster mit Maßwerk hervorgehoben, wobei die oberen Segmente ursprünglich in Sgraffittoputz mit Eichenlaubranken gefasst waren *(Abb. 112)*. Mittig über dem Haupteingang verwies ein Tondo mit einem detailreichen Bullenschädel auf die Funktion der Rinderschlachthalle. Als Pendant befand sich auf der anderen Giebelseite ein

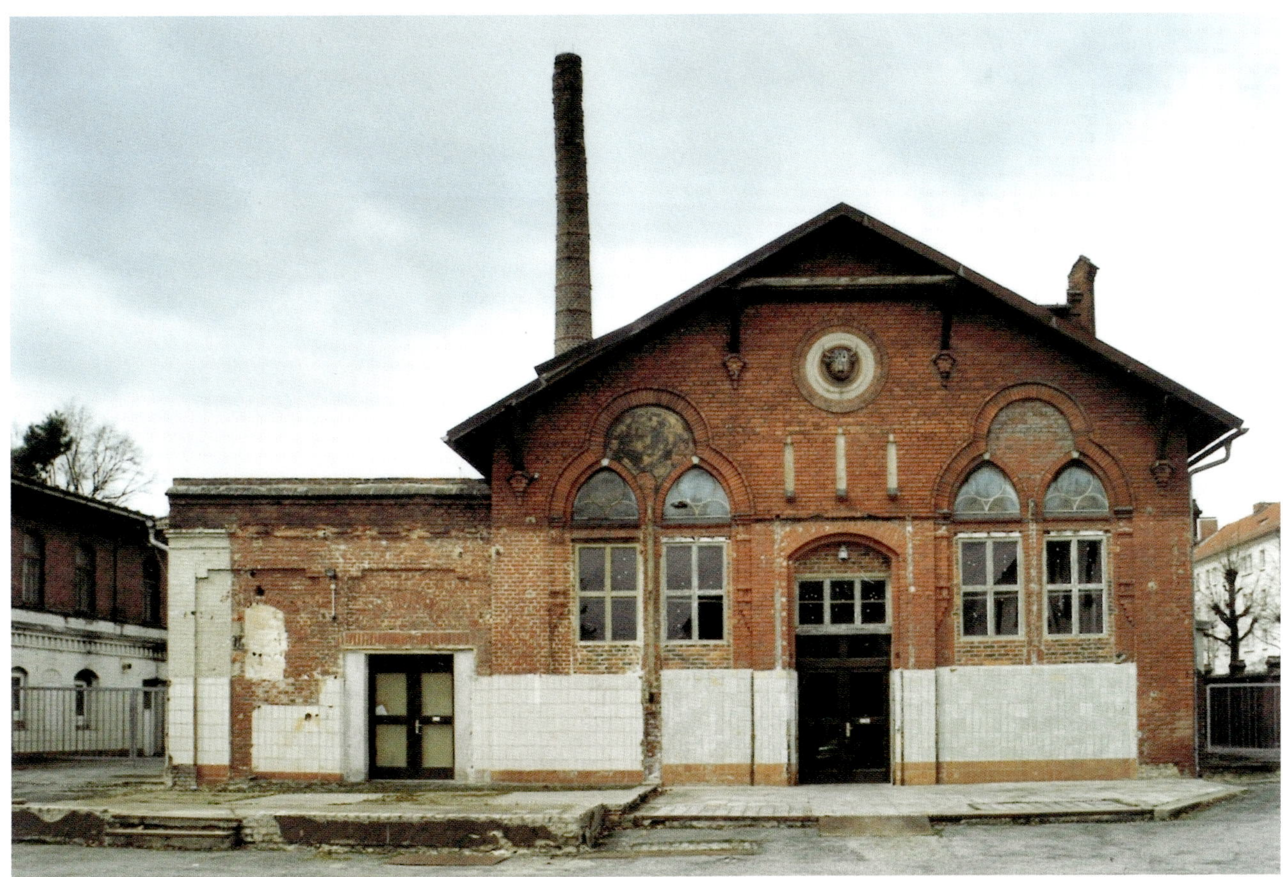

110 Schlachthof Löbau, Schlachthalle, 2006.

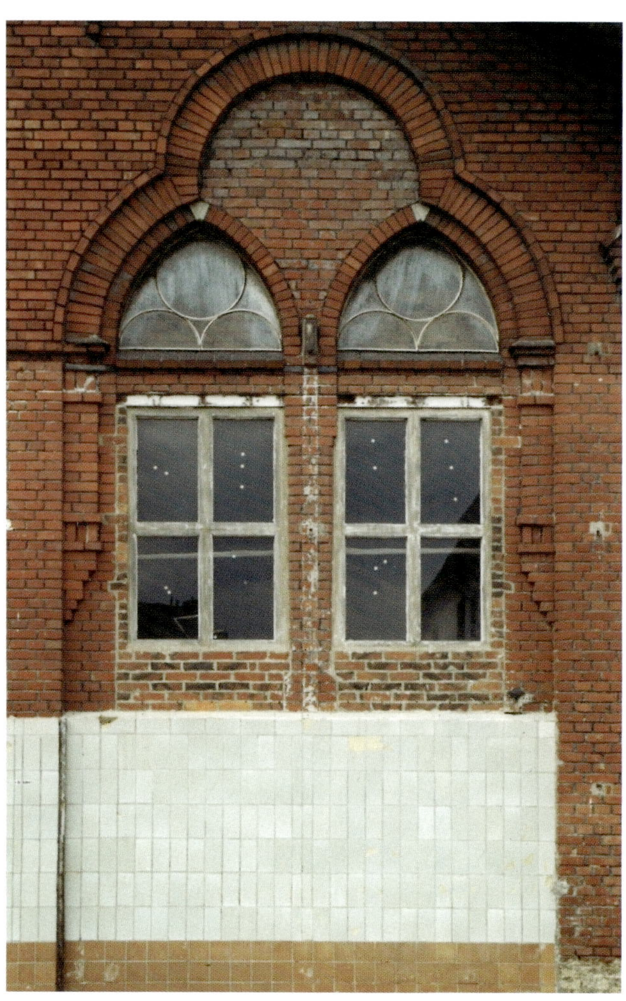

112 *Schlachthof Löbau, Schlachthalle, Detail, 2006.*

Tondo mit Schweinekopf für die Schweineschlachthalle. Jedoch erfuhr die langgestreckte Halle eine mittlere Teilung durch einen kolossal gegliederten und weit über den Dachfirst geführten Baukubus *(Abb. 113–115)*. Fast bastionär wirkten die Pilaster, die Eckzinnen und das abschließende Kranzgesims. Die Bögen der seitlichen Fassade verwiesen einerseits auf die neugotische Formensprache, andererseits auf die zeitgenössische Industriearchitektur. In der hohen Halle wurde 1894 das Obereis-Kühlhaus nach dem System Adolf Knauer in Betrieb genommen. Außerdem befanden sich darin die Kaldaunenwäsche und die Kleinviehschlachthalle. Sämtliche Funktionsgebäude wie Schmiede, Rinderstall, Kantine, Gesellenstube, Kälberstall, Schweinestall, Talgschmelze, Ölkammer, Desinfektionsraum und das Pferdeschlachthaus reihten sich entlang der südlichen Grundstücksgrenze auf. Als eingeschossige Gebäude in rotem Backstein ordneten sie sich den dominanten Hauptgebäuden unter.

1927 wurde westlich hinter dem Schlachtgebäude durch den Stadtbaudirektor Schmidt ein Kühlhaus errichtet *(Abb. 116)*. Der eingeschossige Putzbau wurde durch zwei symmetrisch hervortretende Gebäudeteile an den nördlichen Ecken betont, die mit großen Dreiecksgiebeln gestalterisch dominierten. Neben den beiden Ochsenaugen wurde die Fassade lediglich durch Putzvorlagen und einen Zahnschnittsims akzentuiert. Ursprünglich schmückte ein kraftvoll gedrungener Dachreiter den First; die Dachflächen wurden durch Fledermausgaupen aufgelockert. Der an das Gebäude anschließende Eisgeneratorenturm überragte das Kühlhaus. Die Fassaden wurden funktionsbedingt von großen fächerartigen Lüftungsflächen ausgefüllt. Die beiden Zeitschichten, in denen diese Schlachtanlage errichtet worden ist, wurden sowohl in der sich unterscheidenden Formensprache als auch in der verschiedenen Behandlung der Fassaden in Klinker und Putz deutlich. Das gesamte Schlachthofgelände wurde durch hohe Mauern in rotem Klinker und gusseiserne Lanzettzäune eingefasst, die nicht nur anspruchsvoll den Bereich abgrenzten, sondern

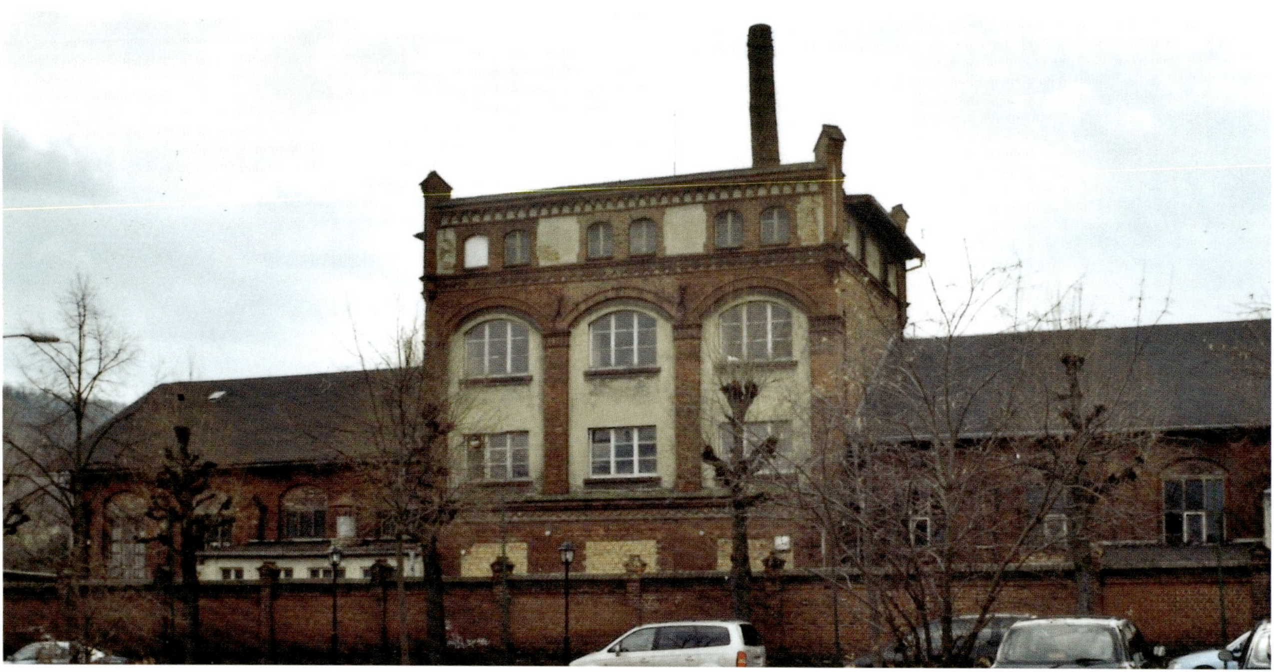

113 *Schlachthof Löbau, Schlachthalle, 2006.*

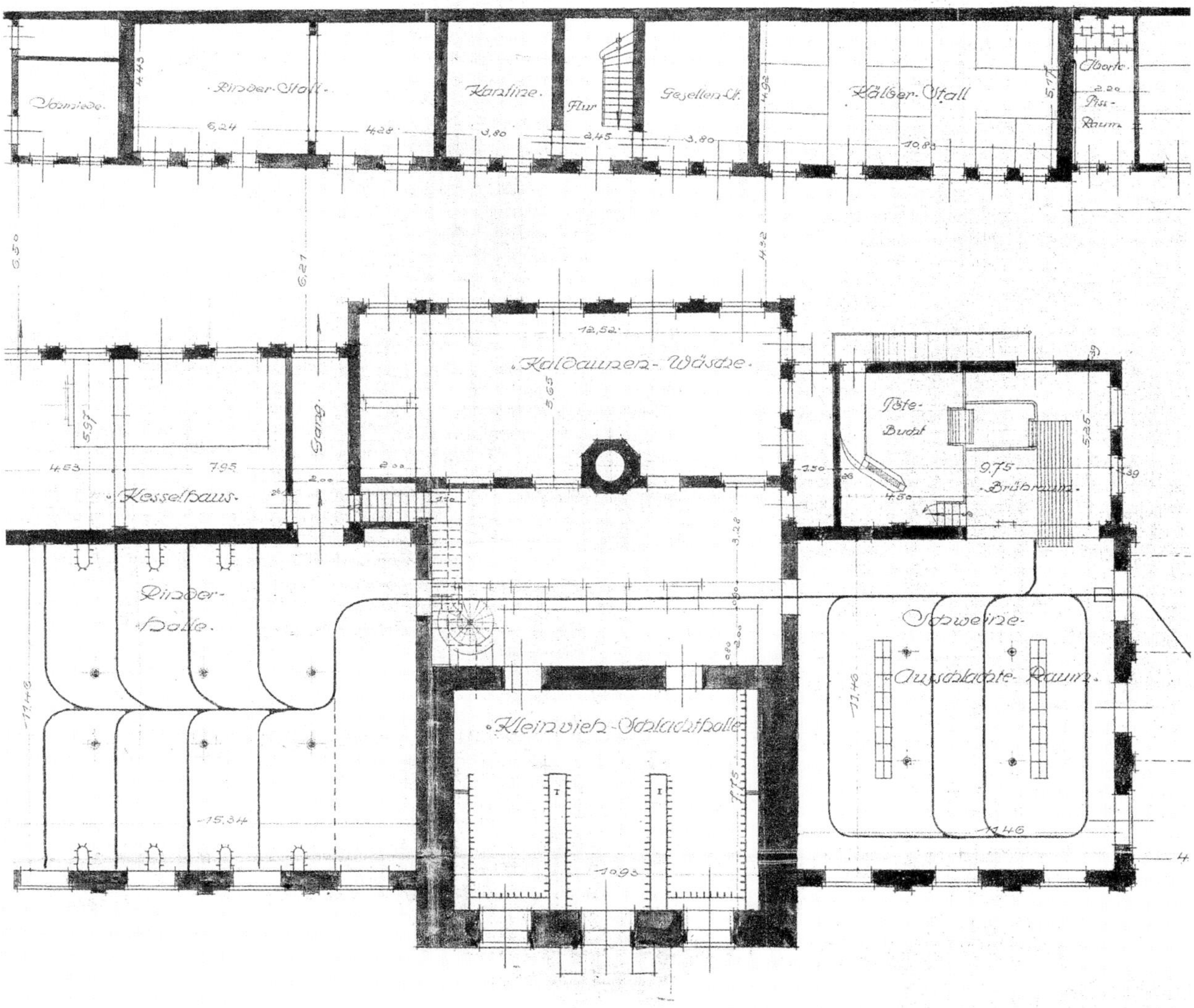

114 *Schlachthof Löbau, Schlachthalle, Grundriss.*

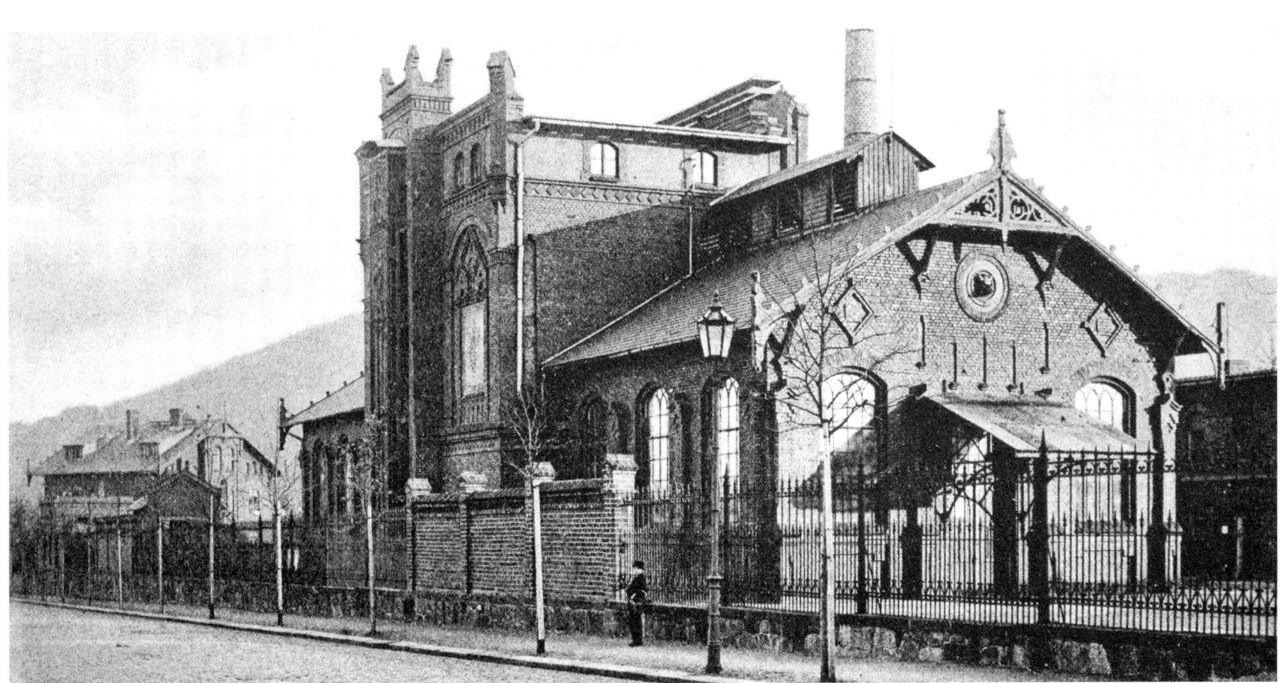

115 *Schlachthof Löbau, Schlachthalle, historische Postkarte.*

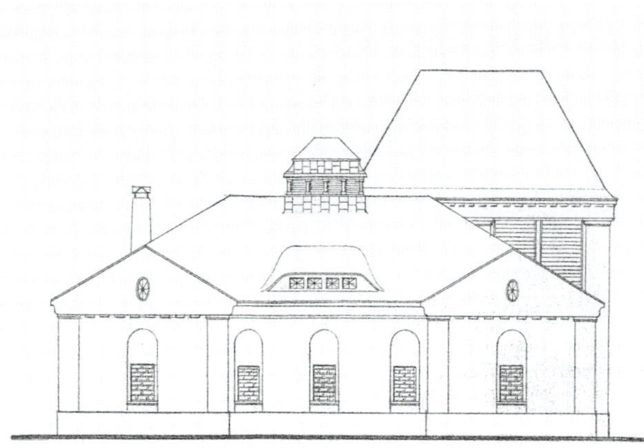

116 Schlachthof Löbau, Neubau Kühlhaus, Ansicht.

ihn auch als Teil des urbanen Gefüges integrierten. Nachdem der Schlachtbetrieb – vermutlich in den 1990er-Jahren – eingestellt wurde, sind mittlerweile sämtliche Bauten bis auf das Wohn- und Verwaltungsgebäude abgebrochen worden.

Quellen und Literatur

▮ Stadtarchiv Löbau, Bauakten des Rates zu Löbau in Sachsen, Die Erbauung eines Schlachthofs auf Parz. 350 des Flurbuches bei Löbau betr., BD. 2 erg. 1926/29, S. 122f.: Pläne vom Stadtbauamt Löbau/Stadtbaudirektor Schmidt, Pläne: S. 47 Neubau/Umbau Kühlhaus, S. 48 Gesamtschlachthof, S. 53 Kuttelei.

Riesa (1895)

Funktionale Industriearchitektur

Robert-Koch-Straße
Architekt: Stadtbaurat Zschau

Der vergleichsweise kleine Schlachthof in Riesa an der Robert-Koch-Straße wurde am 1. April 1895 eingeweiht und in Betrieb genommen. Den Auftakt der Anlage bildete das dreigeschossige Wohnhaus, in dem sich neben der Verwaltung auch die Gastwirtschaft befand. Ursprünglich war der Putzbau durch Sandsteinelemente und Klinker gegliedert, die jedoch später ebenfalls überputzt worden sind. Ein Plan von 1909, der im Zusammenhang mit dem Anbau einer Tierfelltrockenhalle entstand, zeigt, dass sich neben dem Wohnhaus die Freibank befand *(Abb. 117)*. Dahinter schlossen sich ein kleiner Hof und das Schlachthaus an. Letzteres war im Inneren nach Klein- und Großvieh differenziert. Das äußere Erscheinungsbild des roten Klinkerbaus wurde durch das hervorkragende Dach, die kleingeteilten Einfachfenster und die in gelbem Klinker gehaltenen Segmentbogenabschlüsse über den Fensteröffnungen bestimmt. Das langgestreckte Stallgebäude verlief parallel zum Schlachthaus in östlicher Richtung. Den Abschluss zur Gleisanlage und damit zugleich die gewünschte Abschirmung bildete das Gebäude der Pferdeschlächterei *(Abb. 118)*. Auch dieses untergeordnete Bauwerk erhielt ein ansprechendes Erscheinungsbild durch farbi-

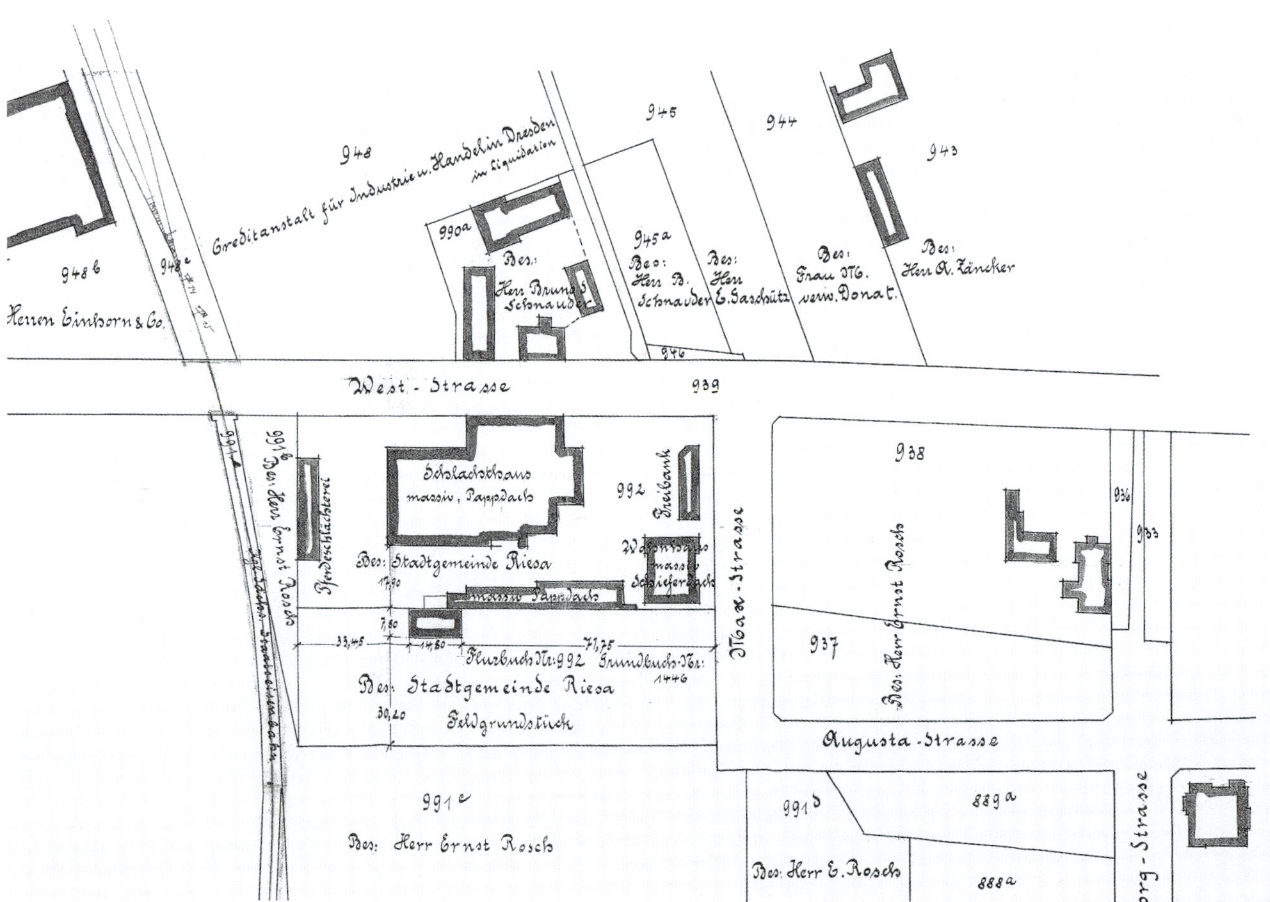

117 Schlachthof Riesa, Dispositionsplan.

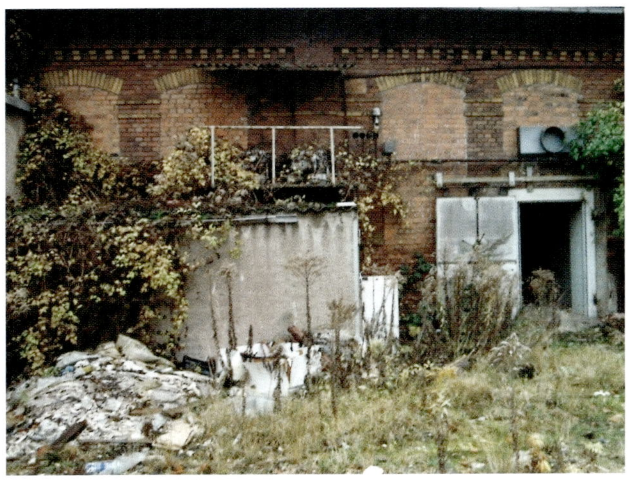

118 *Schlachthof Riesa, Pferdeschlachthalle, 2005.*

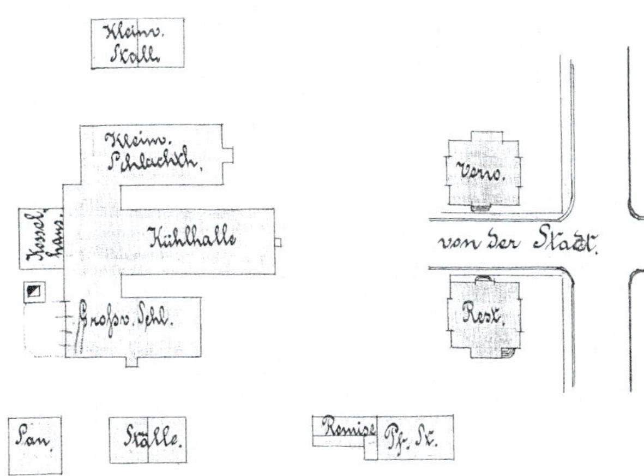

119 *Schlachthof Glauchau, Dispositionsplan.*

ge Klinkerbänder, die den oberen Sims und die Fensterbögen gestalterisch hervorhoben. Die Gebäude der Schlachthofanlage entsprachen in ihrer Gestaltung der zeitgenössischen Industriearchitektur des ausgehenden 19. Jahrhunderts.

Der Schlachthof wurde in den 1970er-Jahren stark überformt, ergänzt und verbaut. 2005 beschloss die Stadt Riesa, den seit Anfang der 1990er-Jahre geschlossenen Schlachthof abzubrechen.

Quellen und Literatur

- Stadtarchiv Riesa, Akten des Rates der Stadt Riesa, die Verpachtung der Schlachthof- Restauration betr., erg. 1894–1911, Rep. II, Abschn. 34, Nr. 1/94, S.11, Mitteilung des Stadtrats vom 10.1. 1895: » ... am 1. April 1895 in Betrieb kommender Schlachthof«.
- Stadtarchiv Riesa, Akte Robert-Koch-Str. 9, Stadtbauamt Riesa vom 13.8. 1909, S. 9.
- Stadtarchiv Riesa, Bauakten über das Grundstück, Brand-Katerster, No.51, Abt. B, Robert Koch/ Linden Str., No. 37/39.

Glauchau (1895/96)

Die Anlage in gelbem Klinker

Am Schlachthof 94
Architekt: Stadtbaurat L. Stange

Die Bauakte beginnt mit einem Brief des Stadtbaurates L. Stange an die königliche Gewerbeinspektion zu Zwickau: »... der Stadtrath zu Glauchau beabsichtigt auf dem Scheerberge oberhalb der Dalichowschen Appertur unweit des Bahnhofes einen öffentlichen Schlachthof zu errichten.«[1] Dieses Schreiben belegt, dass die Aufgabe des Baus und der Betreibung eines Schlachthofes als eine kommunale angesehen wurde.

Der Haupteingang zum Schlacht- und Viehhof führte zwischen den in ihrer Kubatur und Gestaltung quasi ansichtsgleichen beiden Gebäuden – dem Verwaltungs-, Wohn- und Geschäfts- bzw. dem Restaurationsgebäude – hindurch über einen großen abgesenkten Bereich, der ursprünglich als Spülwanne der Infektionsvorbeugung diente *(Abb. 119–121)*. Die Eingangsstraße war direkt auf den Giebel des Kühlhauses ausgerichtet, das als langgestreckter zweistöckiger Bau die Mitte der Anlage markiert *(Abb. 122)*. Direkt an den eingangsabgewandten Giebel schloss sich das Kesselhaus mit einem dominanten Turm auf rechteckigem Grundriss an. Zu beiden Seiten, nach hinten versetzt, erstreckten sich die Schlachthallen für Groß- und Kleinvieh, die in ihrer äußeren Form der Kühlhalle entsprechen *(Abb. 123)*. Die östliche Grundstücksgrenze dahinter bildete die Viehrampe mit dem Eisenbahngleisanschluss – ein Zweig der Königlich-Sächsischen Staatseisenbahnlinie nach Gößnitz. Beidseits der Schlachthallen standen in gebührenden Abstand auf der nördlichen Seite die Pferdeställe mit Remise, die Rinderställe, der Krankenviehstall und die Düngergrube *(Abb. 124, 126)*, an der Südseite das Gebäude der Pferdeschlächterei, die Schweinestallanlage sowie das Marktgebäude und die Kläranlage. Diese wohldurchdachte Grundrissdisposition wurde durch zahlreiche Anbauten in den 1950er- bis 1980er-Jahren stark verunklärt. Daher befinden sich auf dem Gelände neben den gestalterisch anspruchsvollen Gebäuden der Erbauungszeit einige Funktionshäuser, die grob geputzt und mit Betonfensterteilungen, Wellblechabdeckungen und Flachdach ausgeführt wurden.

Die ursprünglichen Gebäude präsentieren sich zusammengehörig in schmuckvollem gelbem Klinkermauerwerk. Daneben gliedern verschiedene Applikationen die Fassaden, z. B. hervortretende Pilaster, Bogen- und Zahnschnittfriese, Segmentbögen über den Fenstern und Akzente wie der Versatz grüner Klinker, die in Mustern das gelbe Mauerwerk ergänzen. Der Turm mit dem hohen Pyramidendach als weithin sichtbarem Symbol der Anlage birgt eine Werksuhr, wie sie für zeitgenössische Betriebsanlagen üblich war, und präsentiert an der dem Eingang zugewandten Seite ein großes hochrechteckiges Schmuckrelief, das das Wappen der Stadt Glauchau, einen Viehkopf und zuoberst ein Maskaron präsentiert *(Abb. 127)*. An der Giebelseite der Rinderschlachthalle befindet sich innerhalb eines Tondos ein entsprechender Rinderkopf, der auf die Funktion des Gebäudes hinweist.

Der urban angelegte Schlachthof in Glauchau ist beispielhaft für die qualitätvolle und gestalterisch anspruchsvolle Architektur des ausgehenden Historismus. Besonders der

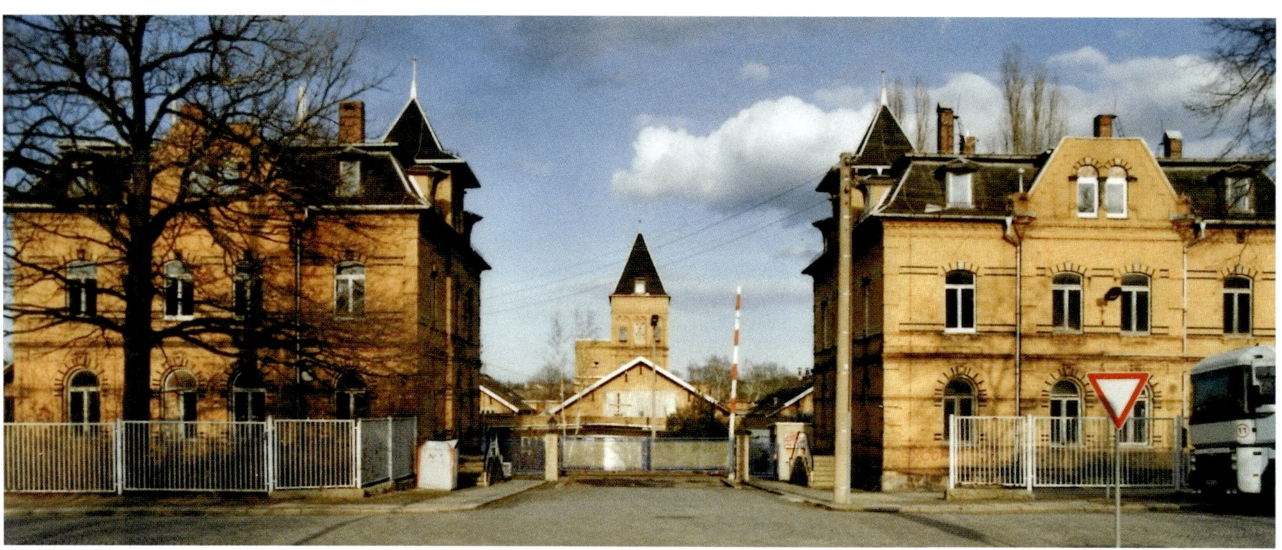

120 Schlachthof Glauchau, Eingangssituation, 2007.

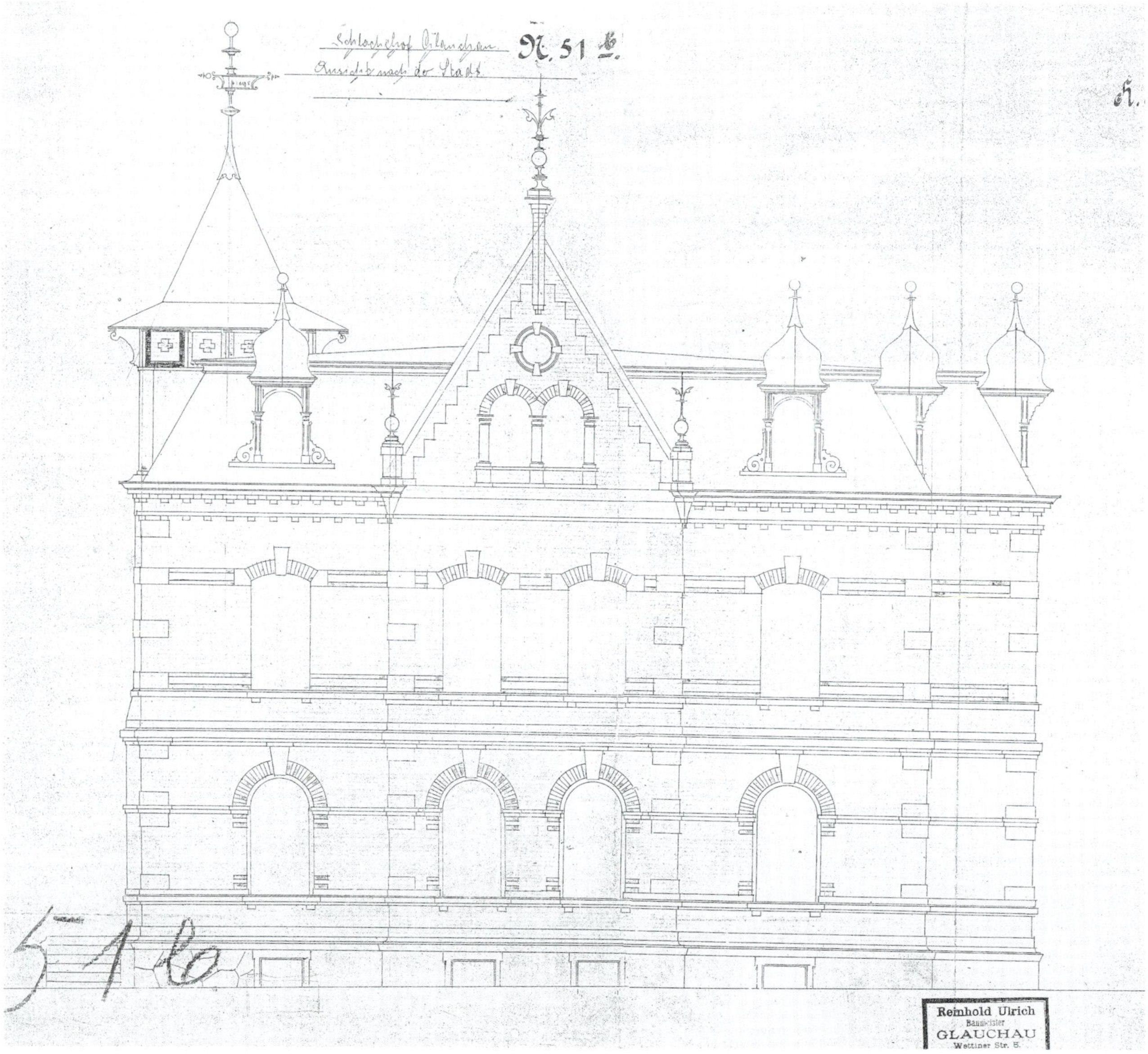

121 Schlachthof Glauchau, Verwaltungsgebäude, Ansicht.

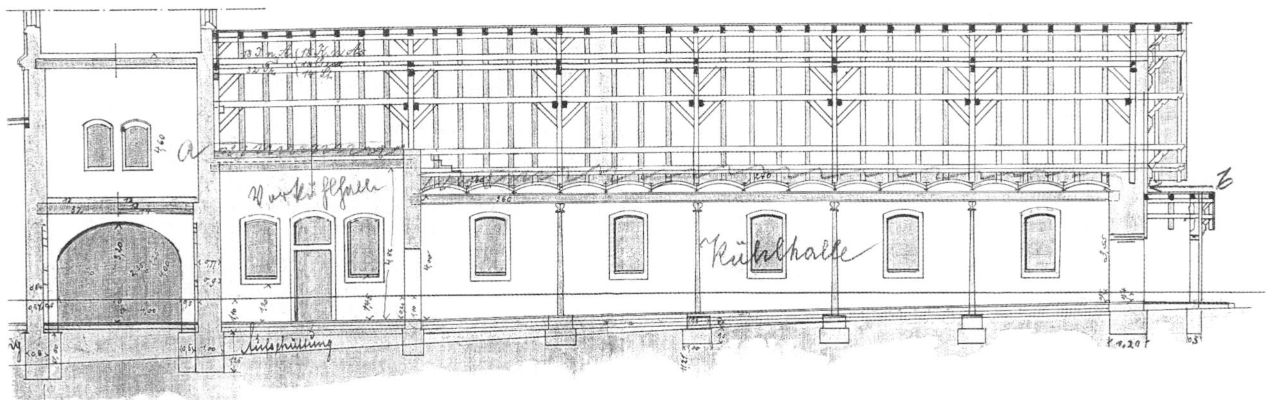

122 Schlachthof Glauchau, Kühlhaus, Grundriss und Ansicht.

hochaufragende Turm erinnert an zeitgenössische Rathaus- oder Kirchtürme. Sämtliche Funktionsbauten wurden im Inneren mit modernen Schlachteinrichtungen ausgestattet. In den ansonsten wenig ergiebigen Bauakten befindet sich eine detailgerechte und beeindruckende Zeichnung einer speziell für den Schlachthof entwickelten Laufkatze zum Aufhängen und Transportieren des geschlachteten Viehs *(Abb. 125)*.

Die Ansichtszeichnung eines der Eingangsgebäude, gefertigt von dem Baumeister Reinhold Ulrich aus Glauchau, zeigt, wie anspruchsvoll und elegant diese Bauten in ihrer Gestaltung ursprünglich geplant worden waren, bevor sie leicht vereinfacht ausgeführt wurden. Das Schieferdach des klar gegliederten Gebäudes wird durch Giebel, ein dominantes Turmhaus und zahlreichen Gaupen mit geschwungenen Haubendächern akzentuiert und erhält dadurch die gewünschte Plastizität. Voluten, Schmucksäulen und Turmspitzen vervollständigen das historistische Erscheinungsbild *(vgl. Abb. 121)*.

Insgesamt ist dieser Schlachthof ein Musterbeispiel für die Ausgewogenheit von funktioneller Organisation und gestalterischem Anspruch, auch wenn der Bezirkstierarzt Fambach manchen Kritikpunkt in folgender Einschätzung zum Plan vom 1. Juni 1895 deutlich benennt: »Ausladerampe und Untersuchungshalle für ausländisches Vieh: Die Ausladerampe muß dem Bedarfe genügend groß angelegt werden und so eingerichtet sein, daß dieselbe undurchlassend und leicht zu desinficieren ist. Es empfiehlt sich daher etwas Neigung der Rampen zu geben und ihre keine Flüssigkeit durchlassende Bodenfläche längs zu riefeln.

Die Rampe muß zwei vollständig voneinander getrennte Abtheilungen haben, falls die Einfuhr ausländischen Viehes beabsichtigt ist, so daß die Ausladung ausländischen Viehes nur auf der einen, die Verladung inländischen Viehes nur auf der anderen Abtheilung erfolgen kann. Nach dem Entwurf ist nicht zu ersehen, wo sich die Unterkunftshalle für ausländische Schlachtthiere befindet. Sie ist so auszulegen, daß die Thiere direkt von der für sie bestehenden Rampenabtheilung in die Stallung für Kleinvieh und Rinder gelangen, ohne daß durch die Thiere andere Wege gekreuzt werden. Hieraus folgt, daß die für ausländisches Vieh bestimmte Unterkunftshalle nahe an der Bahn (Rampenabtheilung) und nahe am Schlachthaus gelegen sein muß.

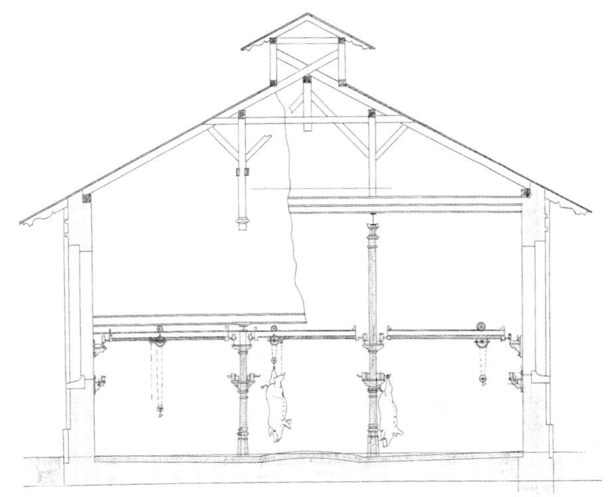

123 Schlachthof Glauchau, Schlachthalle für Schweine, Aufriss.

Stalleinrichtungen: Zur Durchführung leichter Desinfektion ist Undurchlässigkeit des Bodens und der Wände bis zur Höhe der Tiere, sowie leichte Reinigungsfähigkeit der Scheidewände erforderlich.

Schlachträume: Zur Verhütung von Thierquälereien ist darauf zu achten, daß der Boden der Schlachthallen (wie auch der Zugangsstraßen) nicht zu glatt ist. Zur Ausführung der Fleischbeschau ist auf genügendes Licht zu halten. Transportvorrichtungen in den Schlachthallen haben nur dann einen Werth, wenn dieselben direkt in die Kühlhalle führen, beziehentlich in einen Vorkühlraum, in welchem die Zerstückelung der Schlachtstücke erfolgt.

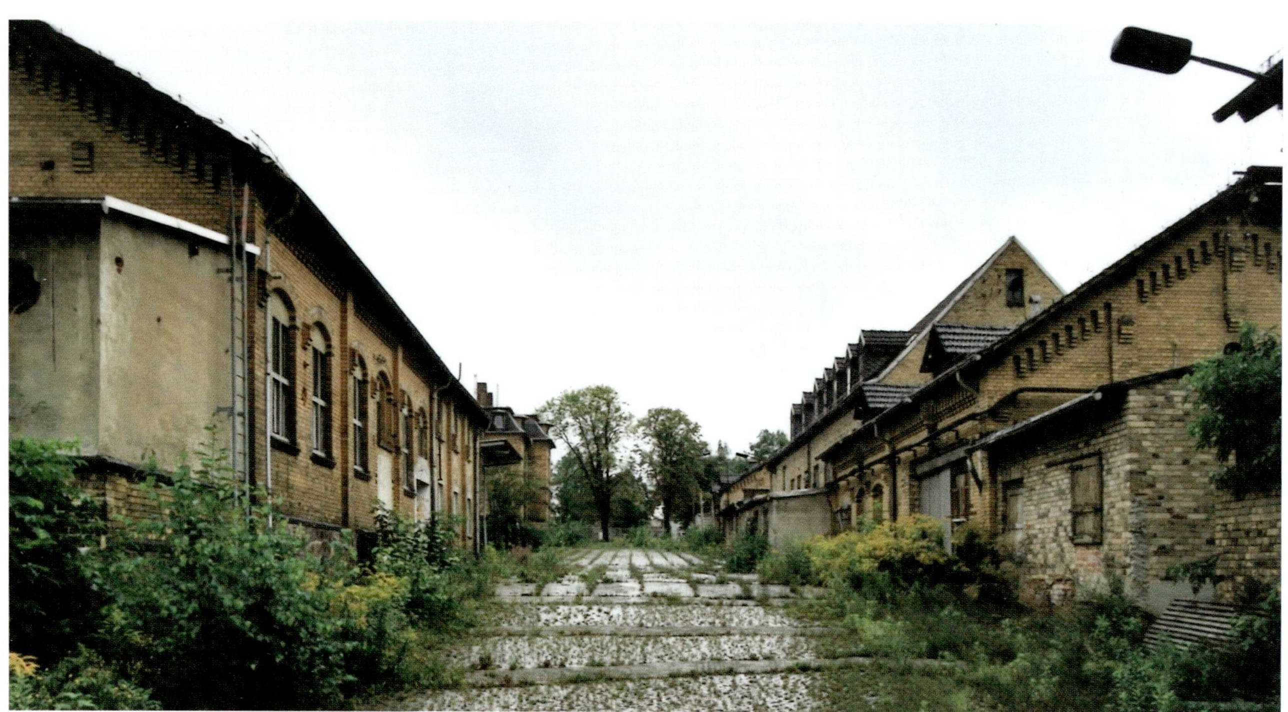

124 Schlachthof Glauchau, Stallungen, 2007.

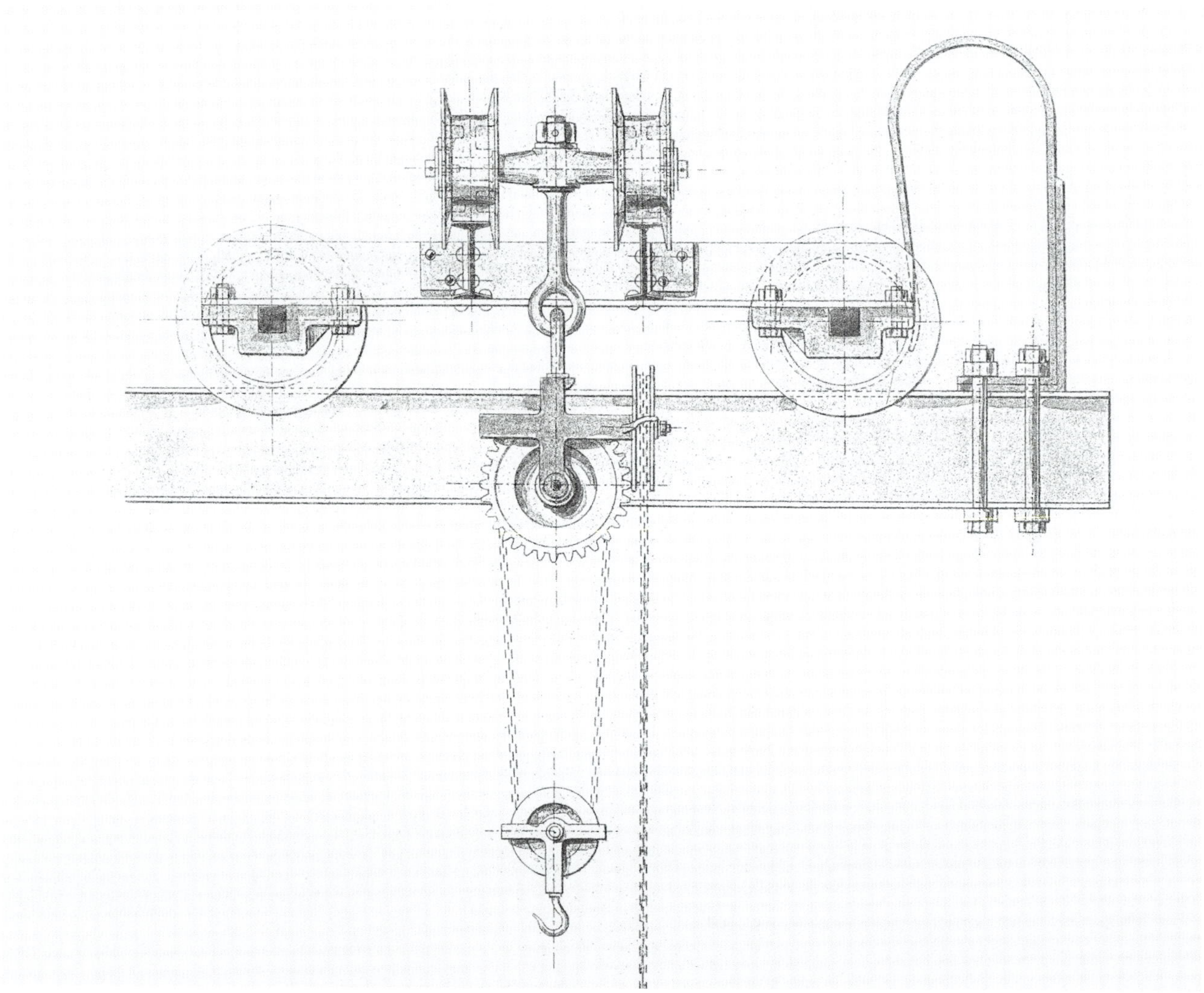

125 Schlachthof Glauchau, Plan für eine Laufkatze.

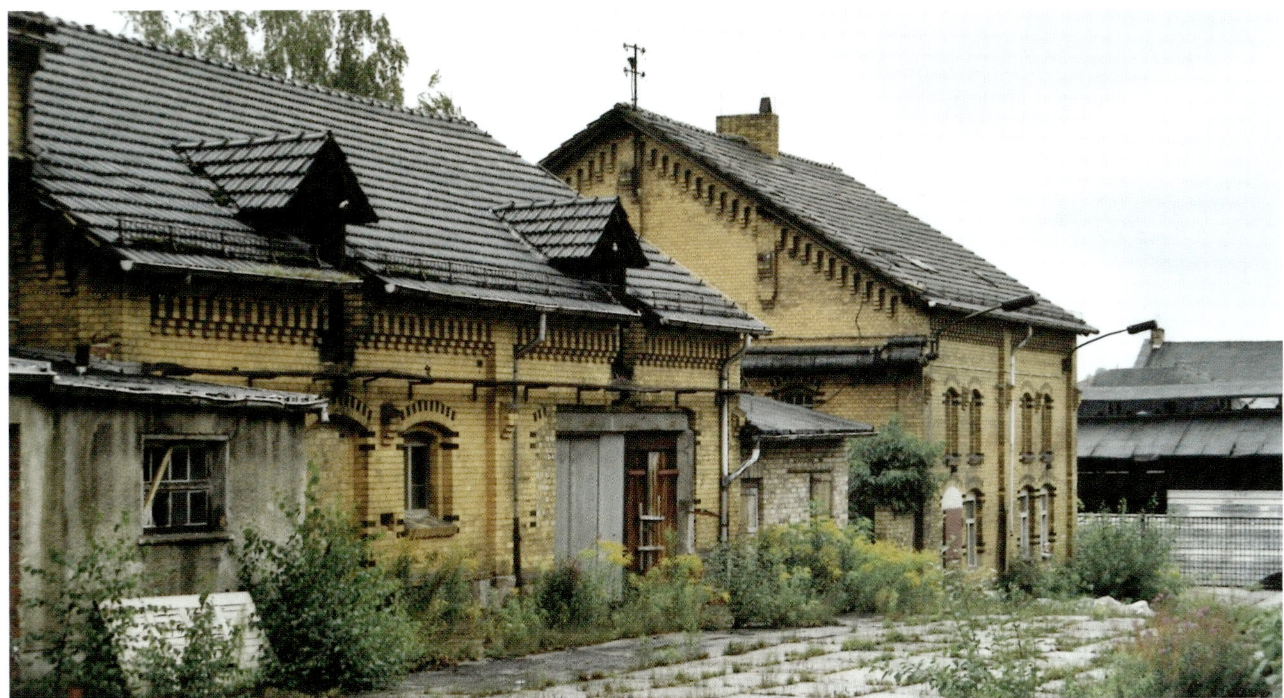

126 Schlachthof Glauchau, Krankenviehstall, 2007.

Lebenschau: Zur Ausübung derselben ist ein genügend heller Raum (Futterkreuze vermeiden) wenn irgend möglich, mit der Lichtseite nach Norden, ohne blendende Einwirkung von Nachbargebäuden einzurichten.

Fleischbeschau: Da dieselbe mancherlei schriftliche Arbeit erfordert, ist ein – vielleicht am besten in der Nähe des Trichinenschauzimmers – befindliches tierärztliches Bureau einzurichten, welches neben einem für Buerauarbeit geeignetem größeren Raume auch einen zweiten enthält, in welchem die für wissenschaftliche Zwecke unterzubringenden Utensilien (Reagentien, Mikroskop für bakteriologische Zwecke u.s.w.) sich befinden und der sich auch zur Untersuchung größerer Fleischstücke, die von auswärts eingeführt sind, eignet.

Krankenviehstall und Polizeischlachtraum: Nach der Anlage ist dieses Gebäude nicht geeignet, praktischen Verhältnissen zu dienen. Vor allen Dingen ist sie zu klein. Zunächst ist die Abtheilung für krankes Vieh unter allen Umständen in zwei Abtheile (für Kleinvieh bzw. Schweine und für Rinder) zu trennen. In dem unbedingt hierzu zu errichtenden Düngerhofe dürfen keine großen Anhäufungen von Dünger vorkommen, auch ist derselbe so einzurichten, daß eine leichte Abfuhr möglich ist, und die übrigen Thierbestände nicht durch die im Dünger vorhandenen Ansteckungsstoffe gefährdet werden. Nach der Anlage ist nicht zu ersehen, wo der Dünger hingeschafft wird. Es muß auch ein Raum geschaffen werden, in welchem ein Fleischdämpfer (Sterilisator) Aufstellung finden kann, sowie ein sicher verschließbarer, nach der Außenfront nicht zu öffnender Raum, in welchem beanstandete Schlachtstücke bis zu ihrer Vernichtung in sichere Verwahrung genommen werden können (sogenannter Abfallraum).

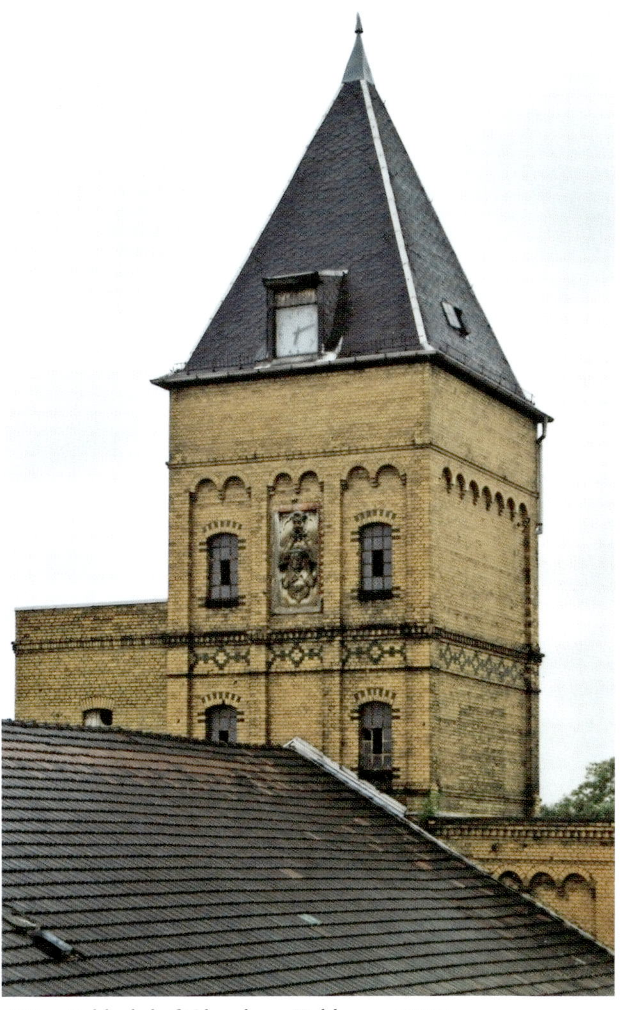

127 Schlachthof Glauchau, Kühlturm, 2007.

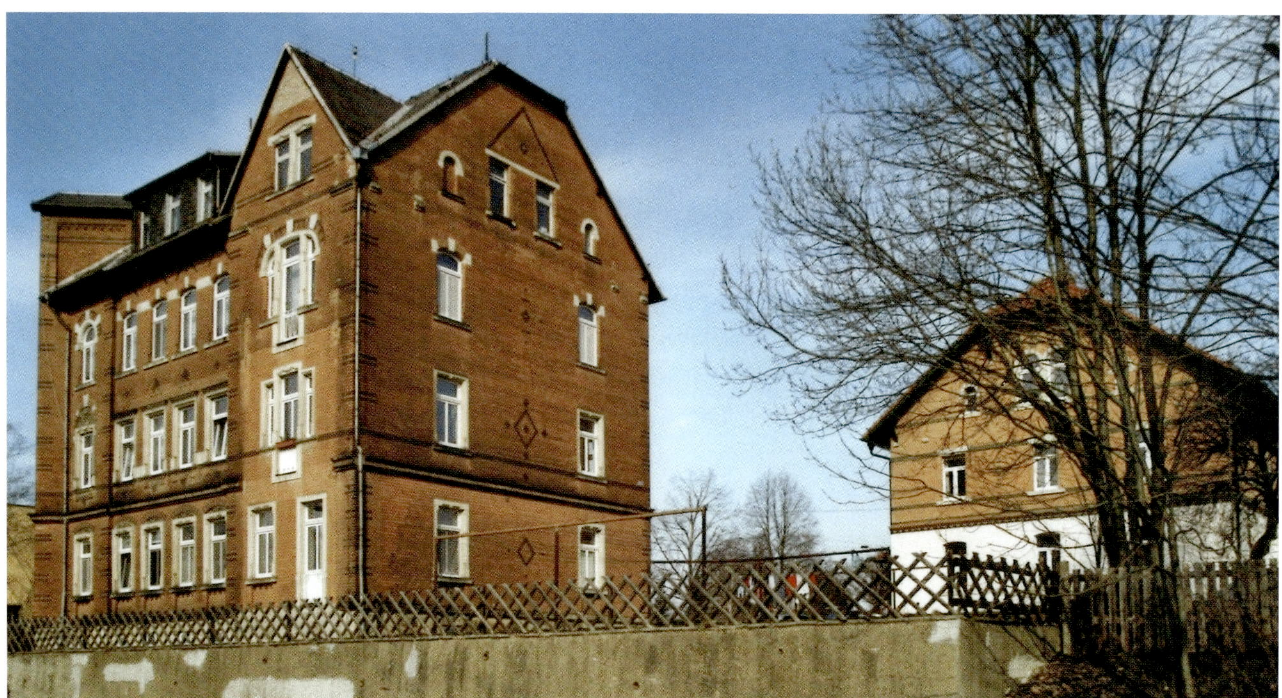

128 Schlachthof Radeberg, Verwaltungsgebäude, 2006.

Fernerhin ist es sehr zweckmäßig, im Polizeischlachthaus einen – nun von außen für das kaufende Publikum zugänglichen Raum (für die Freibank) zu haben, in welchem minderwerthiges, noch genießbares Fleisch verkauft werden kann. Dieser Raum fehlt ebenfalls in der Anlage.

Es ist nicht praktisch, daß über dem Pferdeschlachthaus sich ein Boden befindet, auf jeden Fall aber zu beanstanden, daß sich Wohnräume über dem Krankenviehstall befinden.

Im übrigen ist nicht zu ersehen, wo im Krankenschlachthaus Schweine gebrüht werden und wo sich die Kuttelei befindet.

Ich empfehle, die Anlage für den Krankenviehstall und das Polizeischlachthaus nach der beiliegenden Zeichnung zu machen.«[2]

Nachdem der Schlachthof in den 1990er-Jahren den Betrieb eingestellt hatte, wurde er zeitweise als Übungsgelände für Sondereinsatzkräfte der Polizei genutzt. Heute stehen die ruinösen, aber bautechnisch verhältnismäßig gut erhaltenen Gebäude, die als Kulturdenkmale ausgewiesen sind, leer und harren einer entsprechenden Sanierung und Umnutzung.

Anmerkungen

1 Stadtarchiv Glauchau, Bau-Acten des Stadt-Rathes zu Glauchau, Nr. 770, Abth. Schlachthofstr., S. 1.

2 Stadtarchiv Glauchau, Beurteilung des Entwurfs für Glauchau, die allgemeine Probleme, Fragen und Voraussetzungen im Schlachthofbau aufzeigt, in: Bau-Acten des Stadt-Rathes zu Glauchau, Nr. 770, Abth. Schlachthofstr., S. 29–34, hier S. 34.

Quellen und Literatur

▪ Stadtarchiv Glauchau, Bau-Acten des Stadt-Rathes zu Glauchau, Nr. 770, Abth. Schlachthofstr.

Radeberg (1897/98)

Das exponierte Verwaltungsgebäude

Pulsnitzer Straße 47
Architekt: unbekannt

Nach Auskunft der örtlichen Archivare existieren keine Bauakten zum Schlachthof in Radeberg. Doch findet auch er in der Erfassungskartei des Landesamtes für Denkmalpflege Sachsen seine Erwähnung,[1] was aufgrund der Gebäudegestaltungen nachvollziehbar ist.

Erhalten sind das Verwaltungs- und Wohngebäude, bez. 1897, sowie das im rechten Winkel dazu positionierte Schlacht- oder Stallgebäude, bez. 1898 *(Abb. 128, 129)*. Beide Objekte wurden in rotem Klinker erbaut und an den Fenstern durch abgesetzte Sandsteinelemente akzentuiert. Zudem lockern Schmuckmotive die Flächen zwischen den Fensteröffnungen und an den Giebelseiten die Klinkerfassaden auf. Das Erdgeschoss des Schlacht- oder Stallgebäudes wurde vermutlich zu einem späteren Zeitpunkt verputzt. Die exponierte Ecklage des Verwaltungsbaus stellte eine städtebaulich herausragende Eingangssituation für den ehemaligen Schlachthof dar. Heute werden beide Gebäude zu Wohnzwecken genutzt. Sowohl die Bahngleise als auch die breiten Entladebereiche im Norden verweisen darauf, dass an dieser Stelle das Vieh entladen und zum Schlachten gebracht wurde.

Anmerkungen

1 Erfassungsdatei des Landesamtes für Denkmalpflege Sachsen, Stand 2006.

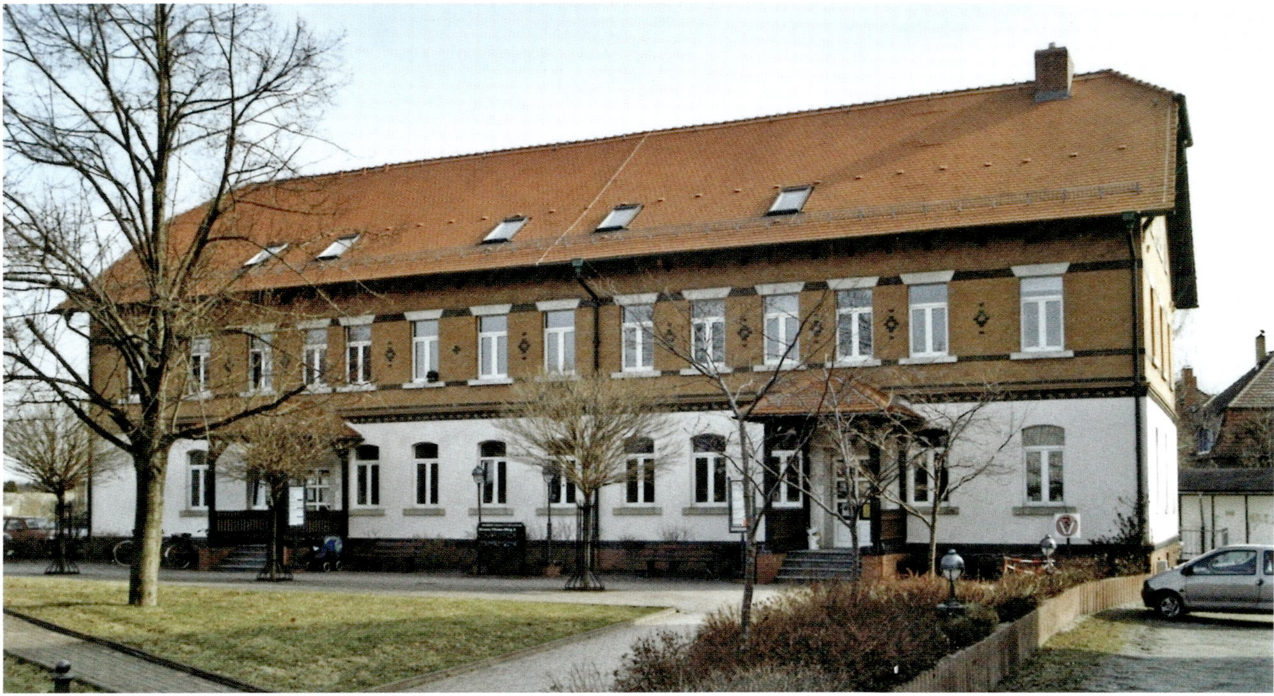

129 Schlachthof Radeberg, Schlacht- und Stallgebäude, 2006.

Grimma (1899)

Die malerische Anlage am Tempelberg

Oberwerder; Architekt: Baurat Bartolomé

Die Fleischerinnung zu Grimma wurde 1455 gegründet.[1] 1891 erwog sie den Bau eines großen Schlachthofes. Doch kam es erst acht Jahre später zur Verwirklichung dieses Planes. Die Stadt errichtete den Schlachthof unterhalb des »Tempelberges« nach Plänen des Baurats Bartolomé aus Berlin-Rummelsburg. Die Kosten beliefen sich dabei auf 345 000 Mark. Die Regionalgeschichte berichtet hierzu: »Er umfaßt auch eine Kühlanlage mit Eiserzeugung, eine Anlage zur Vernichtung gänzlich verworfenen Fleisches, eine Fellsalzerei und eine Freibank. Als Wasserleitung dient die Siechenhausleitung; 1901 wurde außerdem der Anschluß an die Hochdruckleitung hergestellt. Am 28. November 1899 wurde der Schlachthof eingeweiht und damit der Betrieb der Privatschlächtereianlagen aufgehoben. Den Besitzern derselben wurden die durch diese Umstellung entstandenen Nachteile vergütet, soweit sie nach einer Prüfung durch Sachverständige anerkannt waren. Am 29. November wurde das erste Tier geschlachtet, ein Ochse, der sich als perlsüchtig [Rindertuberkulose] erwies.«[2]

Das annähernd hochrechteckige Grundstück wird von Süden erschlossen *(Abb. 131)*. Den Auftakt bildet ein Verwaltungsgebäude, das mittig die südliche Grenze zur Straße markiert *(Abb. 130, 132)*. An den äußeren Ecken liegt westlich ein Wohngebäude für den Maschinisten und den Hallenmeister, östlich die Freibank, das Sanitätsschlachthaus und der Schlachtraum für Pferde. Im Zentrum der Anlage befindet sich das größte Bauwerk, in dem sich Kessel-, Maschinen- und Kühlraum, der Raum für Verwertungsapparate, die Eisbereitung, Werkstätten und der Kohleraum befinden *(Abb. 135)*. Ein hoher runder Schornstein markiert die Mitte des Hauses und zugleich die der Anlage. Direkt an das Gebäude schließt im Norden der quer dazu angeordnete langgestreckte Bau der Schlachthallen für Groß- und Kleinvieh sowie Schweine an. Verbunden wird der Kühlraum mit den Schlachthallen durch eine obere Transportschiene, an der das Schlachterzeugnis leicht zu befördern war. Die Kaldaunenwäsche, der Brühraum für Kleintiere und die Düngerhalle werden innerhalb des langgestreckten Baukörpers entlang der nördlichen Grund-

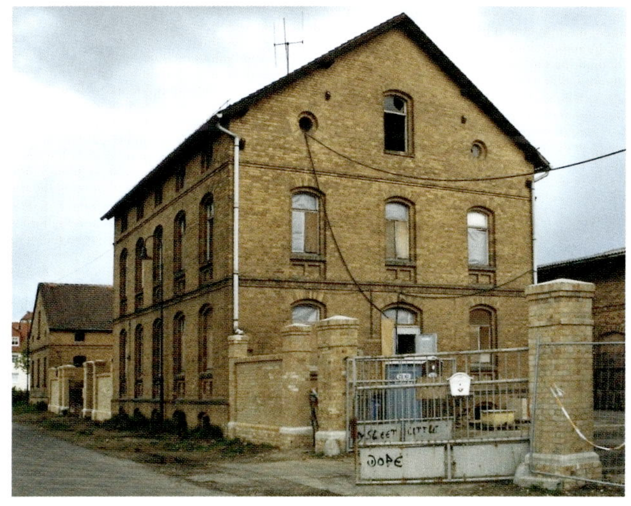

130 Schlachthof Grimma, Verwaltungsgebäude, 2005.

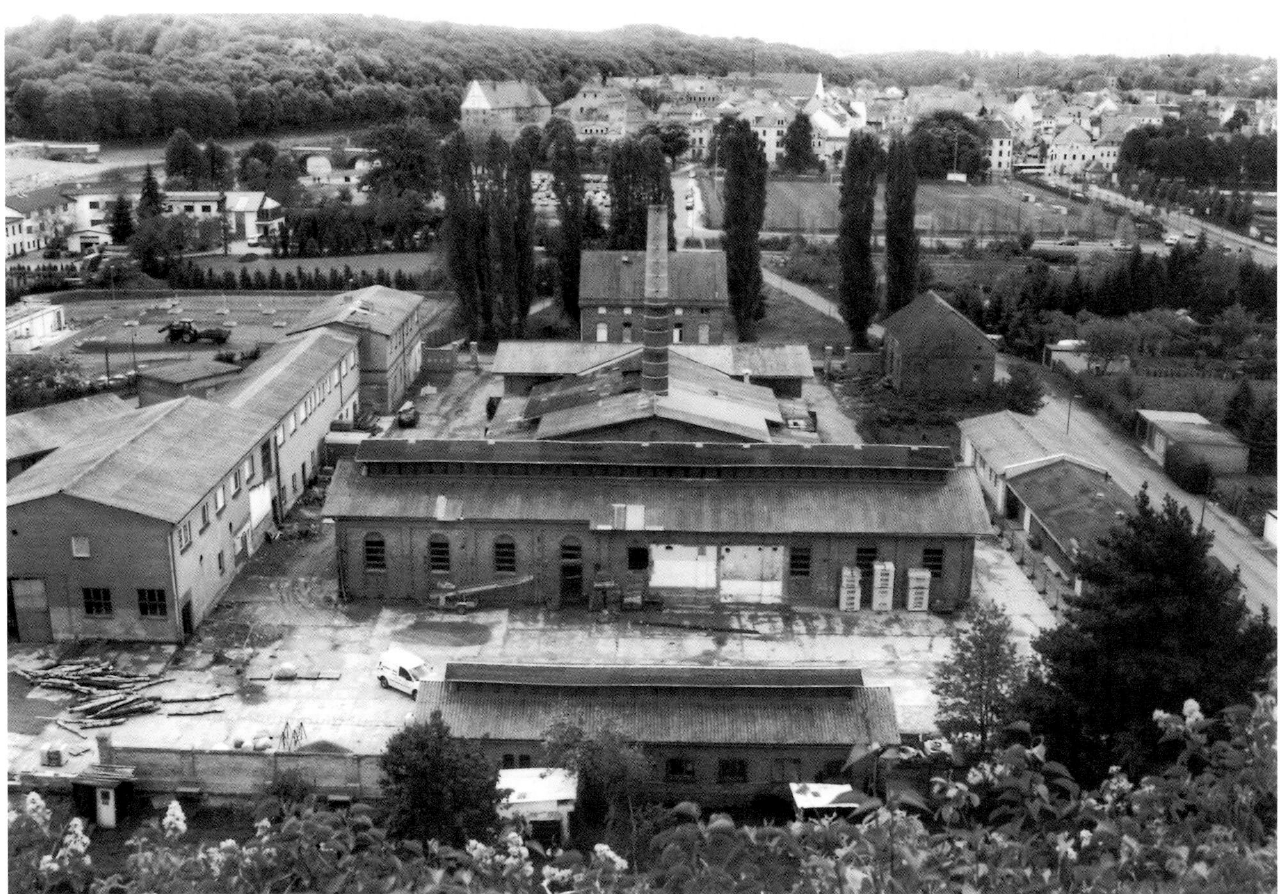

131 Schlachthof Grimma, Luftbild, 2005.

stücksgrenze untergebracht *(Abb. 133, 134)*. Zwischen diesem Bau und den Schlachthallen besteht ein entsprechender Abstand, der ursprünglich einer angelegten Grünfläche dienen sollte. Inwieweit dieser Plan von 1899 ausgeführt wurde, ist heute nicht mehr festzustellen.[3] Entlang der westlichen Grenze bietet ein Gebäude Raum für Stallungen von Groß- und Kleinvieh sowie Pferden. Gegenüber, am östlichen Rand, befindet sich der Schweinestall, in dessen Nähe auch die Klärgrube angeordnet ist.

Sämtliche Gebäude der Anlage sind in gelbem Klinkermauerwerk gefasst. Diese gestalterische Homogenität führt zu einer ausgesprochen urbanen und malerisch inszenierten Komposition in direkter Nähe zur Mulde und am Fuße des Tempelberges. Wenige Schmuckelemente ergänzen die äußerst einfache, jedoch würdige und nutzungsgerechte Architektur. Über dem Eingang zur Schlachthalle für Großvieh ist z. B. als Symbol der Kopf eines Rindes zu erkennen *(Abb. 136)*. Die verhältnismäßig flachen Satteldächer mit Zementfalzziegeln kragen über und schützen so das Drempelgeschoss. Die Gebäude sind außerdem durch Horizontalbänder und Segmentgiebel über den Fenstern und Türen gegliedert.

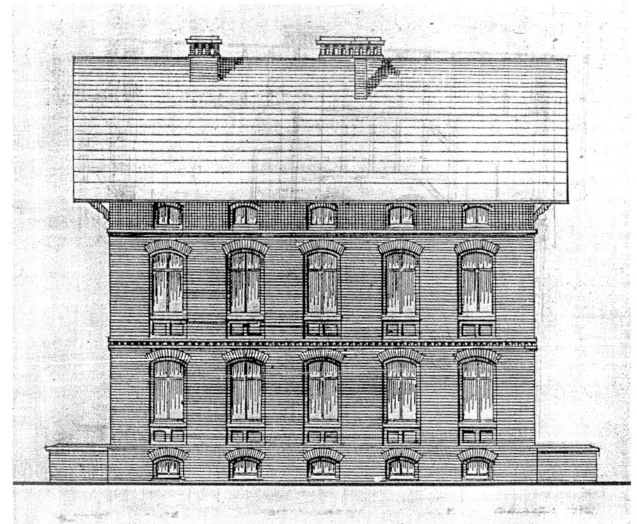

132 Schlachthof Grimma, Verwaltungsgebäude, Ansicht.

In einem Schreiben der Rossschlächter vom 8. Dezember 1909 wird dem Rat der Stadt der Wunsch nach der Erweiterung des Pferdeschlachthauses und Bereitstellung eines eigenen Kühlraums vorgetragen: »Infolge der fortgesetzt sich steigernden Nachfrage nach Roßfleisch sind wir auch im Sommer genötigt zu schlachten, wir wissen aber nicht wie und wo wir unser Fleisch aufbewahren sollen, im Schlachthaus können wir es nicht hängen lassen, erstens ist es dort warm und die Fliegen sind massenhaft. Zu Hause können wir es auch nicht aufbewahren und somit haben wir Ermangelung eines Kühlraumes, viel Schaden auch könnten wir ganz erheblich mehr schlachten.«[4] Das Ansinnen wurde aufgrund einer Verordnung von 1891 abgelehnt, die besagt, dass Pferdeschlachträume mit dem Pferdeschlachthof nicht in Verbindung stehen dürfen.[5] Erst 1938 – zusammen mit

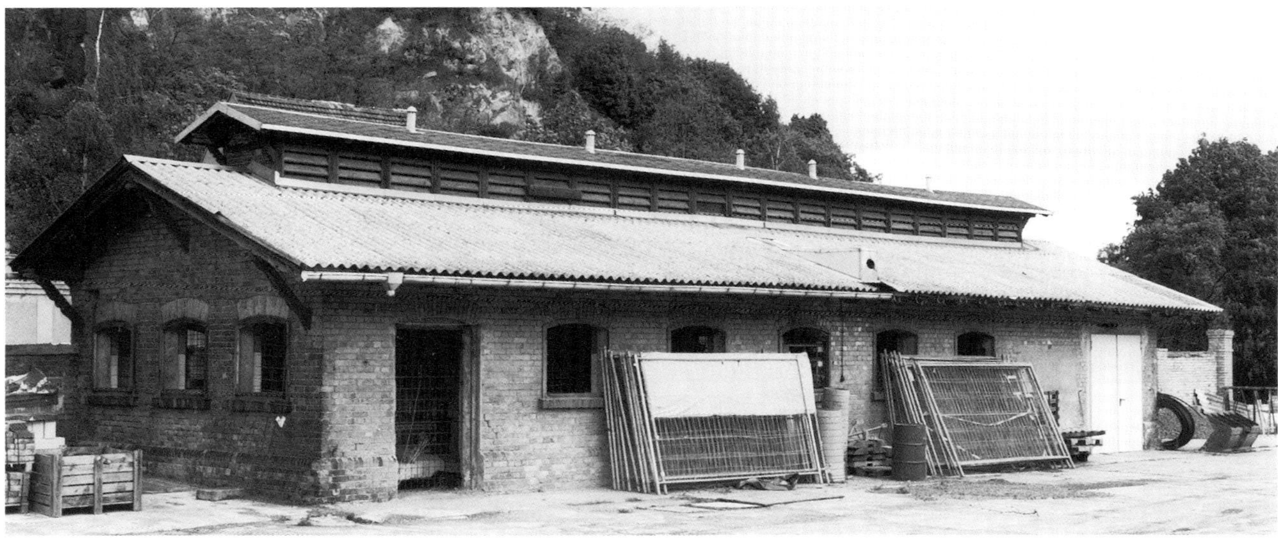

133 Schlachthof Grimma, Kaldaunenwäsche, 2005.

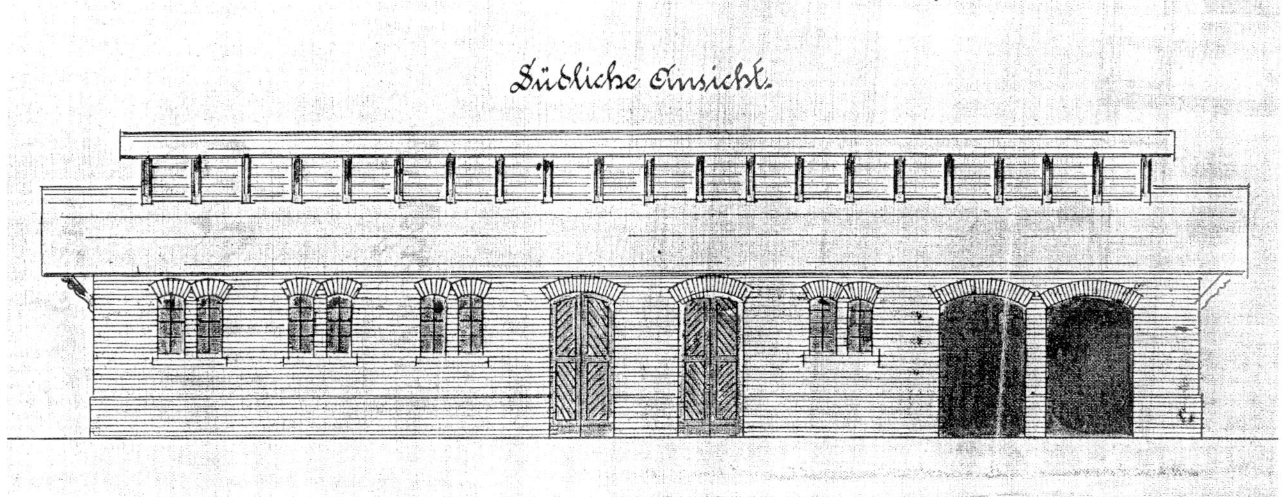

134 Schlachthof Grimma, Kaldaunenwäsche, Ansicht.

dem Bau eines Schweinestalls – kam es dann zur gewünschten Erweiterung an der östlichen Grundstücksgrenze. Die Bauausführung übernahm der Baumeister Herbert Meyer.[6]

Ab 1949 wurde im VEB Geflügelschlachthof Grimma ausschließlich Geflügel geschlachtet, bis 1972 die Annahmeschlachtung von Kaninchen der individuellen Zuchtfreunde für den Bezirk Leipzig den kompletten Schlachtbetrieb bestimmte. Ein Augenzeugenbericht beschreibt die Annahmeschlachtung der DDR in Grimma sehr plastisch: »Täglich rollen die Spezialwagen durchs Werktor, gefüllt mit vielen unserer kleinen Freunde, die zahllose Menschen zuvor liebevoll im kunstvoll gebauten Stall hinterm Haus gehegt und gepflegt haben, um sie dann – genau nach Plan – zur bestimmten Zeit abzuliefern. Aus dem gesamten Bezirk Leipzig kommen sie nach hier ... Fast 2500 Stück müssen täglich in Grimma das Leben lassen.«[7]

Die Produktion wurde in den 1990er-Jahren eingestellt. Die Gebäude sind heute stark sanierungsbedürftig. Trotz seiner geringen Größe, werden dennoch alle notwendigen Schlacht- und Funktionsgebäude quasi urban miteinander vereint. Dieser

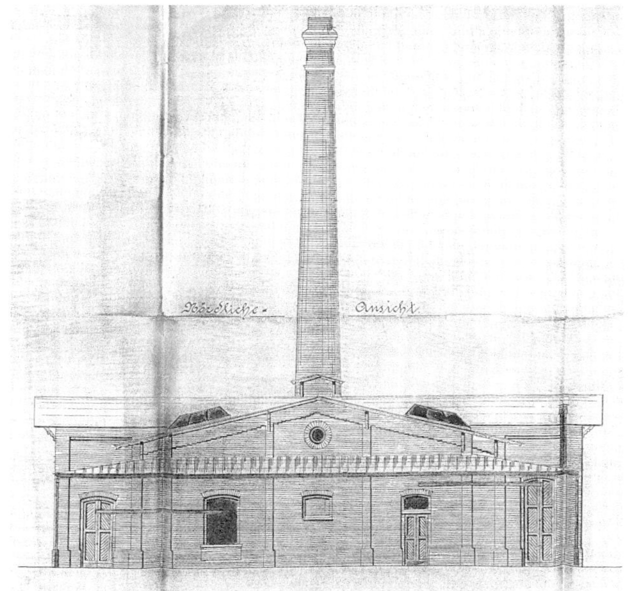

135 Schlachthof Grimma, Kesselhaus, Ansicht.

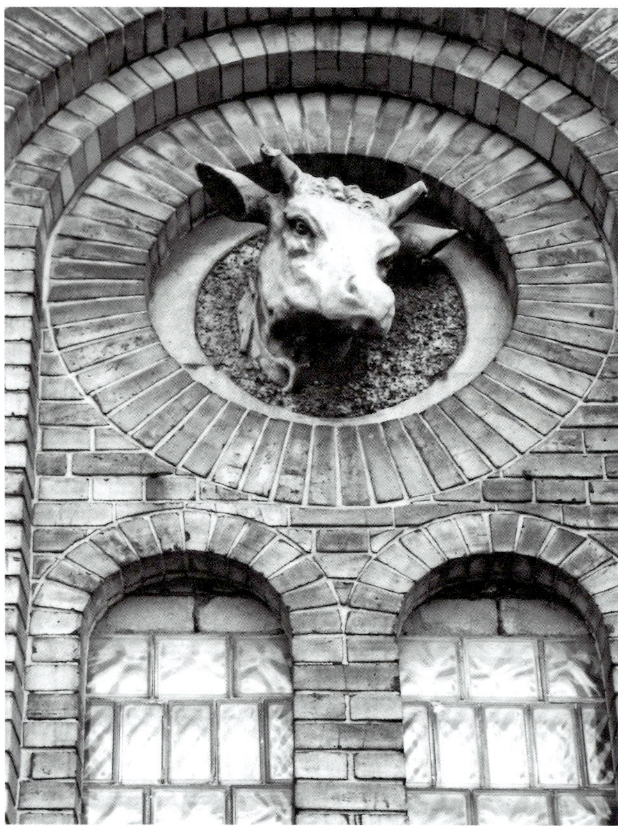

136 Schlachthof Grimma, Schlachthalle Detail, 2005.

Schlachthof ist ein ausgesprochen qualitätvolles und in Sachsen seltenes Beispiel. Stilistisch entsprechen die Klinkerbauten dem historistischen Formenverständnis für die zeitgenössische Industriearchitektur.

Anmerkungen

1 Henning, Georg: Zur Geschichte der Fleischerinnung zu Grimma, in: Festschrift für das 475jährige Jubiläum der Fleischer-Innung zu Grimma und Umgegend am 16. November 1930, S. 12.
2 Ebd., S. 49.
3 Stadtarchiv Grimma, Akte 360: Zeichnungen über die Schlachthofanlage für die Stadt Grimma, Bl. 3.
4 Stadtarchiv Grimma, ebd., 1909, S. 1: Schreiben vom 8. Dezember 1909 von Gustav Wirth an den Rat der Stadt Grimma.
5 Stadtarchiv Grimma, ebd., 1909, S. 2: Schlachthofausschußbeschluß vom 6. Februar 1910.
6 Ebd., S. 88 f.
7 N. N.: … und wie sie schließlich enden, in: Der Rundblick 2 (1975), S. 178 f.

Literatur und Quellen

▮ Stadtarchiv Grimma, Akte 360: Zeichnungen über die Schlachthofanlage für die Stadt Grimma.
▮ Stadtarchiv Grimma, Akten des Stadtrates zu Grimma, den Anbau an das Pferdeschlachthaus auf dem Schlachthof betreffend, ergangen im Jahre 1909.
▮ Henning, Georg: Zur Geschichte der Fleischerinnung zu Grimma, in: Festschrift für das 475jährige Jubiläum der Fleischer-Innung zu Grimma und Umgegend am 16. November 1930. o. O., o. J.
▮ N. N.: … und wie sie schließlich enden, in: Der Rundblick 2 (1975), S. 178–180.

Crimmitschau (1899)

Vom Schlachthof zur hochwertigen Wohnanlage

Kitscherstraße 10–18
Architekt: Stadtbauinspektor Bernhard Richter

Die Errichtung eines städtischen Vieh- und Schlachthofs im Nordosten Crimmitschaus wurde bereits 1893 von der Fleischerinnung Crimmitschau angestrebt. In einem Brief an den Stadtrat bat die Innung um die Übernahme der Kosten durch die Stadtgemeinde bzw. Teilung der Kosten zwischen dieser und der Innung.[1] Wahrscheinlich sollten Betreibung und Besitz des Schlachthofes bei der Fleischerinnung liegen und die amtliche Fleischbeschau, die gesetzliche Verordnung des Schlachthofzwangs und deren Durchsetzung sowie die Bezahlung des Amtstierarztes von der Stadt finanziert und beaufsichtigt werden. Die Inangriffnahme des Projektes verzögerte sich bis 1896, als die Stadtgemeinde den Ankauf des Grundstücks auf der Kitscherstraße realisieren konnte.[2] Aus diesem Jahr stammt auch der erste Bebauungsplan des Grundstücks von dem Posener Architekten J. Moritz. Interessant an diesem ist die klare Organisation der Gebäude auf dem vergleichbar kleinen Grundstück von 9 950 Quadratmetern Grundfläche. Später wurde dieser Plan aufgegriffen und in ganz ähnlicher Form umgesetzt *(Abb. 137–139)*. Im handschriftlichen Erläuterungsbericht des Architekten werden bereits die notwendigen Baulichkeiten der Anlage genannt: »… eine Schlachthalle für Schweine *(Abb. 140)*, eine Schlachthalle für Kleinvieh und Rinder, ein Kühlhaus, eine Kaldaunenwäsche, Maschinenhaus, Kesselhaus und Kohlenschuppen, einen Schweinestall, ein Düngerhaus, einen Rinderstall, einen Kleinviehstall, eine Wagenremise, ein Sanitätsschlachthaus …, einen Raum zur Verwendung der thierischen Abfälle…, einen Raum mit Fleischkochapparat, eine Freibank, ein Verwaltungsgebäude mit Fleischschau und Trichinenschaulocal und der Wohnung des Anstaltsdirectors, endlich eine Baulichkeit für die Bequemlichkeit der Fleischer, sowie eine Anzahl untergeordneter Nebenräume. Auf dem Lageplan sind noch 2 Gebäude vorgesehen, die von vornherein auszuführen wohl nicht erforderlich sein wird, eine Talgschmelze und ein Pferdeschlachthaus. Ob mit dem Schlachthofe eine Talgschmelze zu verbinden sein wird, muß von örtlichen Rücksichten aus bestimmt werden. Bezüglich des Pferdeschlachthauses glaubt Verfasser rathen zu sollen, die außerordentlich wenigen Pferdeschlachtungen, ebenso wie die der Hunde, zunächst und solange im Sanitätsschlachthause vorzunehmen bis durch etwaige Steigerung des Fleischconsums der bezeichneten Gattung sich die Errichtung eines besonderen Hauses als nöthig und vortheilhaft herausstellen wird.«[3] Moritz sprach sich gegen eine Anbindung an das Gleis der Staatsbahnen aus, weil das Gelände hierfür zu klein sei, zudem der Schlachthofverkehr dadurch erheblich beeinträchtigt werde. Wenn eine Bahnanbindung unumgänglich sei, sollten die Gebäude nach Osten, also in Richtung des Hügels, verschoben und die Gleise an der Kitscherstraße im Abstand von zehn Metern zum Schlachthaus verlegt werden.[4] Die Gleisanbindung

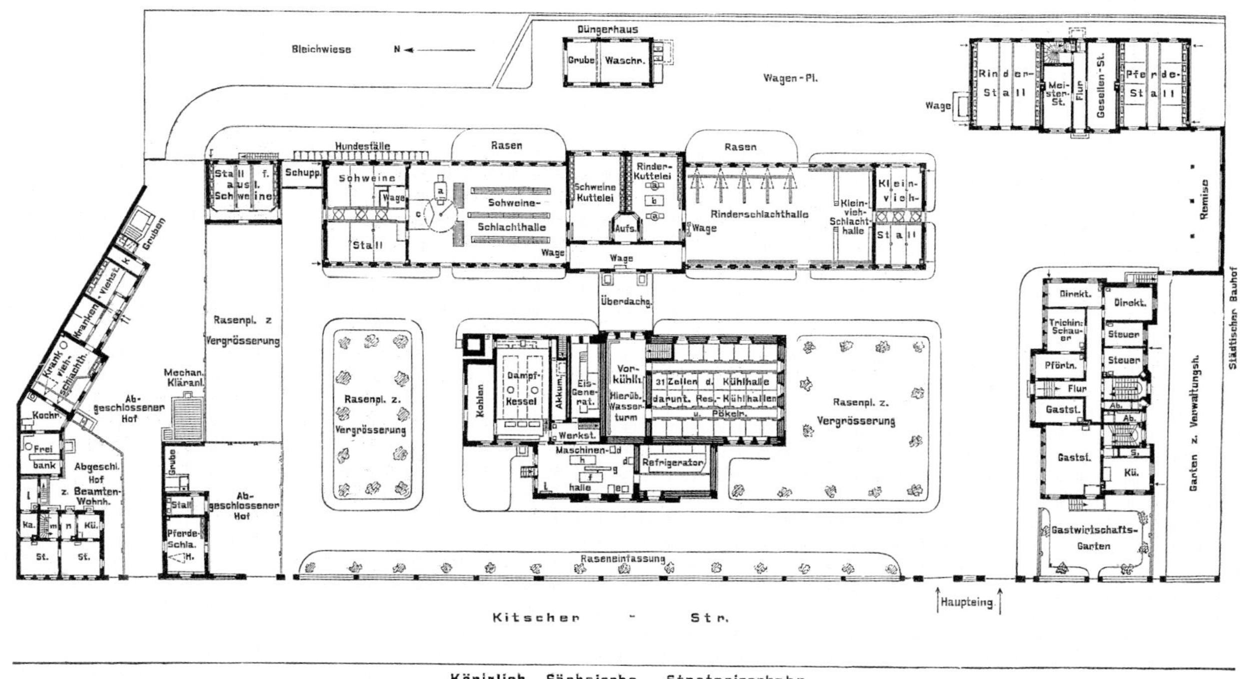

a Brühkessel. b Tisch. c Tötebucht. d Pumpe e Dynamo. f Dampfmaschine. g Schwungrad. h Kompressor. i Schaltbrett. k krankes Fleisch. l Waschküche. m Flur. n Vorplatz.

Abb. 1.

137 Schlachthof Crimmitschau, Dispositionsplan.

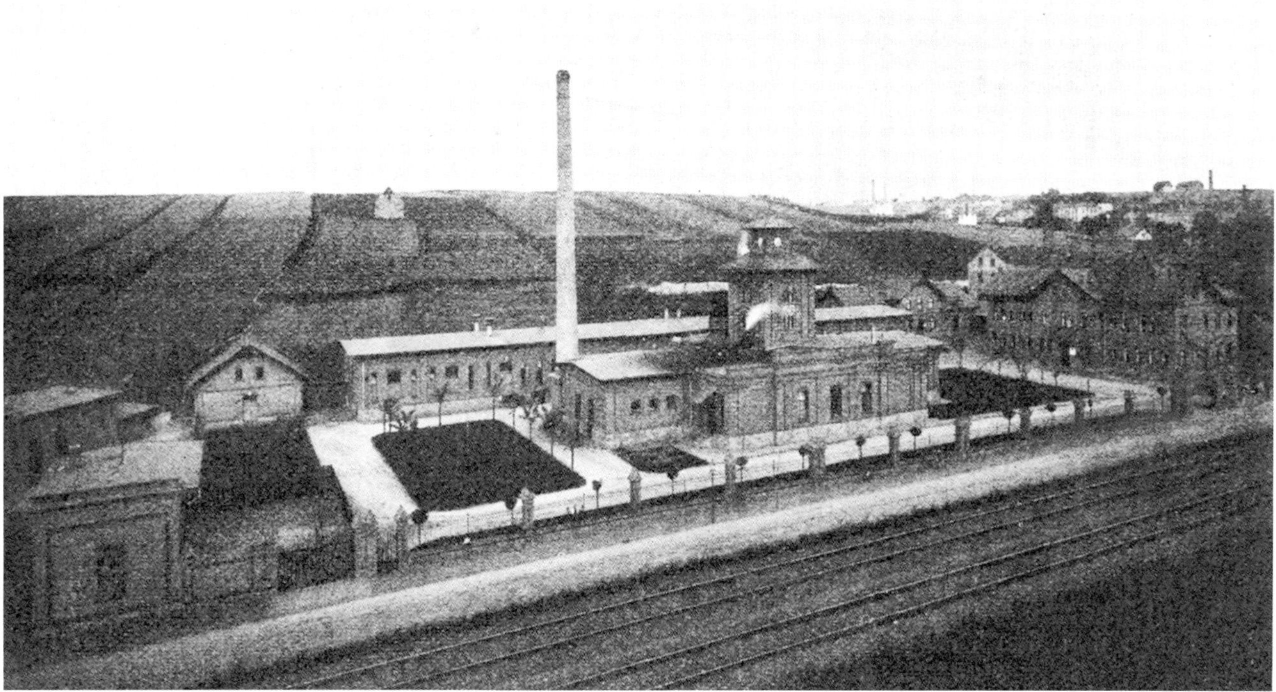

138 Schlachthof Crimmitschau, Ansicht vom Eisenbahndamm, um 1900.

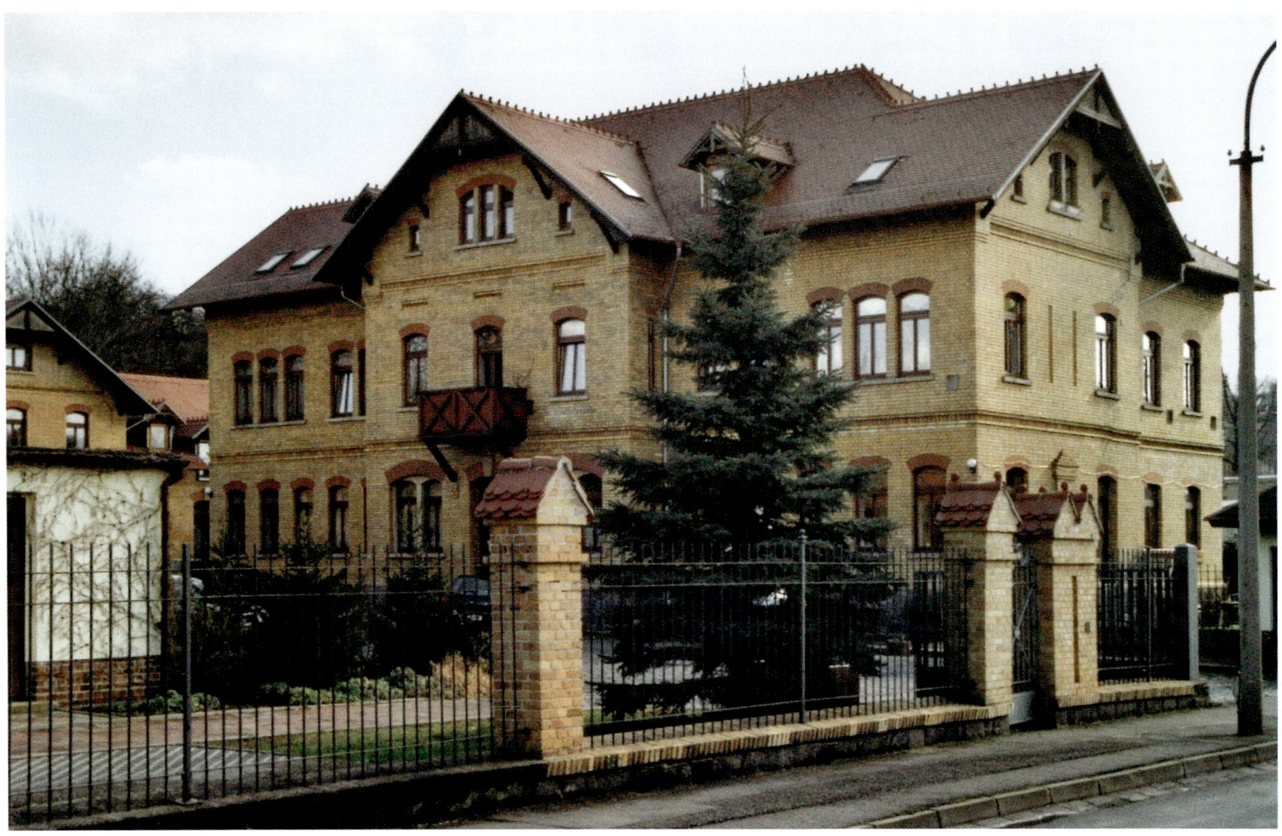

139 Schlachthof Crimmitschau, Verwaltungsgebäude, 2007.

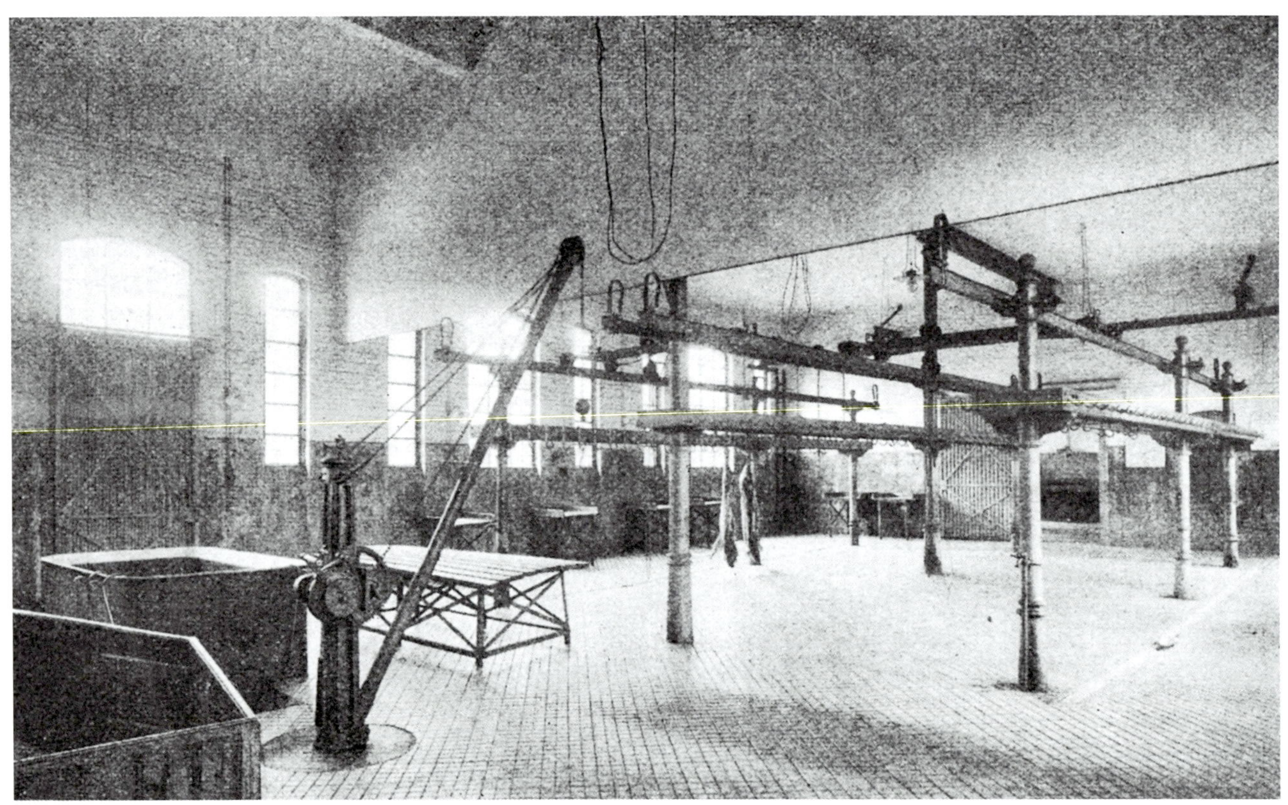

140 Schlachthof Crimmitschau, Schweineschlachthalle, Innenraum, um 1900.

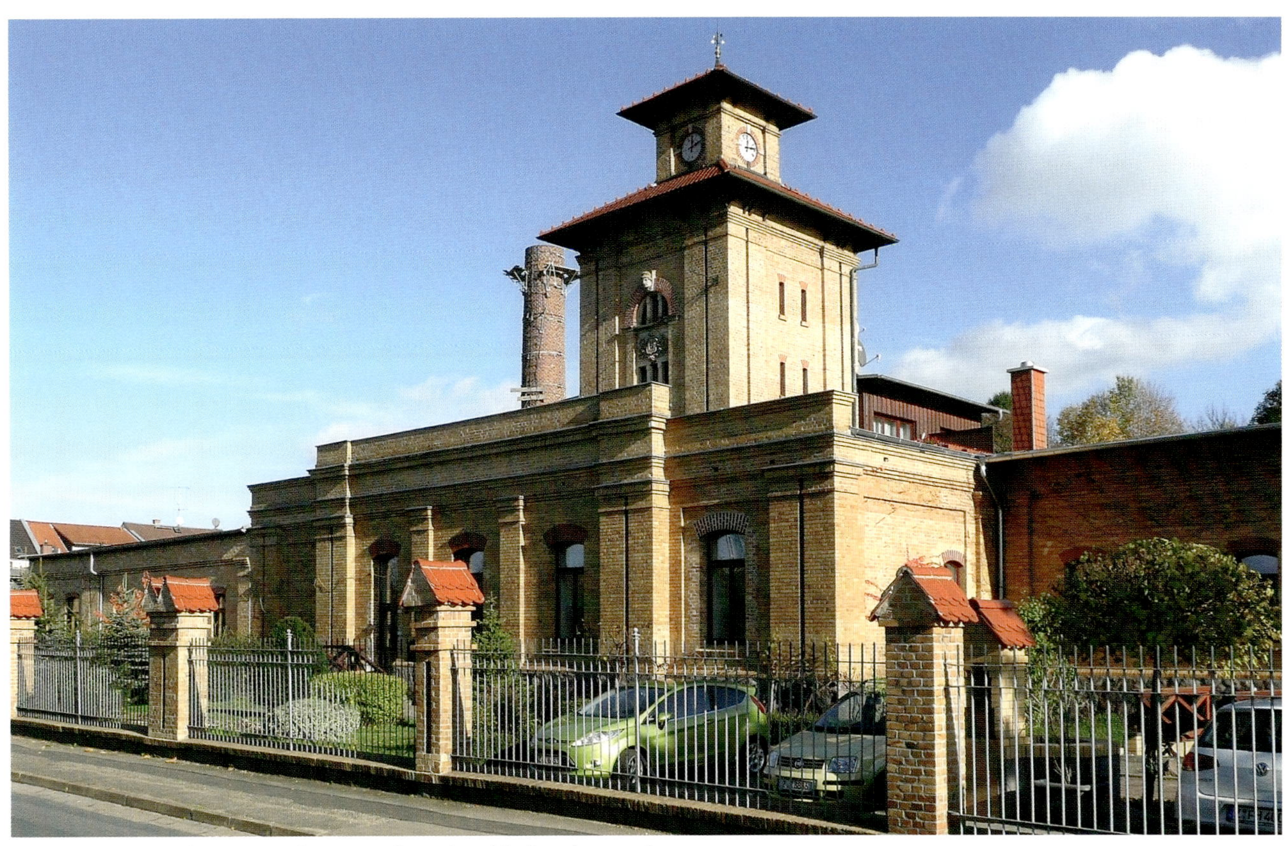

141 *Schlachthof Crimmitschau, Kessel- und Kühlgebäude, 2016.*

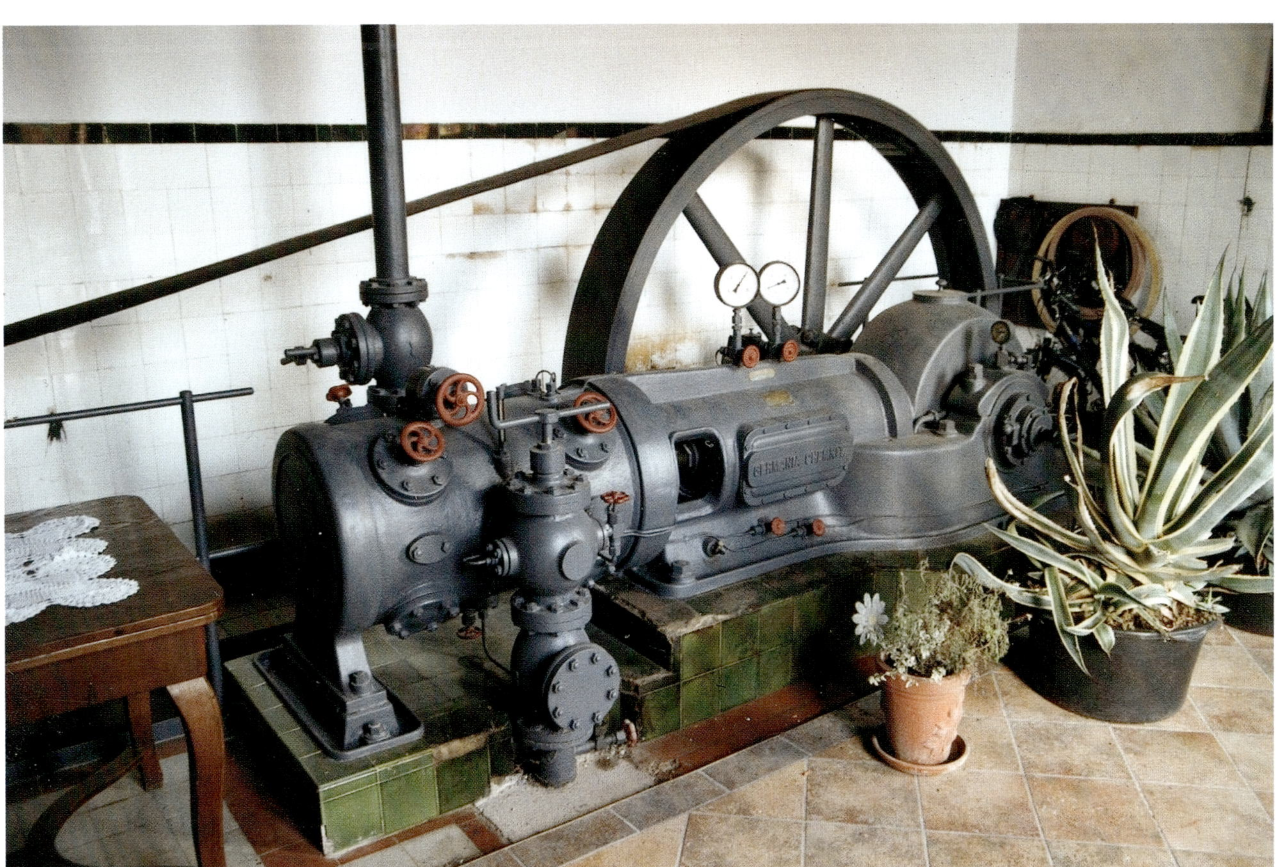

142 *Schlachthof Crimmitschau, Dampfmaschine, 2007.*

ist nie installiert worden, was eine Seltenheit darstellt, zumal das Gelände direkt an der Bahnstrecke liegt.

Bereits 1896 empfahl Moritz im Projektplan: »Die Außenmauern sollen im Sockel von Paditzer Stein, im aufgehenden Mauerwerk mit Rohbauvollsteinen von Borsdorf (Schlachthof Leipzig) oder einem gut bewährten wetterbeständigen Verblendsteinmaterial möglichst hellfarbig ausgeführt werden.«[5]

Heute ist der ehemalige Schlachthof eines der vorbildlichsten Beispiele einer Restaurierung derartiger Anlagen. Die meisten Gebäude sind in ihrer äußerlichen Hülle wiederhergestellt und zu Wohnzwecken umfunktioniert worden. Der weithin sichtbare Turm des Kühlhauses mit der Uhr setzt einen besonderen Akzent und damit auch ein wichtiges Identifikationsmerkmal für die Bewohner dieser Anlage *(Abb. 141, 142)*.

Anmerkungen

1 Stadtarchiv Crimmitschau, Acten des Rats zu Crimmitschau, die Errichtung eines öffentlichen Schlachthauses in hiesiger Stadt betreffend, erg. 1893, S. 1 f.

2 Stadtarchiv Crimmitschau, Kaufvertrag zwischen Gutsbesitzer Hermann Louis Trommer und der Stadtgemeinde Crimmitschau vom 20.7. 1896, in: Acten des Rats zu Crimmitschau, die Errichtung eines öffentlichen Schlachthofs betreffend, erg. 1896, S. 16.

3 Stadtarchiv Crimmitschau, Acten des Rats zu Crimmitschau, die Errichtung eines öffentlichen Schlachthofes betreffend, S. 125v. und 125r.

4 Stadtarchiv Crimmitschau, Acten des Rats zu Crimmitschau, die Errichtung eines öffentlichen Schlachthofes betreffend, S. 125r. – 127v.

5 wie Anm. 2, S. 101.

Quellen und Literatur

▮ Stadtarchiv Crimmitschau, Acten des Rats zu Crimmitschau, die Errichtung eines öffentlichen Schlachthauses in hiesiger Stadt betreffend.

Roßwein (1899)

Die Verbindung von »Schönem und Nützlichem«

Döbelner Straße

Architekt: Baugewerksmeister Koch

Der malerisch gelegene Schlachthof in Roßwein wurde auf einem dreieckigen Grundstück an der Freiberger Mulde errichtet *(Abb. 145)*. Eröffnet wurde die Anlage am 11. September 1900, nachdem bereits seit 1895 zwischen der Fleischer-Innung und dem Stadtrat über die Errichtung eines Schlachthofes debattiert worden war. In den Stadtverordneten-Akten heißt es dazu: »Die Tuchmacherinnung hat sich bereits gebunden, der Fleischerinnung den erforderlichen Platz für das Schlachthaus zu verkaufen. Betreffs der Kostenfrage erklären die Innungsmeister, daß das erforderliche Geld von der Innung aufgebracht wird.«[1] Letztendlich wurde der Schlachthof von der Innung in nur 13-monatiger Bauzeit errichtet und stand unter Aufsicht der Stadt. Ein ausführlicher Zeitungsbericht zur Eröffnung beschreibt die Anlage so detailliert, wie es für kaum einen Schlachthof dieser Größenordnung geschehen ist. Daher soll er hier beispielhaft in voller Länge wiedergegeben werden *(Abb. 143, 144)*: »Wir kommen ... in das vor uns liegende Hauptgebäude, zunächst nach dem allgemeinen Viehstall, einen geräumigen Stall, wo Kühe, Kälber und Schafe untergebracht werden, und wo sich auch noch Raum zum Einstellen der von den Fleischern benutzten Zugpferde vorfindet. Durch ein Schiebethor gelangen wir jetzt in einen Gang und wenden

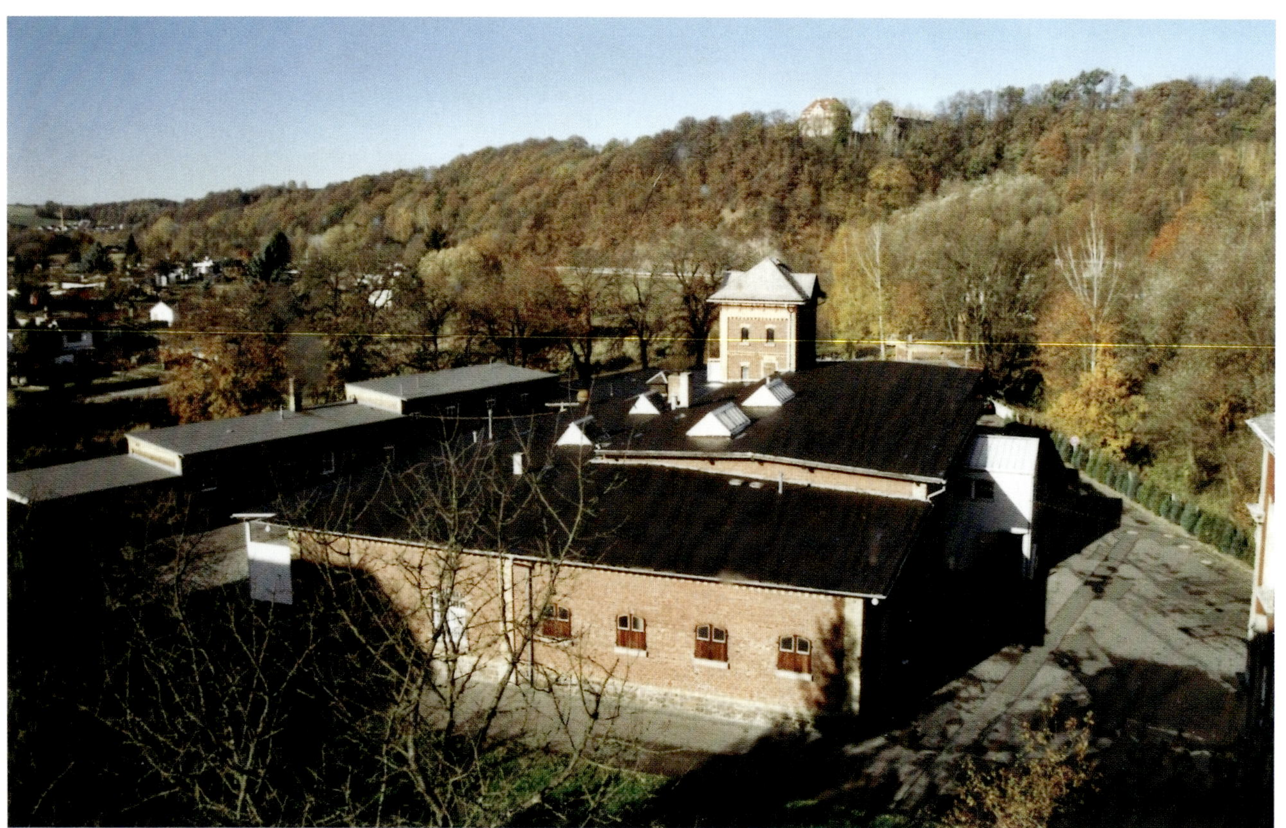

143 Schlachthof Roßwein, Luftbild, 2005.

uns zunächst nach links zu der Gesellenstube, einem freundlichen Zimmer, das mit einer Anzahl von Schränken, zum Aufbewahren von Kleidern, ausgestattet ist. In seiner Mitte weist es einen langen Tisch mit Stühlen und an den Wänden ausklappbare Waschvorrichtungen auf. Das Zimmer dient den Gesellen zum Umkleiden und Aufenthalt. In einem Ofen mit mehreren Etagen kann eventuell das herbeigebrachte Mittagsmahl erwärmt werden. Neben dieser Gesellenstube befinden sich die Schweineställe. Die Trennungswände sind aus Holz hergestellt.

Wir kommen nun rechts zu dem Schlachtraum für Schweine, dem große Sorgfalt in seiner Anlage und Einrichtung gewidmet wurde. Aus dem Stall werden die Schweine in diesen Raum getrieben, nach erfolgter Betäubung durch Eintreibung eines Bolzens in die Stirne und Blutentziehung in den Brühbottich gebracht, was auch mittelst einer vorhandenen drehbaren Winde geschehen kann. Das Brühwasser wird direkt in den Bottich geleitet und nach dem Gebrauch durch einen am Boden befindlichen Ablauf wieder entfernt. Nach dem Brühen werden die Schweine auf einen Enthaarungstisch gehoben und sobald die Enthaarung beendet ist, nach dem allgemeinen Schlachthaus gebracht, wo das Ausschlachten vorgenommen wird. Neben diesem Schweine-, Schlacht- und Brühraum befindet sich die sogenannte Kaldaunenwäsche, welche in Bezug auf Wand, Boden und Ventilation ebenfalls sehr sorgfältig ausgestattet und mit Leichtigkeit jederzeit sauber zu halten ist. Ein großer Wischbottich, in welchem durch heißen Wasserdampf beliebig warmes Wasser erzeugt werden kann, giebt für die ringsherum an den Wänden befindlichen Waschvorrichtungen, die auch mit Kaltwasserzuleitung versehen sind, das nötige warme

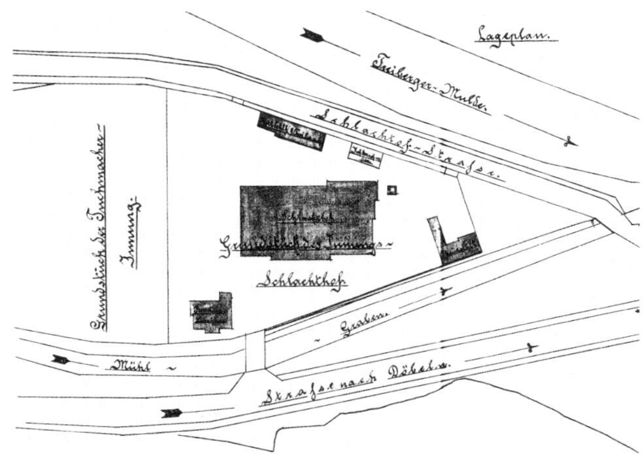

145 Schlachthof Roßwein, Dispositionsplan.

Wasser. Hier finden also Flecke u. a. m. die gründlichste Reinigung. Auch für einen Härteapparat der Flecke ist Sorge getragen. Ein Brühbottich in dem durchlöcherte Zinkeimer mit breiten Haken eingehangen werden können, dient zum Brühen der Füße und werden die also behandelten Schweinsknochen (Eisbeine) besonders appetitlich ausfallen.

Der allgemeine Schlachtraum, … zerfällt gewissermaßen in zwei Abteilungen, den Schlachtplatz für Kleinvieh und den für Großvieh. In ersterem werden die Kälber und Schafe abgeschlachtet und diese sowohl als die aus dem Brühraume kommenden Schweine alsdann zerteilt. An Geräten für diese Zwecke sind hier Hakenrahmen und Jungviehspreizen zum Aufhängen der Tiere ferner sog. Schragen (Schlachtböcke) für Schafe u. s. w., sowie mehrere Wiegevorrichtungen vorhanden.

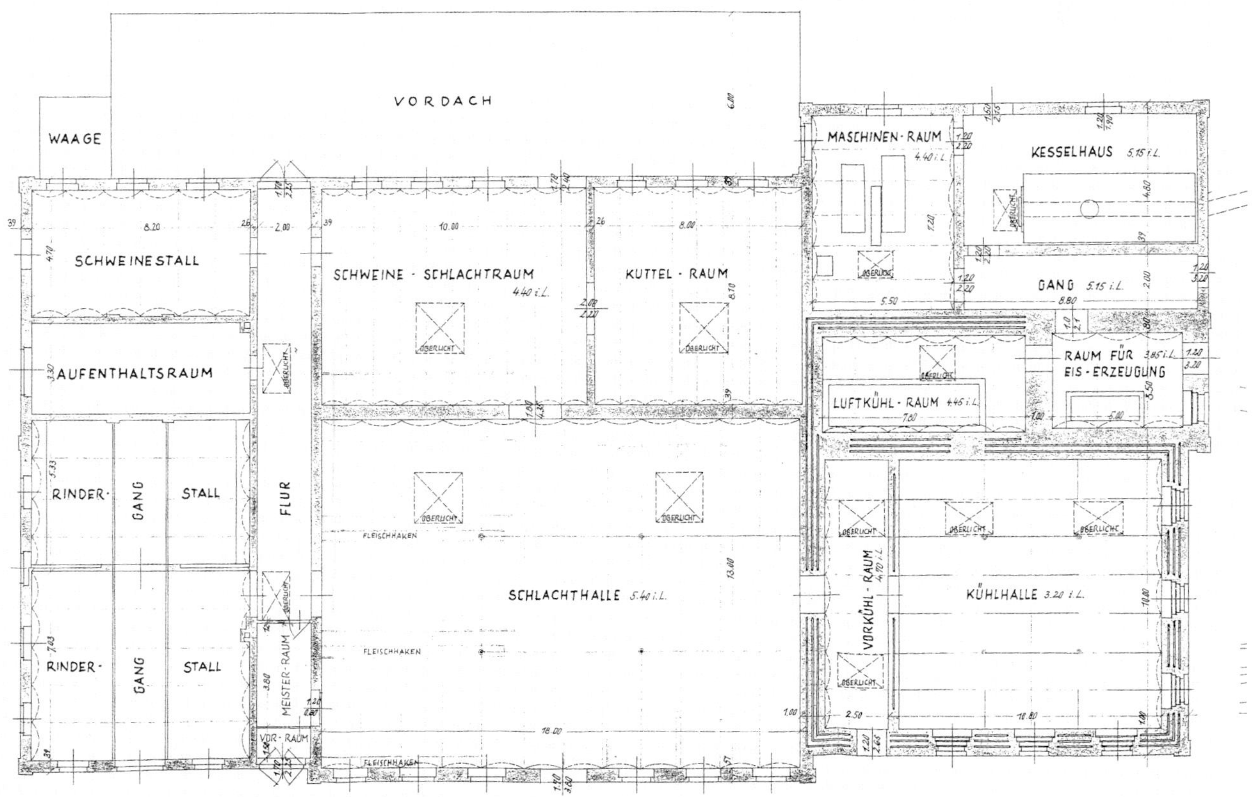

144 Schlachthof Roßwein, Grundrissplan, Hauptgebäude.

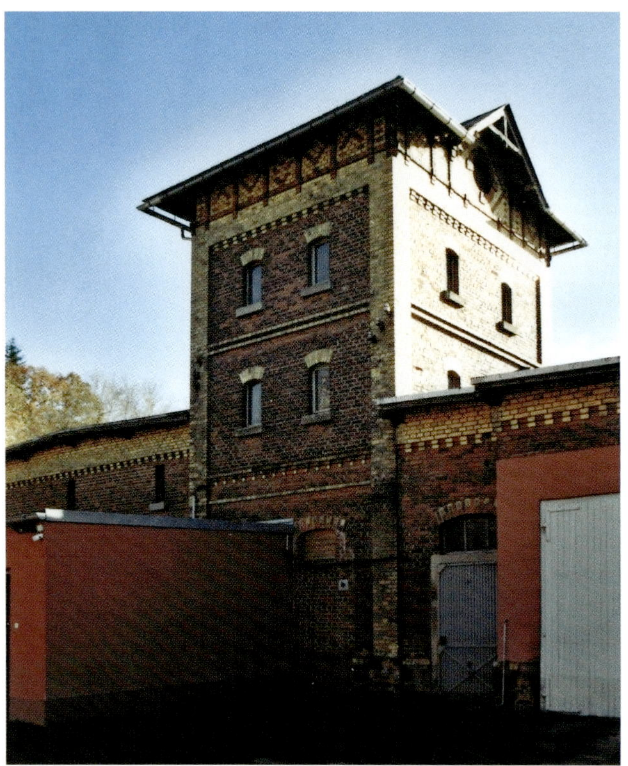

146 *Schlachthof Roßwein, Kühlturm, 2005.*

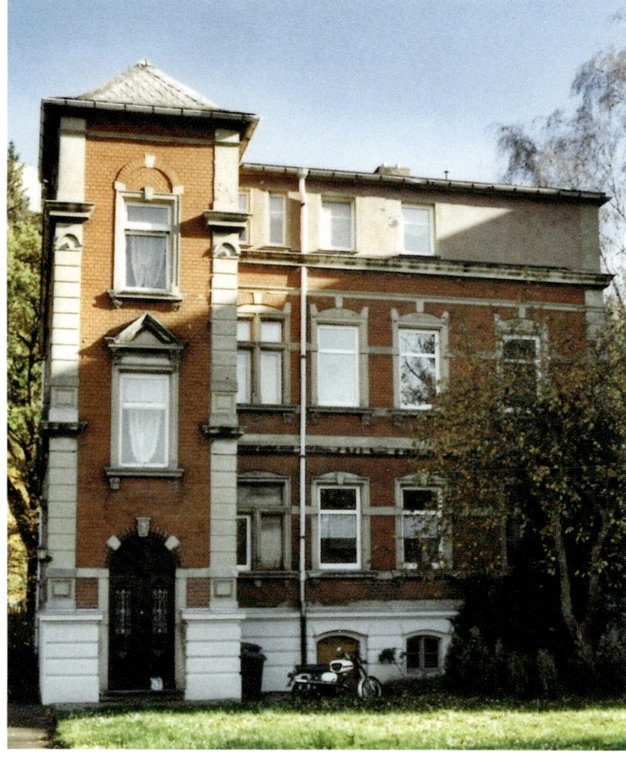

148 *Beamtenwohnhaus, Roßwein, 2005.*

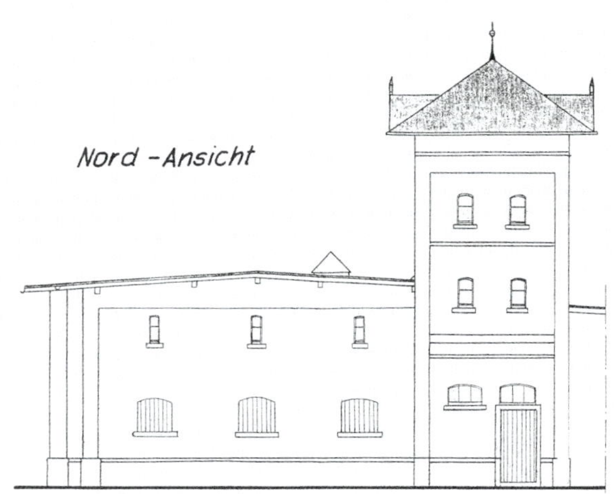

147 *Schlachthof Roßwein, Ansicht Kühlturm.*

Auf dem Schlachtplatz für Großvieh sind im Fußboden verankerte Ringe zum Befestigen des Viehes angebracht. Das zu schlachtende Rind bekommt eine Maske mit Bolzen vor die Stirn und wird dann geschlagen, wodurch es vollständig bewußtlos wird und nach der Entziehung des Blutes wird das Tier abgehäutet. Um dies vollständig thun und es ausweiden zu können, wird es mittels Winden, an denen Spreizen hängen, emporgezogen. Dadurch wird die Arbeit für den Schlächter bedeutend erleichtert, sowie die neue Schlachtmethode auch viel humaner ist als die früheren. Eine sehr schöne Einrichtung ist die Transportvorrichtung mittelst der sog. Laufkatzen.

Es ist für die Fleischer außerordentlich bequem, die Rinderviertel nicht selbst nach dem Kühlhause tragen zu müssen. Die an den Laufkatzen hängenden, oft sogar ganzen Hälften der Rinder lassen sich auf den an der Decke hängenden Laufschienen ohne große Mühe vorwärts bewegen und so sehen wir gerade, wie eine solche Rinderhälfte nach dem Vorkühlraum durch die großen Doppelthüren transportiert wird. Nachdem hier das Fleisch die nötige Vorkühlung erfahren hat, wird es in den eigentlichen Kühlraum befördert, der auch die einzelnen verschließbaren Zellen zur Aufnahme des Fleisches für die Fleischermeister, aufweist. Der Kühlraum hat eine Durchschnittstemperatur von +2 bis 4° Celsius. Diese Temperatur wird künstlich erzeugt und die Luft hat immer einen bestimmten Feuchtigkeitsgehalt von ca. 70 Prozent. Die frische Luft wird stetig zu-, die schlechte abgeführt, sodaß eine konstante Luftzirkulation vorhanden ist. Da das Fleisch bei längerem Verweilen in einem Kühlraum zarter wird, ohne auch nur im geringsten an Schmackhaftigkeit einzubüßen, so dürfte gerade diese Einrichtung unseren Hausfrauen recht willkommen sein, weil ihr Wunsch nach altschlachtenem Fleisch nun besser und leichter zu erfüllen ist.

Betrachten wir uns die Kühlanlage, von der ›Gesellschaft für Linde's Eismaschinen in Wiesbaden‹ ausgeführt, nunmehr näher. Zur Kälteerzeugung wird das Ammoniak verwendet. Ein Kompressionssystem ... ruft die Kälte hervor. In der Hauptsache beruht der Vorgang darauf, daß flüssiges Ammoniak zur Verdampfung gelangt und dabei Verdunstungskälte erzeugt wird, die von einer Salzlösung aufgenommen wird. Durch diese Salzlösung führt eine Rohrleitung, welche die in den Rohren befindliche Luft wieder abkühlt.

Wie auf vielen andern Schlachthöfen ist nun auch in unserem Roßweiner mit der Hallenkühlung die Fabrikation von Eis verbunden. Der Vorgang bei der Herstellung des Eises ist kurz folgender: In einem großen Kasten, Eisgenerator, in welchem sich Salzwasser und die zur Abkühlung desselben nötigen Kühlschlangen befinden, werden Gefäße aus Eisenblech, Eiszellen, hineingesetzt. Das in diesen befindliche Süßwasser (nur Rohrleitungswasser) gefriert alsdann zu Eis und kommt in schönen, weißen, marmorähnlichen Säulen zur Verwendung. An einem Tage können in der hiesigen Anlage ca. 25 Zentner Eis erzeugt werden. Zum Betriebe der Schlachthofeinrichtungen gehören eine Dampfkesselanlage, eine 25pferdige Dampfmaschine, die nebenbei erwähnt in der Roßweiner Maschinenbauanstalt in Firma Hamel & Müller erbaut wurde und die zur Eiserzeugung nötige Kompressionsmaschine von Linde-Wiesbaden *(Abb. 146, 147)*. Verlassen wir nun dies Gebäude und gehen über den Hof nach dem Schuppen, so finden wir hier eine Unterkunftstelle für die Zughunde der Fleischer, Aufbewahrungsplätze für Stroh und Heu, auch freien Raum zum Einstellen der Transportwagen. Neben diesem Schuppen, also getrennt von dem allgemeinen Viehstall, befindet sich der Krankenstall zur Unterbringung kranker oder seuchenverdächtiger Tiere und an diesen anstoßend, das Sanitätsschlachthaus, mit Einrichtung zum Schlachten aller Tiergattungen. Bei beiden Räumen, Krankenstall und Sanitätsschlachthaus ist die Möglichkeit einer leichten und gründlichen Desinfektion geboten *(Abb. 149)*.

Bekanntlich unterliegt auch in hiesigem Schlachthof alles Fleisch einer genauen tierärztlichen Kontrolle. Alles für den menschlichen Genuß Ungeeignete fällt der Vernichtung oder der technischen Ausnutzung anheim, während dasjenige Fleisch, welches zwar von nicht ganz gesunden hier geschlachteten Tieren stammt, aber der menschlichen Gesundheit nicht schädlich ist, unter Angabe der Beschaffenheit und Herkunft und Aufsicht der Polizei oder der Schlachthofbeamten in der Freibank verkauft wird. Je nach dem kommt hier das Fleisch in gekochtem, rohem oder auch gepökeltem Zustand zum Verkauf.

Etwas entfernt von den soeben aufgeführten Räumen ist der Kohlenschuppen gelegen. Wir ... wenden uns der in der westlichen Ecke gelegenen Roß- und Hundeschlächterei mit der dazu gehörigen Stallung zu. Da es sich hier um Spezialitäten handelt, halten wir uns nicht mit einer Beschreibung auf, sondern bemerken nur, daß alle Vorrichtungen in rationeller Weise vorhanden sind. Dem Pferdeschlachthaus vorgelagert ist ein schuppenartiges Gebäude, in dem unterirdisch die Klär- und Desinfektions Anlage der Abwässer (20) eingefügt ist.

Bevor wir nun die Schlachthofanlage verlassen, betrachten wir noch das stattliche, mit einem Türmchen geschmückte Beamtenhaus flüchtig *(Abb. 148)*. Es enthält im Hochparterre, in welches wir über eine Freitreppe gelangen, ein Zimmer für den Tierarzt und ein solches für den Trichinenschauer. Letzterem gegenüber liegen ein geräumiges Sitzungs- und Konferenzzimmer für die Fleischerinnung und ein Vorzimmer. Die Räumlichkeiten im ersten Stockwerk und dem Dachgeschoß dienen als Beamtenwohnungen. Ein großer freier Platz vor diesem Gebäude wird in einen Garten umgewandelt werden.

Die ganze Schlachthofanlage macht in ihrer stattlichen Bauart auf den Besucher den Eindruck, daß hier das Schöne mit dem Nützlichen verbunden ist. Die Ausführung des Baues hat in den Händen der einheimischen Baumeister gelegen und die inneren Einrichtungen und Gerätschaften sind zum größten Teil von Handwerkern unserer Stadt gefertigt worden und haben diese damit einen empfehlenden Beweis ihrer Leistungsfähigkeit erbracht.

Mustergültig steht der Schlachthof da. Die Sauberkeit, die vorteilhafte und sorgfältig ausgeführte Kanalisation und Ventilation aller Räumlichkeiten, giebt die Gewißheit, daß der Schlachthof in sanitärer Beziehung zum Wohle der Bewohner Roßweins und der benachbarten Orte das Seine beitragen wird.

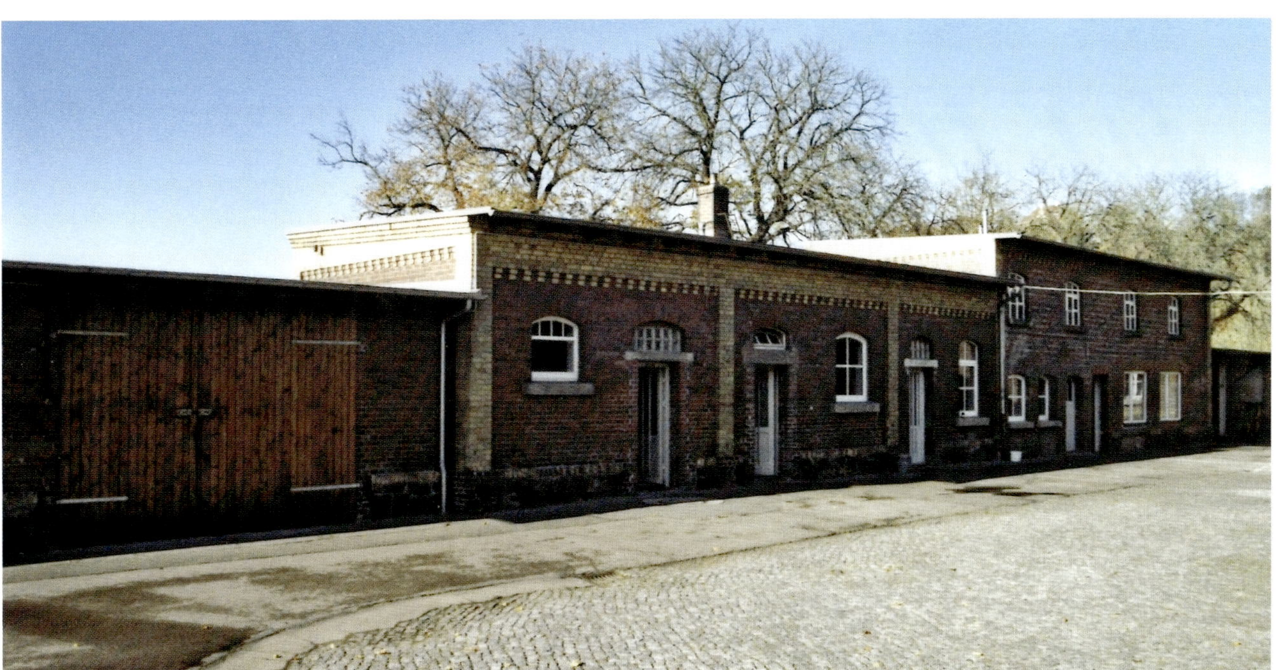

149 Schlachthof Roßwein, Sanitätsschlachthaus und Stall, 2005.

Man kann ihn also als einen neuen großen Fortschritt der städtischen Einrichtungen begrüßen, um so mehr auch als das von der Stadtverwaltung mit der Fleischerinnung vereinbarte, von der staatlichen Oberbehörde genehmigte Statut in gerechter, die in Frage kommenden Interessen befriedigender Weise das Eigentumsrecht der Innung mit der Oberaufsicht der Stadtverwaltung verbindet.«[2]

Nach dem Zweiten Weltkrieg wurde der Schlachthof durch die PGH Fleischer als volkseigener Betrieb geführt. Seit der Wende von 1990 heißt der Betrieb Fleisch- und Wurstwaren GmbH.

Anmerkungen

1 Stadtarchiv Roßwein, Der Bürgermeister der Stadt Roßwein – Baupolizeiamt – Döbelner Str. 75, Städtischer Schlachthof, o. S.

2 Roßweiner Tageblatt vom 11.9. 1900, o. S.

Quellen und Literatur

- Stadtarchiv Roßwein, Der Bürgermeister der Stadt Roßwein – Baupolizeiamt – Döbelner Str. 75, Städtischer Schlachthof.
- Stadtarchiv Roßwein, Grund- und Hypotheken-Akten über das Grundstückfolium Nr. 1017 des Grund- und Hypotheken-Buches für Roßwein XVII Bd. 493, erg. Amtsgericht Strehla im Jahre 1899.
- Stadtarchiv Roßwein, Verkaufsurkunde vom 8.5. 1899, Kaufvertrag zwischen Tuchmacher-Innung und Fleischer-Innung, 6.2. 1897.
- Stadtarchiv Roßwein, Verkaufsurkunde vom 5.2. 1943, Verkauf von der Innung an die Stadt.

Penig (1900)

Die Anlage direkt am Gütergleis

Leipziger Straße
Architekt: unbekannt

Der Schlachthof in Penig wurde von der Stadt erbaut und nahm am 21. Mai 1901 seinen Betrieb auf *(Abb. 150)*. Damit einher ging das Verbot des Privatschlachtens in Penig. Insgesamt kostete der Bau der Anlage 200 000 Mark. Dieser verhältnismäßig kleine Schlachthof bestand aus zwei lang gestreckten eingeschossigen Hallengebäuden und einem quergestellten zweigeschossigen und siebenachsigen Verwaltungsgebäude. Letzteres bildete den Auftakt zu der gesamten Anlage. Die gelbe Backsteinfassade wurde durch rote Klinker gegliedert, die die Ecken betonen und den Mittelrisalit fassen. Dieser markiert nicht nur den Haupteingang, sondern bildete auch – u. a. durch das aufgesetzte Dachhaus – die Dominante des Hauses. Hinter dem Verwaltungs- und Wohngebäude schloss sich die große Schlachthalle an, die verbunden mit dem Kühlhaus, gestalterisch dem Erscheinungsbild des Hauptgebäudes entspricht *(Abb. 151, 152)*. Ein großer Schornstein bildete einst den vertikalen Akzent der Anlage. Von ihm zeugt heute nur noch der Schaft mit einem ausgeprägten Zahnschnittsims. Das Zahnschnitt-Motiv kehrt auch an der Traufe der Funktionshalle wieder und verbindet so die Bau-

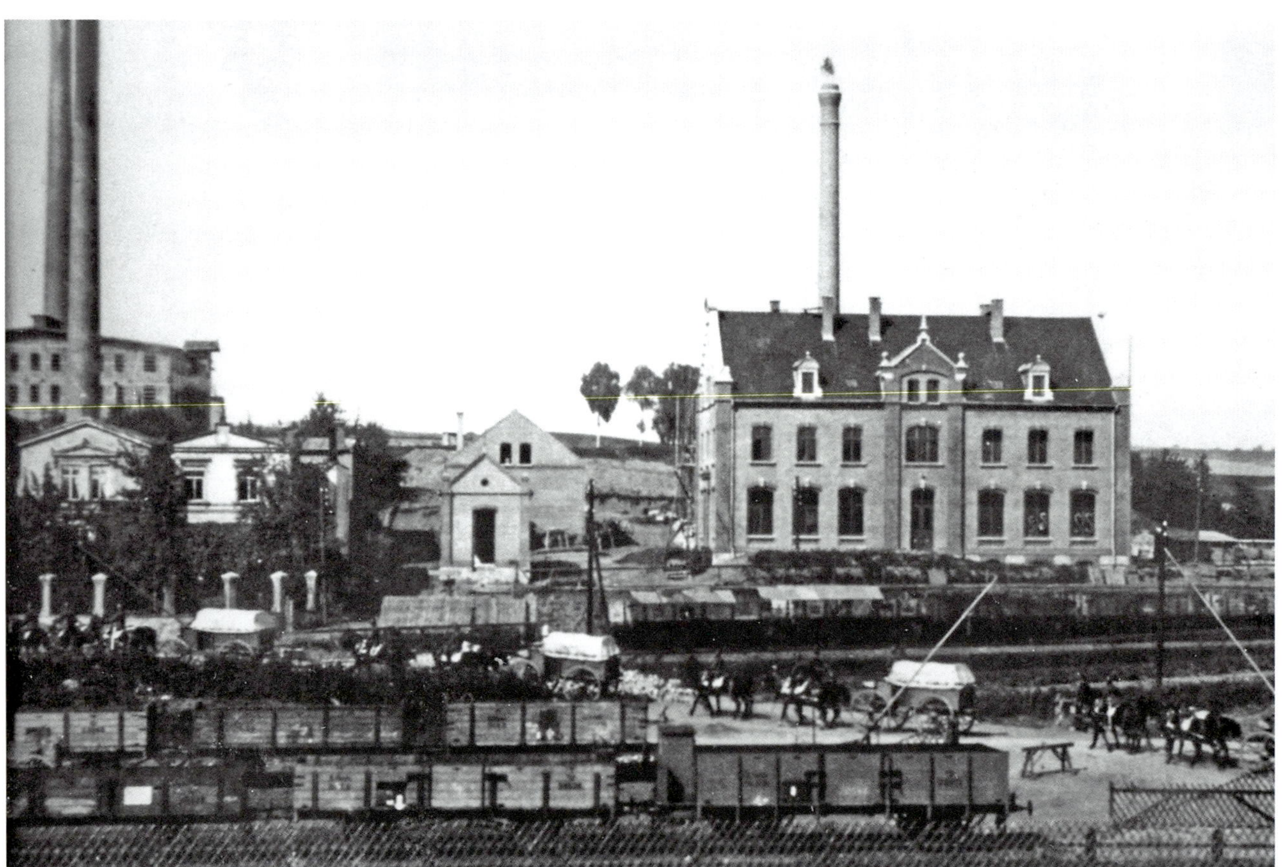

150 Schlachthof Penig, Fotografie um 1910.

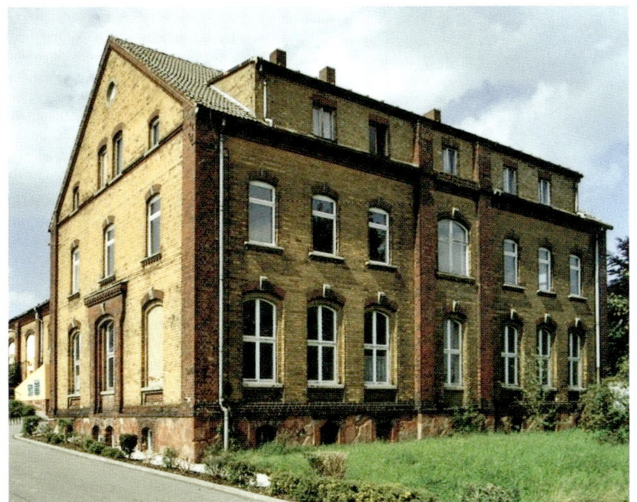

151 Schlachthof Penig, Verwaltungsgebäude, 2007.

werke gestalterisch. Über den genauen Schlachtbetrieb gibt es keine zuverlässigen Quellen, jedoch geht aus den Ratsakten und dem »Penig-Bornaischen und Frohburger Tageblatt« hervor, dass in Penig alle möglichen Schlachttiere bis hin zu Pferden und Hunden geschlachtet und verarbeitet worden sind. Historische Fotos zeigen sowohl die Viehhändler mit den groß gewachsenen Kühen als auch die stolzen Schlachter vor den aufgehängten Kuhhälften. Im viel kleineren giebelständigen Nebengebäude befanden sich vermutlich die Stallungen und auch weitere Schlacht- und Funktionsräume wie die Brühhalle und die Kaldaunenwäsche. Eine große Schankwirtschaft lud im Verwaltungsgebäude zur Ausspanne ein.

Bereits in den 1950er-Jahren war die Rentabilität des Schlachthofes stark rückläufig, sodass die Gebäude an die Fleischfabrik Reichenbach vermietet wurden. 1956 existierte nur noch ein Notschlachtbetrieb. Anfang der 1990er-Jahre pachtete die Becker-Handels GmbH das gesamte Schlachthofareal. Heute werden die Gebäude zum Teil noch genutzt, befinden sich aber in unsaniertem Zustand. Die Anlage zeigt, dass sich auch kleine Städte wie Penig einen Schlachthof leisten konnten, sogar mit eigenem Eisenbahnanschluss. Die Gestaltung der Gebäude beweist, dass ein Schlachthof nicht nur zur Abwendung hygienischer Missstände, sondern auch als Aushängeschild zur Selbstlegitimation einer Stadt errichtet wurde.

Quellen und Literatur

- Stadtarchiv Penig, Ratsakten.
- Penig-Bornaisches und Frohburger Tageblatt.
- Stadtarchiv Penig, Aushang »Penig im Blick des Jahrhunderts« im Fleischgroßmarkt Penig Leipziger Straße 40.

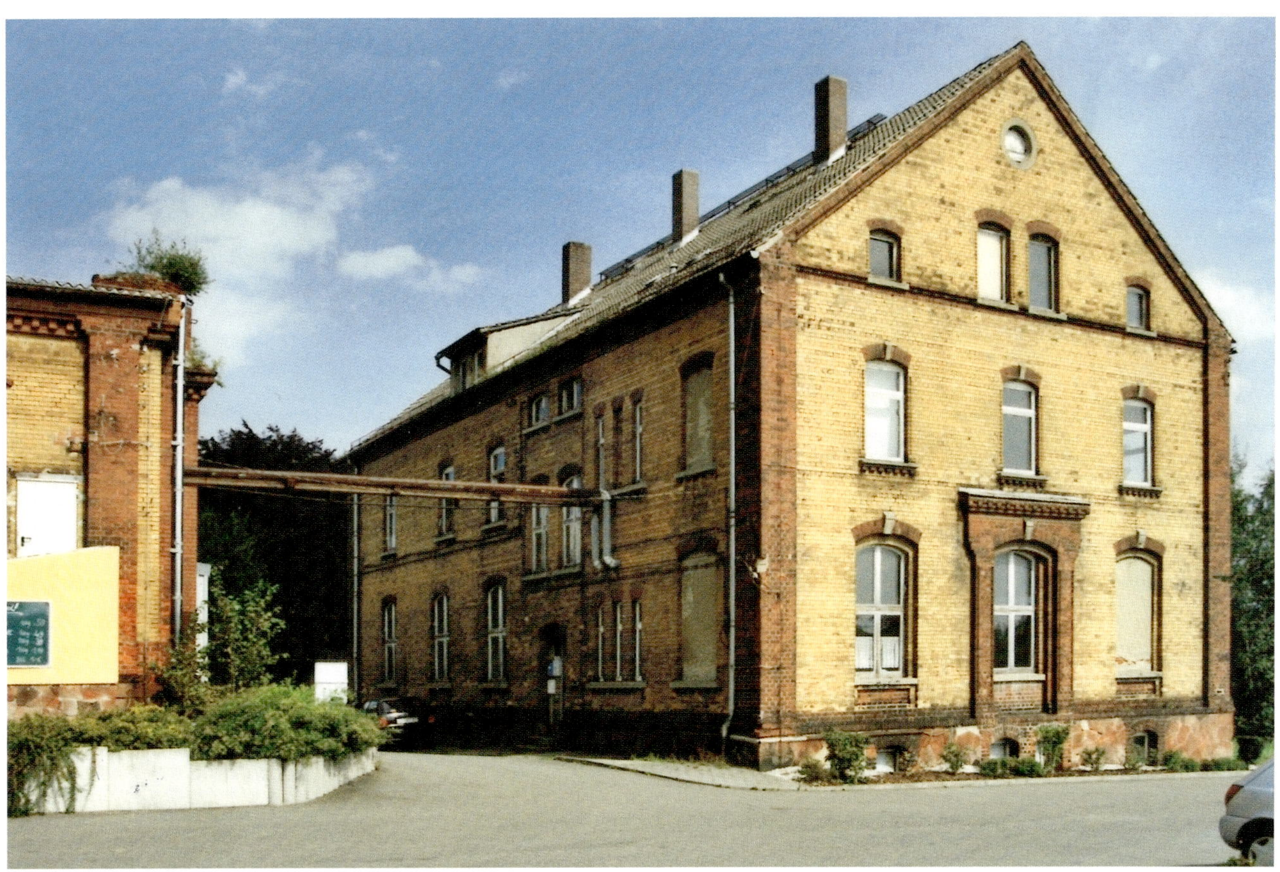

152 Schlachthof Penig, Verwaltungsgebäude und Schlachthalle, 2007.

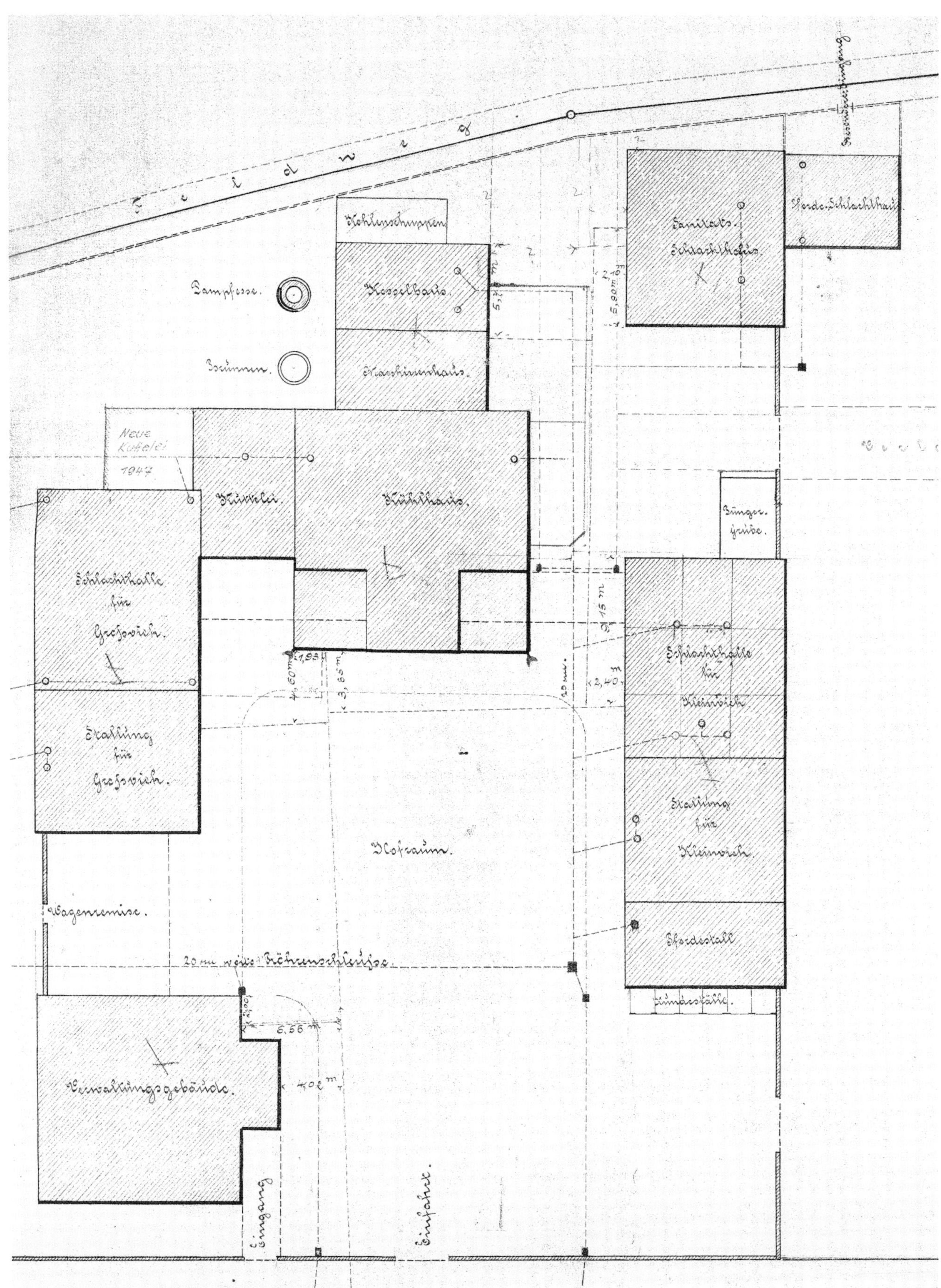

153 Schlachthof Stollberg, Dispositionsplan.

Stollberg (1900)

Der italienische Gutshof

Schlachthofstraße 7
Stadtbauinspektor Karl Ernst Ebert

Am 3. Januar 1900 erfolgte die feierliche Einweihung des Vieh- und Schlachthofs in Stollberg. An diesem Tag wurden ein Schwein und ein Rind geschlachtet, was sich in der Beschreibung als »denkbar schmerzlos, was den Tierfreund besonders befriedigend berührt«[1] niederschlug.Die fein gegliederten Backsteingebäude gruppieren sich hufeisenförmig um den zentralen Innenhof und ermöglichen so die optimale Erschließung aller Bereiche *(Abb. 153, 154)*. Direkt am Haupteingang befindet sich das Verwaltungsgebäude mit dem dazugehörigen Restaurant. Besonders dominant wirkt der viergeschossige Turm des Kühlhauses. Mit seinem weiten Dachüberstand und den eckbetonten Lisenen ragt er aus den ähnlich gestalteten Funktionsgebäuden empor. In deren Verbindung ergibt sich die Anmutung eines oberitalienischen Gutshofes.[2] Bis zur Schließung 1992 wurde im Schlachthof Stollberg geschlachtet. Die Art & Event Kultur Schlachthof e.V. und die Stadt Stollberg haben das Areal mit seinen nunmehr restaurierten Gebäuden zu einem Veranstaltungsort entwickelt, der Anziehungspunkt für zahlreiche Kulturinteressierte ist.

Zu diesem Objekt existiert die folgende Beschreibung des Stadtbauinspektors und Erbauers der Anlage: »Die Stadtgemeinde Stollberg hat das Feldgrundstück des Ökonomen Friedrich Seidel in Stollberg Flurzelle No. 501 des dasigen Flurbuchs und das Wiesengrundstück der Frau vereh. Baumeister Fiedler Flurzelle No. 500 des Flurbuchs käuflich erworben, um darauf die nöthigen Baulichkeiten für eine öffentliche Schlachthofanlage zu errichten. In dieser Schlachthofanlage sollen sämmtliche Thiere, deren Fleisch den Einwohnern der Stadt Stollberg zum Genusse dient, getötet, ausgeschlachtet und im lebenden und getöteten Zustande auf ihren Gesundheitszustand sowie auf die Genußfähigkeit ihres Fleisches thierärztlich untersucht werden. Der zu diesen außerhalb der geschlossenen Stadt liegenden Grundstücken führende, zum Pfarrlehn Stollberg gehörige Feldweg geht durch getroffenes Abkommen mit dem Kirchenvorstande zu Stollberg in den Besitz der Stadtgemeinde Stollberg über und wird von dieser zu einer 13.00 von Bauflucht zu Bauflucht breiten Straße ausgebaut, in welche auch die Hauptleitungen der Gas- und Wasserleitung, sowie die nach den Gablenzbach führende Abwasserschleuße eingelegt wird. Die Anlage besteht nur aus einem Verwaltungsgebäude, einem Wagenschuppen,

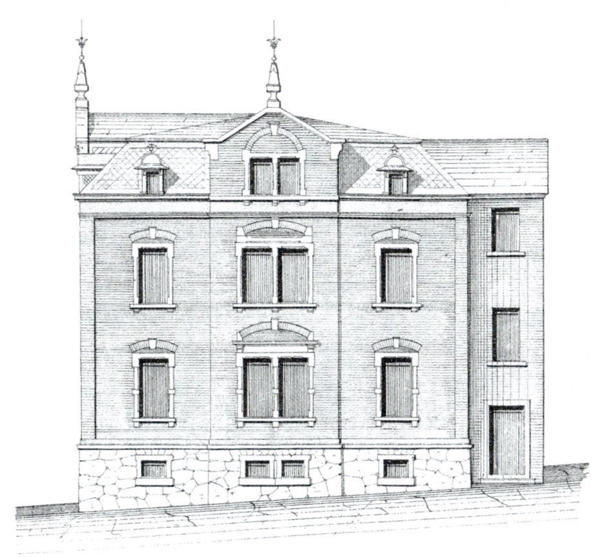

155 Schlachthof Stollberg, Verwaltungsgebäude, Ansicht.

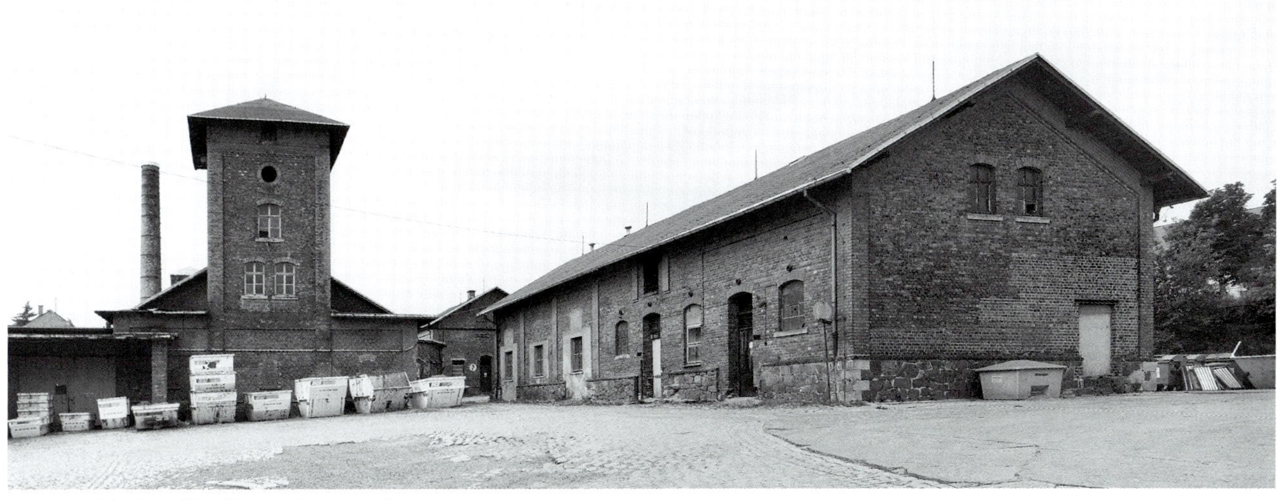

154 Schlachthof Stollberg, Gesamtanlage, um 1990.

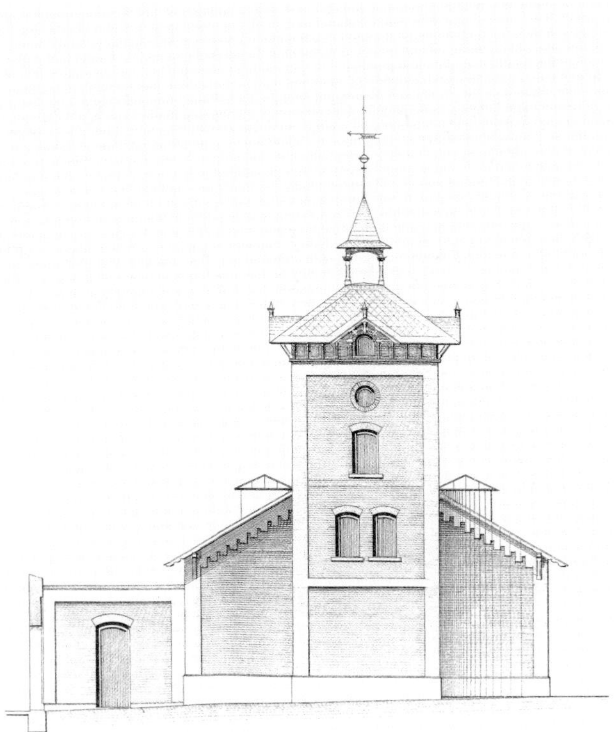
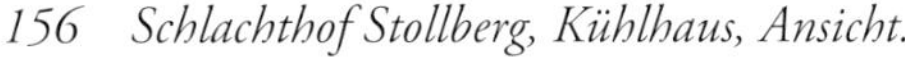

156 Schlachthof Stollberg, Kühlhaus, Ansicht.

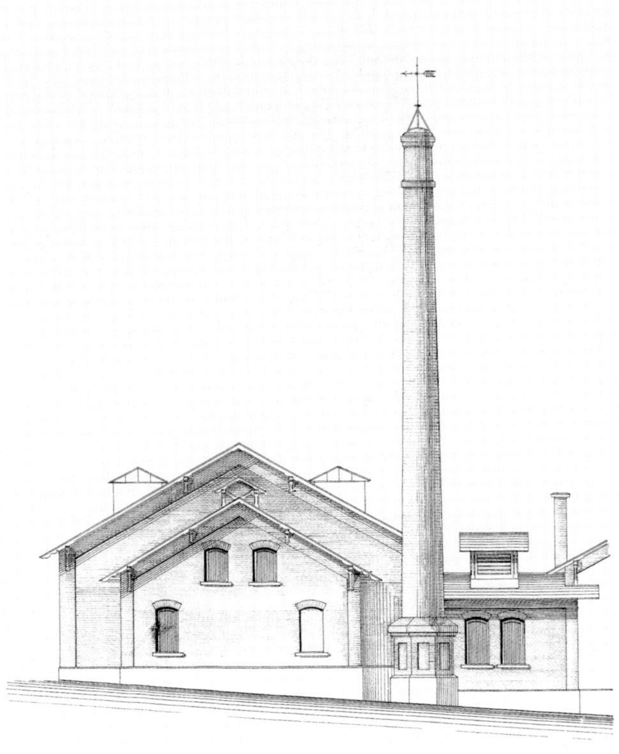

157 Schlachthof Stollberg, Kesselhaus, Ansicht.

einem Stall und Schlachthalle für Großvieh, einer Kuttelei, einem Kühlraum mit Vorkühlhaus und angebauten Kesselhaus, einem Sanitätsschlachthaus mit Freibank, einem Stall nebst Schlachthalle für Kleinvieh, sowie angebauten Pferdestall. In sämtliche Gebäude wird die Gasleitung sowie städt. Hochdruckwasserleitung eingelegt, auch wird zur Bekämpfung eines etwaigen Brandes vor der Anlage ein Überflurhydranth aufgestellt. Das zur Schlachthofanlage gehörige Areal wird an den Seiten mit einem Lattenzaun und entlang der Straßenfront in der neuen Schlachthofstraße mit einem Eisenzaun eingefriedigt. Das Gelände außerhalb der Anlage wird entsprechend vorgerichtet und mit Bäumen angepflanzt. Der Hofraum wird mit einem Granitpflaster, welches mit Pflasterkitt ausgegossen wird, versehen. Die Ableitung der Regenwässer wird in der aus dem Entwässerungsplane ersichtlichen Weise durch Einfallpforten, welche mit der Hauptschleuße verbunden sind, bewirkt.

■ 1. Das Verwaltungsgebäude *(Abb. 155)* ist vollständig unterkellert und enthält im Erdgeschoss die nöthigen Geschäfts- und Restaurationsräume, im Obergeschoß und Dachstock die Wohnung des Schlachthofverwalters und des Maschinenwärters. Das Gebäude erhält ein Mansardedach und wird mit Schablonenschiefer eingedeckt.

■ 2. Der Wagenschuppen ist zwischen Verwaltungsgebäude und Stall für Großvieh eingebaut, erhält Wellblechbedachung und wird zur Unterbringung der Fleischerwägen und zur Aufstellung einer Viehwaage benützt.

■ 3. Die Schlachthalle für Großvieh ist 12 m lang, 9,50 m breit und 4,50 m hoch im Lichten und dient zum Töten, Aufhängen, Enthäuten und Ausweiden der Rinder. Das ausgeschlachtete Fleisch der Rinder wird auf hochliegenden Geleisen dem Vorkühlraum zugeführt. Die Lufterneuerung wird durch verstellbare Fenstertheile und die Luftableitung durch die über Dachfläche geführten Dunstschlote bewirkt. Die Seitenwände der Schlachthalle werden mit Cement geputzt resp. mit glasirten Thonplatten bekleidet. Der Fußboden wird aus gerippten Thonplatten hergestellt. Die Abwässer werden durch Schleußen der Kläranlage in der im Entwässerungsplan vorgesehenen Weise zugeleitet. Die maschinelle Einrichtung der Schlachthalle wird in solidester Weise und nach den neuesten Erfahrungen u. Systemen erfolgen. Der anliegende Stall für 18 Rinder ist 8 m lang, 9,70 m breit und 3 m hoch im Lichten. Zur bequemen Reinigung werden die Seitenwände nicht geputzt, sondern das Ziegelmauerwerk nur mit Cement ausgefugt. Der Ganze wird mit gerippten Thonplatten gelegt und die Stände mit einem Cementbeton nebst Glattstrich versehen.

■ 4. Die Kuttelei dient zur Reinigung der Eingeweide sämtlicher geschlachteten Thiere. Der Fußboden wird mit gerippten Thonplatten belegt und die Dachfläche mit Metall eingedeckt. Die Lufterneuerung erfolgt wie bei der Schlachthalle.

■ 5. Das Kühlhaus *(Abb. 156)* wird zur Conservirung des frisch geschlachteten Fleisches benutzt, zu welchem Zwecke in dem 3.50 im Lichten hohen Kühlhause 31 Zellen in verschiedenen Grössen eingebaut werden, welche an die einzelnen Fleischermeister vermiethet werden. Vor dem Kühlhause ist eine Vorkühlhalle ausgebaut, welche höher geführt ist und als Thurm ausgebaut ist.

Nach der Vorkühlhalle werden die geschlachteten Thiere aus beiden Schlachthallen transportirt, hier zerkleinert und von

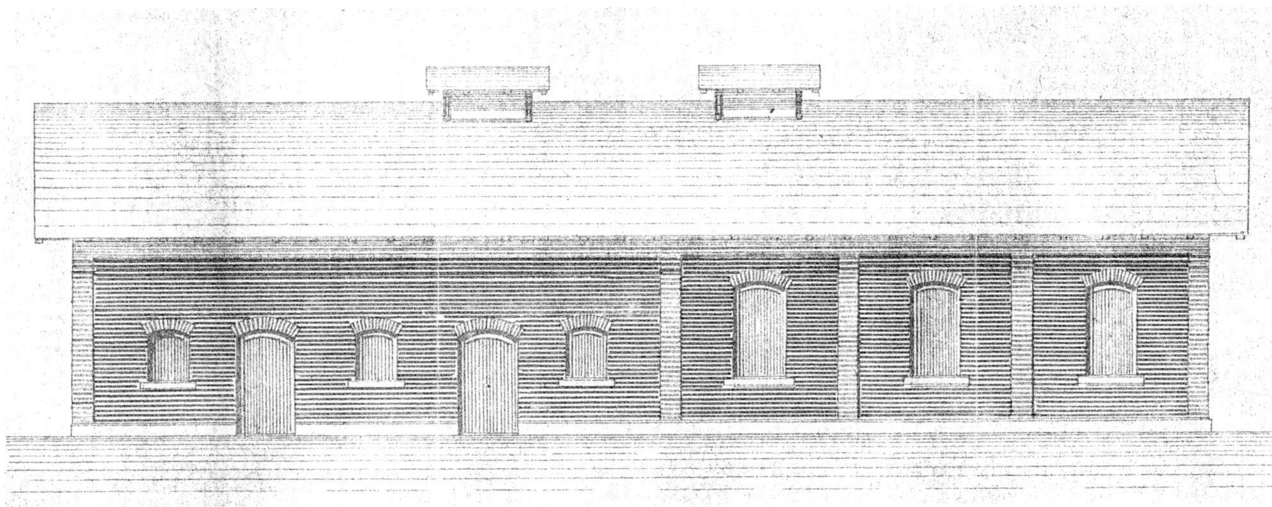

158 Schlachthof Stollberg, Schlachthalle für Kleinvieh, Ansicht.

da in die Kühlzellen gebracht. Auf dem Thurme über der Vorkühlhalle finden die nöthigen Warm- u. Kaltwasser-Reservoir Aufstellung. Zur Erzeugung der kalten Luft wird eine Ammoniak Kältemaschine aufgestellt. Das nötige Licht geben die aufgebauten 4 Oberlichter.

■ 6. Im Kesselhaus *(Abb. 157)* wird der Dampfkessel aufgestellt, welcher den nöthigen Dampf für den Schweinebrühkessel, den Fleischdämpfer, für die Kuttelei und für die Kaltlufterzeugungsmaschine liefert. Für einen später aufzustellenden Reservekessel ist der nöthige Raum vorzusehen. Im anschließenden Maschinenraum wird die Ammoniakkältemaschine nebst Zubehör aufgestellt. Zur Ableitung des Rauches vom Dampfkessel wird ein 20 m hoher Schornstein errichtet.

■ 7. Im Sanitäts Schlachthaus ist ein Schlachtraum und ein Stall für krankes Vieh untergebracht, deren Einrichtung genau wie bei den anderen Schlachthallen und Ställen ist. Die Freibank in welcher auch ein Fleischdämpfer aufgestellt ist, dient zum Verkauf des minderwerthigen Fleisches u. ist, damit das kaufende Publikum nicht den Schlachthof zu passiren braucht, von dem dahinter liegenden Feldweg zugängig gemacht. In diesem Gebäude ist auch ein Zimmer, in welchem die den Schlachthof besuchenden Fleischergesellen ein Unterkommen finden sollen, vorgesehen.

■ 8. Schlachthalle für Kleinvieh *(Abb. 158)*. Die Schlachthalle für Kleinvieh hat eine Länge von 12 m, eine Breite von 9 m und eine Höhe von 4,30 m und dient zum Töten, Aushängen, Enthäuten und Enthaaren und Ausweiden des Kleinviehes. Das Abbrühen der Schweine geschieht in einem 2 m langen 1,20 m breiten und 0,80 m tiefen Brühbottich aus starkem verzinkten Eisenblech dessen äußere Fläche mit einem Holzschutzmantel versehen ist. Zum Transportiren der getöteten Schweine in den Brühbottich u. von da auf den Abschabetisch wird ein Säulendrehkrahn mit Sicherheitskurbel aufgestellt. Dem Abschabetisch werden die Schweine mittelst Laufkatzen u. daran angebrachten Flaschenzüge an jeden beliebigen Fleischhaken befördert. Direkt über dem Brühkessel ist ein entsprechend großer Dunstschlott angeordnet, welcher die dem Brühbottich entweichenden Dämpfe über die Dachfläche geleitet. Der Fußboden der Schlachthalle wird ebenfalls mit gerippten Thonplatten belegt. Die Lüftung der Halle wird durch verstellbare Fenstertheile bewerkstelligt. Das Fleisch aus der Schlachthalle wird der Vorkühlhalle ebenfalls auf hochliegenden Geleisen zugeführt. Die umliegenden Ställe für Kleinvieh und Pferde werden bezügl. der Ausführung und Einrichtung ähnlich dem Großviehstalle gehalten.

■ 9. In der Kläranlage, durch welche alle sich in der Schlachthofanlage ergebenden Abwässer geleitet werden, werden dieselben auf mechanischem Wege gereinigt und dann im gereinigten Zustande durch eine entsprechende Straßenschleuße am niederen Ende der Stadt dem Gablenzbache zugeleitet. Schließlich wird noch bemerkt, daß die Schlachthofanlage mit einem Zweiggeleis mit der Eisenbahn verbunden wird.

Nachr. Ebert, Bauinsp.«[3]

Anmerkungen

1 Stollberger Anzeiger vom 4.1. 1900, Nr. 2, o. S.
2 Staatsministerium des Inneren: Bauten der Industrie und Technik, Dresden 1996, S. 332.
3 Bauakte (1989), S. 5–9.

Quellen und Literatur

■ Stollberger Anzeiger vom 4.1. 1900, Nr. 2.

■ Archiv, Staatsministerium des Innern: Bauten der Industrie und Technik, Dresden 1996.

■ Bauakten des Stadtrats zu Stollberg, betr. Brand-Kat. Nr. 34 d, betr. Schlachthofstr. 7, Vol I, begonnen 1898.

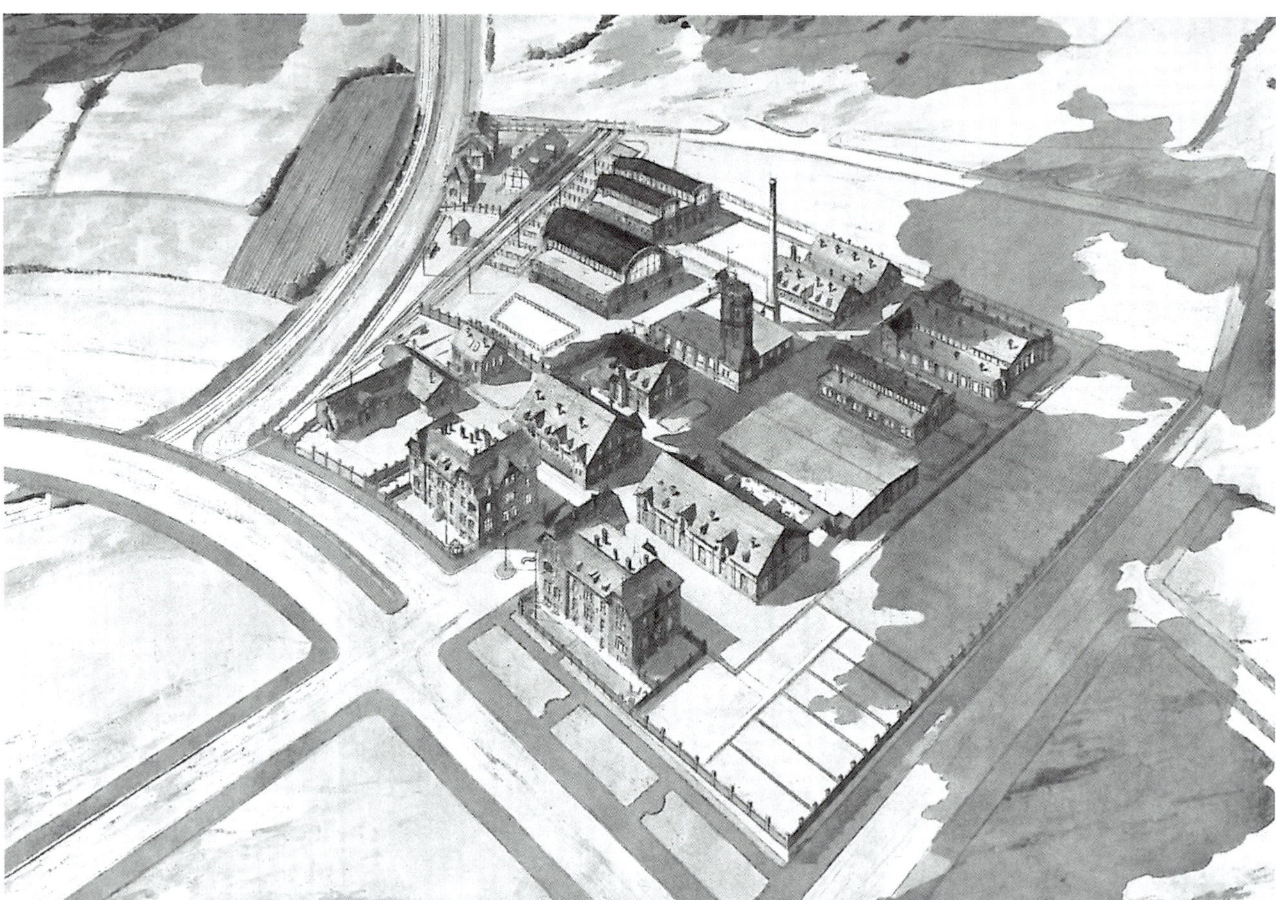

159 Schlachthof Plauen, Schaubild.

Plauen/ Vogtland (1901)

Der symbolhafte Festungsturm

Schlachthofstraße 1
Architekt: Stadtbauinspektor Arno Dolzig,
Stadtbaurat Georg Fleck

Die Entwicklungsgeschichte des Vieh- und Schlachthofs im vogtländischen Plauen reicht bis in die 1870er-Jahre zurück, als die Kommune aufgrund des immensen Städtewachstums und der hygienischen Missstände die Erbauung einer derartigen Anlage forderte. In diesem Fall fürchtete die Fleischerinnung viel mehr um ihre Privilegien, als dass sie Mitinitiator des Schachthofes hätte sein wollen. Dennoch kam es letztendlich zu einer Einigung, nachdem viele Jahre um den Bauplatz gestritten wurde, um sowohl die Wasserversorgung als auch einen Eisenbahngleisanschluss sicher zu stellen. Selbst der deutsche Schlachthofarchitekt Georg Osthoff legte während seiner Plauener Amtszeit als Stadtbaurat 1886 einen Entwurf für den Bau vor, der jedoch nicht erhalten ist. Letztendlich oblag es den Stadtbauräten Arno Dolzig und Georg Fleck, die umfangreiche und gestalterisch anspruchsvolle Anlage für eine Stadt von 300 000 Einwohnern zu errichten.[1] Auf dem trapezähnlichen Grundstück mit einer Fläche von 66 310 Quadratmetern wurden zahlreiche Funktionsgebäude in rotem Klinker erbaut und am 1. Mai 1901 in Betrieb genommen. Die Anlage gliedert sich in drei voneinander abgeschottete und nur an wenigen Stellen verbundene Teile: den Viehhof, den Schlachthof und den Sanitätsschlachthof mit der Pferdeschlächterei *(Abb. 159, 160)*.

Die genaue Beschreibung der einzelnen Teile im Verwaltungsbericht der Stadt Plauen[2] gibt Aufschluss über die fein durchdachte Organisation der notwendigen Gebäude und die logistische Verarbeitung der Nutztiere vom Handel bis zur Schlachtung und Verarbeitung des Viehs.

Der Viehhof besteht aus einer 136 Meter langen und 14 Meter breiten Laderampe an der Eisenbahn, die in einzelne Tierbuchten unterteilt ist. An dieser Stelle konnte der Tierarzt eine erste visuelle Untersuchung des Viehs vornehmen. Des Weiteren ermöglichte die dreischiffige Großviehhandelshalle mit einem Flächenraum von 1 514 Quadratmetern die Aufstellung von etwa 230 Rindern. »Für das Tränken des Viehes sind entleerbare Tröge aus Zwickauer Steinzeug aufgestellt.«[3] Als dritte Komponente des Viehhofes sind die zwei aneinander liegenden dreischiffigen Schweine- und Kleinviehhandelshallen zu nennen, die auf einer Fläche von 1 382 Quadratmetern 400 Schweinen und 360 Kälbern und Schafen Platz bieten konnten. Hier wurde auf den Transport der Tiere besonderer Wert gelegt: »In den Gängen der beiden Hallen sind schmalspurige Gleise zwecks bequemerer Beförderung der Thiere mittels besonderer Wagen eingelegt.«[4] Die notwendige Desinfektionsanlage mit strömendem Wasser und heißem Dampf

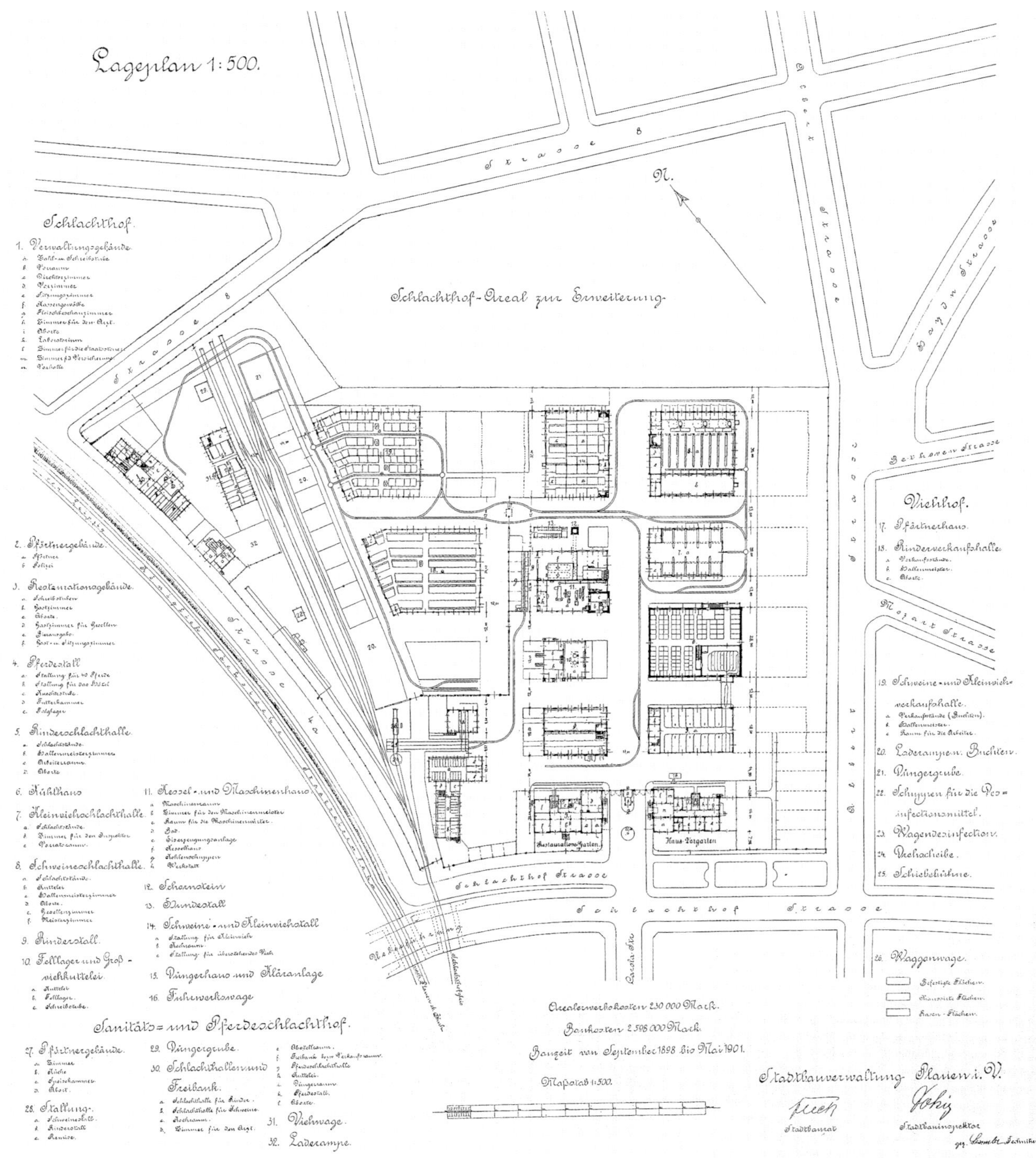

160 Schlachthof Plauen, Dispositionsplan.

für die Eisenbahn-Viehtransportwagen war Bedingung der Königlichen Eisenbahndirektion für die Anlage des Nebengleises.

Der Schlachthof wurde von einer 17 Meter breiten Wirtschaftsstraße durchzogen. Den Auftakt bildeten – in ihrem Erscheinungsbild fast identisch – das Verwaltungsgebäude und das Gastwirtschaftsgebäude. Sie beherbergten neben den namensgebenden Funktionen auch Wohnungen, Zimmer für Gesellen und Fremdenzimmer. Die roten Klinkergebäude wurden als Repräsentationsbauten des Schlachthofes mit Schmuckfachwerk, breiten Bogenfenstern und eckbetonenden Bossierungen ausgestattet. Zwischen den beiden Bauwerken stand mitten auf der Zufahrtsstraße das kleine Pförtnerhaus, das Eingang und Ausgang voneinander trennte. Während sich östlich der betriebsinternen Straße sämtliche Schlachthallen und das Kühlhaus aufreihten, lagen die Schlachtställe für Rinder, Schweine und Kleinvieh, die Kuttelei, das Kessel- und Maschinenhaus mit Wasserturm und Kunsteisanlage, die Hunde- und Pferdeställe, die Remisen, das Fell- und Talglager sowie das Düngerhaus westlich der Straße.

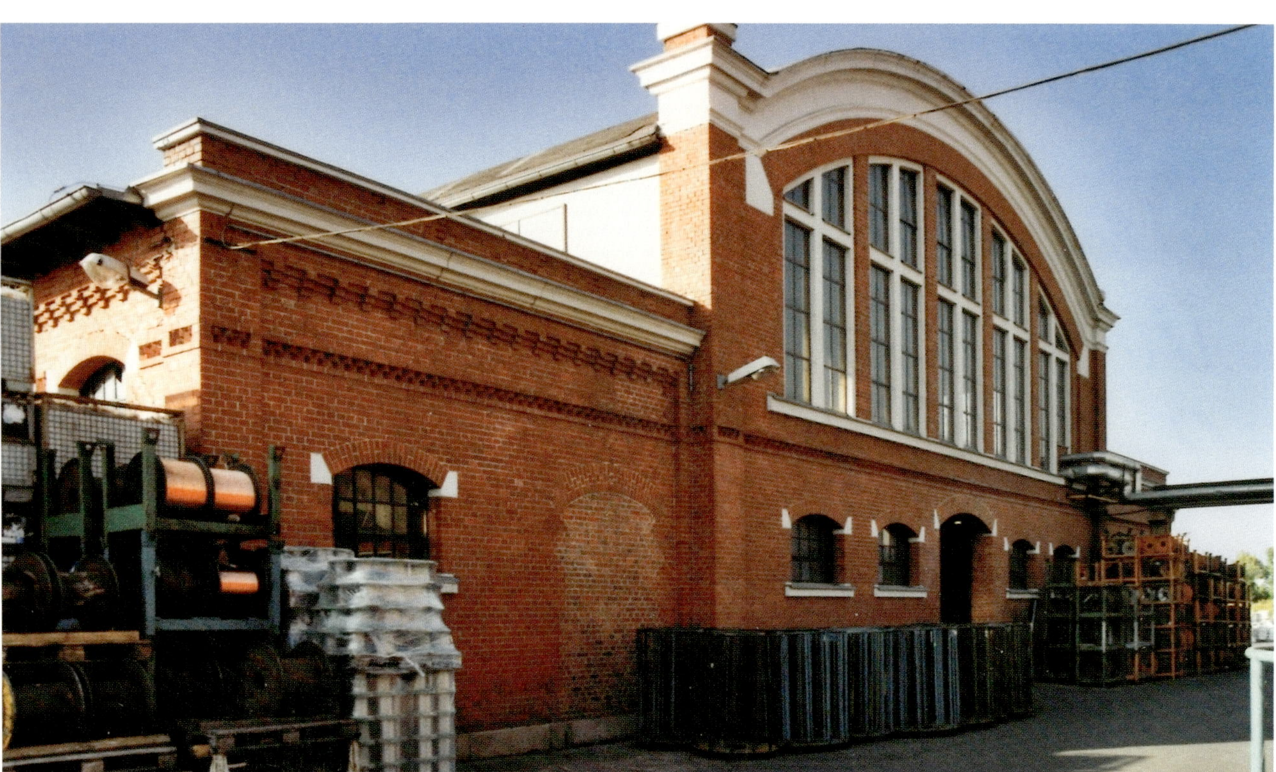

161 Schlachthof Plauen, Schlachthalle, 2007.

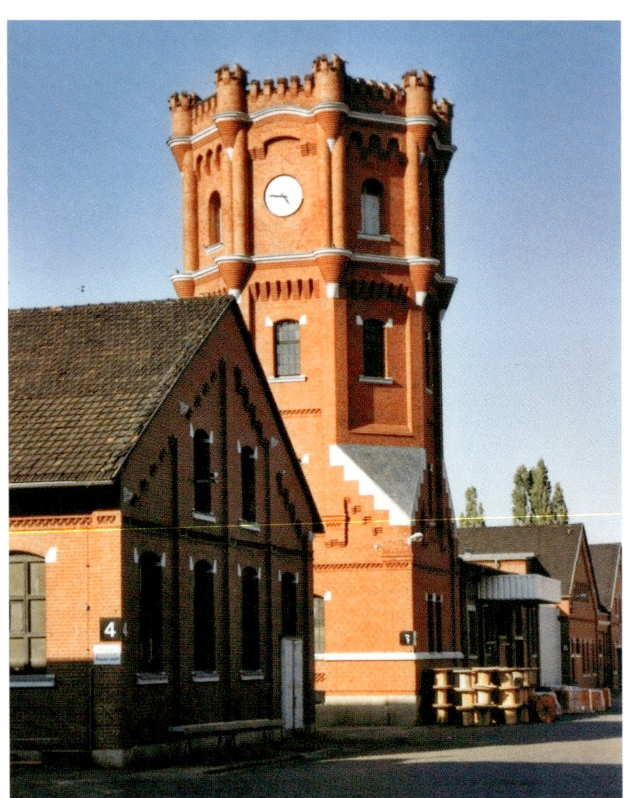

162 Schlachthof Plauen, Wasserturm, 2007.

Die Schlachthalle für Großvieh hatte eine Fläche von 665 Quadratmetern und wurde durch einen breiten Mittelgang in zwei Abteile zu fünf Schlachtebuchten mit je zwei Schlachtständen getrennt *(Abb. 161)*. Bis zu 70 Rinder konnten in der Halle täglich geschlachtet werden. Mittels Hängebahn wurden die Rinderhälften zum Kühlhaus gebracht: »Der Fußboden ist mit bestem Fichtelgebirgsgranit belegt, da er besonders widerstandsfähig sein muß«[5] Die dreischiffige Kleinviehschlachthalle mit 720 Quadratmetern konnte für täglich 560 Schlachtungen Raum bieten. Ihr Fußboden wurde asphaltiert. Die Schweineschlachthalle gliederte sich in Abstech- und Brühraum, Ausweideraum und Kuttelei. Im Obergeschoss fand die Trichinenbeschau statt. Im Abstech- und Brühraum befanden sich neun Abstechbuchten, drei Brühkessel mit Kran und Enthaarungstischen. Die Halle war für 540 Schlachtungen pro Tag vorgesehen. Das Kühlhaus bestand aus dem Vorkühlraum und 104 Zellen im Hauptkühlraum, die eine Größe zwischen drei und acht Quadratmetern hatten. Starke Gitterstäbe und Schiebetüren begrenzten die Zellen. Bis zu sechs Wochen konnte das Fleisch in dem Kühlhaus lagern, ohne dabei zu verderben. Die ursprüngliche Kühlanlage stammte von der Chemnitzer Maschinenfabrik Germania AG.

Das Kessel- und Maschinenhaus mit dem imposanten Wasserturm diente vor allem der Aufrechterhaltung des Kühlbetriebes im Kühlhaus, der Wasserbereitstellung und der Kunsteisproduktion. Die Anlage konnte täglich bis 200 Zentner Eis erzeugen: »Der Erlös aus dem verkauften Kunsteise, das wegen seines außerordentlich geringen Keimgehaltes dem Roheis oder Natureis in sanitärer Beziehung entschieden vorzuziehen ist und darum in Haushaltungen, Hotels, Cafés, besonders aber in Krankenhäusern mit Vorliebe genommen

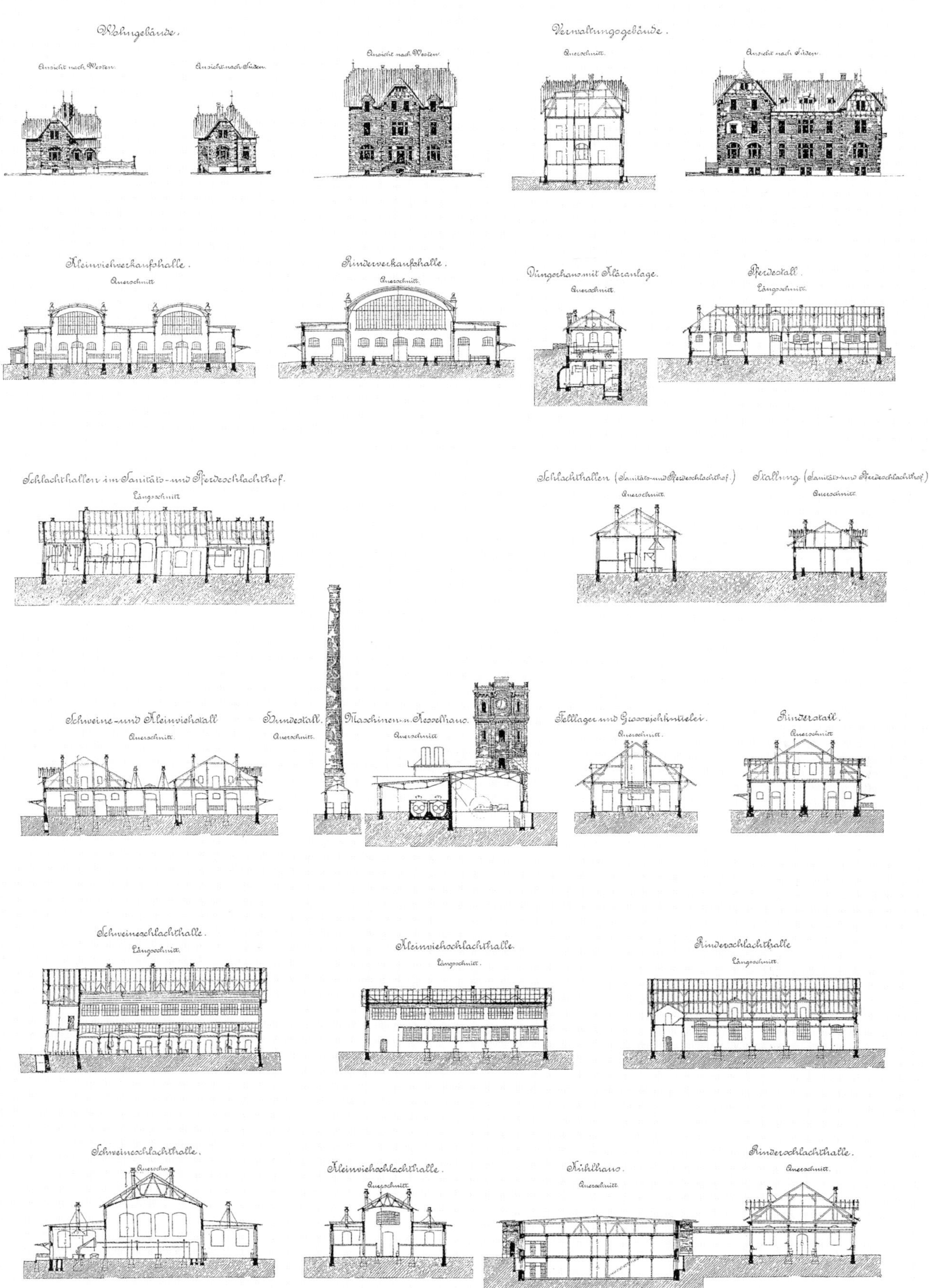

163 Schlachthof Plauen, Gebäudeansichten.

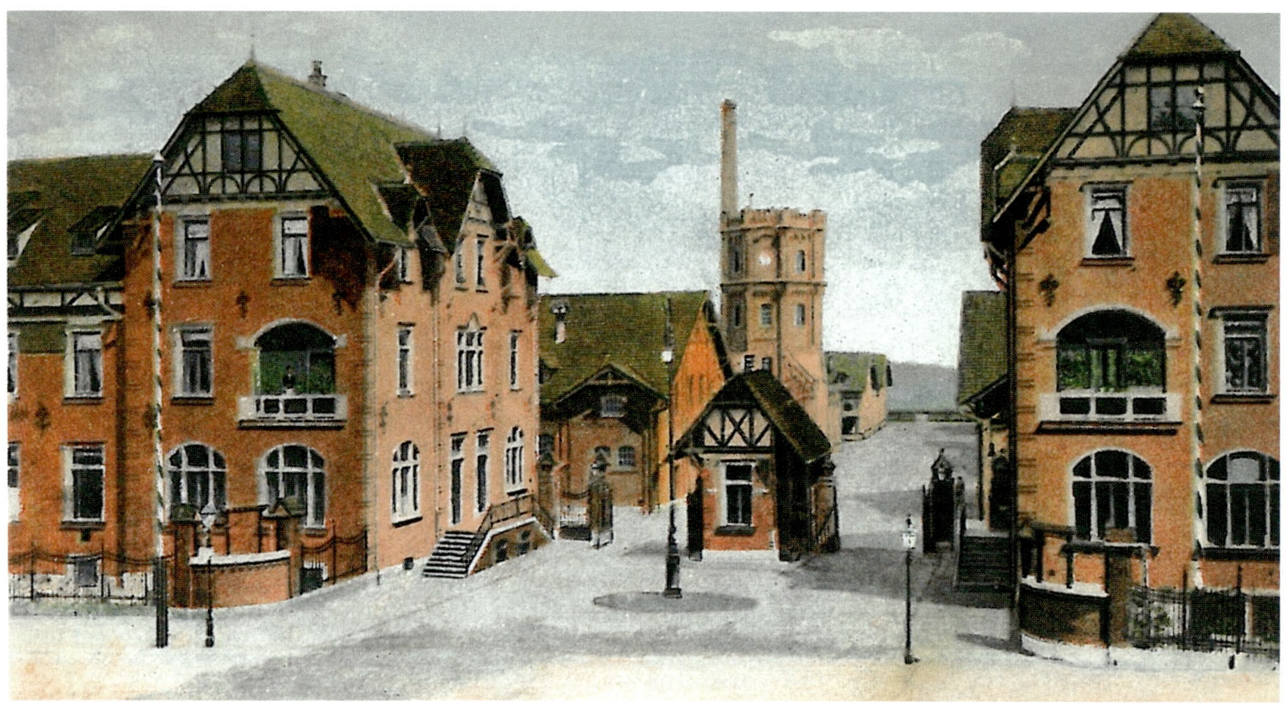

164 *Schlachthof Plauen, Eingangssituation, Postkarte.*

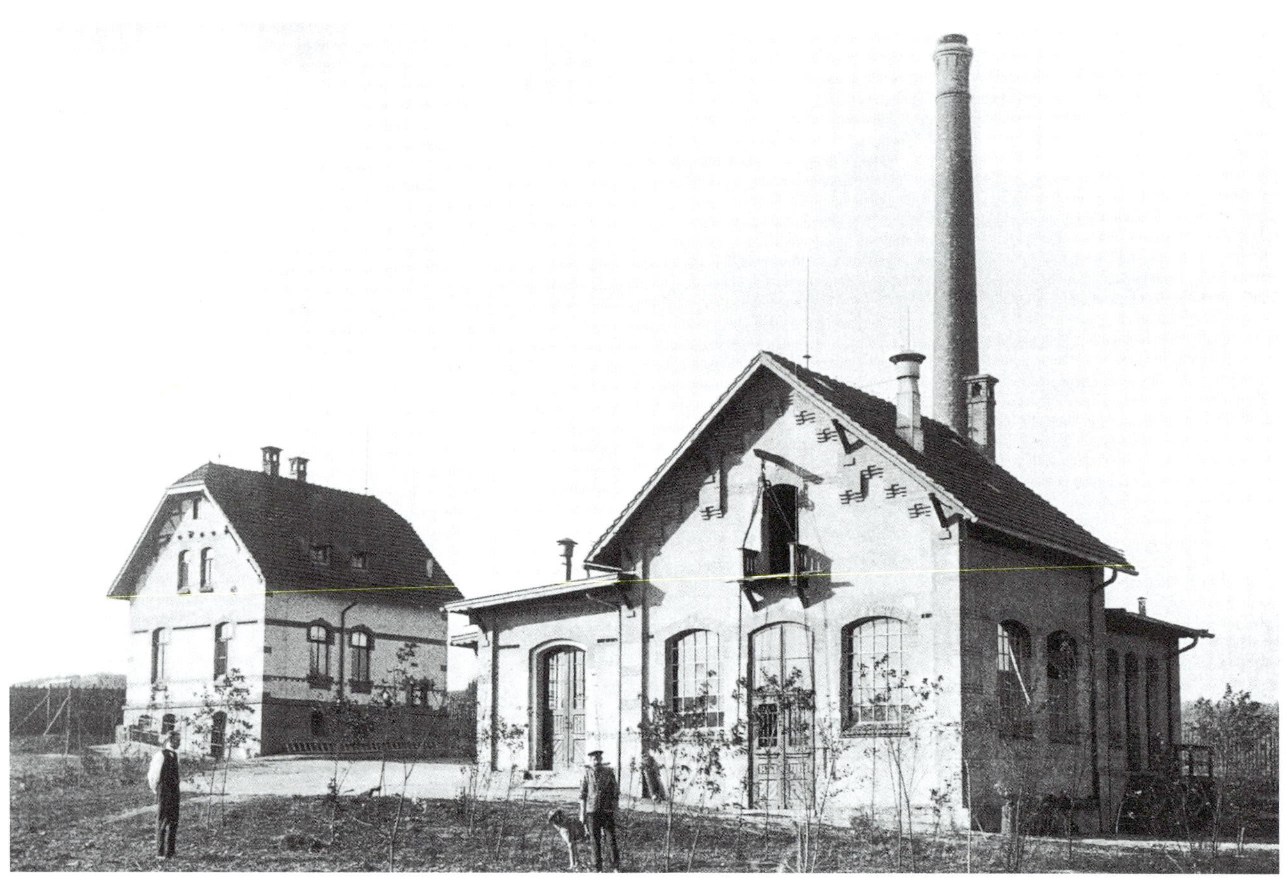

165 *Schlachthof Plauen, Abfallbeseitigung.*

wird, ergibt eine nicht unbeträchtliche Verminderung der Kosten des Kühlbetriebs.«[6] Der Wasserturm mit seinen vier Stockwerken beherbergte Maschinistenräume, Warm- und Kaltwasserbehälter und den Oberflächenkondensator für die Dampfmaschinen. In seiner Form ähnelte er einem Festungsturm und wirkte durch den ausgeprägten Sockel geradezu gewaltig. Als Vertikale übte er im Verhältnis zu den horizontal gelagerten Gebäuden auf die Anlagen einen besonderen Symbolgehalt aus *(Abb. 162)*.

Auch für die Unterbringung von Hunden war zu sorgen: »Der Hundestall befindet sich dicht neben dem Kesselhaus, weil von hier aus das Gebell der Hunde die Nachbarschaft am wenigsten belästigt. Die Käfige liegen zu beiden Seiten eines Mittelganges in zwei Stockwerken, eine Anordnung, die sich in Leipzig bewährt hat und größte Raumausnutzung ermöglicht. Es sind 32 Käfige vorhanden.«[7]

Die Stallgebäude waren in Buchten unterteilt und zum Einstellen für 88 Rinder, 230 Stück Kleinvieh, 310 Schweine und 40 bis 50 Pferde geeignet. Über sämtlichen Ställen befanden sich Böden zur Lagerung des benötigten Futters *(Abb. 163, 164)*.

Zum separaten Sanitätsschlachthof für das kranke Vieh gehörten ein Pförtnerhaus, in dem sich auch das Zimmer des Tierarztes befand, die Schlachthallen mit Kuttelei, Kochraum und Freibank, die Stallungen sowie die Pferdeschlächterei. 1911 wurden auf der Freibank an rohem Rindfleisch 39 550 kg, 14 115 kg gekochtes Rindfleisch, 31 572 kg rohes Schweinefleisch, 6 102 kg gekochtes Schweinefleisch, 1 467 rohes Kalbfleisch, 522 kg gekochtes Kalbfleisch, 112 kg Schaffleisch, 365 kg Fett und Talg und 1 000 kg Eingeweide sowie eine große Anzahl Füße vertrieben.[8]

Besondere Beachtung schenkte man dem Belag der Außenbereiche: »Die Straßen und Höfe sind … mit Zementmakadam, das ist eine doppelte Schicht aus mehr oder weniger fettem Zementbeton, oder mit Mansfelder Schlackenpflaster befestigt; bei letzterem sind die Fugen mit Pflasterkitt ausgefüllt. Durch diese allerdings kostspielige Maßnahme ist in unserem Schlachthofe die denkbar größte Rücksicht auf Sauberkeit und Gesundheit genommen, er dürfte in dieser Beziehung unübertroffen dastehen … In den Straßen liegen überall schmalspurige Gleise zur bequemen Beförderung des Viehes und der Kohlen.«[9] Das gesamte Schlacht- und Viehhofgelände wurde von einer massiven Klinkermauer eingefriedet. Außerhalb der Schlachthofmauer befand sich die Abfallbeseitigungs- und Fleischverwertungsanlage. Ein historisches Foto zeigt, dass auch diese kleinen Gebäude mit architektonischem Anspruch errichtet wurden *(Abb. 165)*.

Im Verwaltungsbericht der Kreisstadt Plauen wurde zur Gestaltung der Anlage hervorgehoben, »daß beim Bau Zweckmäßigkeit und Gediegenheit in erster Linie berücksichtigt und überflüssiger Prunk durchaus vermieden ist. Nur die an den Straßen stehenden Wohngebäude haben eine etwas reichere äußere Ausstattung erfahren, im Uebrigen ist eine freundliche Wirkung durch farbige Behandlung des Holzwerks, helle Fugung des Ziegelmauerwerks und glasirte Ziegeldächer angestrebt worden.« Die Baukosten für die Anlage beliefen sich auf etwa 2,5 Millionen Mark.[10]

Die Plauener Anlage wurde vollständig nach dem französischen Muster – in einzeln stehenden Gebäuden – erbaut. Das ist neben dem Leipziger Architekturbeispiel in Sachsen eher selten, weil das deutsche System mit zusammenhängenden und ineinander verschränkten Gebäuden logistisch und arbeitstechnisch besser zu betreiben war. Die große Qualität sowohl der Gebäude als auch der städtebaulichen Organisation macht den Schlacht- und Viehhof in Plauen zu einem herausragenden Architekturbeispiel seiner Baugattung. Die Fleischverarbeitung wurde bereits Anfang der 1990er-Jahre eingestellt. Bis heute sind die Bauten erhalten und werden von verschieden Firmen als Produktionsstätten genutzt.

Anmerkungen

1 Bericht über die Verwaltung und den Stand der Gemeindeangelegenheiten der Kreisstadt Plauen i. V. auf die Jahre 1899 und 1900, S. 372–377.
2 Ebd., S. 377–384.
3 Ebd., S. 377.
4 Ebd.
5 Ebd., S. 379.
6 Ebd., S. 381.
7 Ebd.
8 Verwaltungsbericht des Vieh- und Schlachthofes und Bericht über die Schlachtvieh- und Fleischbeschau der Kreisstadt Plauen i. V. auf das Jahr 1912, von Dr. Zschocke, S. 22.
9 Bericht (wie Anm. 1), S. 378 f.
10 Ebd., S. 383 f.

Quellen und Literatur

- Stadtarchiv Plauen, Acten der Stadtbauverwaltung zu Plauen, die Herstellung der Gleisanlage für den städtischen Schlachthof betr., erg. 1896.
- Stadtarchiv Plauen, Acten der Stadtbauverwaltrung zu Plauen, den Schlachthofbau, die Transportvorrichtungen und Geräthe in der Rinder-, Kleinvieh- und Schweineschlachthalle sowie Kühlhaus und Rinder- und Kleinkuttelei betr., erg. 1898.
- Stadtarchiv Plauen, Acten der Stadtbauverwaltung zu Plauen, die Genehmigung des Schlachthofes betr., erg. 1898.
- Stadtarchiv Plauen, Acten der Stadtbauverwaltung zu Plauen, die Anlieferung eiserner Tragsäulen und Unterlagsplatten etc. für den neuen Schlachthof betr., erg. 1899.
- Stadtarchiv Plauen, Acten der Stadtbauverwaltung zu Plauen, die Errichtung einer Abdeckerei betr., erg. 1899.
- Stadtarchiv Plauen, Acten des Stadtbauamtes zu Plauen, den Schlachthof betr., erg. 1913.
- Bericht über die Verwaltung und den Stand der Gemeindeangelegenheiten der Kreisstadt Plauen i. V. aus dem Jahre 1899 und 1900.
- Bericht über die Verwaltung und den Stand der Gemeindeangelegenheiten der Kreisstadt Plauen i. V. aus dem Jahre 1901 und 1902, Plauen 1904.
- Verwaltungsbericht des Vieh- und Schlachthofes und Bericht über die Schlachtvieh- und Fleischbeschau der Kreisstadt Plauen i. V. auf das Jahr 1912, von Dr. Zschocke.

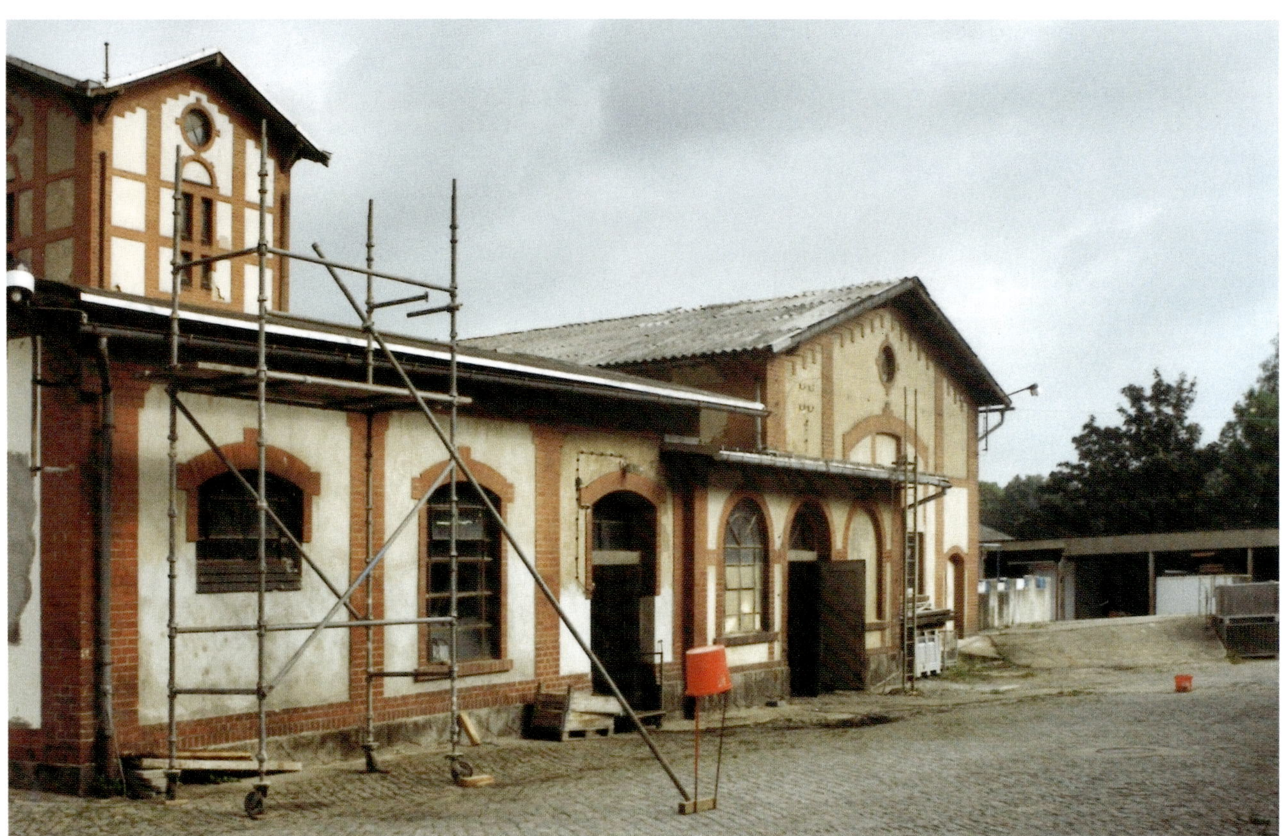

166 Schlachthof Neugersdorf, Schlachthalle mit Kühlturm, 2005.

Neugersdorf (1902)

Die eng verschränkte Gebäudestruktur

Spreequellstraße 13
Architekt: J. W. Roth

Der Schlachthof in Neugersdorf wurde kurz nach 1900 durch den lokal bekannten Architekten Johann William Roth, der auch das Krematorium in Zittau und die Talsperre Marklissa erbaut hat, geplant und ausgeführt. Die roten Klinker betonen nicht nur die Kontur der einzelnen Gebäude, sondern widerspiegeln auch ihre Funktion als Industriebauten. Am repräsentativen, den Auftakt der Anlage bildenden Verwaltungs- und Wohngebäude wurden die Klinker gestalterisch als Schmuckstreifen um die Fenster gelegt und assoziieren im oberen Teil des Mittelrisalits und der Giebelseiten die ländlichen Fachwerkkonstruktionen *(Abb. 167)*. Den Abschluss bilden geschwungene Holzbalkenfachwerke unterhalb des Dachüberstandes, die Rhomben- und Rechteckfenster einfassen. Diese spielerisch eingesetzten Gestaltungselemente sind typisch für die zeitgenössische Reformarchitektur. Die zahlreichen eingeschossigen Funktionsgebäude der eigentlichen Schlachthofanlage werden von dem über den Schlachthallen aufragenden rechteckigen Kühlturm dominiert *(Abb. 166)*. Auch er wird durch Klinkerreihen an den Ecken und auf den Fassaden akzentuiert und gestalterisch gegenüber den anderen

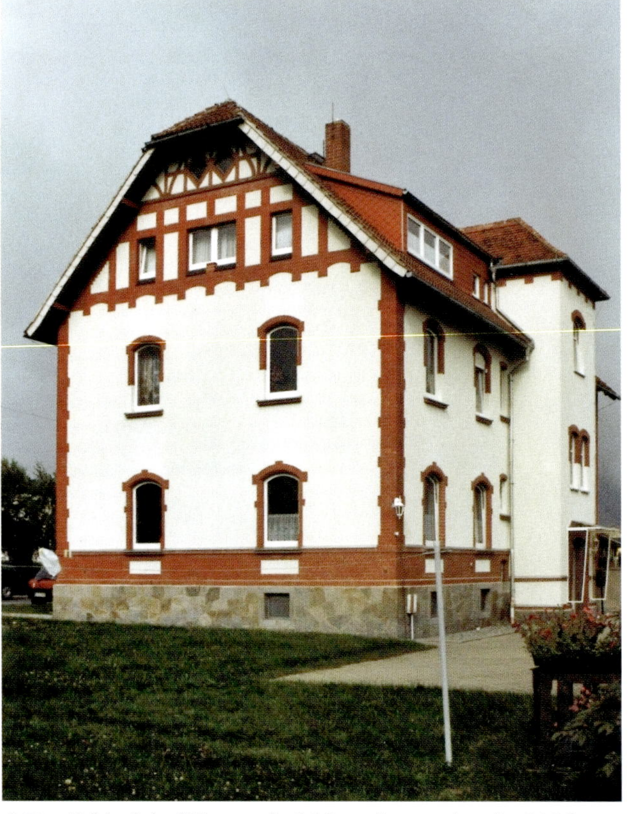

167 Schlachthof Neugersdorf, Verwaltungsgebäude, 2005.

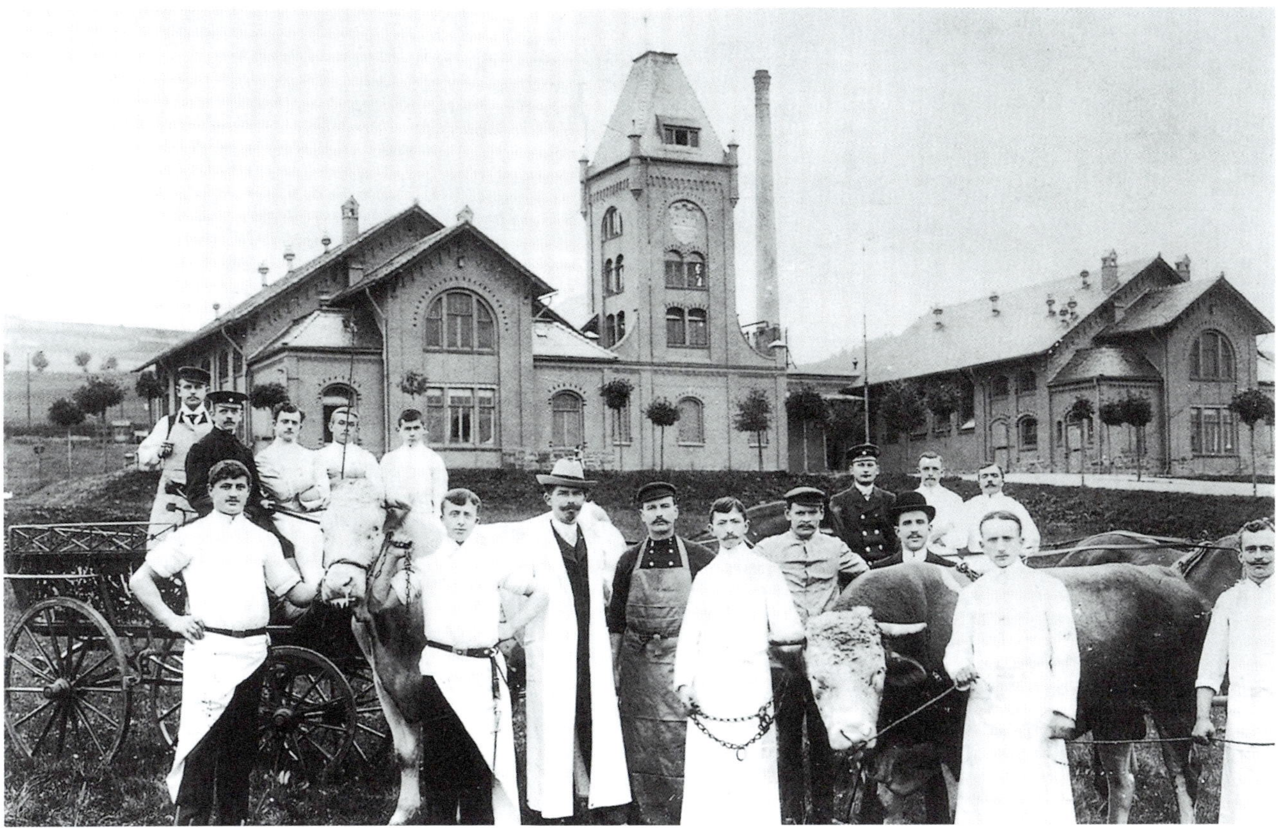

168 Schlachthof Olbernhau, um 1900.

Gebäuden hervorgehoben. Sämtliche Funktionsbauten sind in ihrer Gestaltung aneinander angeglichen, nur um vieles einfacher als das Verwaltungsgebäude und der Kühlturm gestaltet worden.

Es handelt sich bei dem Schlachthof in Neugersdorf um eine solide Industrieanlage, die sämtliche notwendige Funktionsgebäude logistisch ausgereift miteinander vereinte. Keine großen Betriebswege sondern vielmehr eine enge Verschränkung der Bauten zeichnen den Schlachthof aus. Nachdem der Schlachthof vermutlich Anfang der 1990er-Jahre geschlossen wurde, befand sich 2005 auf dem Gelände eine fischverarbeitende Fabrik. Das Verwaltungsgebäude wurde saniert und dient heute als Wohnhaus.

Quellen und Literatur

- Stadtarchiv Neugersdorf, Akten des Gemeinderates zu Neugersdorf, Bausache den Gebäudekomplex Parz. No. 3128, Band Kat. Nr. 283 z, erg. 1900 (S. 53: Genehmigung Erweiterungsbau 22/8/08; S. 72: Plan Hofüberdachung vom 20. Juli 1925; S. 84: Plan Überhöhung Rossschlächterei).
- Stadtarchiv Neugersdorf, Akten des Landrates zu Löbau, Abt. XIIX, Abschn. 3, Nr. 2, S. 7 Baugen. für Abbruch Schornstein 5/9/41.

Olbernhau (1902)

Die Dreiflügelanlage

Schlachthofstraße
Architekt: unbekannt

Der als Dreiflügelanlage aufgebaute Vieh- und Schlachthof in Olbernhau war in seiner Struktur und seinem architektonischem Aufbau einzigartig in Sachsen. Nur ein detaillierter Erläuterungsbericht (Olbernhau, 29. August 1902, Stadtrat Schanz) kann heute noch ein Bild von dieser Anlage vermitteln, da der Betrieb bereits 1993 eingestellt wurde. Die Gebäude wurden bis auf das im Landhausstil errichtete Verwaltungs- und Wohnhaus abgebrochen *(Abb. 168)*:

»Das vorliegende Schlachthofsprojekt ist aufgestellt worden auf Grund der Gutachten der Herren Schlachthofdirektoren Kögler in Chemnitz und Meyfarth in Glauchau. Als Grundlagen für die Einrichtungen sind in erster Linie berücksichtigt die Schlachthofanlagen der Städte Stollberg, Glauchau und Chemnitz, die von einer größeren Kommission nach vorheriger Anmeldung unter Führung der betreffenden Schlachthofdirektoren und in Stollberg nach Einwohnerzahl, Finanzlage u. sonst dieselben Verhältnisse wie Olbernhau, unter Führung des Herrn Ratsvorstandes Bürgermeister eingehend besichtigt worden sind. Außerdem sind von dem Stadtbauinspektor oder

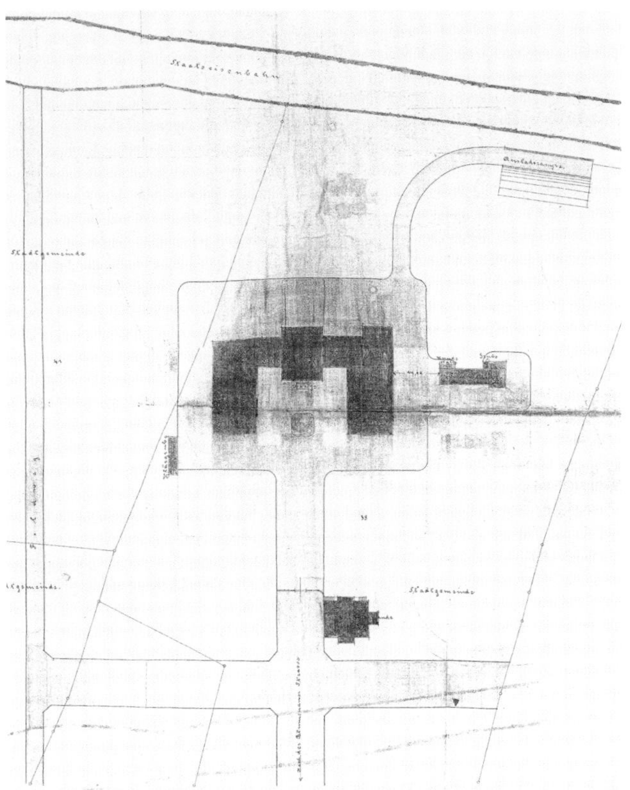

169 Schlachthof Olbernhau, Dispositionsplan.

dem unterzeichneten Ratsvorstand (und von Mitgliedern des Bauausschusses) noch die Schlachthöfe in Leipzig, Plauen, Penig, Riesa, Meerane, Döbeln und Mittweida eingehend besichtigt worden [...].

Aus allen diesen Untersuchungen [...] hat sich ergeben, daß für die Verhältnisse in Olbernhau räumlich in erster Linie die Erfahrungen von Stollberg maßgebend sein müssen, daneben ist der Schlachthof in Glauchau als Musteranlage zu berücksichtigen gewesen und endlich ist für die Kleinviehschlachthalle die Anlage in Chemnitz als zweckmäßigste erkannt worden. Nachdem wiederholt Pläne aufgestellt und von den Herren Kögler und Mayfarth begutachtet und teilweise abgeändert worden waren, hat man sich endlich allseitig auf den nunmehr vorliegenden Plan geeinigt. Derselbe soll im Folgenden auf Grund der Zeichnungen und an der Hand derselben erläutert werden.

■ 1. Der Bauplatz, der seit zwei Jahren im Besitze der Stadt ist, ist deshalb als der günstigste Platz gewählt worden, weil er Bahnanschluß bietet, in unmittelbarer Nähe einer bereits ausgebauten Straße liegt, die Ableitung der Abwässer in die Flöha unterhalb der Stadt und in genügender Entfernung vom nächsten Ort ohne Mühe gestattet und die Annehmlichkeit besitzt, daß auf ihm eigens Wasser zum Betrieb vorhanden ist. Außerdem ist der Anschluß an die städtische Hochdruckwasserleitung bequem zu erreichen und soll schon beim Bau erfolgen.

■ 2. Der eigentliche Schlachthof ist mit Ausnahme des Wagenschuppens und der Sanitätsschlachthalle als ein einziges Gebäude unter einem Dache gebaut *(Abb. 169)*. Diese Bauart, die das in hiesiger Gegend unverhältnismäßig teuere Mauerwerk nach Möglichkeit in die engsten Grenzen einschränkt, hat auch noch den Vorteil, daß durch sie unnötige Wege, die sich besonders im Winter und bei regnerischem Wetter recht störend geltend machen, erspart werden. Die Gebäude sind allenthalben so angelegt, daß sie ohne besondere Umständlichkeit jederzeit bei Bedarf vergrößert werden können. Auch ist der neben den Gebäuden zur Verfügung stehende Platz so reichlich bemessen, daß derselbe für die Bedürfnisse einer Einwohnerzahl von 100 000 völlig ausreichend erscheint.

■ 3. Der Gleisanschluß an die Staatsbahn ist auf Grund der von der Königlichen Generaldirektion der Sächsischen Staatseisenbahnen uns gemachten Vorschriften und Bedingungen in Angriff genommen und wird in seinem Oberbau auch von der königlichen Eisenbahnbauinspektion Flöha ausgeführt. Wir hatten eine einfache Nebengleisanlage mit Rampe an der Südwestseite des Platzes geplant, doch ist seitens der Staatsbahnverwaltung die in Ausführung begriffene Gleisanlage mit Rampe an der Nordwestseite vorgeschrieben worden.

■ 4. Das Verwaltungsgebäude, das zweckmäßig in den Bereich des Schlachthofgrundstückes hereingenommen ist, steht unmittelbar am Eingange zum Schlachthofe *(Abb. 170)*. Im Erdgeschloß befindet sich die Wohnung für den Hallenmeister, das Dienstzimmer und Laboratorium für den als Schlachthofdirektor in Aussicht genommenen Tierarzt und das Zimmer für den Steuerbeamten. Diese Zimmer sind auf die Rückseite des Gebäudes mit Aussicht auf den Schlachthof gelegt, um den dort arbeitenden Herren die Möglichkeit zu geben, den äußeren Betrieb des Schlachthofes auch von hier aus wenigstens einigermaßen übersehen und beaufsichtigen zu können. Im Obergeschoß befindet sich die Wohnung für den Schlachthofdirektor. Ein Stall für dessen bei seiner Privatpraxis notwendigen Pferde ist im Hauptgebäude des Schlachthofes neben den Ställen für das Großvieh vorgesehen. Die Dachwohnung kann gegebenen Falles dem Trichinenbeschauer, dem unter Umständen mit Genehmigung der Zoll- und Steuerdirektion die Schlachtsteuereinnahme übertragen werden könnte, zur Verfügung gestellt werden. Die Zimmerhöhen entsprechen den allgemeinen Anforderungen des Baugesetzes.

■ 5. Die Schlachthalle für das Großvieh ist so geräumig eingerichtet, daß 5 Schlachtstände für Rinder in ihr Platz haben *(Abb. 171, 172)*. Vorläufig sollen zwei davon eingerichtet werden, die anderen sollen je nach Bedarf eingebaut werden. Als System ist dasselbe wie im Schlachthofe zu Stollberg beabsichtigt, das heißt die Schlachtstände ohne trennende Wände, sodaß die Halle ein einziges Ganzes bildet. Die zum Aufhängen der Schlachtstücke dienenden Winden und Transportgeräte sind mit Handbetrieb versehen und durch eine oben in halber Höhe der Halle laufende Schienenanlage mit der Vorkühlhalle so verbunden, daß der Transport des Fleisches unmittelbar nach dem Schlachten und ohne daß erst der Abnehmer von den Aufhängervorichtungen notwendig wird, möglich ist. Die Wände sind mit Cementputz und Plattenbelag zur besseren Reinigung und zur Vermeidung des Eindringens von Feuchtigkeit in die Mauern versehen. Der Fußboden ist mit gerauhtem Cementbelag beabsichtigt, da sich dieser nach den Erfahrungen in den Schlachthöfen von Chemnitz und Stollberg reinlicher halten läßt, als gefügter Plattenbelag und da er nach denselben Erfahrungen keinerlei Gefahr für Unfälle durch Glätte bietet. Es ist allenthalben vermieden, wo es nur irgend möglich erscheint, durch den Fußboden hindurch Zuleitungsröhren oder andere Durchbrüche zu legen, und die mit jeder Fuge und jeder Durchlöcherung des Fußbodens unvermeidlichen Schmutzanhäufungen nach Möglichkeit auszuschließen. Es ist dies auf besonderen Vorschlag des Herrn Schlachthofdirektor Kögler so eingerichtet, weil nach dessen Gutachten selbst bei peinlichster Reinlichkeit und genauester Aufsicht sich solche Fugen und dergleichen nicht ständig reinhalten lassen. Die Lüftung der Halle ist durch die mit Stellvorrichtung versehenen Klappfenster und durch die aus den Zeichnungen ersichtlichen Dachaufbauten sichergestellt.

■ 6. Die Schlachthalle für das Kleinvieh ist nach dem von Herrn Schlachthofdirektor Kögler geschützten System des Chemnitzer Schlachthofes eingerichtet. Zwischen dem Brühtrog und den Schlacht- und Aufhängevorrichtungen für Kälber und Schafe wie auch den Aufhängevorrichtungen für Schweine ist in 2 m Höhe über dem Fußboden eine bis zur Gebäudehöhe reichende Scheidewand zur Abhaltung der dem Brühtroge entsteigenden Wasserdämpfe vorgesehen. Wände, Fußboden und Lüftung sind dieselben, wie bei der Schlachthalle für das Großvieh. An der nach dem Maschinenraum zu gelegenen Mauer sind einige Becken zur sogenannten Feinkuttelei vorgesehen.

■ 7. Das beanstandete Fleisch hat seinen Raum unmittelbar neben der Großviehschlachthalle. Einen besonderen Raum neben der Schlachthalle für das Kleinvieh zu schaffen, erschien nach dem Vorbilde des Schlachthofes von Stollberg überflüssig, weil der Tran[s]port aus dieser Halle mit Rücksicht auf die geringeren zu bewältigenden Gewichtsmengen keine besonderen Schwierigkeiten verursacht und der in doppelter Größe als in Stollberg geplante Raum überreichlichen Platz für den gedachten Zweck bietet.

■ 8. Die Kuttelei ist für beide Schlachthallen ebenfalls nach dem Vorgang von Stollberg gemeinschaftlich eingerichtet. Das erleichtert einmal den Fleischern, die nicht über so reichliche Hülfskräfte verfügen wie in den Großstädten, den Betrieb außerordentlich, andererseits verbilligt es denselben für die Verwaltung ganz außerordentlich durch Ersparung doppelter Warm- und Kaltwasserzuleitung, auch vereinfacht es die Aufsicht und Übersicht für den Schlachthofdirektor und den Hallenmeister. Es haben sich auch nach den herbeigezogenen amtlichen Auskünften keinerlei Schwierigkeiten oder Unzuträglichkeiten infolge dieser Vereinigung herausgestellt.

■ 9. Neben der Kuttelei ist ein Raum für einen Sterilisator gesondert vorgesehen. Der Apparat könnte ohne Weiteres auch in den jetzt auf den Plänen als »Niederlage« bezeichneten Reserveraum untergebracht werden.

■ 10. Die Düngerabfuhr erfolgt durch Einladen der Massen in unter dem Fußboden stehende Wagen zum Transport ohne Umladung. Der betreffende Raum steht durch einen mit zwei

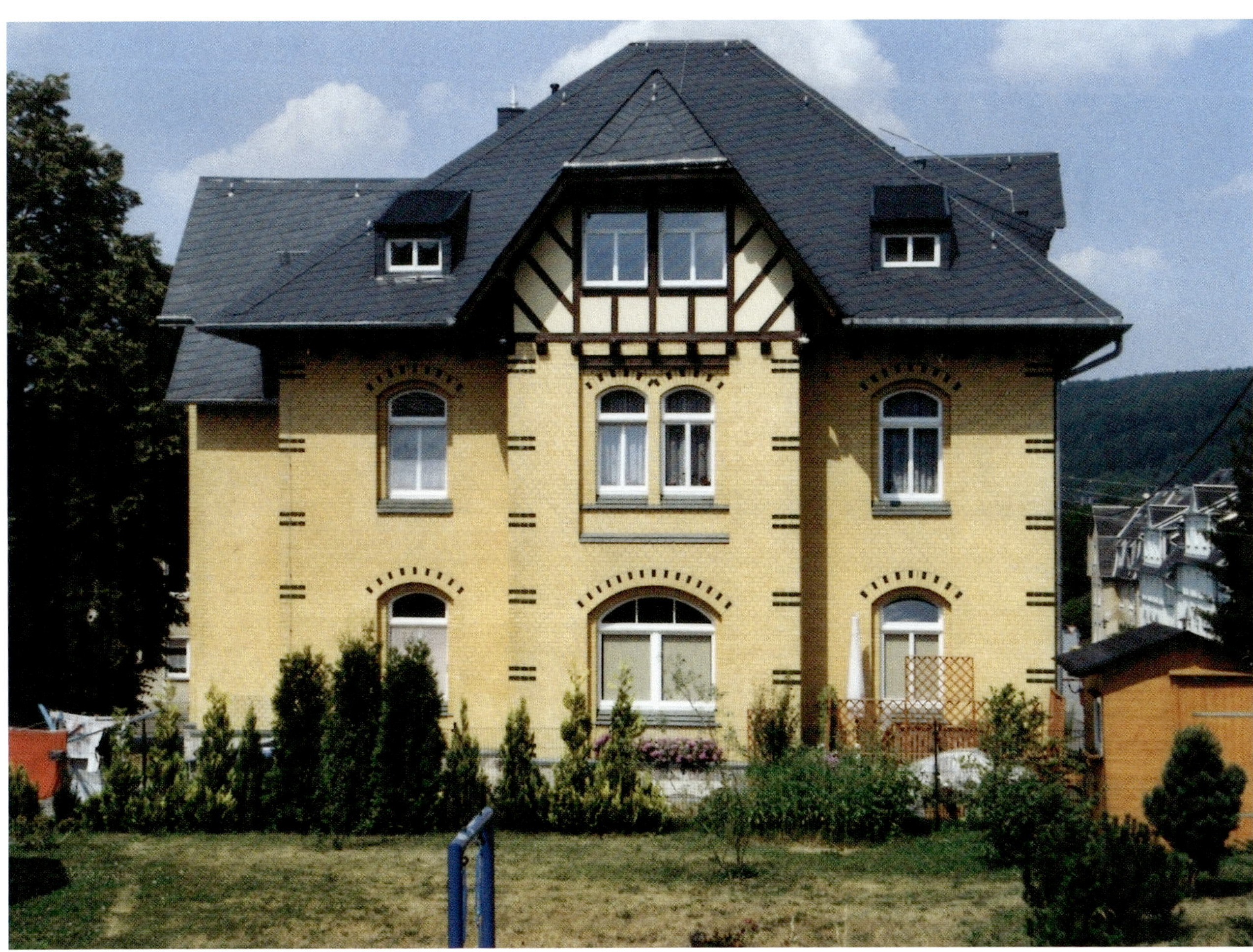

170 Schlachthof Olbernhau, Verwaltungsgebäude, 2006.

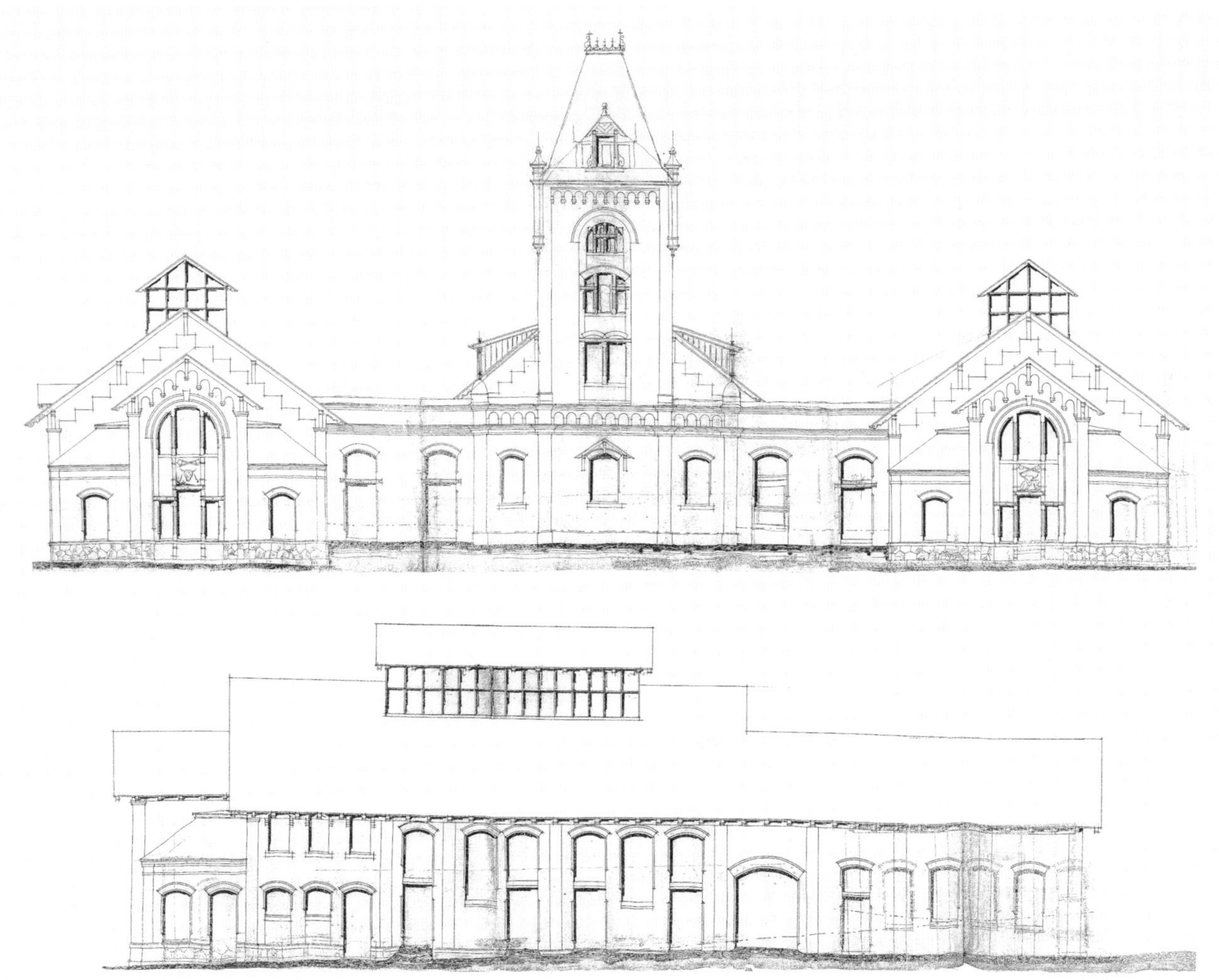

171 Schlachthof Olbernhau, Ansicht.

Türen versehenen Vorraum mit der Kuttelei in Verbindung, auch können aus dem Raum für beanstandetes Fleisch die zu vernichtenden Teile unmittelbar in ihn gebracht werden. Der gewonnene Dünger soll zu landwirtschaftlichen Zwecken in der unmittelbaren Umgebung der Stadt verwendet werden und [es] macht sich daher [ein] Anschluß an die Bahngleisanlage nicht notwendig.

■ 11. Die Ställe für das Großvieh sind neben der Schlachthalle für das Großvieh angelegt. Sie sind gemeinschaftlich sowohl für die Schlachtrinder als auch für die während des Schlachtens unterzustellenden Pferde der Fleischer gedacht. Diese Vereinigung bietet den finanziell sehr schwer in das Gewicht fallenden Vorteil der wesentlich günstigeren Ausnützung der Raumverhältnisse und erscheint mit Rücksicht auf die erfahrungsgemäß im Durchschnitt sehr geringe Benutzung der Schlachtställe in einem kleineren Schlachthofe, wie wir ihn bauen, nach den Beobachtungen und amtlichen Auskünften der ähnlichen Schlachthöfen vorgesetzten Behörden auch nicht bedenklich, zumal da für verdächtiges Vieh im Sanitätsstall genügend Raum ist. Ueberdies wird die Wärme des Stalles bei unseren gebirgischen, meist länger anhaltenden Wintern im gemeinschaftlichen Raum besser und zweckentsprechender ausgenützt. Eine Gefahr der Seuchenbreitung ist auch so gut wie ausgeschlossen für den, der den geringen Umkreis des Bezirkes kennt, aus welchem die hiesigen Fleischer ihr Vieh beziehen und der berücksichtigt, daß das (»meist« durchgestrichen, stattdessen) fast ausschließlich aus den Schlachthöfen von Chemnitz und Zwickau mit der Bahn ankommende Schlachtvieh regelmäßig vor seiner Einstallung in den Großviehstall tierärztlich untersucht werden muß. Die Decke des Stalles ist gewölbt, die Wände und der Fußboden sind mit Cementbelag versehen. Die Abtrennung der einzelnen Stände wird von den Viehbesitzern ganz ausdrücklich gewünscht und ist deshalb erfolgt. Die unmittelbare Verbindung des Stalles mit der Schlachthalle durch eine Tür ist, so bequem sie für die Fleischer sein mag, zu unterlassen, um die Unzuträglichkeiten des Dunsteintrittes in die beiderseitigen Räume zu vermeiden.

■ 12. Der Stall für das Kleinvieh liegt neben der Schlachthalle für das Kleinvieh. Er ist nach dem allgemein üblichen System der Buchten eingerichtet, hat Cementwände und Cementfußboden und ebenso wie der Stall für das Großvieh gewölbte Decke. Auch er ist nicht unmittelbar mit der Schlachthalle verbunden, doch ist der Weg vom Stall nach der Schlachthalle durch das überhängende Dach vollständig gegen Witterungsunbilden geschützt.

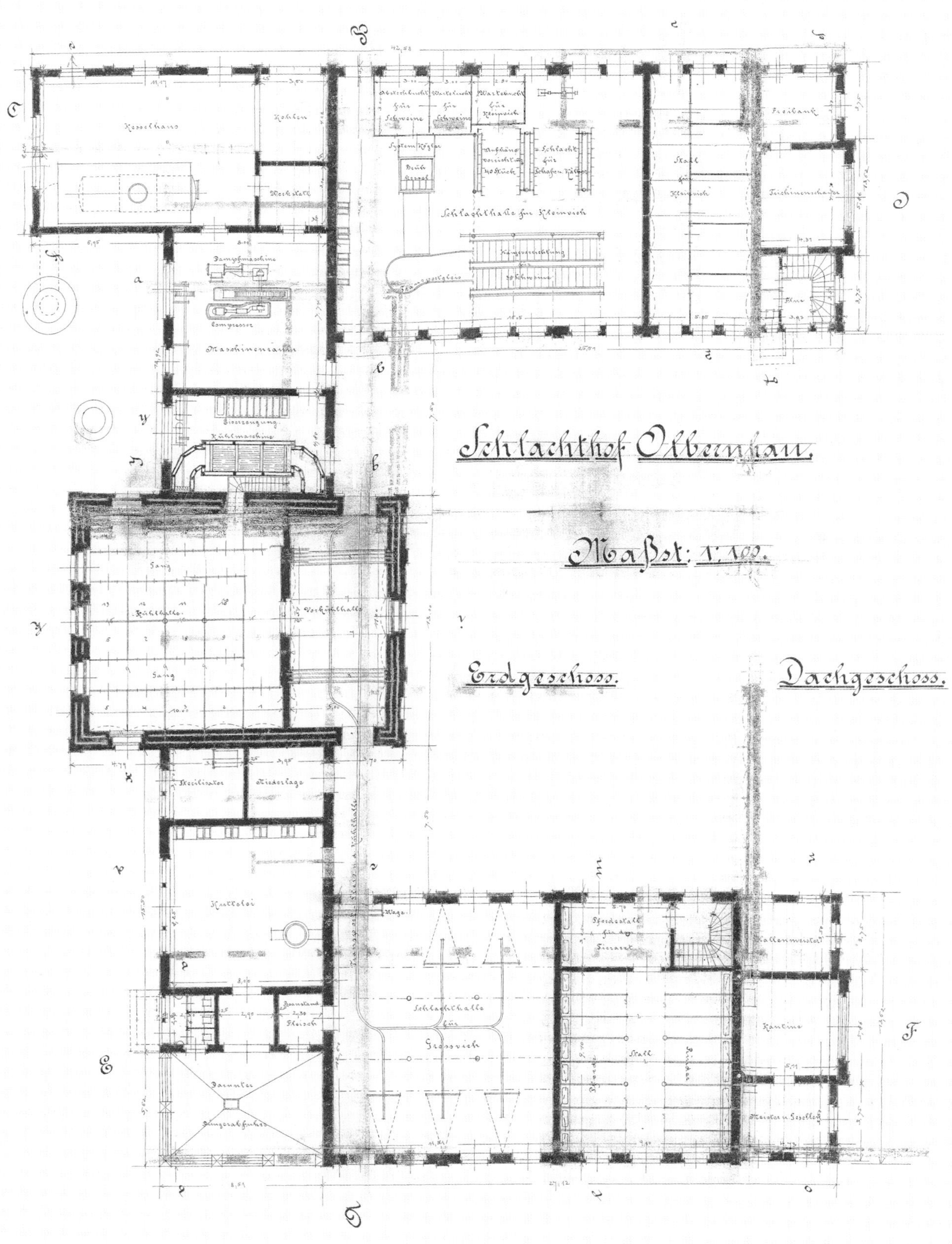

172 Schlachthof Olbernhau, Grundriss.

■ 13. Das Kühlhaus besteht aus einer Kühlhalle mit Vorkühlhalle, welche letztere mit der Schlachthalle für das Großvieh durch Transportgleisanlage an der Decke verbunden ist. Die Anzahl der Kühlzellen ist nach gehaltener Umfrage dem Bedürfnis des Ortes entsprechend bestimmt und für ein Wachstum der Stadt auf etwa 12 bis 13000 Einwohner ausreichend.
■ 14. Die Kühlmaschine steht in einem besonderen Raum neben der Kühl- und Vorkühlhalle. Das zu wählende System ist noch nicht bestimmt, doch wird aller Voraussicht nach das Ammoniaksystem den Vorzuch erhalten. Zur besseren Ausnutzung der erzeugten Kälte ist als Nebenproduktion die Aufstellung einer Eismaschine geplant.
■ 15. Die für die Kühlmaschine notwendigen Behälter für kaltes und warmes Wasser finden ihre Aufstellung in dem über der Vorkühlhalle vorgesehenen Wasserturm. Gespeist werden diese Behälter in der Hauptsache aus der städtischen Hochdruckwasserleitung.
■ 16. Der Maschinenraum, in dem vorläufig eine Dampfmaschine ohne Kondensation und ein Kompressor Aufstellung finden, bietet Raum, um im Falle eintretenden Bedürfnisses eine Reservemaschine aufstellen zu können. Maschine und Kompressor sind auf Anraten sämtlicher in Konkurrenz gezogener Maschinenbauanstalten miteinander gekuppelt, um den bei Transmissionen unvermeidlichen Energieverlust zu ersparen. Dies erscheint auch deshalb nicht bedenklich, weil die Maschine nie in Gang gesetzt wird, ohne daß gleichzeitig der Kompressor in Tätigkeit tritt. Die Verbindung der Dampfmaschine mit der Kühlmaschine erfolgt durch Transmission. Kondensation ist nicht erforderlich, weil der gewonnene Abstoßdampf zur Wassererwärmung für den Schlachthofbetrieb notwendig gebraucht und zweckmäßig verwendet wird. Eine endgültige Entscheidung über das für die Dampfmaschine zu wählende System ist noch nicht getroffen. Die Maschine wird zu weiteren Kraftleistungen als zur Inbetriebsetzung der Kälteerzeugungsmaschinen nicht verwendet und bedarf daher nicht hoher Kräfteanspannung.
■ 17. Neben dem Maschinenraum befindet sich eine Reparaturwerkstätte für den Maschinenwärter. Dieselbe soll gleichzeitig als solche für kleinere im gesamten Schlachthofbetrieb vorkommende Reparaturen verwendet werden. Sie hat außer dem Zugang zum Maschinenraum noch einen solchen zum Kesselhaus.
■ 18. Das Kesselhaus bietet ebenfalls noch reichlich Raum zur Aufstellung eines Reservekessels neben dem jetzt geplanten einzigen Kessel. Das zu wählende System ist noch nicht festgestellt. Als Feuerungsmaterial soll mit Rücksicht auf die in der Stadt Olbernhau befindliche Separation Anthrazit gewählt werden. Es wird sich nach Feststellung des Kesselsystems und der Feuerung auf die Bestimmung über die Art und die Höhe des zu errichtenden Dampfschornsteines zu richten haben. Eine Belästigung der Nachbarschaft durch dieses erscheint nach der Lage des gesamten Bauplatzes so gut wie ausgeschlossen. Der Lagerplatz für die zur Verwendung gelangenden Brennmaterialien befindet sich unmittelbar neben dem Kesselhaus und hat einen direkten, bequemen Zugang zur Laderampe der Zweiggleisanlage.
■ 19. Das Dienstzimmer für den Trichinenschauer befindet sich an der Stirnseite des Flügels, in welchem die Schlachthalle für das Kleinvieh untergebracht ist. Er bietet hinreichend Raum für mindestens 3 Trichinenschauer und ist durch 2 große neben der verglasten Eingangstür gelegene Fenster hell erleuchtet.
■ 20. Neben dem Raum für den Trichinenschauer ist die Freibank eingerichtet, die zweckmäßiger Weise mit in den Schlachthof genommen wird. Der Raum ist nach den bisherigen Erfahrungen für Olbernhau reichlich ausreichend, da sich das bisher benutzte und nicht halb so große Lokal des Fleischermeisters Mühl noch nie als zu klein erwiesen hat.
■ 21. Für die im Schlachthofe beschäftigten Fleischermeister und Fleischergesellen ist noch zur Ablegung von Kleidern, Aufbewahrung von kleineren Gegenständen u. s. w. ein besonderes Zimmer reserviert, in welchem den betreffenden Personen verschließbare Schränke für ihre Sachen zur Verfügung gestellt werden sollen.
■ 22. Neben diesem Raum und mit ihm durch eine Tür verbunden befindet sich die Kantine des Schlachthofes, die von dem an der Blumenauerstraße gelegenen und im Privatbesitze befindlichen Schlachthofgasthauß aus bewirtschaftet werden wird.
■ 23. Endlich befindet sich im Erdgeschosse des Hauptgebäudes noch ein Dienstzimmer für den Hallenmeister, der seine Wohnung im Verwaltungsgebäude hat.
■ 24. Im Obergeschosse über dem Stalle für das Großvieh befindet sich der Futterboden.
■ 25. Die Wohnung für den Maschinenwärter befindet sich im Obergeschosse über der Freibank, dem Trichinenschauerraum und dem gewölbten Stall für das Kleinvieh. Sie besteht aus zwei geräumigen Stuben und zwei Kammern und ist dennoch unter den hiesigen Verhältnissen reichlich bemessen.
■ 26. Das Pferde- und Sanitätsschlachthaus sind verbunden nach dem behördlich genehmigten Vorgange beim Schlachthofe in Stollberg, wo sich nach der amtlichen Angabe des Herrn Bürgermeister Lösch und des Herrn Schlachthofdirektor Michael diese Verbindung auch vortrefflich bewährt hat, da das Sanitätssschlachthaus als solches fast nie in Betrieb kommt und dadurch die gesamte Schlachthofanlage finanziell schwer belastet. Daß es sich hierbei nicht um unbedeutende Beträge handelt, ist allein schon daraus ersichtlich, daß die kleine für Olbernhau vorgesehene Anlage über 12 000 M kostet. Gegen Stollberg ist insofern noch ein Vorteil dadurch erreicht, daß der Sanitätsstall vom Pferdestall getrennt gehalten ist, doch kann in besonderen Notfällen der letztere freigelassen und ebenfalls als Sanitätsstall benützt werden. Die Anlage ist durch Herausnehmen und Auswechseln der Zwischenwände ebenso wie in Stollberg sowohl für Großvieh als auch für Kleinvieh verwendbar.

Die Schlachthalle ist so geräumig vorgesehen, daß ihre Benutzung für den Roßschlächter völlig gefahrlos ist. In besonderen Notfällen kann auch während des – im Uebrigen wöchentlich nicht öfteren als einmaligen – Roßschlachtens die Kuttelei als Sanitätsschlachthalle für Kleinvieh oder bereits getötet eingeliefertes Großvieh verwendet werden. Der notwendige Futterboden befindet sich über den Ställen und der Schlachthalle im Dache des Gebäudes. Das Pferde- und Sanitätsschlachthaus ist von den übrigen Gebäuden durch einen Zaun abgegrenzt und nur von dem entlang der Südwestseite des Schlachthofgrundstückes führenden Wirtschaftsweg aus zugänglich. Die nach den Schlachthofgebäuden und der Laderampe führende Tür ist stets verschlossen und kann nur durch den Schlachthofdirektor, der allein den Schlüssel zu ihr hat, geöffnet werden.

■ 27. Zum Unterstellen der Wagen der den Schlachthof benutzenden Fleischer ist seitlich von den Hauptgebäuden ein Wagenschuppen mit einer abgesonderten Wagenremise für den Tierarzt vorgesehen.

■ 28. Als Kläranlage für die Abwässer des Schlachthofes ist eine mechanische Kläranlage nach dem Muster der Anlagen in Stollberg und Glauchau, denen auch ihre Größenverhältnisse angepaßt sind, vorgesehen. Die Klärung erfolgt durch Koaks in Verbindung mit dreimaligem Ueberlauf und zweimaligem Unterlauf. Vor den vier ersten dem Ueberlauf und Unterlauf dienenden Querwänden ist je ein Sieb eingebaut. Die gesamte Kläranlage ist der Länge nach durch eine Scheidewand geteilt und es kann demgemäß die Anlage ganz oder je zur Hälfte außer Betrieb gesetzt werden, was für die Reinigung derselben wesentlich Vorteile bietet. Auf chemische Klärung zuzukommen, haben die befragten Praktiker abgeraten, da dieselbe meist umständlicher ist und nicht immer die wünschenswerten Resultate ergiebt, namentlich aber immer weniger leistungsfähig wird, je länger sie besteht. Dies Gutachten ist auch von denjenigen Herren bestätigt worden, die einen chemischen Kläranppar[a]t in ihrem Schlachthofe in Betrieb haben.

■ 29. Die Abführung der geklärten Abwässer und der Tagewässer des Schlachthofes geschieht durch eine besondere in den Werksgraben der Flöha einzuführende Schleusenanlage. Dieselbe wird teils aus hartgebrannten Tonmuffenrohren teils aus Cementrohren mit den nach den allgemeinen Grundsätzen bei Ortsbeschleusungen vorzusehenden Einsteige- und Reinigungsschächten hergestellt.

Wenn wir im Vorstehenden eine ausführliche Beschreibung des von uns zur Ausführung geplanten Schlachthofes gegeben haben, so wollen wir am Schlusse dieses Erläuterungsberichtes noch ausdrücklich hervorheben, daß die Stadt Olbernhau nicht willens ist, eine Musteranlage von Schlachthof, wie sie z. B. jetzt Plauen/ V. besitzt, zu bauen. Die Stadt will lediglich im allgemeinen sanitätspolizeilichen Interesse eine den Anforderungen der Hygiene entsprechende Anlage für sich selbst bauen, sie will dabei nicht – und darf es auch nicht – über die ihr hierzu zur Verfügung stehenden Mittel hinausgehen. Wenn daher bei dem Schlachthofplane hier und da Vereinfachung vorgesehen sind, so sind dieselben einzig und allein durch die zwingende finanzielle Notwendigkeit geboten. Es ist aber auch noch bei allen in Vorschlag gebrachten Einrichtungen besonders darauf hinzuweisen, daß sie alle nur Ausführungen bezwecken, die in schon bestehenden Anlagen behördlich genehmigt sind und sich nach den von uns erbetenen amtlichen Auskünften als zweckmäßig und nachahmungswert bewährt haben.«[1]

Anmerkungen

1 Stadtarchiv Olbernhau, Der Erläuterungsbericht über die Schlachthofbaupläne in Olbernhau wurde an dem Königlichen Bezirksarzt zu Marienberg und der Königlichen Gewerbeinspektion zu Annaberg zur Kenntnis gegeben.

Literatur und Quellen

■ Stadtarchiv Olbernhau, Erläuterungsbericht über die Schlachthofbaupläne in Olbernhau.

■ Fischer, Werner: 100 Jahre Olbernhau, Olbernhau 2001.

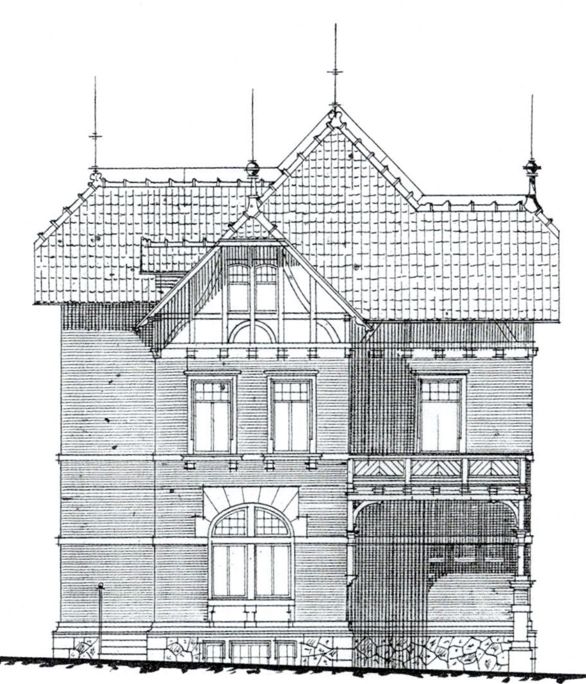

173 Schlachthof Buchholz, Verwaltungsgebäude, Ansicht.

■

Buchholz (1902)

Der Schlachthof als Briefkopfmotiv

Schlachthofstraße 6
Architekt: Stadtbaumeister Georg Tränkner

Der vergleichsweise kleine Schlachthof in Buchholz wurde auf Bestreben der Stadt 1902 durch den Stadtbaumeister Georg Tränkner errichtet. Fast malerisch ordnen sich das Verwaltungsgebäude am Eingang *(Abb. 173)*, das Stallgebäude *(Abb. 174)*, das Schlachthaus, das Dunghaus und das Krankenviehschlachthaus *(Abb. 175)* um einen Innenhof *(Abb. 177)*. Bewusst hat der Architekt für die städtebauliche Einordnung die Form eines bäuerlichen Gutes gewählt, um eine bekannte und funktionelle Form des land- und viehwirtschaftlichen Betriebes zu nutzen. Der Eisenbahnanschluss liegt unmittelbar vor dem Gehöft. Während die Funktionsgebäude – einstöckig mit Heuboden im Satteldach – den notwendigen Ansprüchen gerecht werden, gestaltet der Architekt das Wohn- und Verwaltungsgebäude in den zeittypischen Formen der Reformarchitektur. Regelrecht villenartig erhebt sich der Putzbau mit zwei Vollgeschossen und dem gestaffelten und ausgebauten Walmdach auf einem Natursteinsockel aus Zyklopenmauerwerk. Zahlreiche verschiedene Fensterformen mit Rund-, Segment- und Natursteinabschluss beleben die Fassade. Vor allem das Kolossalfenster des repräsentativen Treppenhauses löst den risalitartigen Vorbau geradezu auf. Ein schmuckvoller Holzbalkon mit Sprengwerk befindet sich an der Gebäudeecke. Ziergiebel mit Schmuckfachwerk sowie die Horizontalbänderung tragen ihrerseits zur Akzentuierung der Fassadenfläche

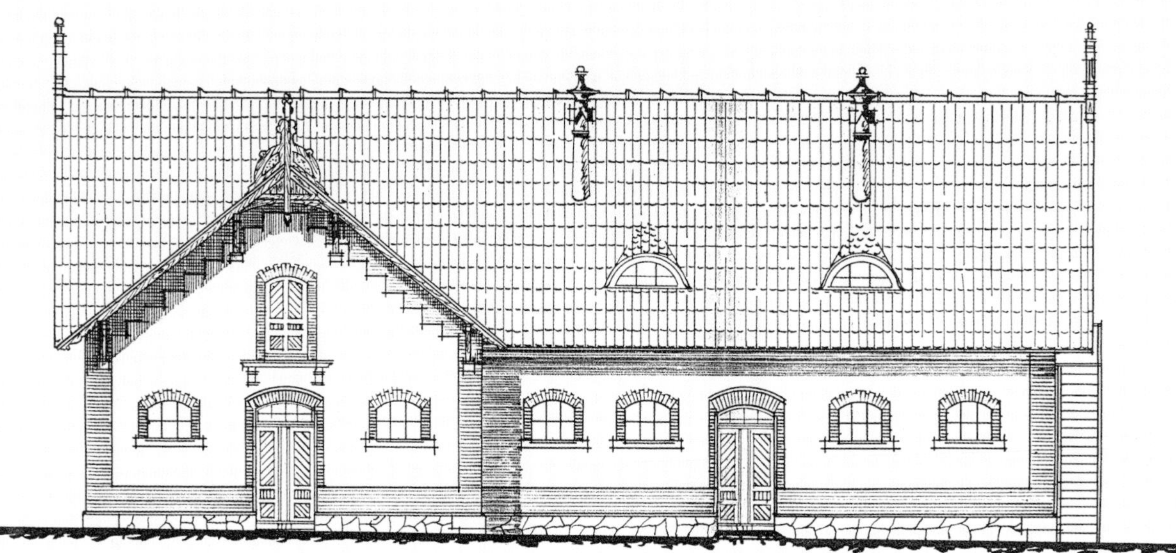

174 Schlachthof Buchholz, Stallgebäude, Ansicht.

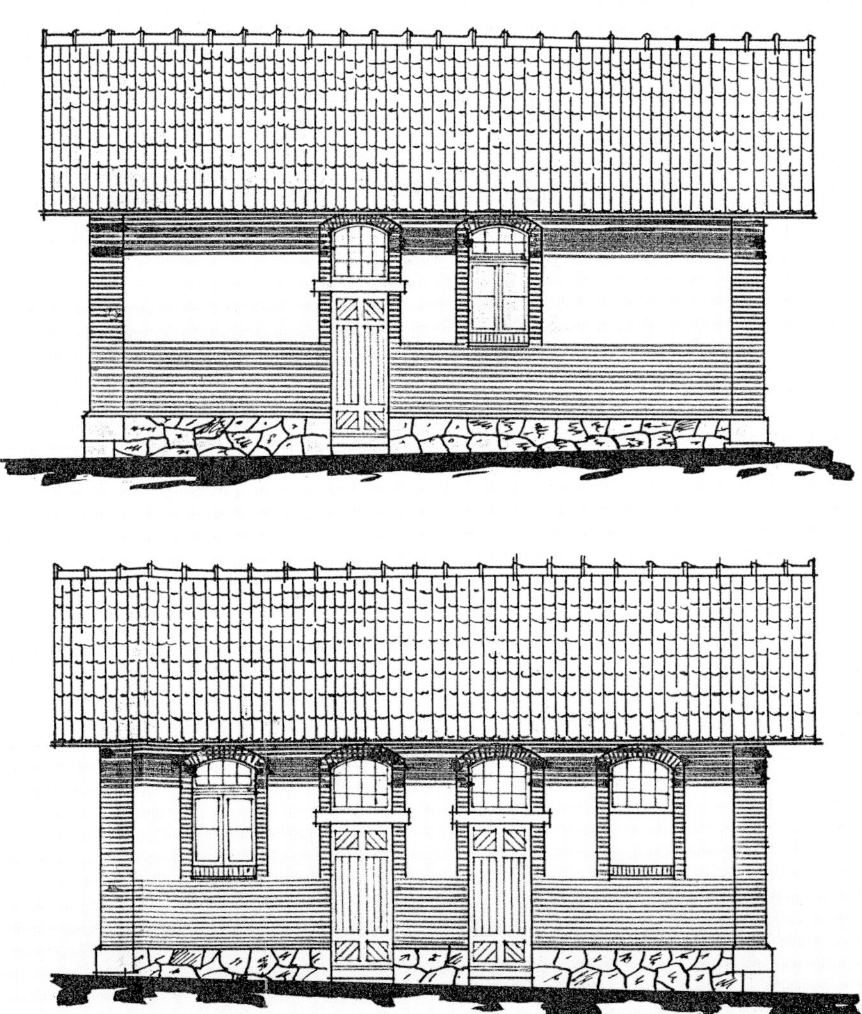

175 Schlachthof Buchholz, Krankenviehstall, Ansicht.

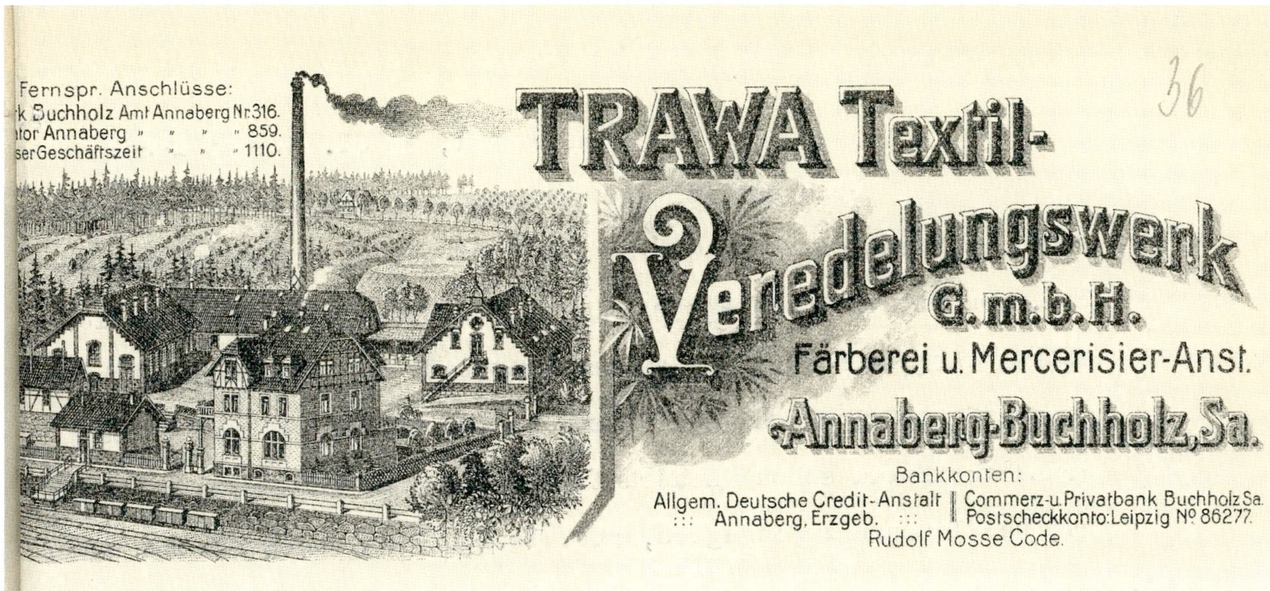

176 Briefkopf der Firma TRAWA.

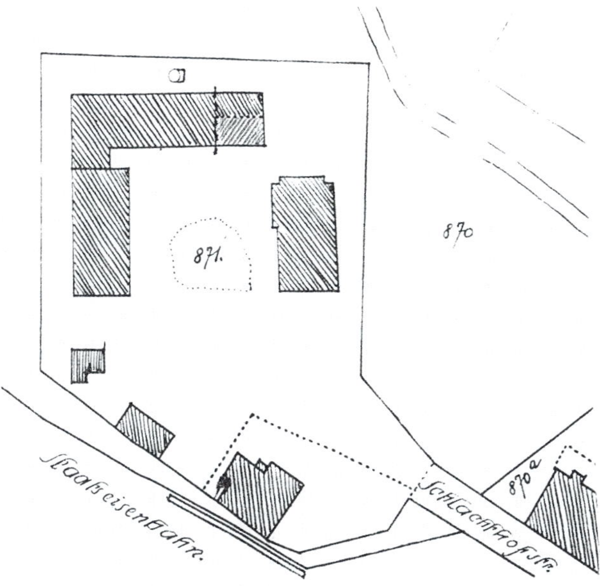

177 Schlachthof Buchholz, Dispositionsplan.

bei. Die Vielfalt der Formen und Zitate an vergangene Architekturepochen sind symptomatisch für die Reformbaukunst. Die gewünschte Gestaltung setzt sich in der aufwendigen Einfriedung und dem schmiedeeisernen Tor fort.

Da es schon seit den 1920er-Jahren Bestrebungen zu der 1949 vollzogenen Zusammenlegung von Buchholz und Annaberg gab, wurde der Schlachthof 1942 durch den Eigentümer Fritz Sauer zur Molkerei umgebaut.[1] Vermutlich deckte der Annaberger Schlachthof schon in den 1930er-Jahren vollständig den Bedarf für beide Orte.

Heute sind die Gebäude zwar in ihrer Kubatur noch erhalten, doch ist ihre ehemals aufwendige Gestaltung nur noch zu erahnen. Stadtgeschichtlich ist die Erbauung eines zwar kleinen, aber eigenen Schlachthofes für den Ort Buchholz bedeutsam. Auf einem Briefbogen der TRAWA Textil-Veredlungswerke wurde dieser Schlachthof sogar als Kopfbild präsentiert *(Abb. 176)*.

Anmerkungen

1 Stadtarchiv Annaberg-Buchholz, Bauakten für das Gebäude 123, Abt. A des Brandkat. Schlachthofstrasse 6, Flurstk. 871, Grundbuchblatt Nr. 1812, Eigentümer Fritz Sauer, erg. 1942, S. 2.

Quellen und Literatur

- Stadtarchiv Annaberg-Buchholz, Acta den Gebäudekomplex Nr. 123, Abth. A des Brd. Kat. betr. Schlachthofstraße Haus Nr. 6 Besitzer Stadtgemeinde Buchholz. Schlachthof (Düngerhaus) Krankenviehstall und Schlachthaus, ergangen 1902, Abt. III, Abschn. 16 a, Nr. 123/A.
- Stadtarchiv Annaberg-Buchholz, Acta den Gebäudekomplex Nr. 123, Abth. A des Brd. Kat. betr. Schlachthofstraße Haus Nr. 6, betr. Verwaltungsgeb., ergangen 1902, Abt. III, Abschn. 16 a, Nr. 123/A.
- Stadtarchiv Annaberg-Buchholz, Acta den Gebäudekomplex Nr. 123, Abth. A des Brd. Kat. betr. Schlachthofstraße Haus Nr. 6 betr. Stallgebäude, ergangen 1902, Abt. III, Abschn. 16 a, Nr. 123/A.
- Stadtarchiv Annaberg-Buchholz, Bauakten für das Gebäude 123, Abt. A des Brandkat. Schlachthofstraße 6, Flurstk. 871 Grundbuchblatt Nr. 1812, Eigentümer Fritz Sauer, erg. 1942.
- Stadtarchiv Annaberg-Buchholz, Ausführungsprojekt Umbau der ehem. Brauerei Annaberg-Buchholz 2 für VEB Fleischwaren Annaberg, Brauhausstraße Nr. 7, Planverfasser Bau-Ing. Fritz Neubert, Bauaufsicht 4, 83/ A.
- Stadtarchiv Annaberg-Buchholz, Ausführungsprojekt Fleischwaren Annaberg, Umbau »Alte Brauerei« Buchholz II. Bauabschnitt, Objekt Nr. Brauhausstraße 7, Architekt BDA Ritter.
- Stadtarchiv Annaberg-Buchholz, Akte zum Ausführungsprojekt Fleischwaren Annaberg, Aufstockung Anbau Objekt Nr. 010/ KMST/67, Architekt Ritter.

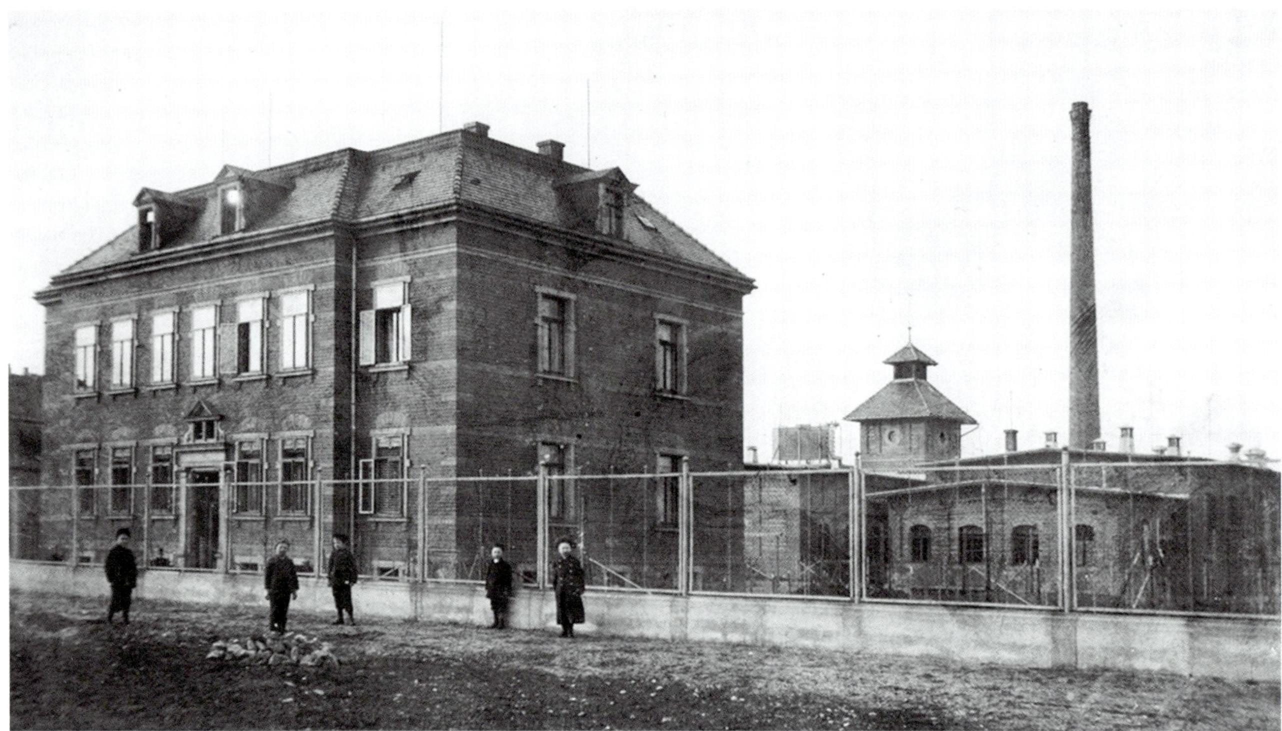

178 Schlachthof Oschatz, Fotografie, um 1910.

Oschatz (1903)

Die Kosten für einen mittelgroßen Schlachthof

Schlachthofstraße 2
Architekt: unbekannt

Der Schlachthof in Oschatz wurde am 7. Dezember 1903 eröffnet, nachdem die Fleischerinnung bereits 1891 erste Initiativen zur Errichtung einer solchen Anlage unternommen hatte. Jedoch wurden erst 1897 Pläne von der Berliner Maschinenbau-Aktiengesellschaft vorm. L. Schwarzkopff erstellt. Sowohl Bausachverständige als auch städtische Beamte waren mit der Planung betraut und besuchten u. a. die Schlachthöfe in Riesa, Grimma und Döbeln. 1900 wurde ein Bauleiter, der mit der Errichtung der Anlage beauftragt werden sollte, aufgefordert die Pläne zu überarbeiten und auf eine Einwohnerzahl von 15 000 Einwohnern zu bemessen. Der Gutachter Dr. med. Schwarz-Stolp bestätigte und verbesserte diese Pläne, sodass der Schlachthof gebaut werden konnte *(Abb. 178, 179)*. Die Ausführungssumme von 281 000 Mark setzte sich folgendermaßen zusammen: »Verwaltungsgebäude (42 000 Mk.), Kessel-, Maschinen- und Kühlhaus (52 700 Mk.), Dampfschornstein (2 000 Mk.), Schlachthaus und Schweineställe (32 000 Mk.), Straßenüberdachung (1 200 Mk.), Stallgebäude (19 800 Mk.), Sanitätsschlachthaus (13 400 Mk.), Abortgruben (1 250 Mk.), Klärgrube (4 000 Mk.), Tagewasserschleusen (4820 Mk.), Schlachtabwässerschleusen (4 500 Mk.), Brunnen (2 000 Mk.), Einfriedung (4 800 Mk.), Erdbewegung (14 800 Mk.), Straßenbefestigung (11 200 Mk.), Wasserleitung (2 500 Mk.), Inventar (4 500 Mk.), Kühlanlage (40 000 Mk.), maschinelle Einrichtung (18 000 Mk.), elektrische Beleuchtung (6 000 Mk.).«[1] Die Zahlen verdeutlichen exemplarisch, welche Beträge für den Bau und die Einrichtung eines mittelgroßen Schlachthofes eingeplant werden mussten. Den Auftakt der Anlage bildete das heute noch existierende Beamtenwohnhaus *(Abb. 180)*, in dem auch die Verwaltung untergebracht war. Hier befanden sich das Direktorenzimmer, der Trichinenschauraum und die Wohnungen für die Schlachthofbediensteten. Der zweigeschossige rote Klinkerbau wird an den Gebäudeecken und über den Fenstern durch gelbe Klinkersteine akzentuiert. Die mittleren sechs Fensterachsen treten aus der Fassade hervor. Der Haupteingang wird durch ein kraftvolles Säulenportal aus Naturstein markiert. Der Sockelbereich besteht aus zeittypischem Zyklopenmauerwerk. Östlich und westlich des Verwaltungsgebäudes befanden sich jeweils an den Grundstücksgrenzen die Stallungen, Wagenschuppen und die Düngergrube in eingeschossigen Bauten, deren Dachbereich der Heulagerung diente. Das Schlachthaus für Rinder, Schweine und Kleinvieh schloss sich im – einen Hof bildenden – Abstand axial hinter dem Verwaltungsgebäude an. Auf T-förmigen Grundriss bot es für die Schlachtungen optimale Bedingungen mit einer räumlichen Verschränkung von gemeinsam genutzten Bereichen, wie der mittig eingerichteten Waage und separaten, nur für bestimmte Tiere vorgesehenen Orten mit den entsprechenden Funktionsgeräten. Hinter diesem Bau schließt sich das große Kühlhaus mit dem Kühlturm an. Ebenfalls auf annähernd T-förmigen Grundriss gliedern sich ein Schlachthaus für Pferde und krankes Vieh und die

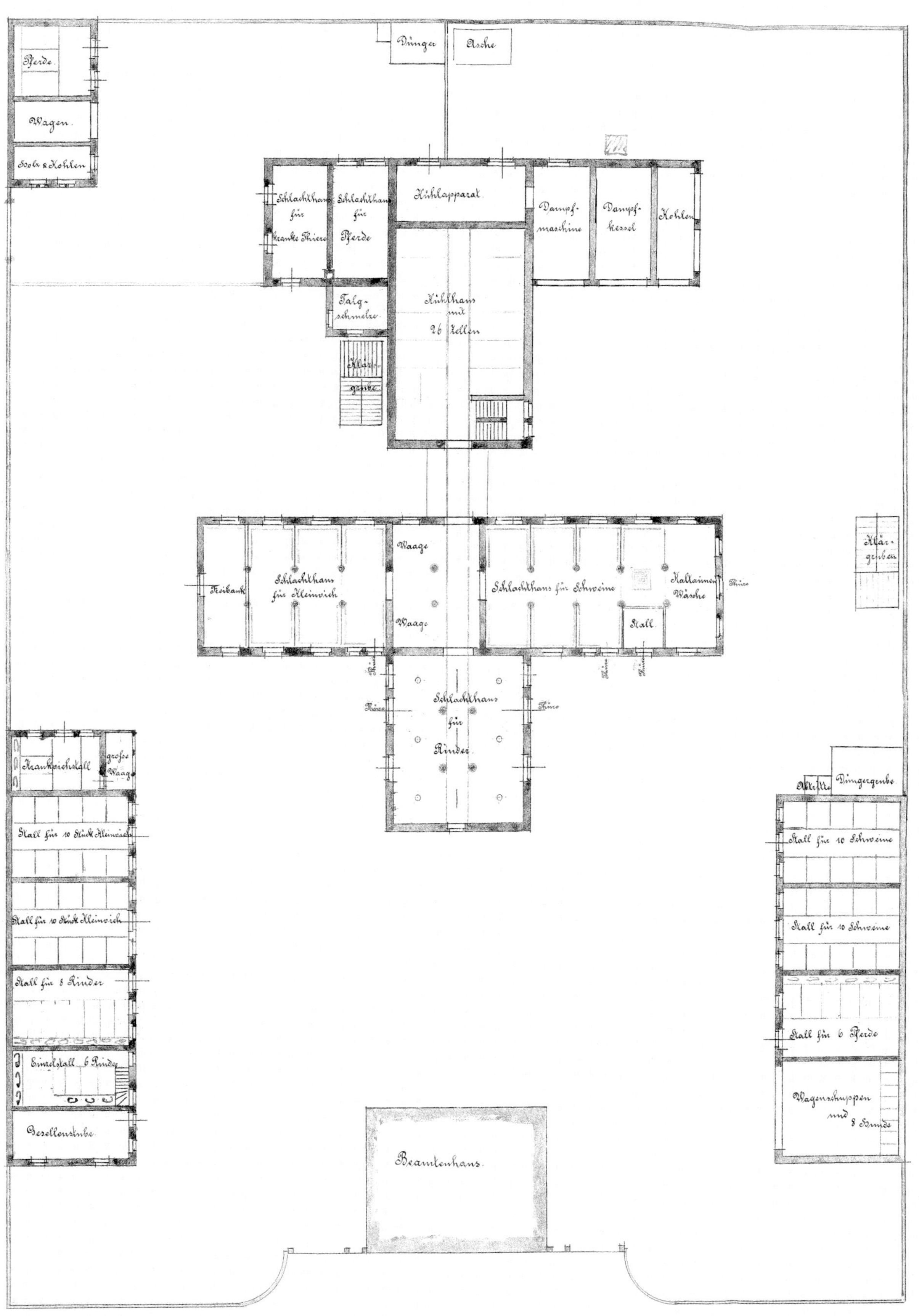

179 Schlachthof Oschatz, Dispositionsplan.

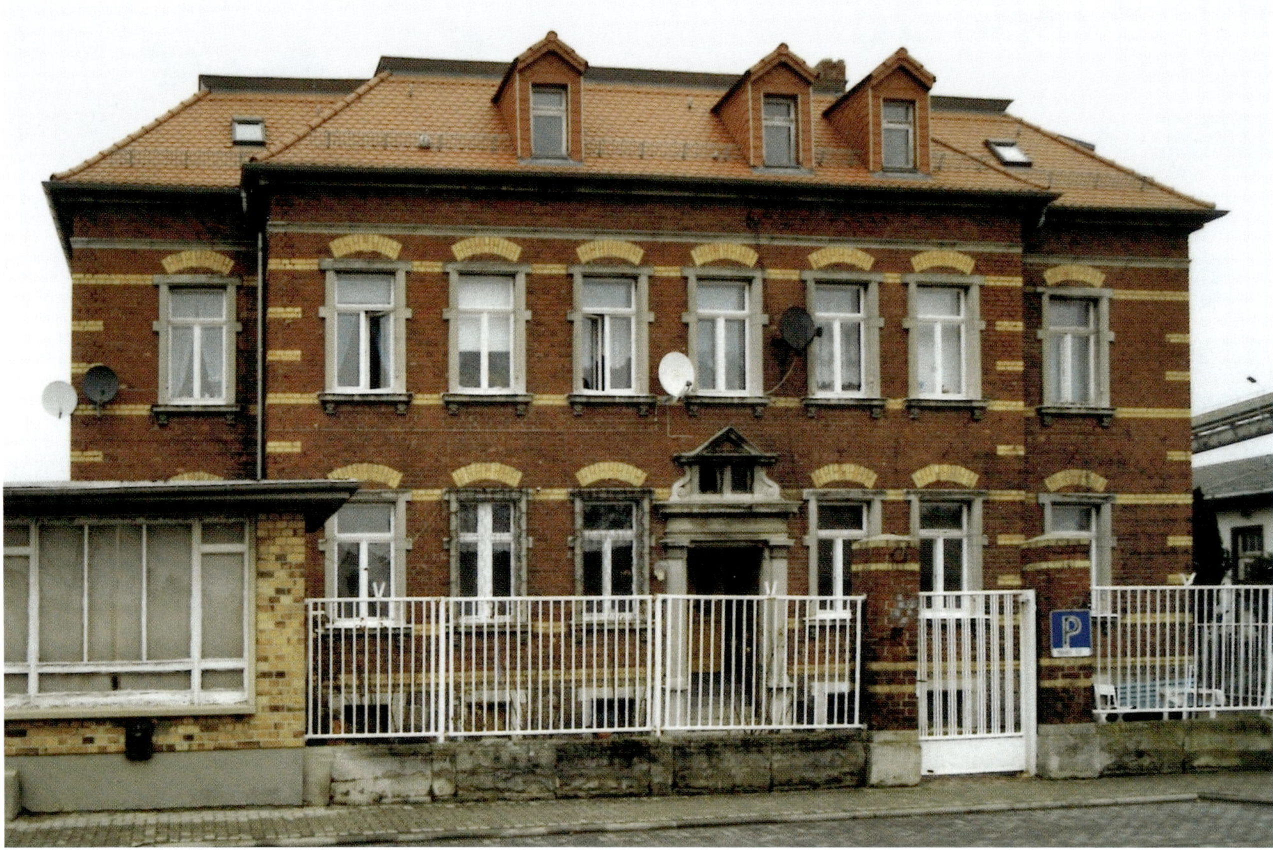

180 Schlachthof Oschatz, Verwaltungsgebäude, 2006.

Talgschmelze einerseits, andererseits der Dampfkesselraum und die Dampfmaschine an. Der auf rechteckigem Grundriss errichtete Kühlturm bildet die Dominante des Schlachthofs und ist gleichzeitig symbolhaft für diese Industrieanlage. Ein kleines Gebäude an der nordwestlichen Grundstücksgrenze dient als Pferdestall und Wagenremise. Sämtliche Bauwerke sind in rotem Klinker errichtet. Heute besteht nur noch das Verwaltungsgebäude in seinem originalen Erscheinungsbild. Das Kühl- und Kesselhaus wurde abgebrochen. Die Schlachthallen wurden vollständig umbaut, sodass keinerlei originale Struktur mehr ablesbar ist. Lediglich ein Reliefbild mit einem großen Kuhkopf an der Eingangsseite des heute durch einen privaten fleischverarbeitenden Betrieb genutzten Gebäudes zeugt noch vom ursprünglichen Schlachthaus. In der Struktur wurden deutlich Anleihen bei den Schlachthöfen in Grimma und Döbeln genommen, was sich auch aus einem Brief des Obermeisters Emil Fischer von der Fleischer-Innung Oschatz an die Stadtverwaltung erkennen lässt: »In verschiedenen Orten vorgenommene Besichtigungen von derartigen Instituten haben ergeben, daß die Einrichtungen des Schlachthofs Döbeln einem hier zu errichtenden dergleichen als Muster dienen können, jedoch müßte, was der Döbelner mangelt, der bisherigen Anlage noch ein Kühlraum, dessen Notwendigkeit anerkannt wird, eingebaut werden.«[2]

Anmerkungen

1 Stadtarchiv Oschatz, Akte Vol. 3, Zeitungsausschnitte aus »Oschatzer Gemeinnütziger«, S. 204.

2 Stadtarchiv Oschatz, Acta des Stadtrathes zu Oschatz – die Errichtung eines Schlachthofes betr., Abt. II, Abschn. XXX – No. 1 ergangen 1891, S. 4: Brief von der Fleischer-Innung Oschatz an die Stadtverwaltung (Bedürfnis nach Schlachthof).

Quellen und Literatur

▮ Stadtarchiv Oschatz, Acta des Stadtrathes zu Oschatz- die Errichtung eines Schlachthofes betr., Abt. II, Abschn. XXX, Vol. 1, erg. 1891, S. 4: Brief von der Fleischer-Innung Oschatz an die Stadtverwaltung (Bedürfnis nach Schlachthof), S. 50: Verzeichnis über eingerichtete Schlachthäuser der Maschinenbau-Actien-Gesellschaft vorm. Beck & Henkel Cassel, Vol. 2 erg. 1899, Vol. 3 erg., S. 204 f., Zeitungsausschnitte.

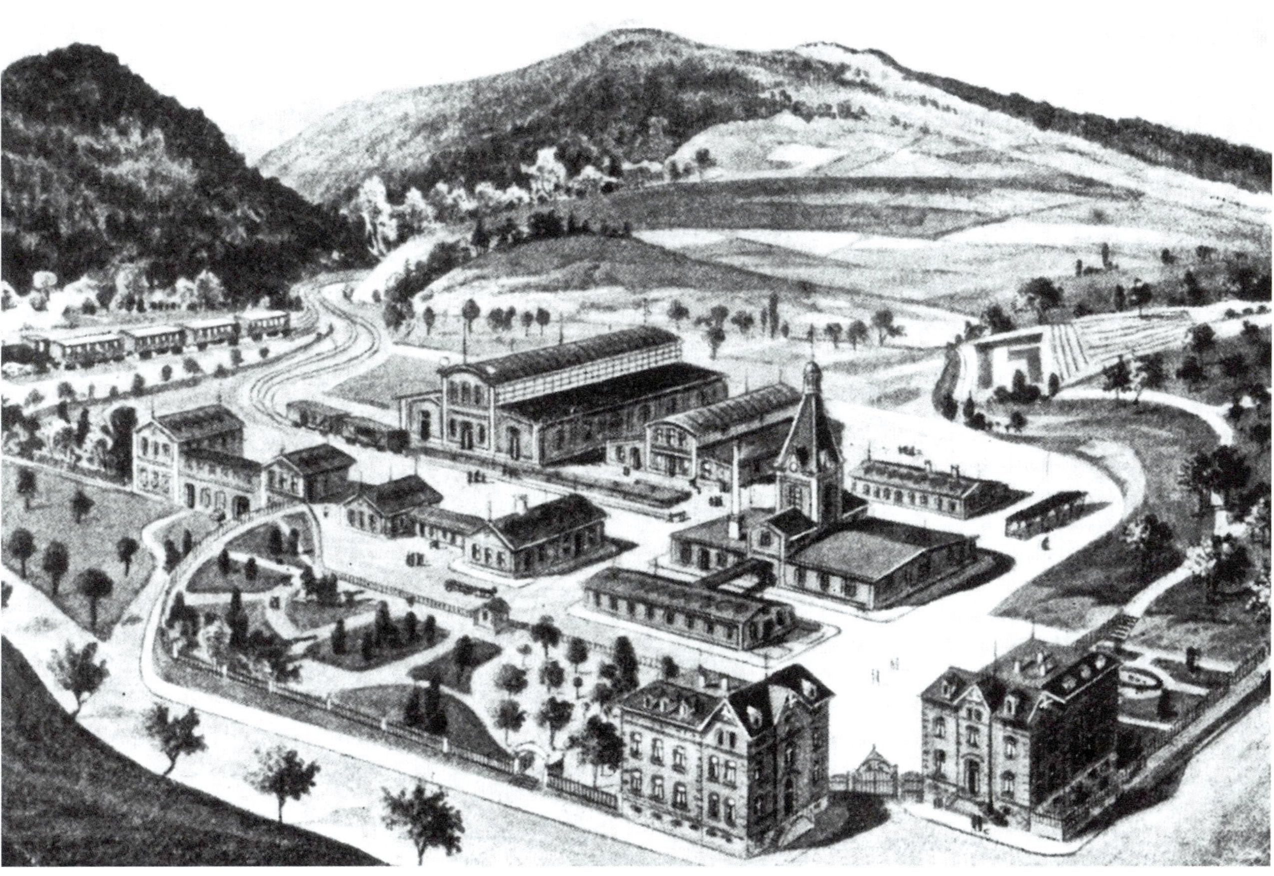

181 Schlachthof Aue, Schaubild.

Aue (1906)

Die über Eck erschlossene Anlage

Lößnitzer Straße
Stadtbaumeister Max Püschmann

Bereits 1897 plante die Stadt Aue die Errichtung eines kommunalen Schlachthofes. Dafür wurde 1898 das Erlergut an der Lößnitzer Straße erworben. Begünstigend wirkte sich aus, dass dieses Grundstück durch die Abzweigung von der Hauptbahnstrecke Chemnitz–Aue an eine Gleisanbindung und durch die Lenkersdorfer Leitung über einen Wasseranschluss verfügte. Außerdem war es von zwei unabhängigen Zufahrtsstraßen erreichbar. 1903 wurden sowohl der Bauplan als auch die Bausumme von 625 000 Mark von der Stadt bewilligt. Bis zum September 1904 waren die Erdarbeiten und Gleisarbeiten fertig gestellt; in weiteren 21 Monaten stand die gesamte Anlage. Im Juni 1906 konnte die feierliche Weihe des Schlacht- und Viehhofes in Aue begangen werden. Exemplarisch für die allgemeine Feststimmung, die in Aue wohl überall bei Schlachthoferöffnungen aufgekommen ist, wird der Tag folgendermaßen beschrieben: »Im historischen Festzuge mit Festwagen und blumengeschmückten Mastochsen hielt die Fleischerinnung unter Vorantritt der Stadtkapelle ihren Einzug. Nach vorgenommenen Probeschlachtungen und anschließender Besichtigung aller Räume fand auf dem mit frischen Tannenzweigen festlich geschmückten Boden der Rinderschlachthalle ein Festessen und am Abend ein Festkommers im Muldentale statt, zu dem die Fleischerinnung eingeladen hatte.«[1] Diese Beschreibung zeigt auch, welchen hohen Stellenwert der kommunale Schlachthof für die Repräsentation der Stadt Aue besaß.

Ein Schaubild der ersten Planung – vermutlich von Max Püschmann – zeigt, wie wohlproportioniert die notwendigen Gebäude des Schlachthofes angeordnet und komponiert werden sollten. Jedoch musste diese Idee zugunsten niedrigerer Baukosten verworfen und stark vereinfacht werden *(Abb. 181, 182)*.[2]

Den Auftakt der Anlage bildeten die beiden ansichtsgleichen Eingangsgebäude, in den die Verwaltung und das Gasthaus untergebracht waren *(Abb. 183, 184)*. Doch befanden sich in diesen Gebäuden auch Wohnungen, die Börse und verschiedene andere Funktionen. Strukturell und in ihrem Erscheinungsbild mit roter Klinkerfassade und symmetrischer Fensteranordnung sowie dem weit überkragenden Dach ordneten sie sich stilistisch in den gründerzeitlichen Wohnbau des ausgehenden 19. Jahrhunderts ein. Auf dem eigentlichen Gelände folgten giebelständig die langgestreckten Bauten für die Großviehschlachthalle, die Kleinviehschlachthalle und dazwischen das Maschinenhaus mit integriertem Kühl- und Kesselhaus. Letzteres wurde durch einen Turm auf rechteckigem Grundriss betont, der nicht nur funktionell als Wasserreservoir

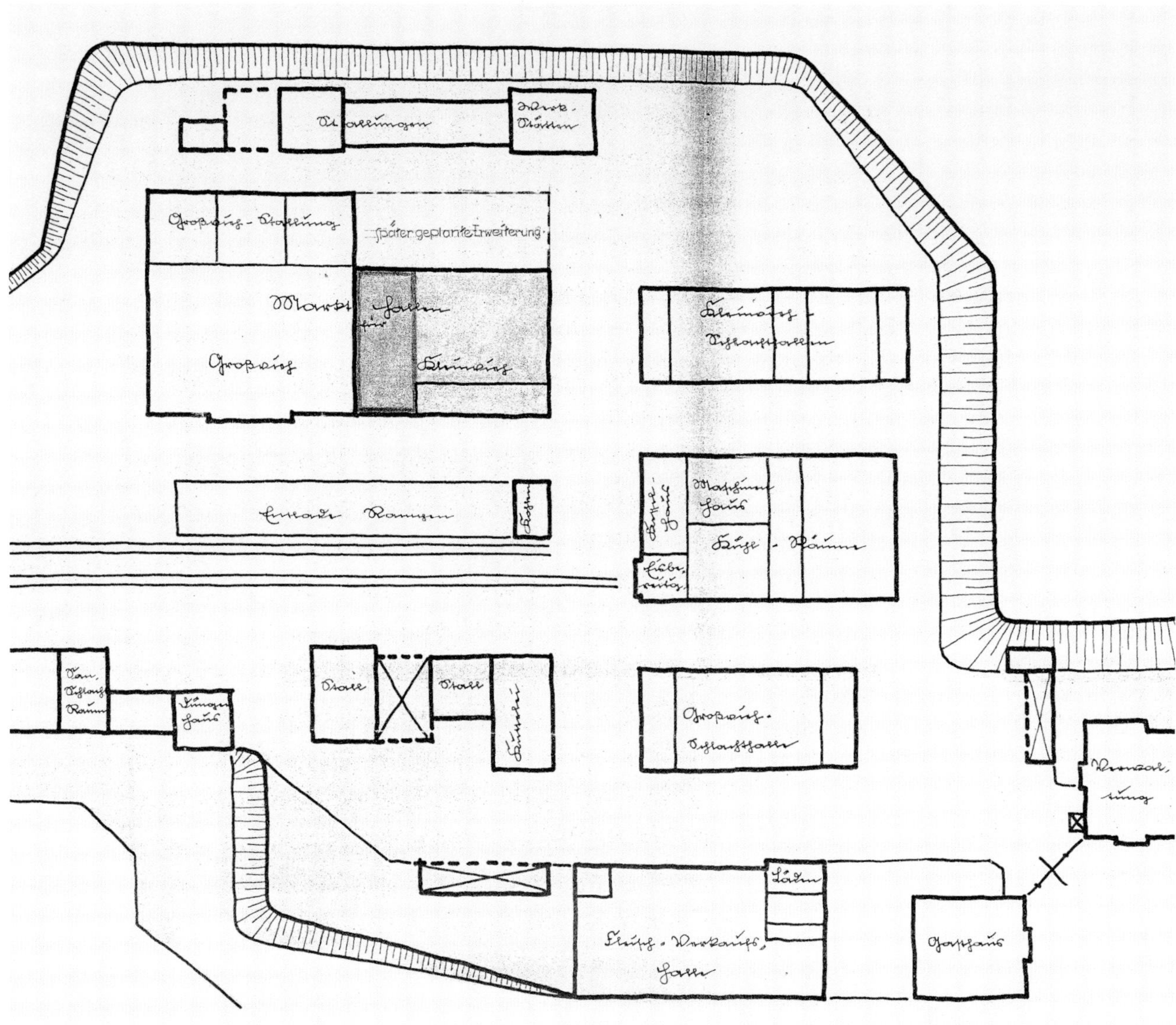

182 Schlachthof Aue, Dispositionsplan.

diente, sondern auch als Identifikationssymbol das Herzstück der Industrieanlage markierte. Das weitaus größte Gebäude des Schlachthofes diente als Markthalle für Groß- und Kleinvieh. Im direkten Anschluss an die Entladerampe der Eisenbahn konnte das Vieh in die Hallen und Stallungen getrieben werden. Formal entspricht das Gebäude den zeitgenössischen Markthallen mit mittlerer Zweigeschossigkeit und ausgebildetem Lichthof, während sich die Seitenflügel kathedralartig an den überhöhten Mitteltrakt anlegten. Weitere Kleinbauten, die sich auf dem Gelände verteilten und eine symmetrische Position zu den Hauptbauten einnahmen, bergen die Sanitätsanstalt mit dem Pferdeschlachthaus, das Düngerhaus, die Kuttelei sowie Werkstätten. Sie waren durch ein Werksstraßennetz miteinander verbunden.

Das ständige Wachstum der Fleischnachfrage und der notwendigen Schlachtungen erforderten seit 1910 Modernisierungen und Anbauten. Die erste erwähnenswerte Erweiterung wurde 1925 beschlossen und im Dezember desselben Jahres fertiggestellt. Es handelte sich dabei um den Neubau einer Fleischgroßhandelshalle, die seither den nördlichen Abschluss des Geländes bildet *(Abb. 185, 186)*. Der Putzbau wurde von Baurat Hesse in den klaren Formen der 1920er-Jahre gestaltet. Vor allem die großen Fenster mit ihrer feinen Gliederung, den Kreuzstegfeldern und Oberlichtern, geben der Fassade schmuckvolle Akzente.

Der Vieh- und Schlachthof Aue ist nach den Tierärzten und Schlachthofdirektoren Hugo Heiß in Straubing und Oscar Schwarz in Stolp in Preußen, deren Publikation über den Bau und Betrieb öffentlicher Schlachthöfe mehrfach erweitert und verlegt wurde, »wohl der kleinste Schlachthof, der mit einem Viehhofe verbunden ist.«[3] Diese Feststellung bezieht sich auf den gesamtdeutschen Maßstab.

1955 wurde der Schlacht- und Viehhof Aue geschlossen. Über die weitere Geschichte der Gebäude ist wenig überliefert. Der Großteil der Anlage wurde in den 1990er-Jahren abgebrochen. Heute sind die beiden Eingangsbauten denkmalgerecht saniert und erinnern an eine der seinerzeit modernsten Schlacht- und Viehhofanlagen in Sachsen.

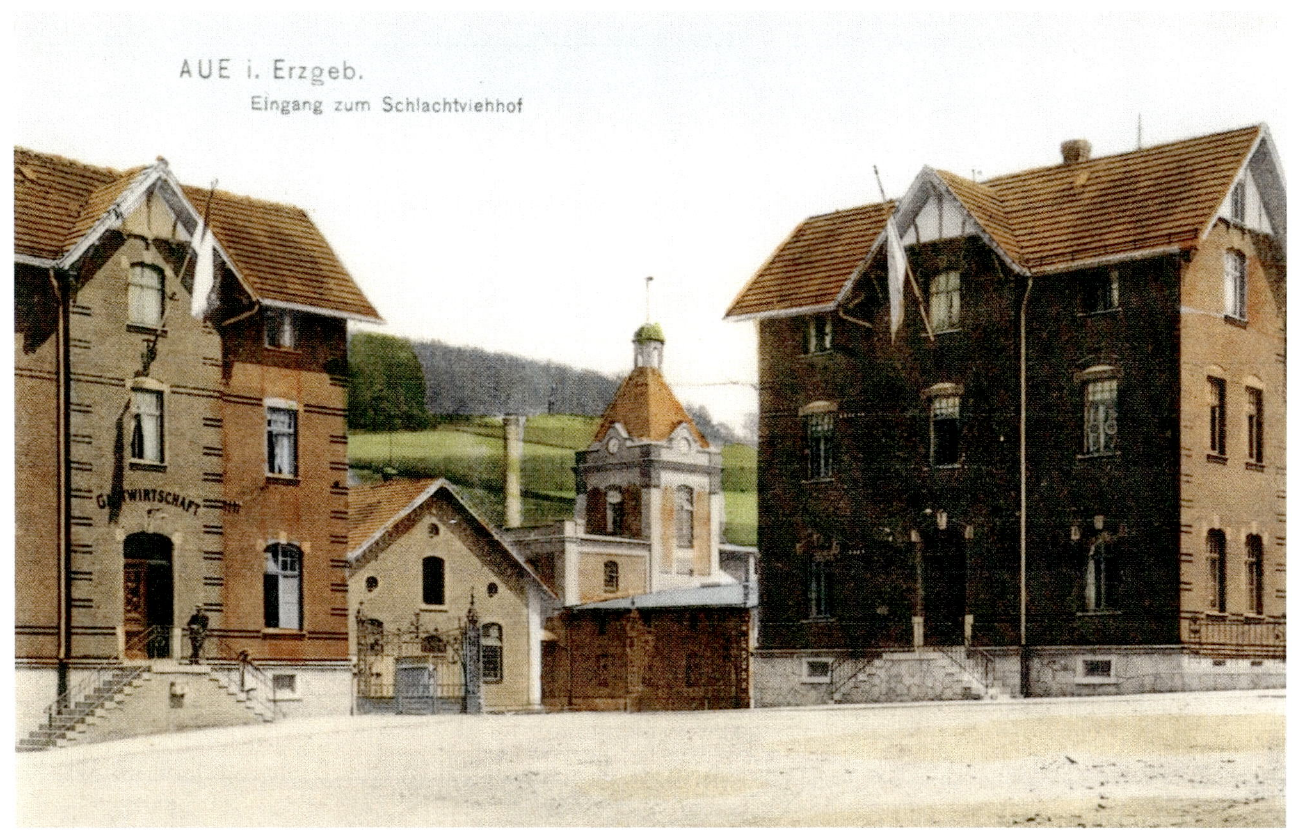

183 Schlachthof Aue, Eingangsbauten, Postkarte.

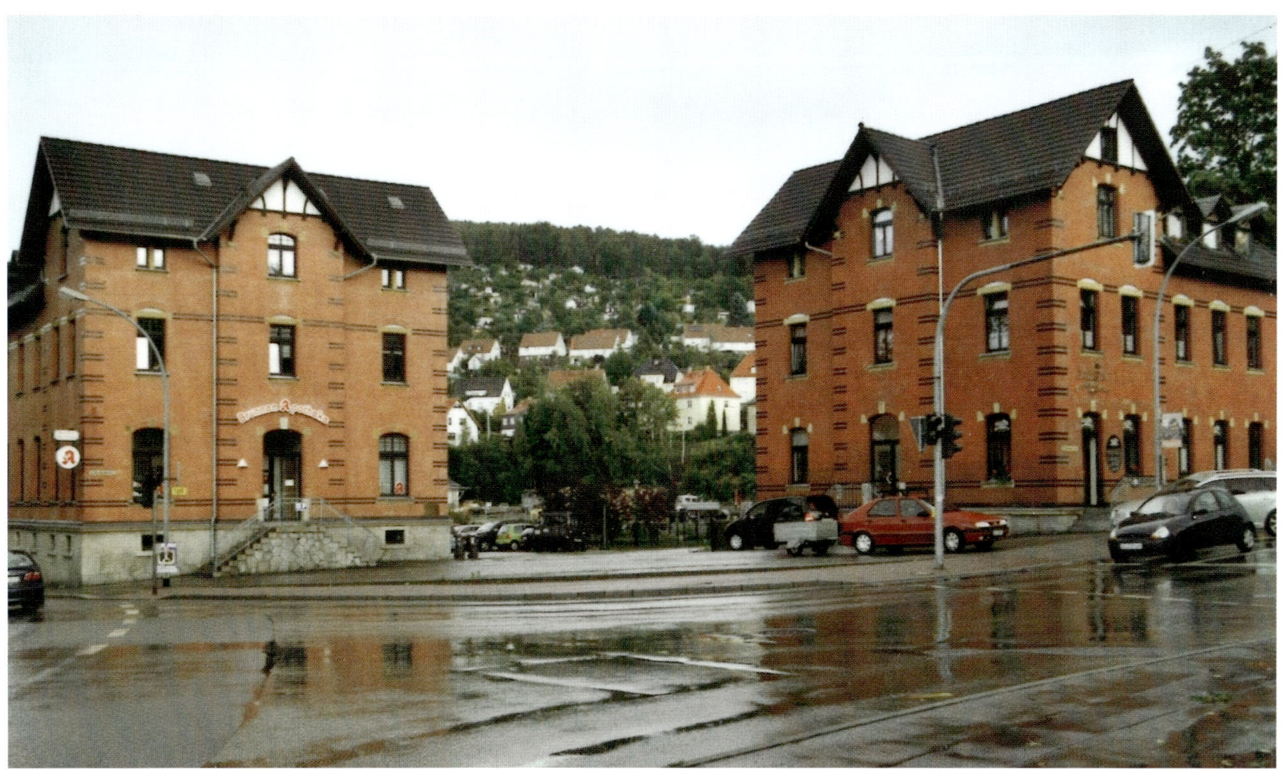

184 Schlachthof Aue, Eingangsbauten, 2006.

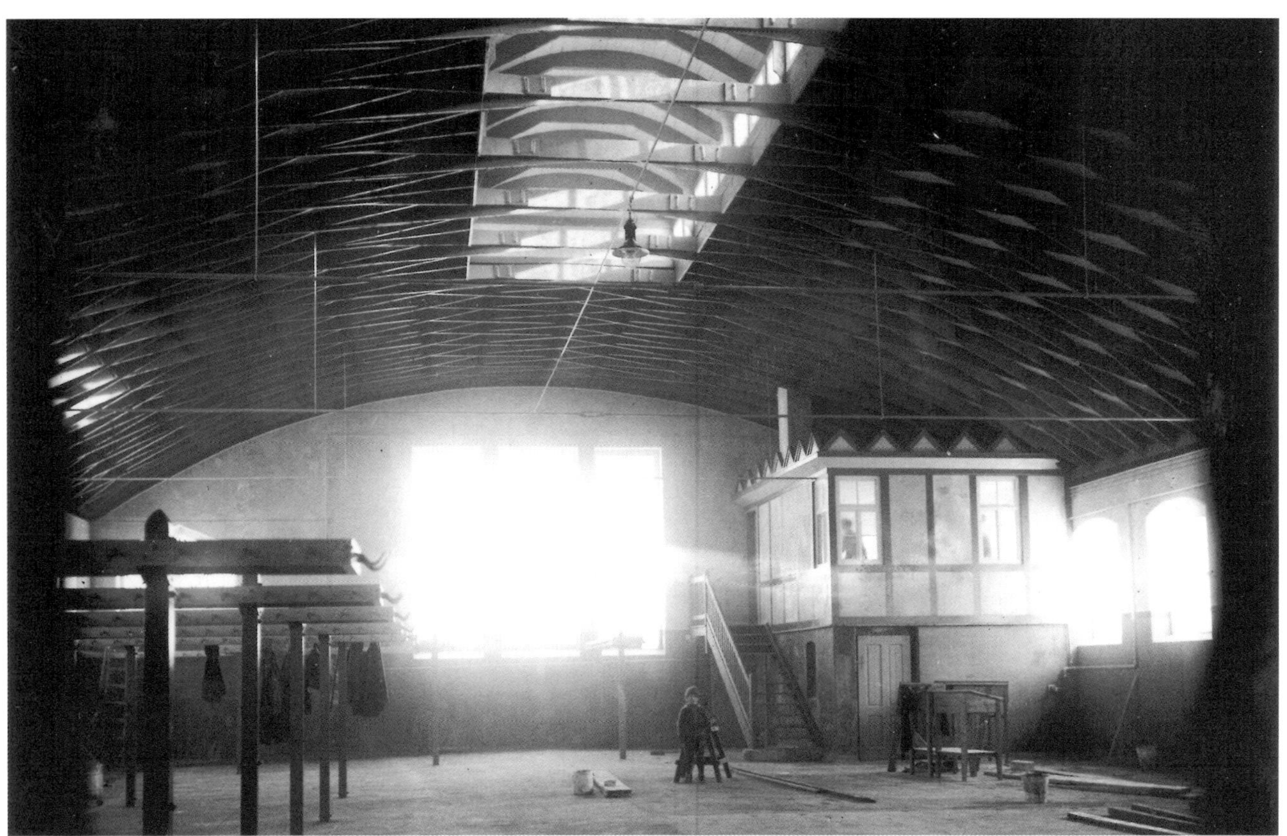

185 Schlachthof Aue, Fleischhalle, historische Aufnahme.

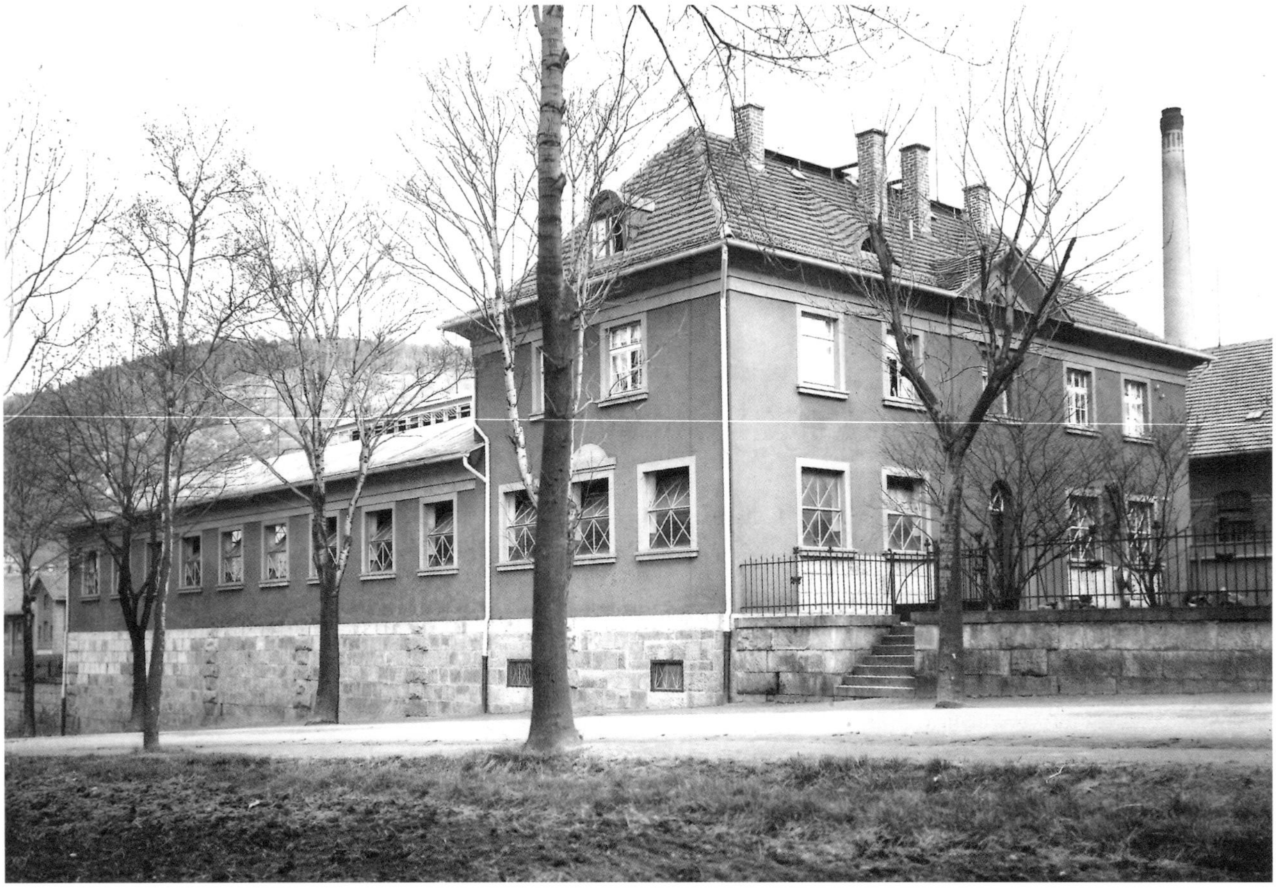

186 Schlachthof Aue, Fleischhalle, historische Aufnahme.

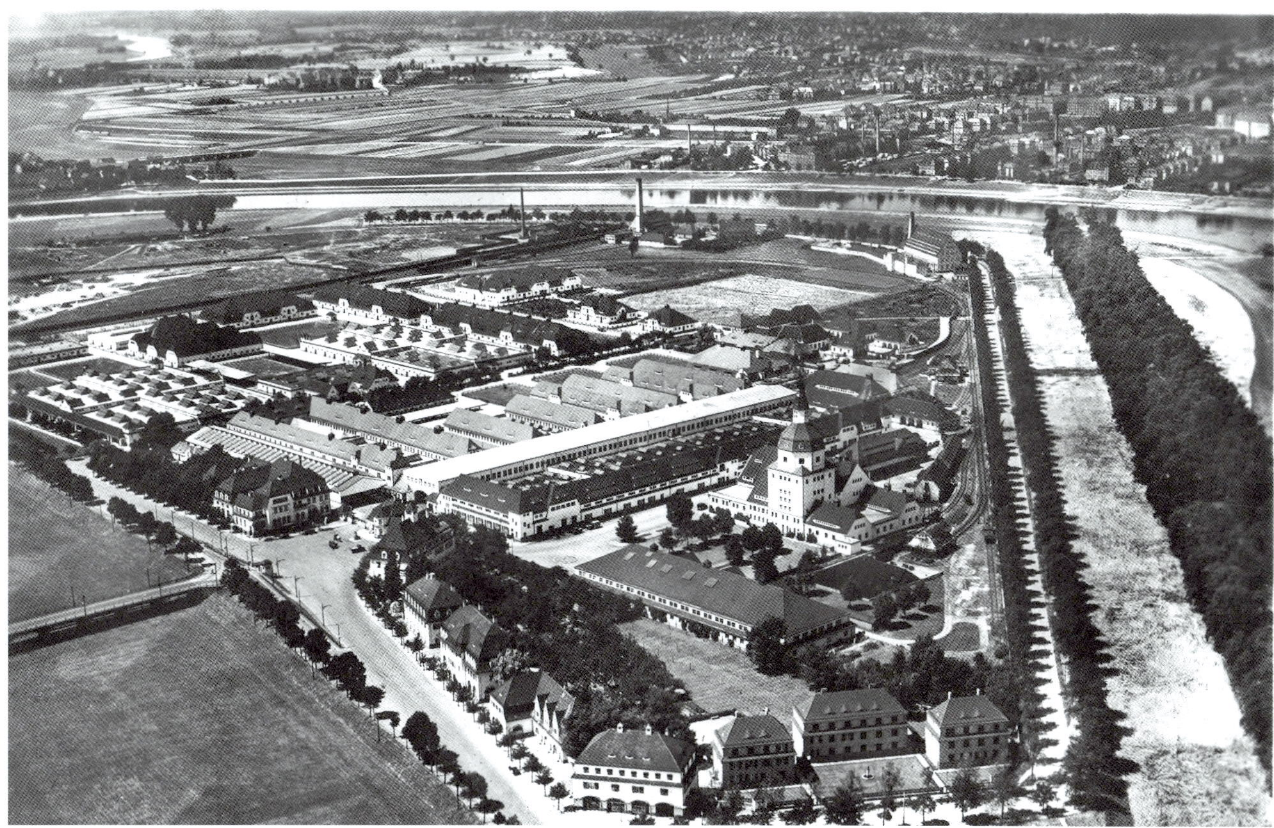

187 Schlachthof Dresden II, Luftbild, Erbauungszeit.

Anmerkungen

1 Vgl. Festschrift 1913, S. 3–5, bes. S. 5.
2 Ebd., S. 5.
3 Schwarz, Oscar: Bau, Einrichtung und Betrieb von öffentlichen Schlachthöfen, Berlin/Heidelberg 1894; Hier zitiert nach Assmann: Um- und Erweiterungsbauten des städt. Schlacht- und Viehhofes Aue i. Sa., in: Kammel, Oskar: Schlacht- und Viehhofbau in neuer Zeit, Folge 7: Winke über schlachthofbauende Städte, Kirchhain N.-L. 1935, S. 89.

Quellen und Literatur

- N. N. Festschrift: 25 Jahre städtischer Schlacht- und Viehhof Aue in Sachsen, Schneeberg.
- Archiv, Akten des Stadtrats Schneeberg, die Verwaltung des städtischen Schlachthofs betreffend, ergangen 1913.
- Stadtarchiv Aue, Akten des Rates der Stadt Aue, Protokolle des Schlachthofbauausschusses betr., erg.1903 geschl. 1907, Abt. IV, Abschn. 1, Nr. 23.
- Stadtarchiv Aue, Akten des Rats der Stadt Aue als Baupolizeibehörde über nachstehend bezeichnetes Bauwerk.
- Stadtarchiv Aue, Akten des Rates der Stadt Aue, Errichtung eines Schlacht- und Viehhofes für Aue betr., erg. 1904, geschl. 1909, Abt. IV, Abschn. 1, Nr. 3, BD.2.
- Stadtarchiv Aue, Akten des Raths zu Aue, Errichtung eines Schlacht- und Viehhofs für Aue betr., erg.1894, geschl. 1904.
- Assmann, Um- und Erweiterungsbauten des städtischen Schlacht- und Viehhofes Aue i. Sa., in: Kammel, Oskar, Schlacht- und Viehhof in neuer Zeit, Kirchhain N.-L. 1936, S. 89–92.

Dresden II (1906–1910)

Der größte europäische Vieh- und Schlachthof

Schlachthofring
Architekten: Hans Erlwein, Bernhard Geissler

Für den zweiten Schlachthof in Dresden, der ausschließlich von der Kommune initiiert wurde und damit den Schlachthof der Fleischer-Innung an der Leipziger Straße ablöste, wurde das Gelände im Ostragehege nahe der Elbe bestimmt. Etwa 36 Hektar Land stand für die Anlage zur Verfügung, wovon 19,2 Hektar für den Viehhof und 16,8 Hektar für den eigentlichen Schlachthof beansprucht wurden *(Abb. 187)*. Die Abgeschlossenheit des Gebietes und die separate Lage innerhalb der Stadt erwiesen sich für den Schlachtbetrieb als sehr geeignet, weil dadurch weder Belästigungen des urbanen Lebens noch Nachbarschaftsschwierigkeiten vorprogrammiert waren. Bereits 1906 wurde mit den Planungen unter Leitung des Dresdner Stadtbaurats Hans Erlwein, der schon 1901 den Bamberger Schlachthof erbaut hatte, begonnen. Am 19. August 1910 wurde der mit einem Kostenaufwand von 14 Millionen Mark errichtete und seinerzeit größte europäische Vieh- und Schlachthof feierlich eingeweiht. Insgesamt 68 einzelne Gebäude vereinten sich zu einem fast städtischen Gefüge, das neben den Betriebs- und Funktionsbauten auch Arbeiterwohngebäude,

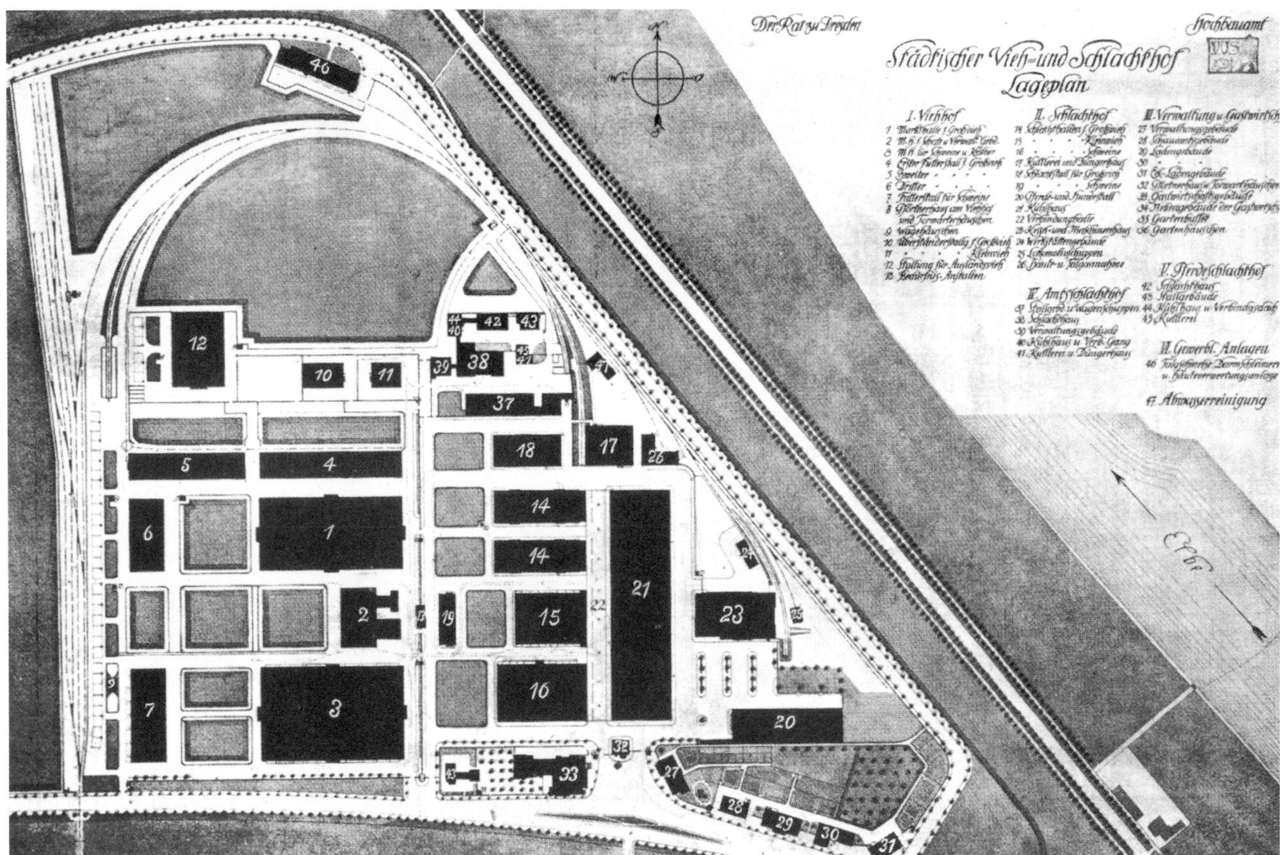

188 Schlachthof Dresden II, Dispositionsplan.

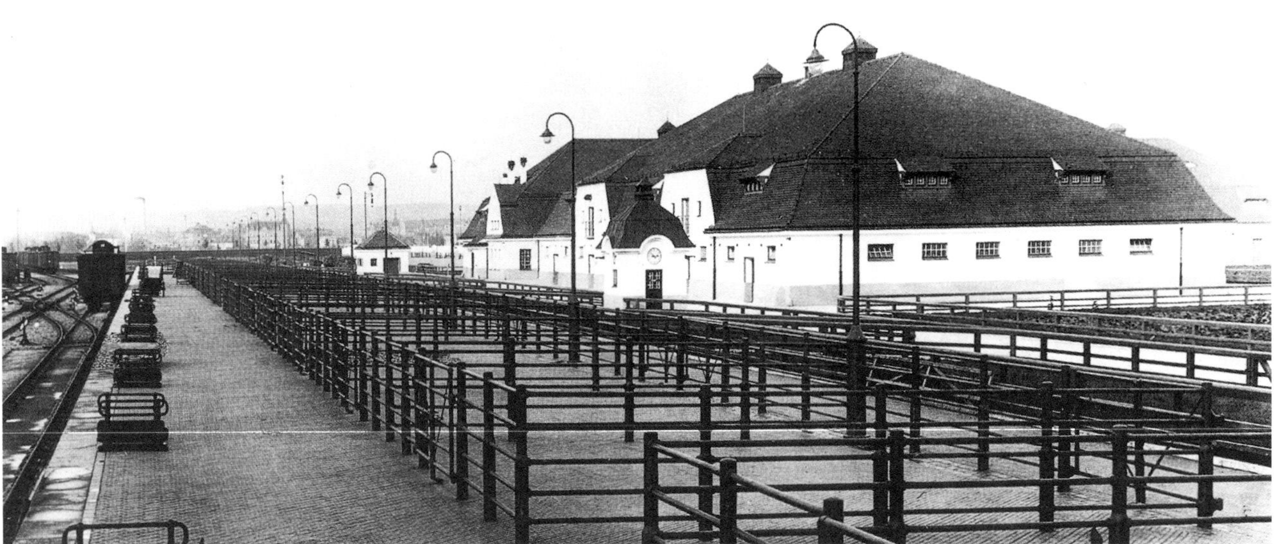

189 Schlachthof Dresden II, Futterstall und Entladerampe, Erbauungszeit.

Sozialbauten und Verkaufseinrichtungen umfasste. Erlwein plante den Schlachthof in jeglicher Hinsicht als »technische Stadt« mit einem sehr durchdachten Betriebs- und Schutzsystem. Die klare Trennung von westlich der Hauptachse gelegenem Viehhof und sich östlich erstreckender Schlachtanstalt wurde bereits im Schlachthof Zwickau schon einmal in dieser Konsequenz ausgeführt *(Abb. 188)*.

Neben den Bauten für Vieh- und Schlachthof umfasste die Anlage folgende Gebäude: Verwaltung, Gastwirtschaft, Wohnungen für Beamte und Arbeiter, Ladengebäude, Sanitäts- und Amtsschlachthaus, Pferde- und Hundeschlachthof, Anstalt zur Verwertung des Blutes und der Häute, Talgschmelze, Düngerhaus, Maschinen- und Kesselhaus, drei Futterställe für Großvieh und ein Futterstall für Schweine, Pförtnerhaus, Torwär-

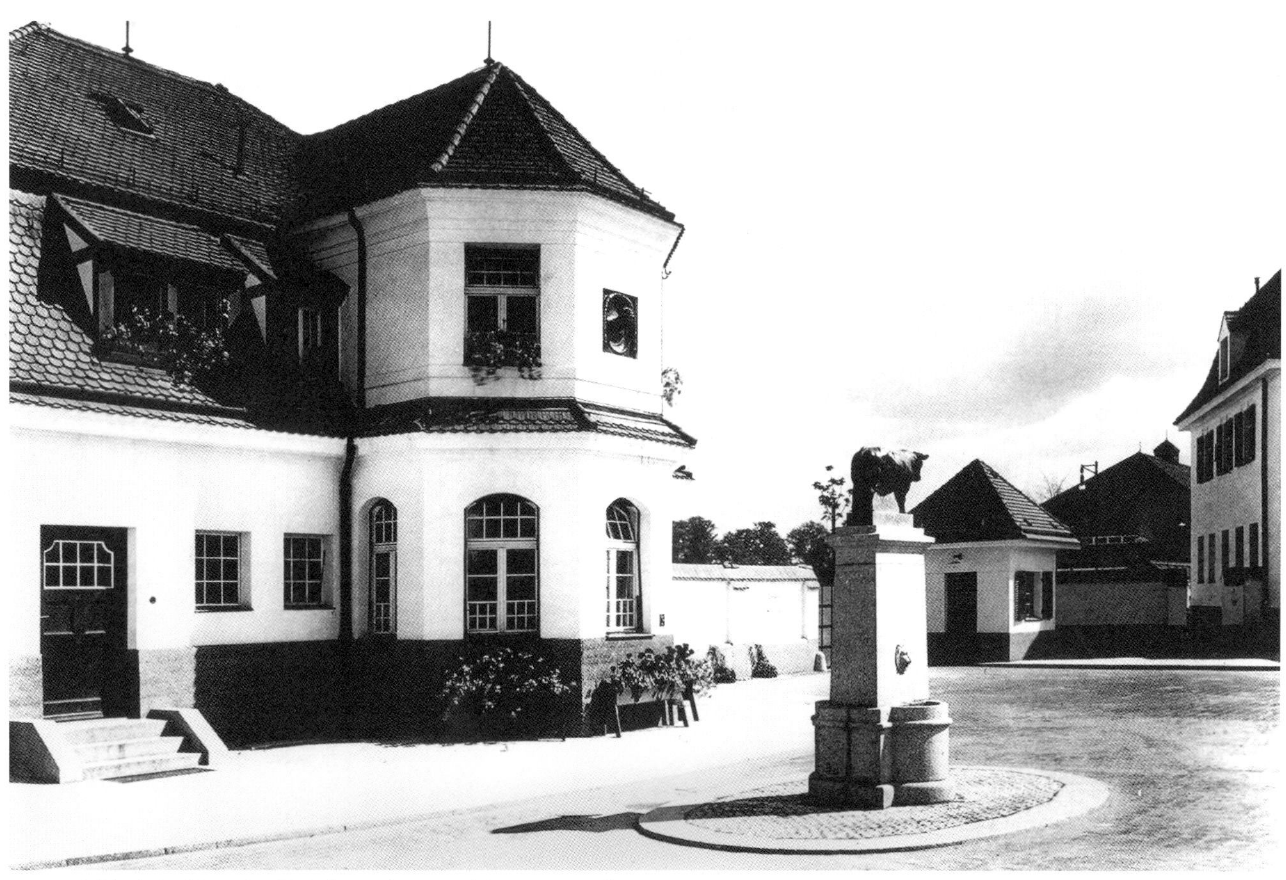

190 Schlachthof Dresden II, Pförtnerhaus und Brunnen, Erbauungszeit.

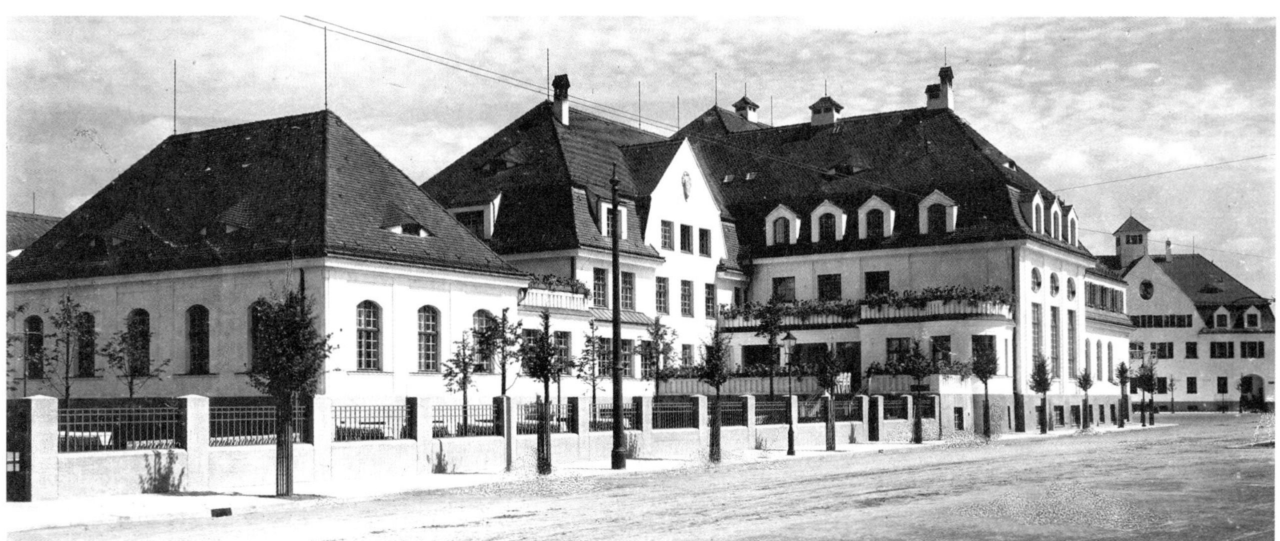

191 Schlachthof Dresden II, Börsengebäude, Erbauungszeit.

terhaus, einige Bedürfnisanstalten, Stallungen für Auslandsvieh, Kuttelei, Kühlhaus sowie eine Markthalle. Der Gleisanschluss wurde über eine gewaltige Straßenbrücke über die Flutrinne geführt und endete an der Westseite des Grundstücks direkt an den Viehentladerampen, von wo das Vieh in die Ställe bzw. zum Schlachten getrieben werden konnte. Die Zufahrtsrampe war ursprünglich 315 Meter lang *(Abb. 189)*.

Im ersten Jahr des Bestehens der Anlage wurden 179 000 Schweine und 31 500 Rinder geschlachtet, unter Einhaltung der zeitgenössischen Tierschutzbestimmungen. Davon zeugt auch eine Relieftafel des Tierschutzvereins am Verwaltungsgebäude.

Den Haupteingangsbereich bildet ein Platz, an dem zweigeschossige Wohnbauten mit Läden in der Erdgeschosszone,

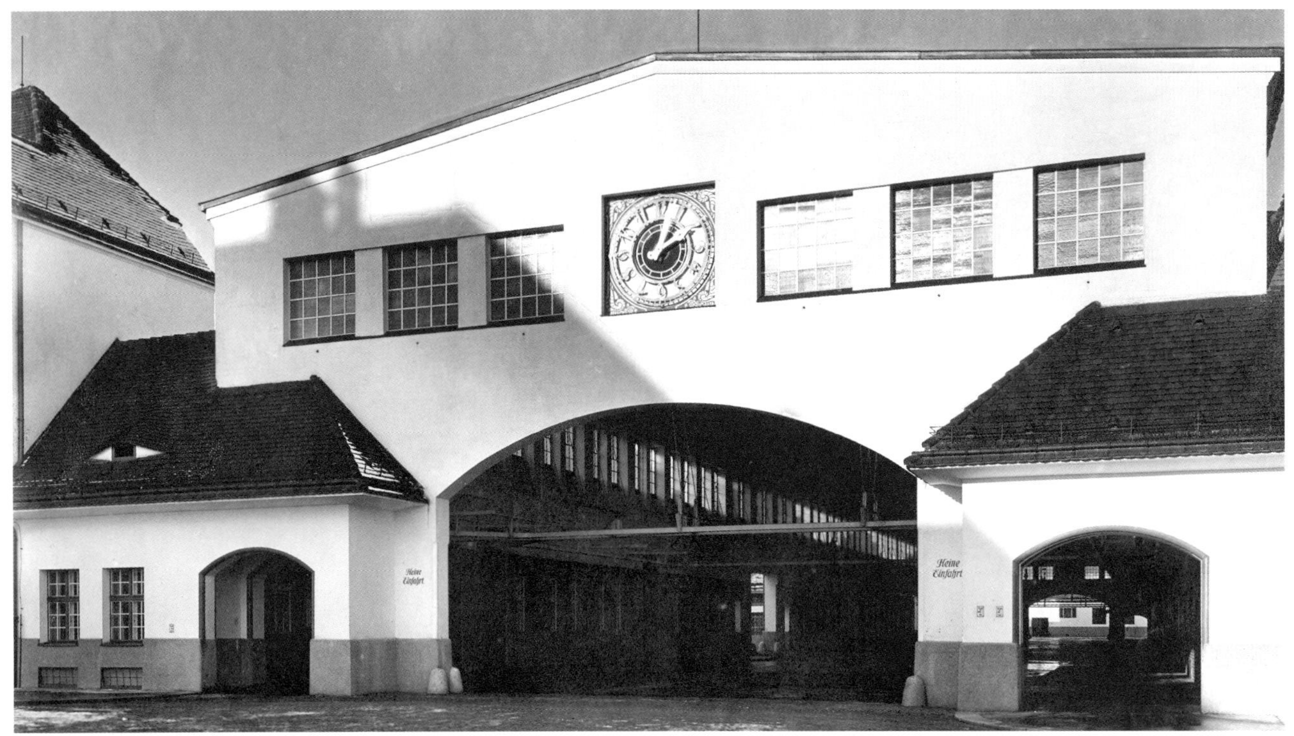

192 Schlachthof Dresden II, Zwischenhalle, Erbauungszeit.

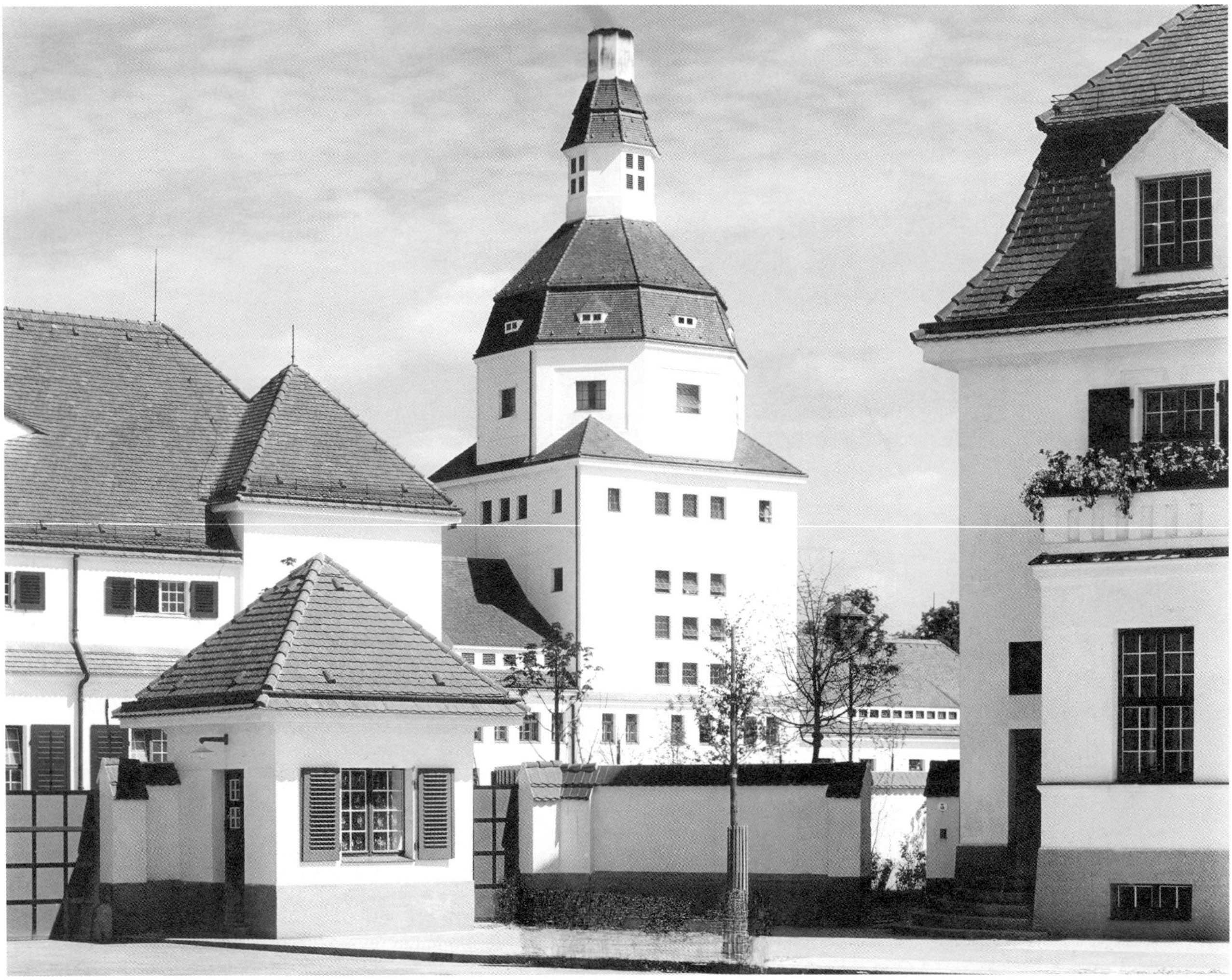

193 Schlachthof Dresden II, Kühl-, Kessel- und Maschinenhaus.

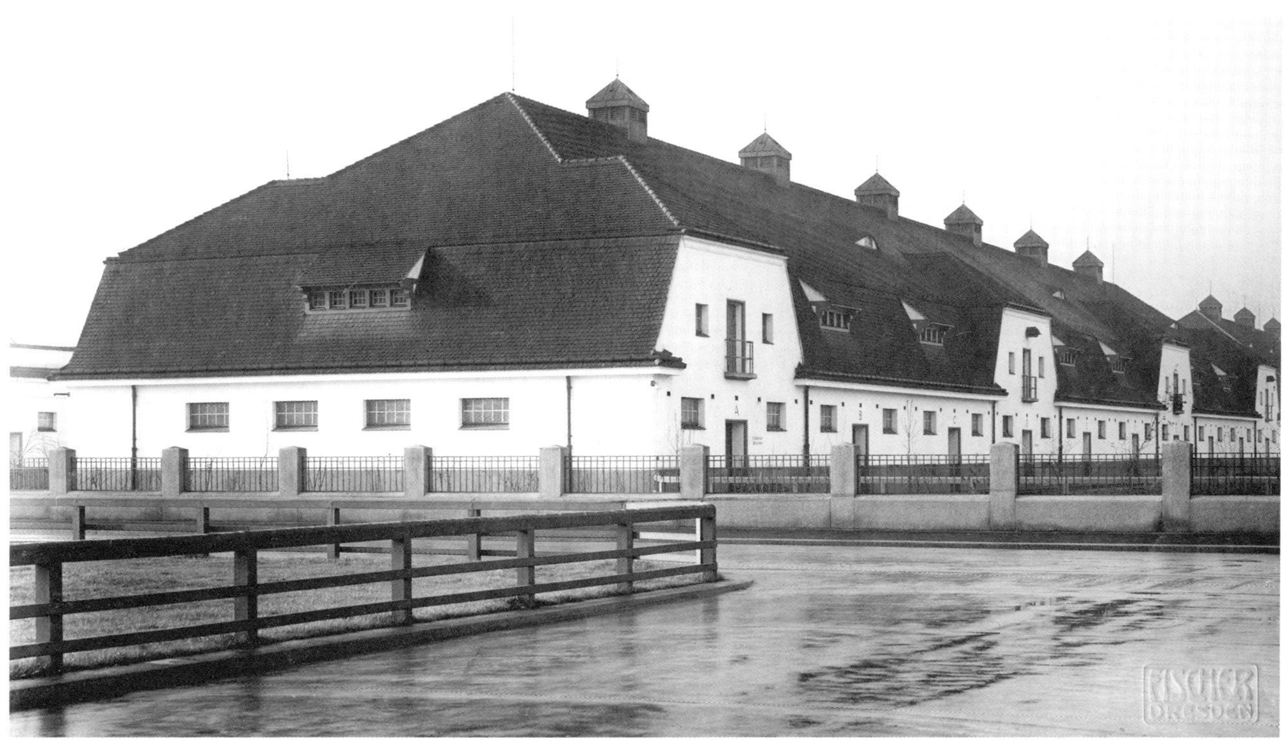

194 Schlachthof Dresden II, Stallgebäude, Erbauungszeit.

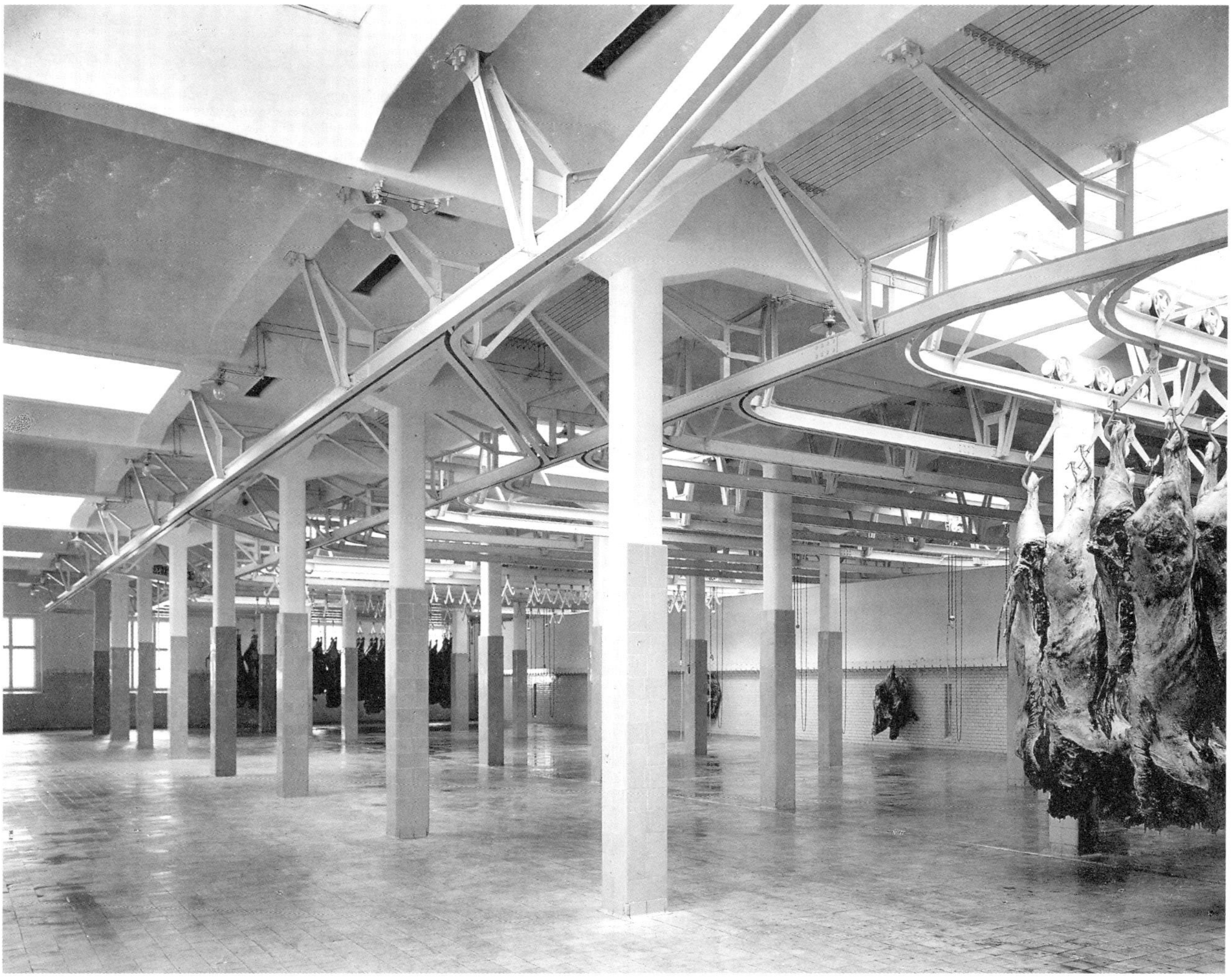

195 Schlachthof Dresden II, Schlachthalle, Erbauungszeit.

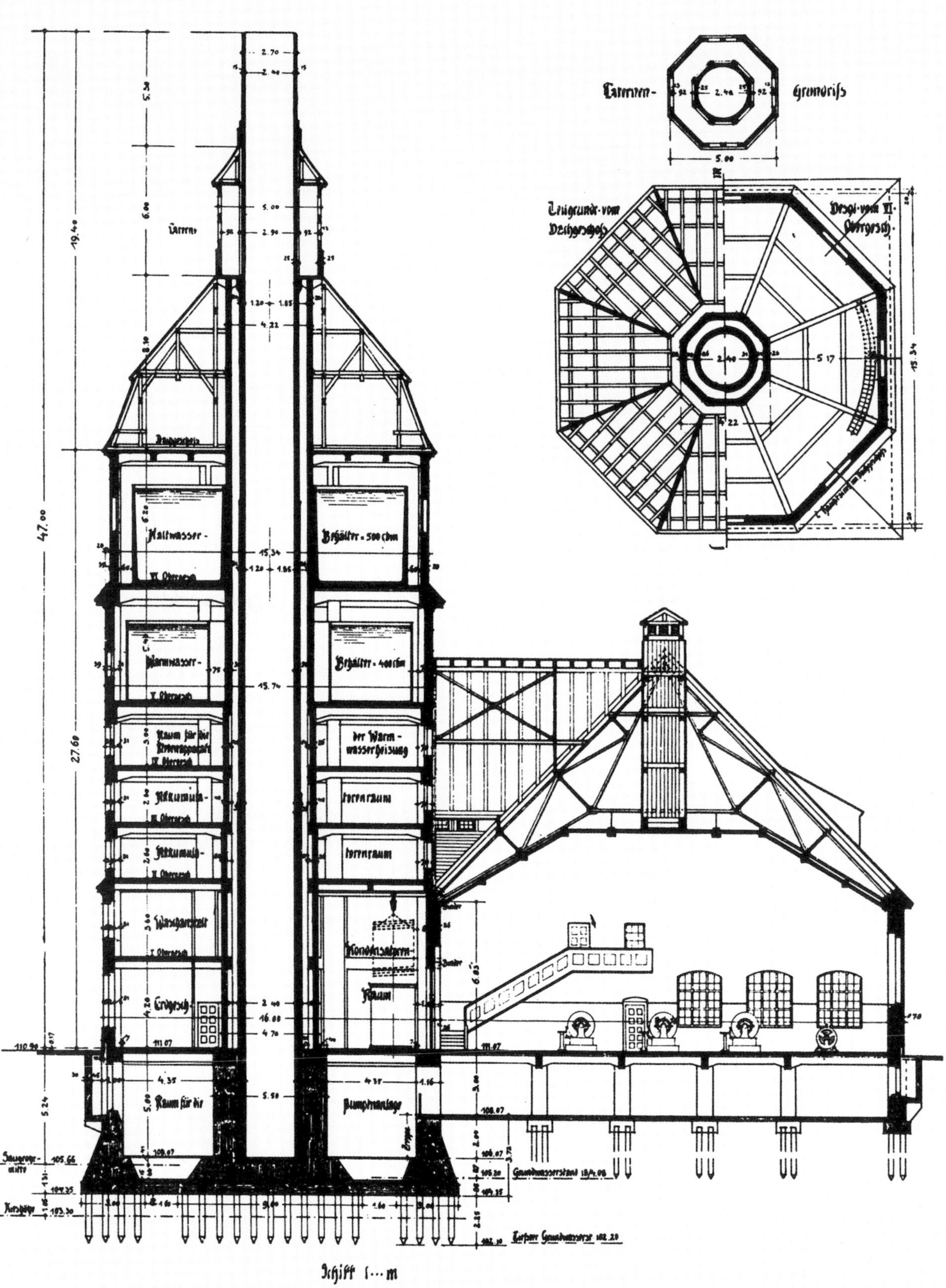

196 *Schlachthof Dresden II, Kesselhaus, Schnitt.*

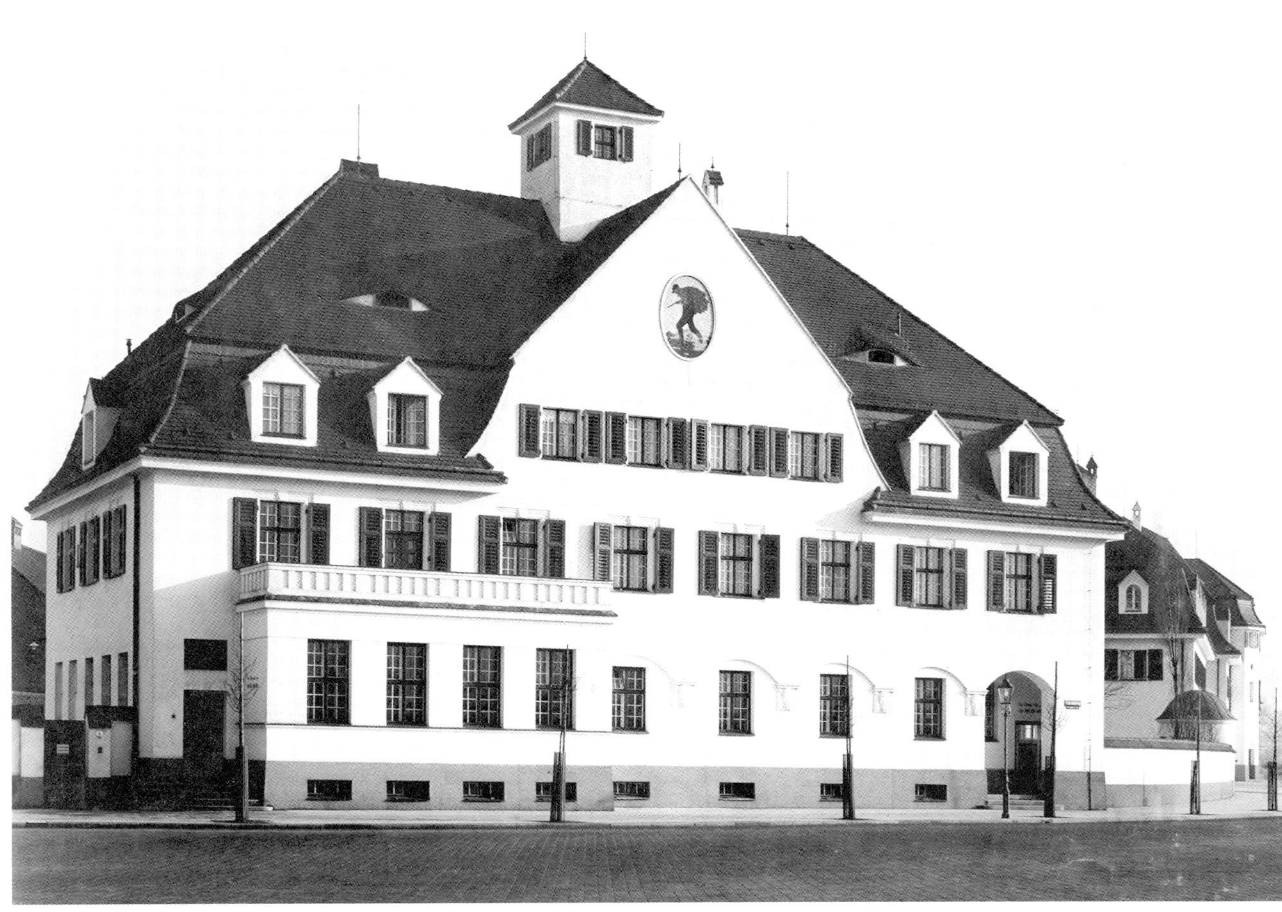

197 Schlachthof Dresden II, Verwaltungsgebäude, Erbauungszeit.

das repräsentativen Börsengebäude mit Gastwirtschaft und das Pförtnerhaus stehen. Ein kleiner Brunnen mit der Bronzeskulptur einer Kuh, geschaffen von Georg Wrba, verleiht dem Platz geradezu den Eindruck eines Dorfangers *(Abb. 190, 191)*. Der Eingang eröffnet den Weg zu den vier großen Schlachthallen für Rinder, Schweine und Kleintiere, die giebelständig durch eine Zwischenhalle mit dem langgestreckten Kühlhaus verbunden sind *(Abb. 192)*. Darin befanden sich auch die notwendigen technischen Anlagen für die Heizung, die Warm- und Kaltwasseraufbereitung, die Kompressoren- und Akkumulatorenstation und die Wäscherei.

Östlich des Kühlhauses erhebt sich der symbolhafte, 50 Meter hohe Turm des Kessel- und Maschinenhauses. An den Kuppelbau einer Zentralkirche erinnernd, trägt er wesentlich zur Wirkung des urbanen Gefüges der Gesamtanlage bei *(Abb. 193)*.

Die Stallgebäude des Viehhofes fallen vor allem durch ihre hohe und organisch sich erstreckende Dachlandschaften auf *(Abb. 194)*. Im Verhältnis 2:1 nehmen die Dächer in der Kubatur fast zweimal mehr Raum ein als das jeweilige Untergeschoss. Zum einen ist das der Funktion geschuldet, da die Futtermittel in den Dachböden lagerten. Andererseits führt die Variierung der Dachlandschaften sämtlicher Gebäude durch hohe, abgestufte, flache Mansard- und Krüppelwalmdächer, die mit Fußwalmen, Fledermausgaupen und Dachreitern für die Lüftung akzentuiert sind, zu einem baukünstlerisch herausragenden Erscheinungsbild. Auch die Reduzierung des Fassadenschmucks und die Vorliebe für Asymmetrien erzielen eine lockere formalästhetische Wirkung.

Innen sind die Schlachthallen *(Abb. 195)* und Stallungen, unterstützt durch die konstruktiven Möglichkeiten des Stahlbetons, in aller Sachlichkeit gehalten. Die Stahlbetonkonstruktion des Maschinen- und Kesselhauses ist hervorhebenswert, da der oktogonale Turm durch den mittig geführten Schlot und die darum lagernden Wasserbehälter besondere statische Ansprüche bedingte *(Abb. 196)*. Tonnenförmige Gewölbe und flache Dachaufsätze lassen durch Ober- und Seitenlichter im Sinne einer luftigen, hygienischen und arbeiterfreundlichen Fabrik reichlich Tageslicht ein.

Im Vordergrund der Gestaltung der Anlage stand für Erlwein vor allem der heimatverbundene und zeitgenössisch beliebte konventionelle Duktus. Der aus dem Süddeutschen kommende und dort gebildete Stadtbaurat entwickelte daher auch beim Schlachthof eine Vorliebe für eine reichliche farbliche Gestaltung, wobei in Innenräumen, durch Fensterläden, rötliche Porphyrbetonsockel, weiße Putzflächen und rote Dachziegel eine heimische Anmutung erzeugt wurde *(Abb. 197)*.

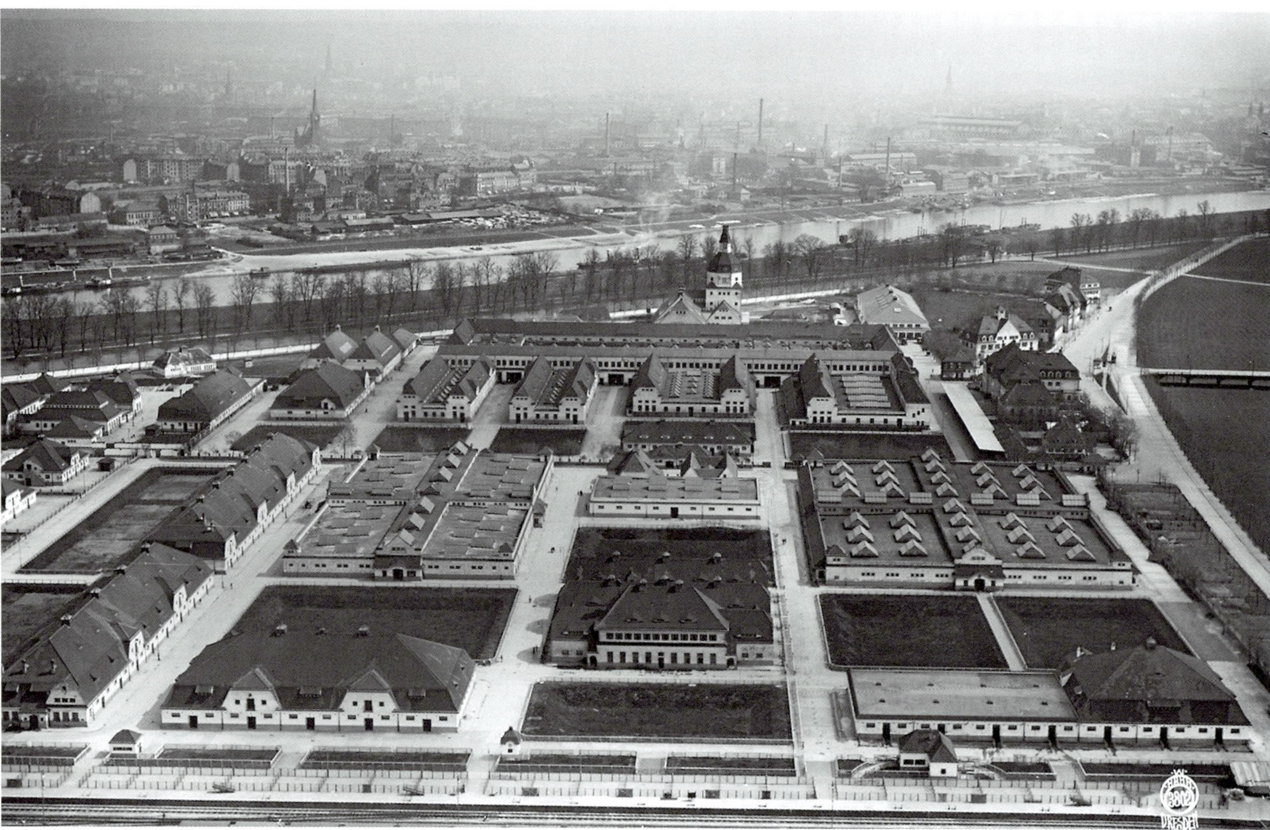

198 Schlachthof Dresden II, Luftbild von Walter Hahn, 1926.

Mit aufwendigen Schmiede-, Zimmermanns-, Beton-, Kachel- und Bleiglasarbeiten, Mosaikbildern mit Motiven aus dem Schlachtalltag und künstlerischen Details erhob Erlwein den Schlachthof zu einem Gesamtkunstwerk, reduzierte damit die Bedenken um das »anrüchige« Thema des Schlachtens und formulierte die Architektur als eine neue Sehenswürdigkeit der Stadt aus. Von hoher Sensibilität sind die Skulpturen und Reliefs des Bildhauers Georg Wrba, die Kartuschen von Fritz Kern und August Strohling sowie die impressionistischen Ausmalungen des Gasthofsaals von Paul Perks. Ebenso brachten sich Dresdner Bildhauer wie Peter Pöppelmann, Selmar Werner, Fritz Kleinhempel und die Maler Otto Gussmann, Paul Rößler und Karl Schulz ein. Mit diesen Künstlern vereinte Erlwein die Gemeinschaft der »Dresdner Zunft«, die vor allem ein Zusammenwirken der ansässigen Künstler in gemeinsamen Projekten verfolgte.

Zweifelsfrei handelt es sich bei diesem architektonischen Ensemble um ein Idealbeispiel der deutschen Reformarchitektur. Der Anspruch auf ein urbanes Gefüge mit Wohn- und Lebensqualität legt eine Wechselwirkung mit dem gleichzeitigen Entstehen von Hellerau, der ersten deutschen Gartenstadt, durch die Mitwirkung von Richard Riemerschmid, Hermann Muthesius und Heinrich Tessenow nahe. Ein eindrucksvolles Foto von Walter Hahn zeigt, dass die qualitätvolle Gestaltung des Areals auch aus der Luft eindrucksvoll zu erleben war *(Abb. 198)*.

Nach 1990 wurde der Schlachtbetrieb eingestellt. Heute dient ein Teil der sanierten Gebäude für Messen und Ausstellungen. Nur noch ein geringer Teil, darunter das symbolgebende Kessel- und Maschinenhaus, steht leer und ist dem Verfall preisgegeben.

Quellen- und Literatur

- Helas, Volker: Denkmale in Sachsen-Stadt, Dresden-Friedrichstadt, Dresden/ Basel 1994.
- Göller, N.: In ländlicher Idylle. Der Dresdner Vieh- und Schlachthof, in: Dresdner Hefte 47, 3/96, S. 37–45.
- Verwaltungsbericht des Städtischen Vieh- und Schlachthofes zu Dresden auf das Jahr 1935, Dresden 1935 (1936).
- Hübner, Ulrich et. al.: Symbol und Wahrhaftigkeit. Reformbaukunst in Dresden, Dresden/ Husum 2005.
- Weyer, Hans: Der neue städtische Vieh- und Schlachthof zu Dresden, Sonderdruck aus Heft 1 und 2 der Zeitschrift »Industriebau«, Jg. 1911, Leipzig 1911.

Pirna II (1937/ 38)

Die Anlage vom Schlachthofarchitekten Walter Frese

Max-Schwarzer-Straße
Architekt: Walter Frese

Weil die Kapazität des Schlachthofes an der Fleischergasse den Anforderungen nicht mehr genügte, ließ die Stadt Pirna 1937 durch den Berliner Architekten Walter Frese an der Max-Schwarzer-Straße einen großen Schlachthof errichten. Frese, der sich – u. a. durch den Bau der Schlachthöfe in Bochum, Rostock und Saarbrücken – als Schlachthofarchitekt bereits einen Namen gemacht hatte, konzipierte eine funktionale und betrieblich gut organisierte Anlage *(Abb. 199–202)*. Am Eingang

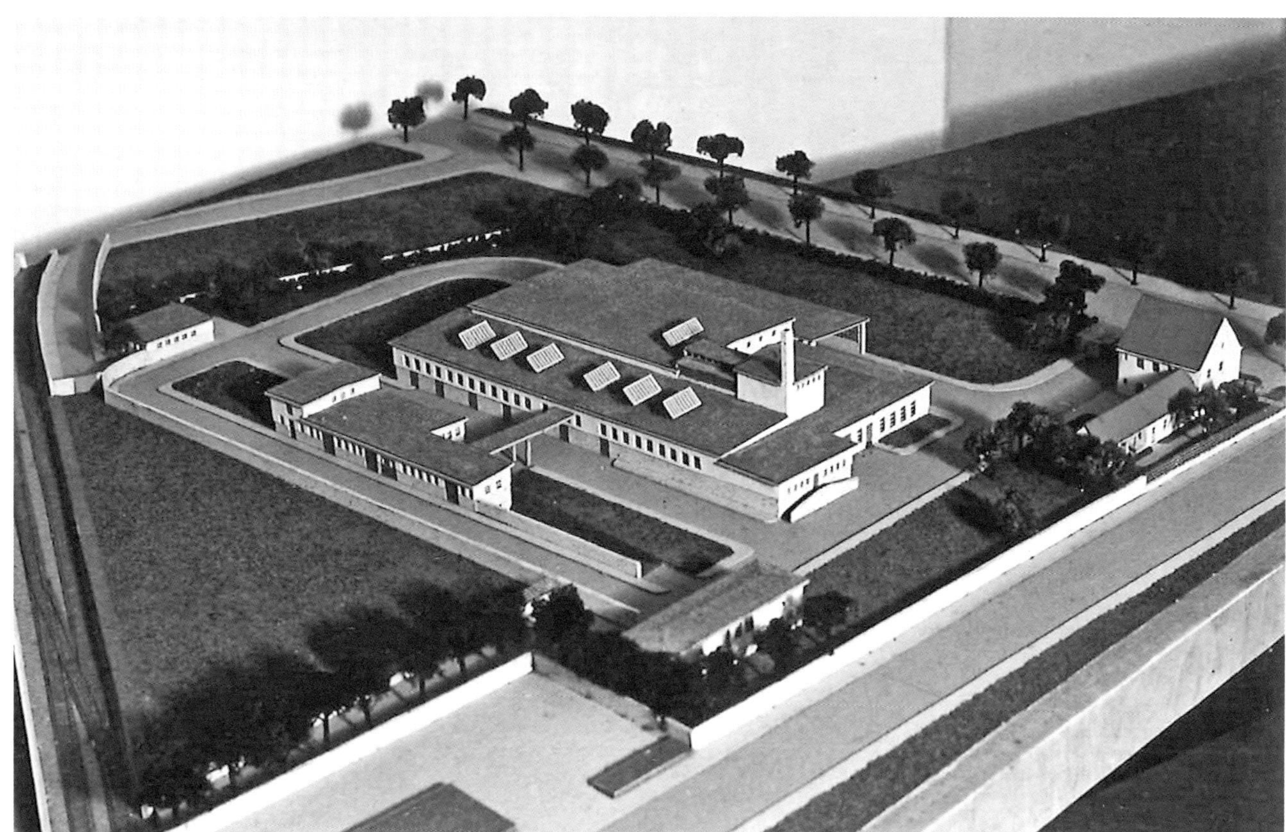

199 Schlachthof Pirna II, Modell, um 1935.

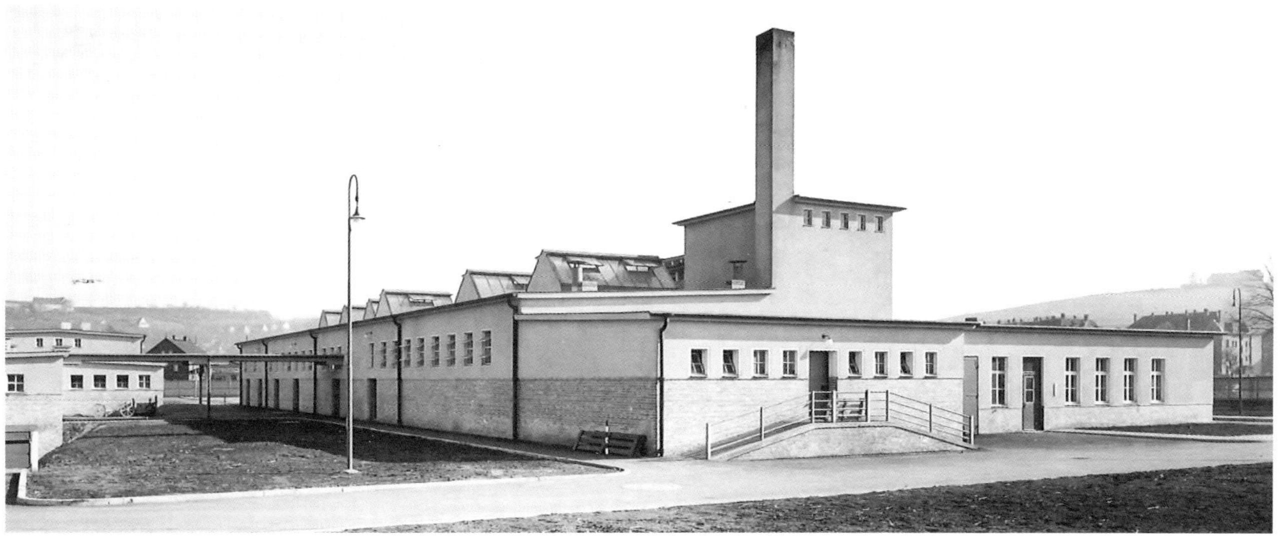

200 Schlachthof Pirna II, Schlachthalle, Erbauungszeit.

befand sich das Verwaltungsgebäude mit dem Direktorenzimmer, der Freibank und der Kasse. Im Zentrum stand als großer Komplex das Hauptgebäude mit Schweinestall, Schweineschlachthalle, Kuttelei, Groß- und Kleinviehschlachthalle, Maschinenhaus, Küche und Kühlraum. Dahinter lagen das Düngerhaus, die Großvieh- und Kleinviehställe, der Sanitätsschlachthof und der Pferdeschlachthof. Die Produktionshalle war in Ziegelbauweise mit einer Dachkonstruktion in Stahlbeton errichtet, die von Stützsäulen getragen wurde. Die sachlich-funktionale Bauweise entsprach der Architektur der 1930er-Jahre. Sheddächer, ein hoher Klinkersockel und Putzfassaden zeugen von der betriebsorientierten Bauweise. Das Kühlhaus mit dem hohen Industrieschornstein überragte die Anlage, während das Verwaltungsgebäude mit seinen Fensterläden malerisch und in Anlehnung an die zeitgenössische Heimatschutzarchitektur ländlich wirkte. Nach dem Zweiten Weltkrieg wurde der Schlachthof mehrfach umgebaut, in den 1990er-Jahren zur Fleischwarenfabrik Sachsenkrone-Disselhoff umgestaltet. Am 21. Juni 2000 kam es zu einem Großbrand, woraufhin sämtliche Gebäude abgebrochen worden.

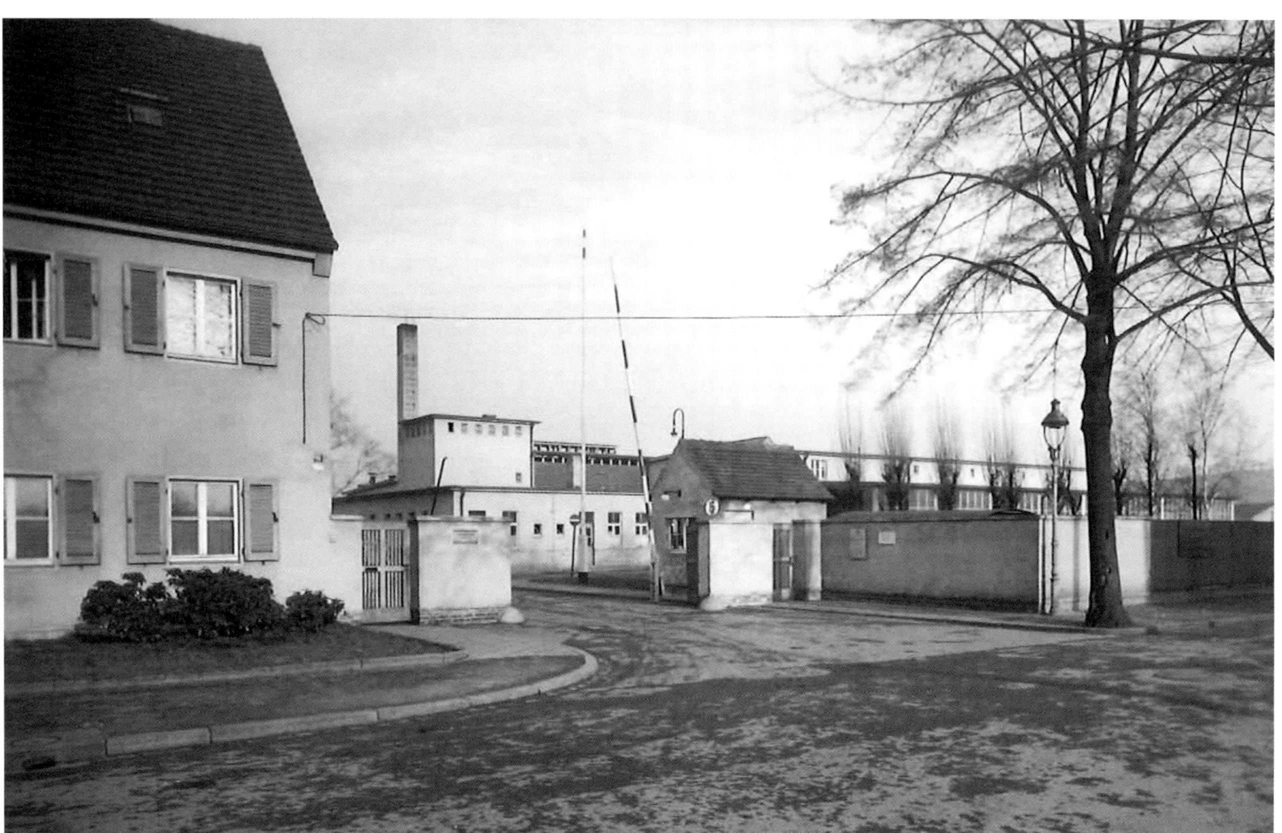

201 Schlachthof Pirna II, Eingangssituation, Erbauungszeit.

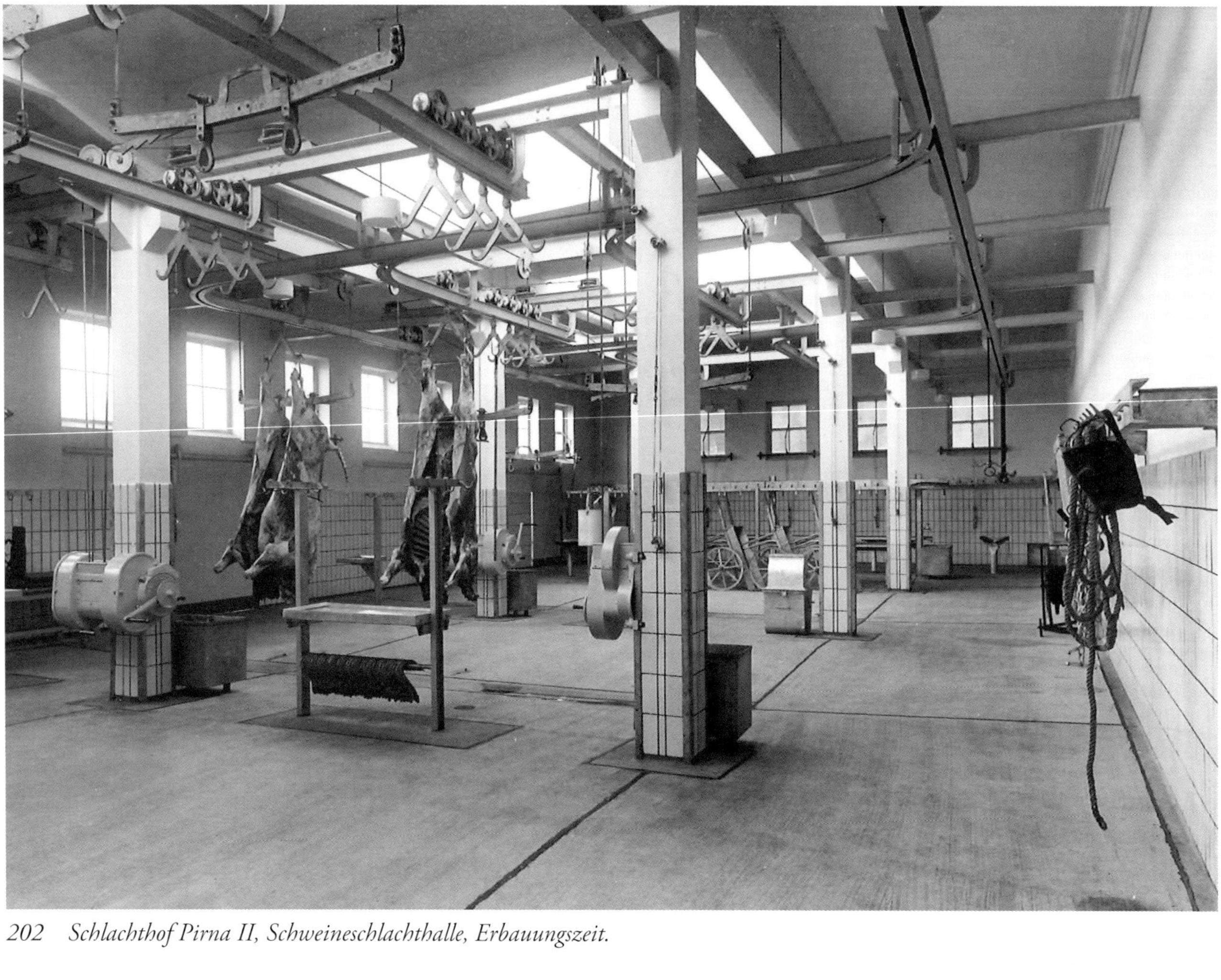

202 Schlachthof Pirna II, Schweineschlachthalle, Erbauungszeit.

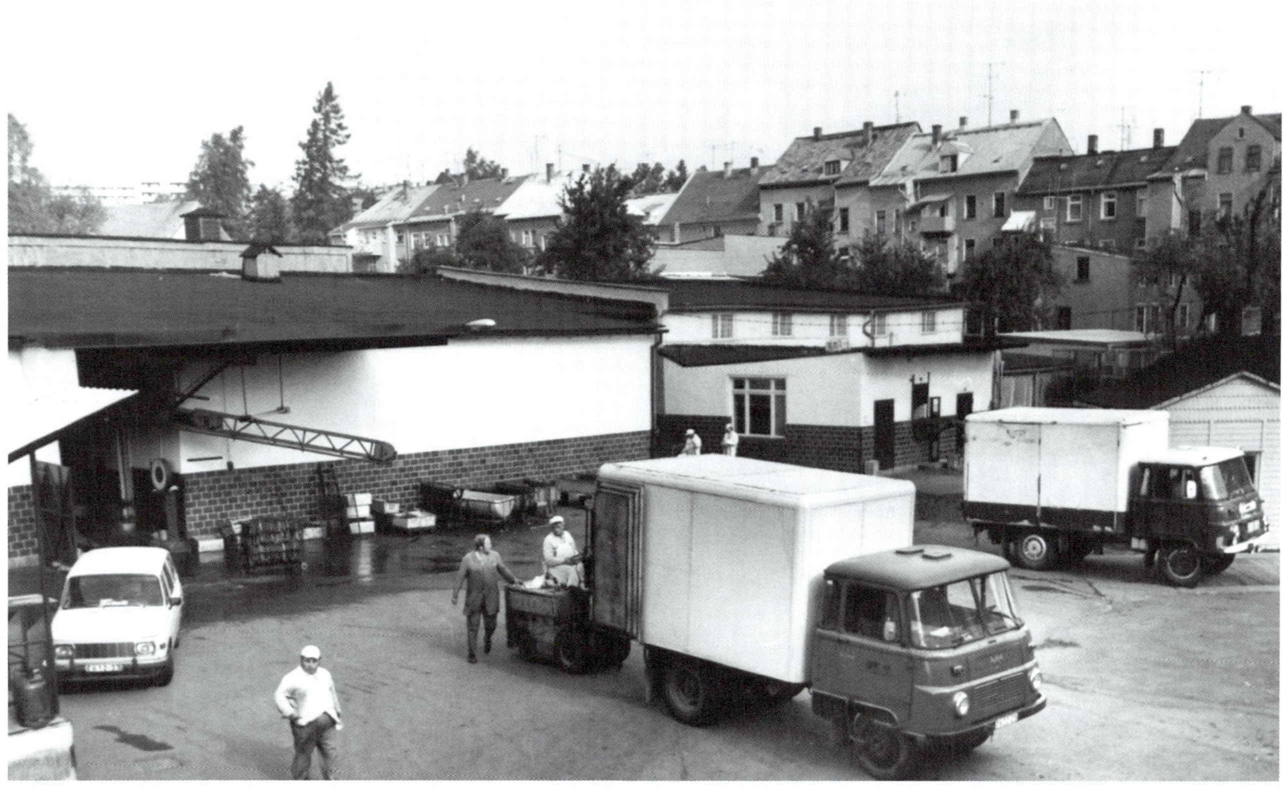

203 Schlachthof Auerbach, 1984.

Quellen und Literatur

▮ Stadtarchiv Pirna, Akten des Stadtrats zu Pirna, Sachbetreff: Schauamts-Berichte, Schlachthof-Berichte, Vorgang I, XI, 296, begonnen 1920, B. III–XI, No. 2, Abt. XII, No. 9.

▮ Stadtarchiv Pirna, Akten, die Einführung des Schlachthauszwanges in der Stadt Pirna betr., Fortsetzung No. 214, Rep. I, Cap. IX, No. 189.

▮ Stadtarchiv Pirna, Akten des Stadtrates zu Pirna, Sachbetreff: Schlachthauszwang und öffentlicher Schlachthof. Angelegenheiten der nichtamtlichen Fleisch- und Trichinen-Beschau, Vorgang I, XI, 214, begonnen 1919, B. III–XI, No. 6, Abt. XII, No. 8.

▮ Stadtarchiv Pirna, VEB Fleischverarbeitungsbetrieb-Fleischkombinat Pirna, Bauzeichnungen, Objekt 2-02/325-76, Rekonstruktion der vorhandenen Produktionshalle.

204 Schlachthof Auerbach, Schlachthalle, Fotografie, Aufnahme um 1954.

Auerbach (1938)

Vom Schlachthaus zum Schlachthof

Feldstraße
Architekten: Ewald Winkelmann;
Fleischverkaufshalle von Paul Alfred Seifert

Die Schlachthofanlage in Auerbach entwickelte sich aus dem Privatbetrieb von Paul Fischer. Bereits 1908 errichtete Fischer an der Feldstraße ein Wohnhaus, drei Jahre später ein Scheunengebäude und ein Wurstfabrikationsgebäude mit Schlachtraum. 1918 kam ein Stallanbau hinzu *(Abb. 204, 206 207)*. Den Charakter eines Schlachthofes erhielt die Anlage jedoch erst, nachdem 1938 eine Kuttelei eingerichtet worden war. Dieser Werdegang, der die inkonsequente Haltung der Architektur und die rein funktionelle Behandlung der Gebäude erklärt, lässt sich anhand der Bauarchivalien rekonstruieren. An diesem Beispiel ist der Unterschied zwischen einer einheitlichen Gesamtplanung für eine Schlachthofanlage mit sämtlichen Grundlagen und Besonderheiten und einer in sich heterogenen Gebäudestruktur, die über einen längeren Zeitraum entstanden ist, deutlich erkennbar. Aus den Umständen der Entstehung erklärt sich auch die stufenförmige Kubatur des langgestreckten Baukörpers, der immer wieder erweitert wurde. Formale und stilistische Eigenheiten, die auf einen baukünstlerischen Anspruch hindeuten, sind nicht vorhanden.

Nachdem der Privatbetrieb 1945 an eine Konsumgesellschaft verpachtet worden war, die Schlachtungen vornahm und auch Wurstwaren herstellte, fanden weitere bauliche Verände-

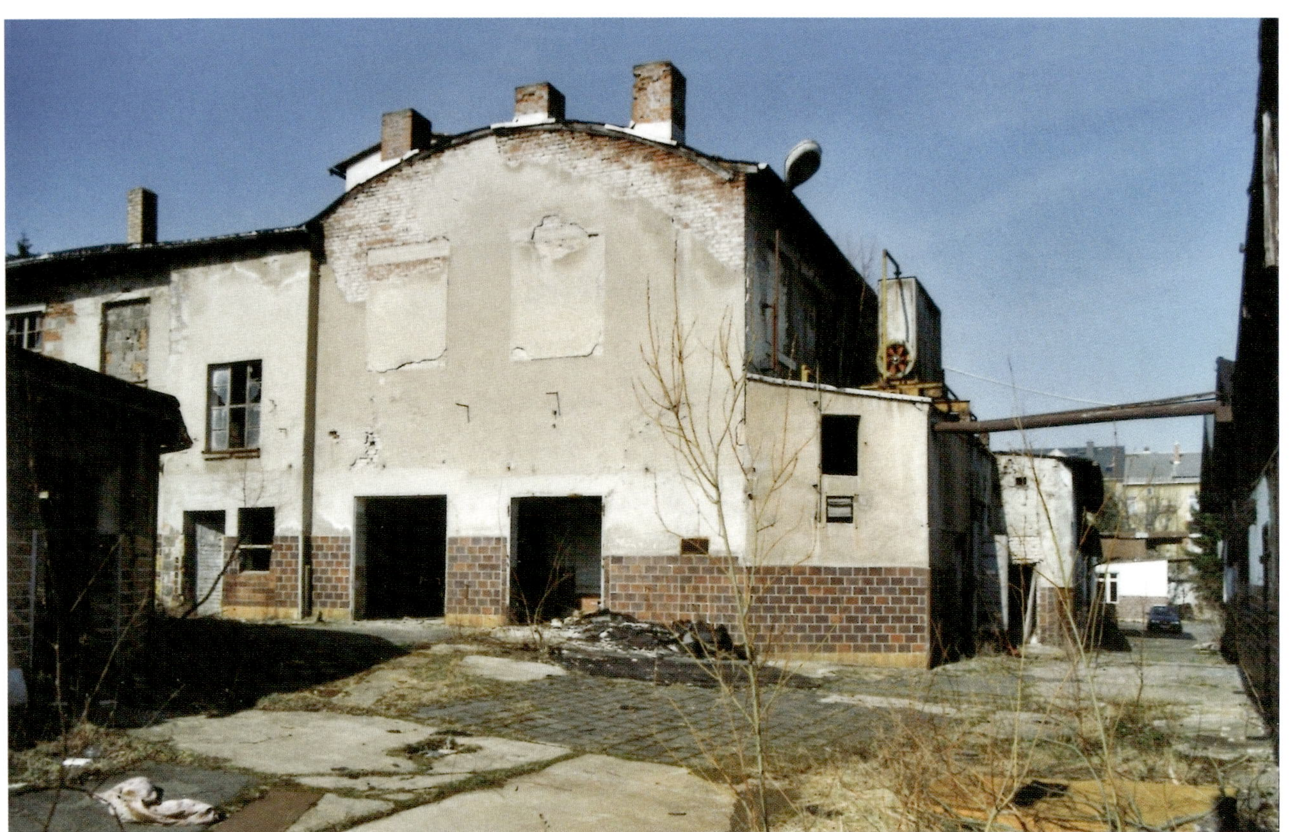

205 *Schlachthof Auerbach, Schlachthalle, 2007.*

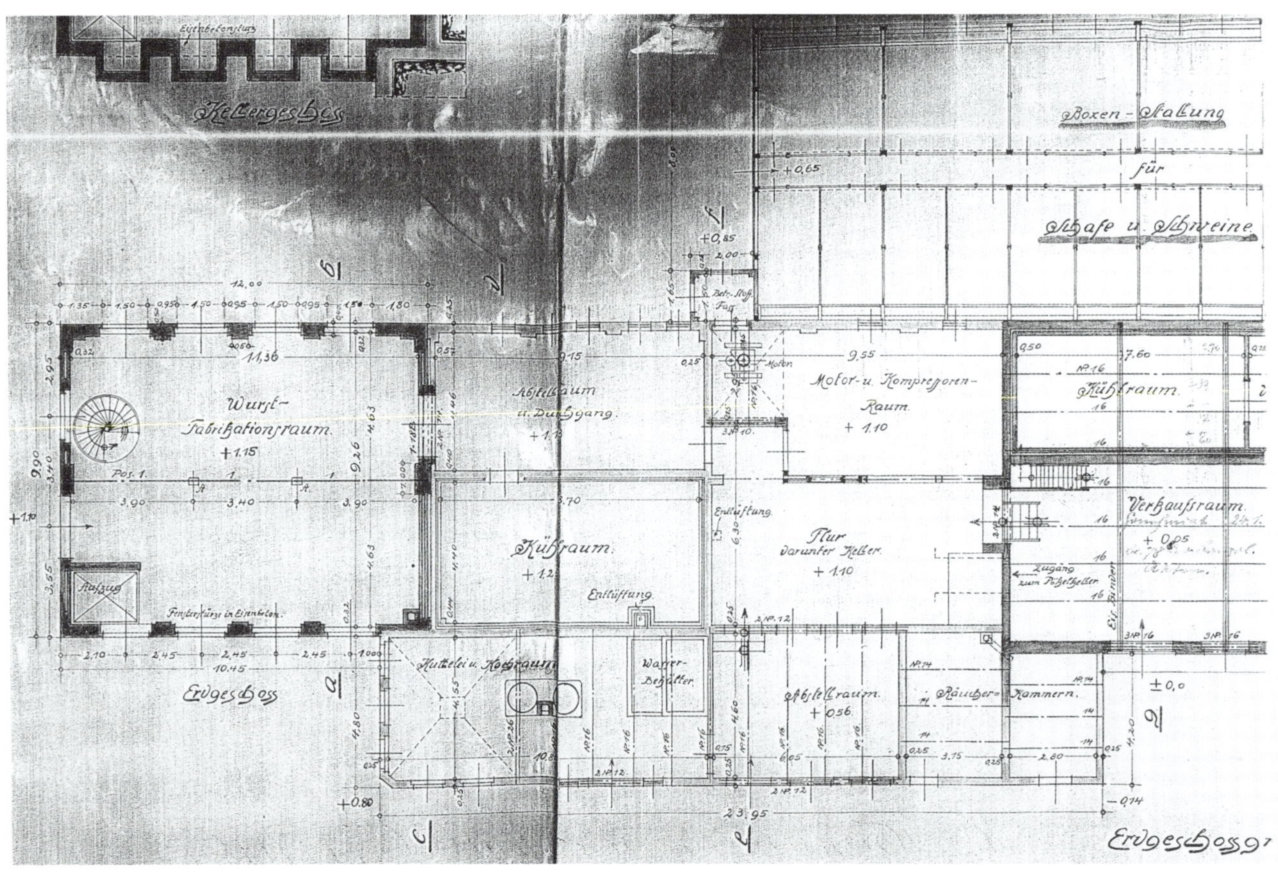

206 *Schlachthof Auerbach, Schlachthalle, Grundriss.*

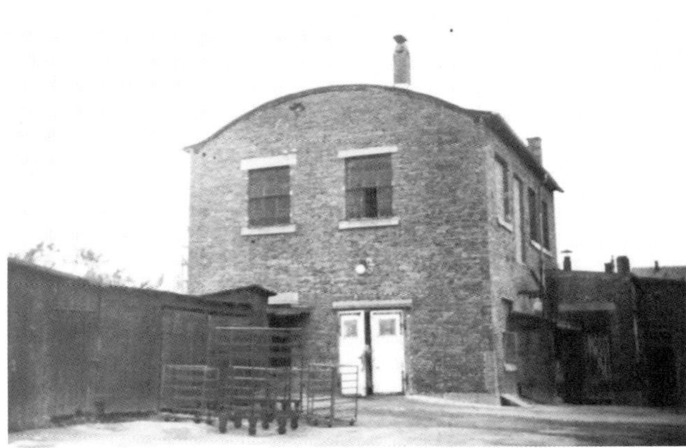

207 Schlachthof Auerbach, Schlachthalle, Fotografie, Aufnahme um 1954.

rungen und Erweiterungen statt. Durchschnittlich wurden in dieser Zeit zweimal in der Woche 400 Schweine und 40 Rinder geschlachtet. 1952 erfolgte die Gründung eines kreisgeleiteten Betriebes. Die Zustände wurden folgendermaßen beschrieben: »Der Betrieb war in seiner Gestalt ein typisch kapitalistischer Betrieb, stückweise erbaut. Die Gebäude und das Betriebsgelände befanden sich in einem liederlichen Zustand. Die Fabrikgebäude waren nicht abgeputzt. Viele Gebäudeteile bestanden nur aus Bretterverschlägen. Die Arbeitsräume entsprachen nicht den Bedingungen des Arbeitsschutzes und der Hygiene.«[1]

In den 1950er-Jahren wurden die Gebäude umgebaut und erweitert. Es entstanden neue Rauch- und Kochanlagen, Kühl- und Gefrierräume. 1956 wurde eine Geflügelschlachtstelle angegliedert, 1957 der Schlachthof als VEB Fleischwaren Auerbach/ Vogtland in Volkseigentum überführt. Im folgenden Jahr stellte man die Schlachtungen vollständig ein, woraufhin ausschließlich Fleischverarbeitung betrieben wurde *(Abb. 203)*. 1995 wurde die Produktion eingestellt. Heute sind die Gebäude fast vollständig abgebrochen. 2007 konnte die ruinöse Schlachthalle noch in Augenschein genommen werden *(Abb. 205)*.

Anmerkungen

1 Fotoalbum VEB Schlachthof und Fleischwarenbetrieb Auerbach/ Vogtl., S. 5r.

Quellen und Literatur

▮ Stadtarchiv Auerbach, Akten des Stadtrats zu Auerbach, Baupolizeisachen betr., eigentl. Paul Adolf Fischer, erg. 1910 Bd. 1, Feldstr. 1a, 912/3.

▮ Stadtarchiv Auerbach, Akten des Stadtrats zu Auerbach, die Schlächterei im Grundstücke Nr. 560 betr., Eigentümer Paul Fischer erg. 1918, Abt. III, Abschn. 13c, Nr. 31.

▮ Stadtarchiv Auerbach, Akten der Stadt Auerbach (Vogtl.) die Errichtung eines Schlachthofes betr., Bd. III, erg. 1940.

▮ Landratsamt Vogtlandkreis (Hg.): Die Geschichte der Industrie im ehemaligen Landkreis Auerbach/ Vogtl., Auerbach 1997.

▮ Fotoalbum VEB Schlachthof und Fleischwarenbetrieb Auerbach/ Vogtl.

Abbildungsnachweis

1, 2, 4–7 aus: Der Schlachthof und Viehmarkt der Fleischer-Innung zu Dresden 1873–1910, Dresden 1910 S. 39, 43, 91, 55, 58, 85; **3** Landesarchiv Berlin (Waldemar Titzenthaler); **8, 9** Stadtarchiv Meißen; **10, 12, 13** Stadtarchiv Görlitz; **11, 14–17, 21, 26–29, 35, 43, 46, 48–50, 53, 56, 57, 59, 62–64, 67, 68, 70, 73, 84, 92, 93, 95, 98–100, 111–113, 118, 120, 124, 126–131, 133, 136, 139, 142, 143, 146, 148, 149, 151, 152, 161, 162, 166, 167, 170, 180, 184, 205** Ulrich Hübner; **18, 20** aus Wuttke S. 177, 258; **19** aus: Chemnitz in Wort und Bild S. 79; **22–25** Stadtarchiv Frankenberg; **30–34, 36–38, 40, 41** Stadtarchiv Leipzig; **39** Stadtmuseum Leipzig, Fotothek; **42, 44, 45, 47** Stadtarchiv Torgau; **51, 52** Stadtarchiv Meerane; **54** Stadtarchiv Zittau; **55, 58** Ulrich Rosner; **60, 61** Stadtarchiv Schneeberg; **65, 66** Stadtarchiv Reichenbach/V.; **69, 79, 80, 102, 103** Landesamt für Denkmalpflege Sachsen, Bildarchiv; **71, 72** Stadtarchiv Leisnig; **74, 75** Stadtarchiv Großenhain; **76–78, 81** Stadtarchiv Mittweida; **82, 83, 85** Stadtarchiv Zschopau; **86–91, 173–177** Bauaktenarchiv Annaberg-Buchholz; **94, 96, 97, 101** Stadtarchiv Zwickau; **104, 106** Stadtarchiv Freiberg; **105, 154** SLUB Dresden, Deutsche Fotothek; **198** SLUB Dresden, Deutsche Fotothek, Walter Hahn; **107–109** Stadtarchiv Limbach; **114–116** Stadtarchiv Löbau; **117** Stadtarchiv Riesa; **119, 121–123, 125** Stadtarchiv Glauchau; **132, 134, 135** Stadtarchiv Grimma; **137, 138, 140** aus: Zentralblatt der Bauverwaltung 1904, Nr. 43, S. 277; **141** Dieter Hübner; **144, 145, 147** Stadtarchiv Roßwein; **150** Aushang Fleischgroßmarkt Penig; **153, 155–158** Stadtarchiv Stollberg; **159, 160, 163, 165** aus: Verwaltungsbericht der Stadt Plauen 1904, Abbildungsteil; **164** Stadtarchiv Plauen; **168** aus: Fischer, Werner: 100 Jahre Olbernhau, Olbernhau 2001; **169, 171, 172** Stadtarchiv Olbernhau; **178, 179** Stadtarchiv Oschatz; **181** aus: Festschrift, S. 4; **182, 183, 185, 186** Liegenschafts- und Gebäudemanagement, Kreisarchiv Aue; **187, 191–195, 197** Stadtarchiv Dresden; **188–190, 196** aus: Weyer, Hans: Der neue städtische Vieh- und Schlachthof zu Dresden, Leipzig 1911; **199–202** Stadtarchiv Pirna; **203, 204, 206, 207** Stadtarchiv Auerbach

Architekturhistorische Einordnung der sächsischen Vieh- und Schlachthöfe

Bei der Beurteilung der Qualität der besprochenen Objekte ist stark zu differenzieren. Es kann weder von einer besonders herausragenden Schlachthofbaukultur in Sachsen gesprochen werden, noch sind die Gebäude im Einzelnen wegweisend für die Vieh- und Schlachthofbauten im Deutschen Reich und in Europa. Vielmehr profitieren sie von den Anregungen überregional bedeutender Beispiele, wie man sie z. B. in Paris, Berlin, Breslau oder Wien vorfand. Jedoch besitzen die sächsischen Beispiele im Detail Besonderheiten, die sich in den Überschriften der den Objekten gewidmeten Kapitel bereits andeuten.

Einzigartig in Dimension und Innovation ist jedoch der zweite Dresdner Vieh- und Schlachthof, der von Hans Erlwein im Ostragehege errichtet wurde. Er ist der größte Schlachthof, den Europa zu dieser Zeit hatte. Da die Bauaufgabe »Schlachthof« für die zweite Hälfte des 19. Jahrhunderts typisch war und nach 1910 derartige Anlagen kaum noch errichtet wurden, blieb der Dresdner Schlachthof konkurrenzlos.

Wenn Uli Walter in seinem Aufsatz »Schlachthof und öffentliche Gesundheit«[1] über die Schlüsselbauten in Deutschland schreibt und diese in Berlin, München, Hannover, Chemnitz, Karlsruhe, Köln, Hamburg und Breslau findet, gelten vermutlich die klare Struktur, die innerbetriebliche Organisation und die gestalterische Qualität als entscheidende Kriterien. In dieser Reihe fehlt der zweite Dresdner Schlachthof, obwohl die von Hans Erlwein im Elbbogen errichtete »Schlachthofstadt« nicht nur in höchstem Maß den zeitgenössischen Ansprüchen an Lebensmittelhygiene entsprach, sondern erstmals auch die Problematik der Wohn- und Lebensqualität der Arbeiter und Bewohner der Anlage einbezog.

Die malerisch angelegten Gebäude sind der deutschen Reformarchitektur zuzuordnen, die 1910 in Dresden einen Höhepunkt hatte.[2] So entsprach der Dresdner Schlachthof Vorgaben der Lebensreformbewegung wie dem Ausgleich von Arbeit und Erholung, der deutschen Gartenstadtbewegung mit dem Drang nach Naturnähe, luftdurchfluteten Grünräumen und Verweilplätzen sowie der inhomogenen Gebäudegestaltung und deren Aufwertung durch anspruchsvollen Bauschmuck. Erlweins übliches Vorgehen, die Künste in seiner Architektur zusammenzuführen, erreichte in der Schlachthofanlage einen Höhepunkt, da er eine Vielzahl von Künstlern binden und so beispielhaft eine Vielfalt künstlerischer Spielarten präsentierten konnte. Dabei engagierte Erlwein vor allem Kollegen und Freunde aus der Vereinigung »Die Zunft«.

Eine zeitgenössische Beschreibung von Hans Weyer charakterisiert die Qualität der Anlage: »Woran liegt es, fragen wir uns, daß diese Anlage, diese Gebäudegruppen und einzelne Bauten so selbstverständlich und dabei so ungemein freundlich und heiter aussehen? Es sind verschiedene künstlerische Momente, die da zusammenwirken; bei der schöpferischen Gestaltung der Bauten gingen die Ideen der Zweckmäßigkeit und Schönheit Hand in Hand ans Werk. Oder, um mich anders auszudrücken: die Architektur ist ganz im Sinne moderner baukünstlerischer Schöpfungen aus dem Zweck heraus entwickelt worden. So wie bei dem menschlichen Körper, um dieses höchste Kunstwerk der Natur zum Vergleich heranzuziehen, jedes Glied Zweckmäßigkeit und Schönheit so vollkommen in sich vereinigt und die Gliedmaßen zu einem ebenso vollendet zweckmäßigen, wie vollendet schönem Ganzen zusammenfügen, so sollte es versucht werden, ein Baukunstwerk zu schaffen. Beim Bau des Schlachthofes ist dieser Versuch gemacht und bis zu einer gewissen Vollkommenheit erreicht worden. Was nützen dem Architekten bei der künstlerischen Lösung einer modernen Bauaufgabe, wie z. B. der eines Schlachthofes, alle traditionellen Stilformen? Sind dieselben der einzige Schatz an ästhetischen Hilfsmitteln, die sich ein solcher Architekt erworben hat, dann kann er sich nicht mit Hoffnung am künstlerischen Erfolg an eine solche neuzeitliche Aufgabe heranwagen.

Hierzu gehört weit mehr: Nur die Beherrschung der Raumkunst im weiteren Sinne und deren Stellung in die Dienste der dem Projekt zugrunde liegenden praktischen Ideen kann hier Gutes schaffen. Es darf uns beim Hinblick auf den Dresdner Schlachthof mit Freude und Genugtuung erfüllen, daß die moderne Architektur durch die sie beherrschende Meisterhand solches bedeutenden künstlerischen Ausdruckes fähig ist. Die künstlerischen Momente, die ein so malerisches Bild erzielen, seien im einzelnen aufgeführt: eine geschickte Verteilung der Gebäudemassen, Abwägung der Verhältnisse, Abwechslung in den Dachformen und die Beachtung der Silhouettierung, außerdem: die Verwendung von roten Ziegeldächern, weißen Putzflächen und dunkelgrünen Fensterläden, die kontrastreiche Farbenwirkungen erzeugen; Blumen und Bäume tun hierzu das ihrige. Wir sehen, daß auch industrielle Anlagen, die heute einen großen Teil der öffentlichen städtischen Bauten ausmachen, ein Städtebild bereichern können. Und doch kommt es in unseren Tagen leider noch häufig vor, daß sie es stattdessen schädigen!«[3]

Diese Einschätzung des Vieh- und Schlachthofes in Dresden würdigte nicht nur die hohe überregional bedeutende Qualität des Objektes, sondern setzte die Anlage auch in den Kontext der Baugattung, in der zahlreiche rein industriell aufgefasste Architekturbeispiele zwar funktional, aber nicht

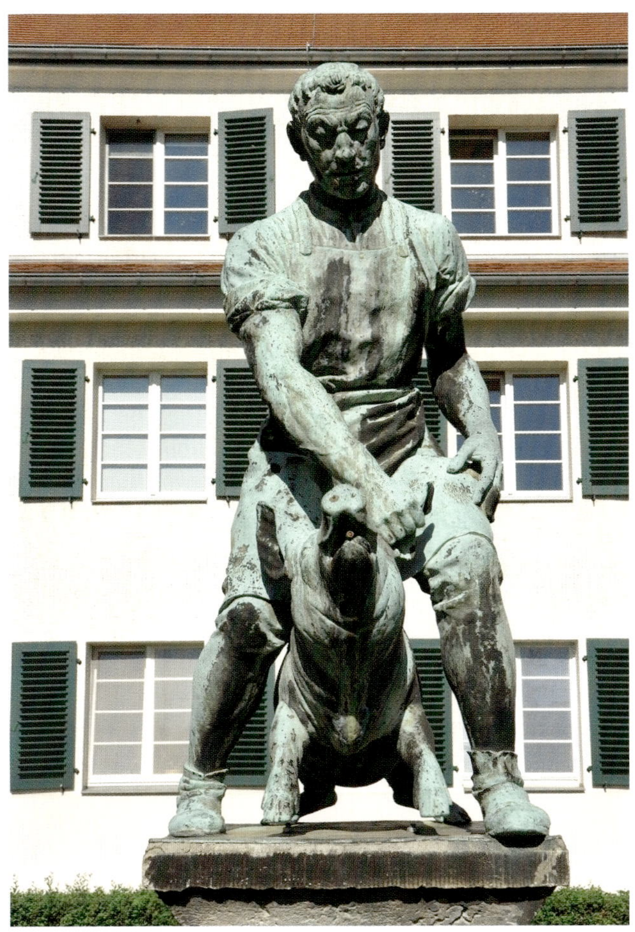

1 Schlachthof Dresden II, Brunnenplastik von Georg Wrba, 2017

stadtbildbereichernd wirkten. Das war vor allem auch der Industriekultur des ausgehenden 19. Jahrhunderts zu schulden, die in erster Linie auf das schnelle Städtewachstum reagierte und im Umgang mit dieser neuen Baugattung über keinerlei baukünstlerische Erfahrungen verfügte. Dies belegen auch mehrere sächsische Schlachthofanlagen, z. B. die Objekte in Löbau, Görlitz und Reichenbach. Dort finden sich funktional und technisch einwandfreie Klinkerbauten, die jedoch mehr ihren industriellen Duktus herausstreichen als innerstädtische Präsenz entwickeln. Schlachthöfe dieses Typs waren in ganz Deutschland vorherrschend und immer wieder Impulsgeber für neue Anlagen dieser Art. Während die eingangs genannten Schlachthöfe in Berlin, Breslau und Chemnitz zwar eine eigene urbane Qualität entwickelten, verblieben sie gestalterisch doch immer im Rahmen der Industriekultur. Mit dem Dresdner Schlachthof beschritt Hans Erlwein hingegen ganz neue Wege, woraus für diese Baugattung eine neue Architektursprache hätte hervorgehen können. Doch war die Hochzeit der Schlachthofbauten in Deutschland 1910 bereits vorbei. Die Mehrzahl deutscher Schlachthöfe wurde im ausgehenden 19. Jahrhundert errichtet, da zu dieser Zeit der Druck der Hygienebewegung am größten war. Die großen Forschungsergebnisse in Medizin, Bakteriologie und Lebensmittelchemie hatten die Gesellschaft zur zeitnahen Erbauung von Schlachtanlagen gedrängt.

In Anbetracht der Schlachthofanlagen in den Großstädten Dresden, Leipzig, Chemnitz, Zwickau und Plauen wird deutlich, welche Schlachtkapazitäten zu bewältigen waren. Die Gebäudekompositionen und die baukünstlerische Ausprägung dieser Objekte belegen die in Sachsen vorhandene große Wirtschaftskraft. Der innovative bastionsartige Turm des Kühlhauses in Plauen, der als überkuppelter Zentralbau angelegte Turm in Dresden und der Uhrenturm in Zwickau manifestieren eine industriespezifische und architektonisch wirksame Baukultur. Die urban geprägten Anlagen in Leipzig und Chemnitz beweisen wiederum, dass die Objekte als »Stadt in der Stadt« gedacht und ausgeführt worden sind.

Die mittelgroßen Schlachthöfe wie in Zittau, Löbau und Görlitz beeindrucken durch ihre hervorragende architektonische Qualität und ihren hohen gestalterischen Anspruch. Die Errichtung der Anlagen waren für die jeweilige Stadt eine große Errungenschaft in Hinblick auf die Stadthygiene und die wirtschaftliche Lage. Für das Steueraufkommen der Kommune war der Betrieb eines Schlachthofes gewinnbringend.

Jedoch kommt den sächsischen Architekturbeispielen dieser Größenordnung keine Sonderrolle innerhalb der Baugattung zu. Sie ordnen sich vielmehr in den Kanon des innerdeutschen Schlachthofbaus ein. Ablesbar bleibt jedoch an jedem der besprochenen Beispiele, welcher bahnbrechenden Neuerung das Schlachtwesen kurz vor 1900 ausgesetzt war. Kleinere Schlachthöfe entstanden in Sachsen nur wenige. Ein besonders gelungener und für sein Ausmaß ideal angelegter Schlachthof ist der in Crimmitschau. Das heute weitgehend durch private Hand sanierte Kulturdenkmal wirkt als funktionaler Industriebau und wird in seiner Dimension als angenehme Wirkungsstätte für Betriebsangehörige wahrgenommen. Daher bot sich auch die realisierte Umnutzung zu einer Wohnanlage geradezu an. Die kleinen Schlachthofanlagen lagen oft am Rand einer Kleinstadt, wo sie malerisch in die Landschaft integriert wurden. So verstehen sich auch die Schlachthöfe in Frankenberg, Torgau oder der nicht mehr existierende in Annaberg. An diesen Bauwerken wird auch deutlich, dass die Diskussion um ihre Neueinrichtung und Etablierung dazu geführt hatte, die Architektur nicht nur rein funktional zu denken, sondern auch ein gestalterisch ansprechendes Erscheinungsbild anzustreben. Damit wurde zwischen den Gegnern und Befürwortern des Schlachtwesens eine vermittelnde Ebene hergestellt, wie das z. B. viel intensiver, aber durchaus vergleichbar bei der in dieser Zeit ebenfalls völlig neuen Bauaufgabe »Krematorium« der Fall war.[4]

Anmerkungen

1 Walter, Uli: Schlachthof und öffentliche Gesundheit. Zur Kultur- und Baugeschichte von Schlachthäusern seit dem Mittelalter, in: Jahrbuch der Bayrischen Denkmalpflege. Forschungen und Berichte, Bd. 54/55 (2000/01), Berlin 2006.

2 Hübner, Ulrich et. al.: Symbol und Wahrhaftigkeit – Reformarchitektur in Dresden, Dresden/Husum 2005.

3 Weyer, Hans: Der neue Städtische Vieh- und Schlachthof zu Dresden, Sonderdruck aus: »Der Industriebau«, Jahrgang 1911, H. 1/2, S. 1.

4 Hübner, Ulrich: Kultur- und Baugeschichte der deutschen Krematorien, Dresden 2013.

Abbildungsnachweis

1 Ulrich Hübner.

Verlust und Vergänglichkeit! Nachdenken über vergehende Baugattungen.[1]

»Meistens belehrt erst der Verlust über den Werth der Dinge.«[2] Dieser Satz von Arthur Schopenhauer beschreibt ein allgegenwärtiges Phänomen. Verfall und Verlust gehören zu unserer Lebenskultur. Ebenso verhält es sich mit der Baukunst. Während die Denkmalpflege bestrebt ist, sowohl die Substanz der Bauwerke als auch das Stadtbild in Form und Gestalt zu bewahren, wächst der gesellschaftliche Druck nach Fortschreibung und kompletter Erneuerung immer stärker. Besonders schmerzhaft berührt es uns, wenn ganze Baugattungen aus unserer Gegenwart zu verschwinden drohen oder substantielle Veränderungen erfahren wie z. B. die städtischen Vieh- und Schlachthöfe, die Bahnhofsempfangsgebäude oder gar die Landschaftsdenkmalgattung Friedhöfe.

Wie in dieser Publikation ausgeführt, waren die komunalen Vieh- und Schlachthöfe einst ein städtisches Statussymbol. Die vergleichsweise wenigen noch vorhandenen Objekte beeindrucken zwar auch heute noch durch ihre Originalität, werden jedoch wegen ihres starken Verfalls bereits als potentielle Gefahrenquellen angesehen. Eine entsprechende Sanierung ist oft nicht in Sicht. Ihre Funktion ist heute nicht mehr gefragt, ihre Logistik nicht mehr zeitgemäß. Umnutzungen gestalten sich fast immer schwierig. Von den ursprünglich 42 sächsischen Schlachthöfen existiert heute nur noch weniger als die Hälfte, nur wenige sind saniert und umgenutzt worden. Der Architekturhistoriker Holger Brülls hat 1994 in seinem Aufsatz über den Magdeburger Schlachthof die Spezifik dieser Anlagen treffend charakterisiert: »Vieh- und Schlachthöfe liegen gemeinhin im Windschatten der großen Städte (die von ihrem Gestank verschont bleiben wollen) und des allgemeinen kulturellen Interesses … Als unappetitlich, weil Schmutz und Tod bedeutende Stätten der Lebensmittelproduktion sind aber die Vieh- und Schlachthöfe von der Wertschätzung, die anderen Denkmalen der großstädtischen Industriekultur entgegengebracht wird, immer noch ausgeschlossen – ganz zu Unrecht.«[3]

In der zweiten Hälfte des 19. Jahrhunderts formierte sich die Hygienebewegung und ergriff letztendlich alle Bereiche der Gesellschaft. Einen nachhaltigen Einfluss gewann die Hygiene auch auf das Schlachtwesen. In Sachsen traten z. B. 1880 das Viehseuchengesetz und wenig später Regelungen zur Trichinen- und Fleischbeschau in Kraft. So kam es in vielen deutschen

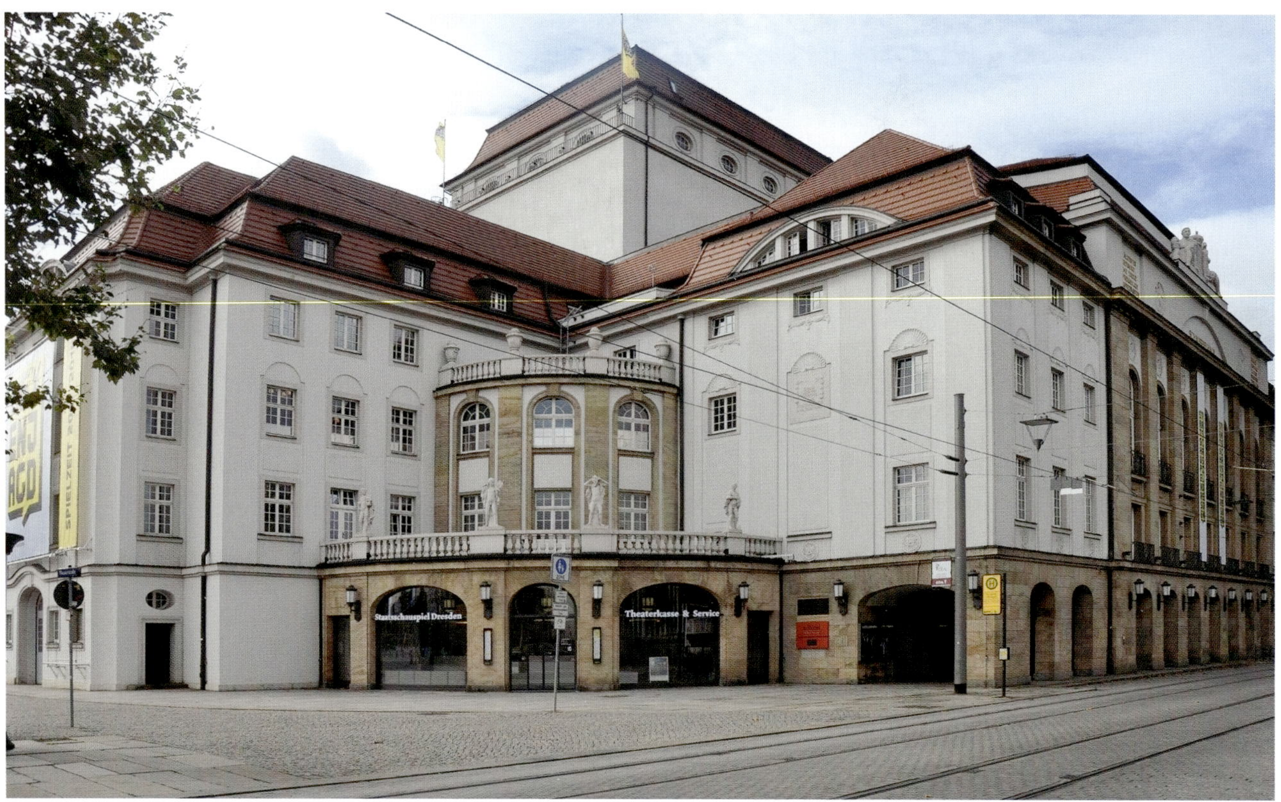

1 Dresden, Schauspielhaus, 2017.

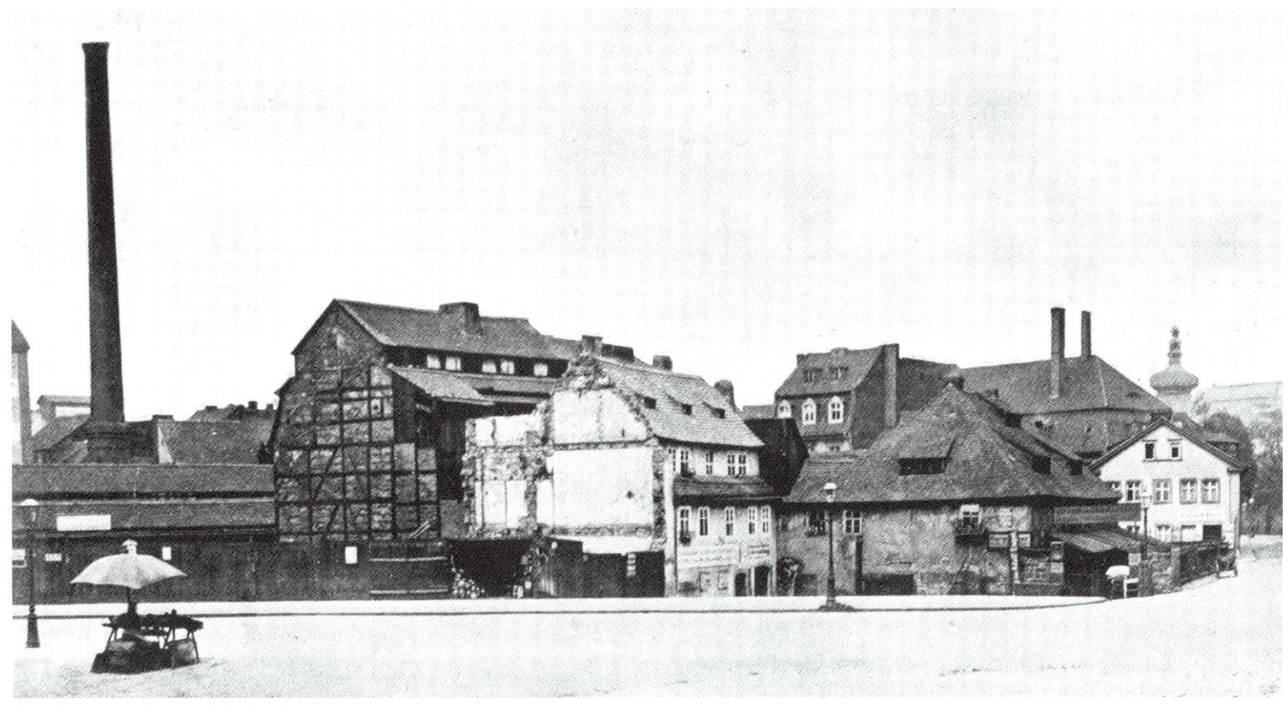

2 *Dresden, Kuttelhof, Außenansicht.*

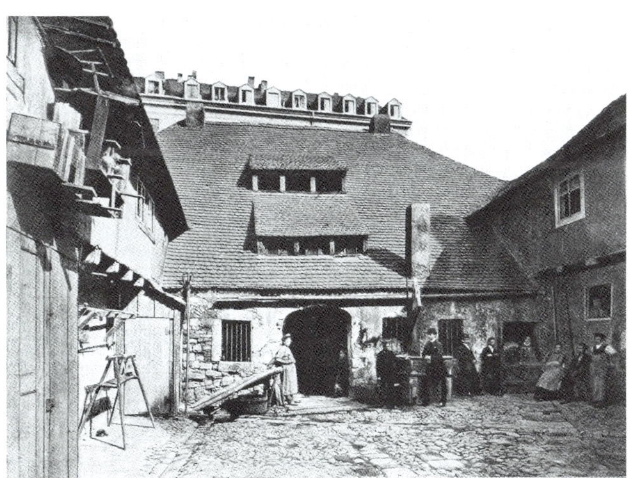

3 *Dresden, Kuttelhof, Schlachtstätte.*

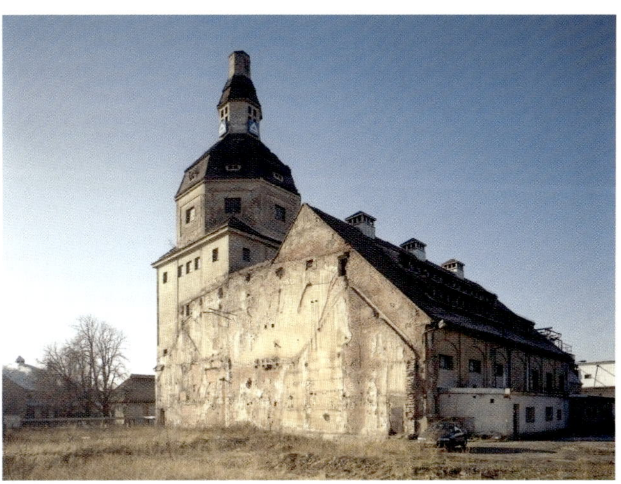

4 *Dresden, Städtischer Vieh- und Schlachthof, Maschinenhaus, 1999.*

Städten zur Gründung öffentlicher Schlachthöfe. In Dresden, der sich formierenden »Metropole der modernen Hygiene«, sollte freilich ein in jeglicher Hinsicht unüberbietbarer Schlachthof entstehen.

Die imposanten und qualitätvoll errichteten 68 Gebäude des zweiten Dresdner Vieh- und Schlachthofes, der von Stadtbaurat Hans Erlwein im Ostragehege konzipiert wurde, sind bis heute nicht vollständig saniert und umgenutzt. Fotos aus der Erbauungszeit verdeutlichen den großen gestalterischen Anspruch, der einst hinter dieser Bauaufgabe stand. Bereits im 19. Jahrhundert hatte der erste Dresdner Schlachthof an der Leipziger Straße den mittelalterlichen Kuttelhof in der Nähe des Zwingers abgelöst *(Abb. 2, 3).* Heute steht an genau dieser Stelle das Schauspielhaus, dass 1913 vom Architekturbüro Lossow und Kühne errichtet wurde *(Abb. 1).*

Das zeigt auch den besonderen Stellenwert, den ein eigener Schlachthof für die Selbstlegitimation einer Stadt besaß. Als der Schlachtbetrieb in Dresden Anfang der 1990er-Jahre aufgegeben wurde, waren die Gebäude völlig abgenutzt, verfallen und desolat. Die imposanten Fotoserien von Christine und Günter Starke führen uns das Ausmaß, aber auch die Ästhetik des verlorenen Ortes inszeniert vor Augen *(Abb. 5–7).*

Dresden befindet sich in dem glücklichen Umstand, auf genügend Potential für verschiedene Nutzungsvisionen zurückgreifen zu können. Dennoch bietet die weithin sichtbare und symbolhafte Kraftstation mit dem 50 Meter hohen Schornstein, dem Maschinenhaus und der Pumpstation nur geringe Chancen für eine wirtschaftlich gewinnbringende Nutzung. Vielmehr wird sie heute von den Anliegern und Nutzern der umliegenden Schlachthofgebäude als »Schandfleck« wahrgenommen *(Abb. 4).*

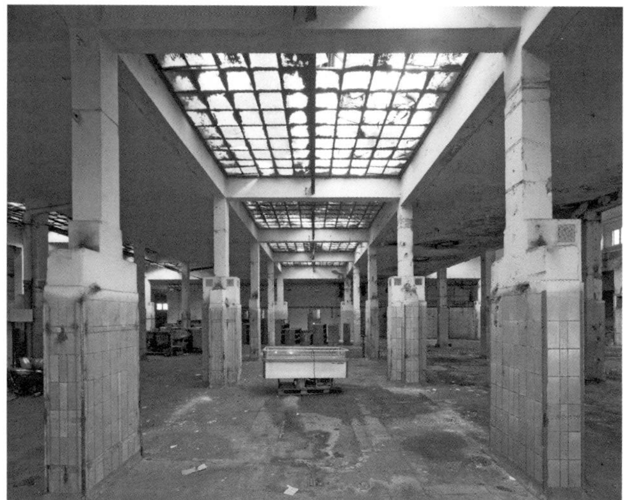

5 Dresden, Städtischer Vieh- und Schlachthof, Schlachthalle, 1999.

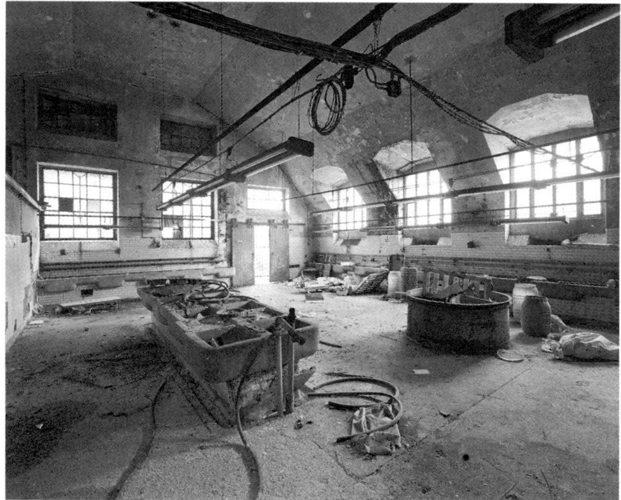

6 Dresden, Städtischer Vieh- und Schlachthof, Kaldaunenwäsche, 1999.

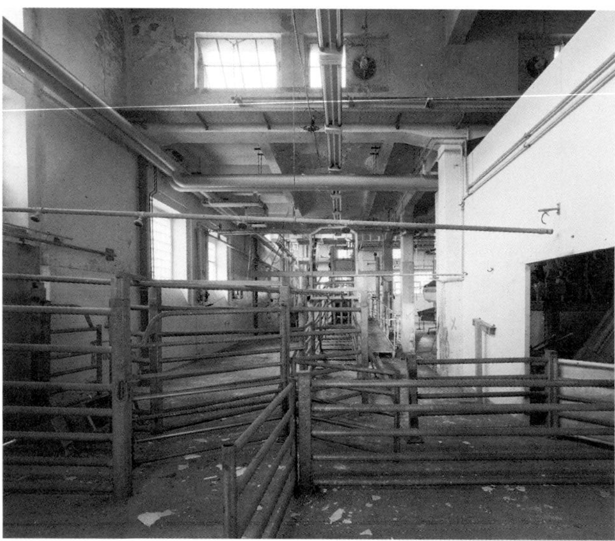

7 Dresden, Städtischer Vieh- und Schlachthof, Stallungen, 1999.

Ein Beispiel für einen kompletten Wandel finden wir in Annaberg. 1994 wurde der Schlachthof geschlossen und vollständig abgebrochen. Bereits heute hat die Natur den Landschaftsflecken zurückerobert.

Hingegen wurde in Crimmitschau der Schlachthof vorbildhaft saniert und zu Wohnungen umgebaut. Die klare Organisation der Gebäude auf dem vergleichbar kleinen Grundstück von etwa 10 000 Quadratmetern machte eine wirtschaftliche Überschaubarkeit der Sanierungskosten möglich. Begünstigend wirkte sich auch die lokale Verbundenheit des Bauherrn mit diesem Ort aus.

Wir müssen aber auch an die Schlachthöfe denken, deren weiteres Schicksal bis heute nicht geklärt ist und die zunehmend von der »Schönheit des Verfalls« geprägt werden *(Abb. 5–7)*. In einigen Fällen, in denen bereits ein großflächiger Abbruch erfolgte, zeugen nur noch Verwaltungs- und Wohnhäuser, die den Eingang der Schlachthöfe säumten, von der einstigen Anlage: So z. B. im 1881 errichteten Schlachthof Chemnitz, dem in Meerane von 1888 und in dem in Aue, der 1906 erbaut wurde. Die Vielzahl der für Dresden exemplarisch benannten Funktionsbauten auf engstem Raum stellen potentielle Projektentwickler und Investoren zwangsläufig vor große wirtschaftliche Probleme. Denn nicht nur die substanzgerechte Umgestaltung und Umnutzung der Bauteile, sondern auch die Sanierung des zumeist durch Fettabscheider, Gerberei und Kaldaunenwäsche schwer kontaminierten Geländes und die Reinigung sämtlichen Baumaterials machen ein tragbares Konzept quasi unmöglich. Ein weiterer Druck entsteht durch die als städtischer »Schandfleck« wahrgenommene Industriebrache, deren Zustand sich seit der Schließung Anfang der 1990er-Jahre zusehends verschlechtert hat.

In den Großstädten ist die Umnutzung von Schlachthöfen nicht so problematisch, weil Bodenpolitik und Investitionsvolumen ganz andere Möglichkeiten zulassen. So finden wir heute im ehemaligen Schlachthof Leipzig die Ansiedlung des Mitteldeutschen Rundfunks, in Dresden bieten die Schlachthallen Raum für Messen und Kunstprojekte, in Magdeburg sind Räume für Wohnen und Gewerbe entstanden. Der Wiesbadener Schlachthof bietet als Kulturzentrum ideale Voraussetzungen für Großkonzerte der jugendlichen Musikszene. Derartige Umnutzungen sind in Deutschland für diese Baugattung jedoch überschaubar und immer mit einem immensen Kampf um den Erhalt verbunden. Sie setzen eine besondere Kompromissbereitschaft aller beteiligten Interessenträger voraus. Auch wenn die Verluste aus denkmalpflegerischer Sicht groß erscheinen, wenn das ursprüngliche Baukonzept des Schlachthofareals durch Abbrüche stark geschädigt erscheint, manifestieren immer noch einzelne Hauptgebäude die ursprüngliche Funktion und erzählen von der Bau-, Sozial- und Stadtgeschichte. Die städtischen Vieh- und Schlachthöfe zeigen uns exemplarisch den Wandel, den unsere Gesellschaft in den letzten hundert Jahren vollzogen hat. Der heutige Bedarf an Wurst und Fleisch ist so hoch, dass die historischen Schlachthöfe gar nicht mehr die Kapazität hätten, diesen zu decken. Heutige sogenannte Schlachtfabriken sind völlig technisiert; die Gebäudehülle ist der Funktion komplett untergeordnet.

Wie kann sich nun die Denkmalpflege solcher Aufgaben annehmen? Die Option von Umnutzungen wurde bereits erwähnt und wo diese nicht realisierbar ist, wird die Denkmal-

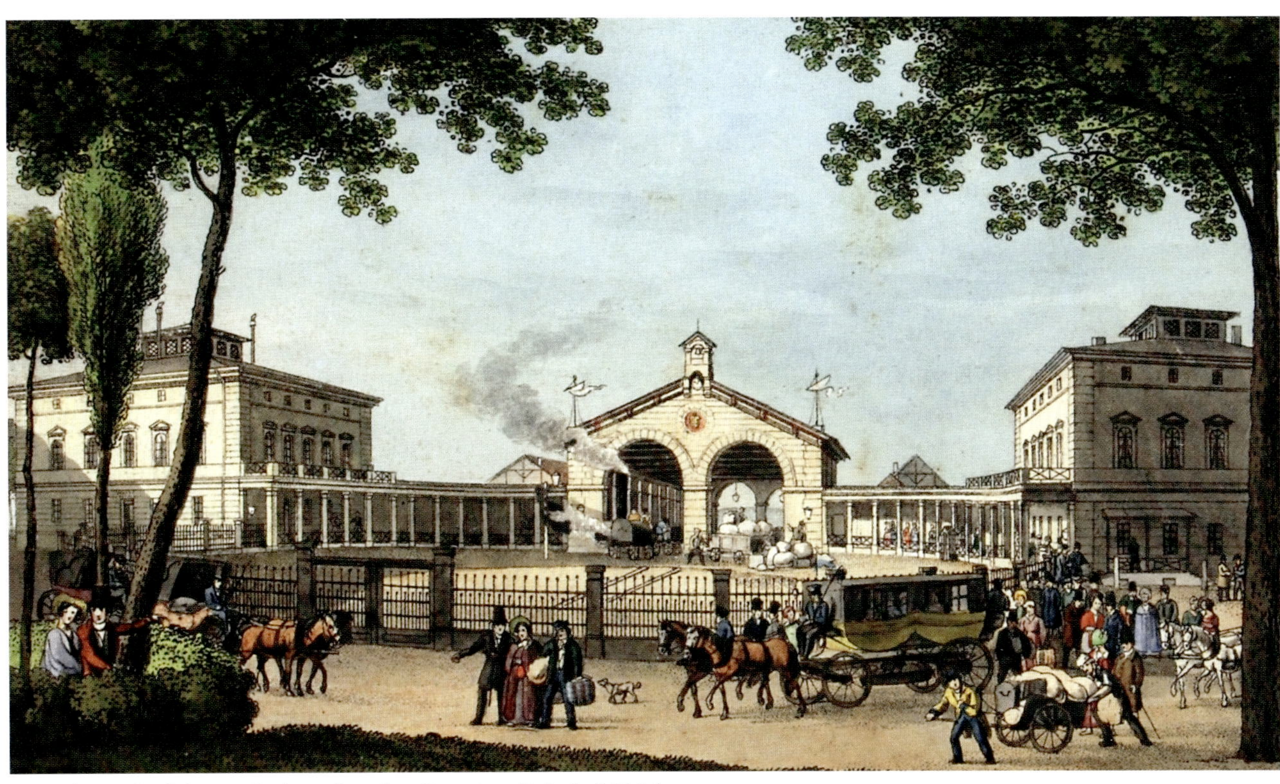

8 *Johann Carl August Richter, Dresden, Leipziger Bahnhof, Zeichnung.*

pflege zwangsläufig dem Verlust ins Auge blicken müssen. Dabei ist jedoch auf eine genaue Dokumentation des Bestandes zu achten, um das Thema Schlachthöfe in seinen bau-, kultur-, sozial- und technikgeschichtlichen Aspekten auch an Folgegenerationen zu tradieren.

Ein ähnliches Schicksal, das derzeit noch nicht so gravierend erscheint, wiederfährt den Bahnhofempfangsgebäuden. Als neuartige und vorbildlose Bautyperfindungen des 19. Jahrhunderts, die in den zeitgenössischen historistischen Stilformen erbaut wurden, stehen die Bahnhofsempfangsgebäude exemplarisch für den gesellschaftlichen und industriellen Fortschritt. Sie verstanden sich als Entrée in die Stadt, weshalb ihnen eine ganz besondere Bedeutung zukam. Auch diese Gebäude sind heute, wenn der Zug nur noch die Großstädte anbindet, nicht mehr notwendig. Zahlreiche Kleinstrecken wurden stillgelegt. Die Nahverkehrszüge halten heute oft an Haltepunkten, deren früheres Bahnhofsgebäude nicht mehr betreten werden darf. Es gibt weder eine sinnvolle Infrastruktur zur Fortsetzung der Reise noch eine gemütliche Aufenthaltsmöglichkeit. Die dezentrale Lage der Kleinstadtbahnhöfe steigert die Schwierigkeit ihrer Umnutzung. Die meisten Gebäude sind zwar noch vorhanden und werden von der Bundesbahn glücklicherweise nicht mehr kompromisslos abgerissen, sondern – wenn oft auch aussichtslos – zum Verkauf angeboten. Seit Jahren sind sie dem allgemeinen Verfall schutzlos preisgegeben.

Am Anfang der deutschen Eisenbahngeschichte stand eine rigorose, ja kompromisslose Schienenlegung, deren grundsätzlichen Ansatz der Industriedenkmalpfleger Axel Föhl beschrieben hat: »Die Landschaft wurde zum ersten Mal unter ›Machbarkeitsaspekten‹ angesehen und nicht mehr als limitierende Gegebenheit akzeptiert.«[4] Der Errungenschaft des Bahnverkehrs mussten zwangsläufig zahlreiche Kulturgüter und Lebensräume weichen. Besonders deutlich wird dies heute im Nachbarland Frankreich, wo man mit dem Hochgeschwindigkeitszug TGV in nur drei Stunden von Paris nach Marseille eine Strecke von fast 800 Kilometern fahren kann, was nur durch den Verlust zahlreicher Weinberge, Obstgärten und Lebensbiotope im Rhónetal möglich wurde.

Während die ländlichen Stationen in Deutschland eher bauernhofartig gestaltet sind, wurden die größeren Bahnhöfe als eisenbahntypische Zweckbauten oder bürgerlich-kleinstädtische Gebäude errichtet. Sie konnten aus Empfangsgebäude, Wohnungen, Güterschuppen, Bahnsteigen, Verladeplätzen – u. a. auch für Schlachtvieh – Güterschuppen und weiteren Gebäuden bzw. Anlagen bestehen. Eine große Zahl aufwendig gestalteter Bahnhöfe entstand im Zusammenhang mit den immensen Erweiterungen des Streckennetzes nach 1900. Diese Gebäude sind formalästhetisch oft Glanzbeispiele für die deutsche Reformarchitektur und weisen ein noch umfangreicheres Raumprogramm auf, das u. a. auch Wasch- und Baderäume, Friseur und diverse Läden einbezog.

Besonders interessant ist die Eisenbahngeschichte für Sachsen, da hier 1838/39 zwischen Leipzig und Dresden die erste deutsche Ferneisenbahn betrieben wurde. Das erste Bahnhofsgebäude in Dresden, der Leipziger Bahnhof, wurde im April 1839 mit der Eröffnung der Gesamtstrecke nach Leipzig feierlich eingeweiht *(Abb. 8)*. Es war im Gegensatz zu den anderen, hauptsächlich ökonomisch und technisch geprägten Bahnhofsbauten der Strecke Leipzig-Dresden eine der Residenzstadt Dresden angemessene repräsentative Anlage. Die giebelbekrönte Personenhalle mit zwei Rundbögen für Durchfahrten wurde mit den beiden symmetrisch zu ihr angelegten Hauptgebäuden von jeweils 5 x 5 Achsen durch Viertelkreiskolonnaden verbunden, deren schlanke Säulen

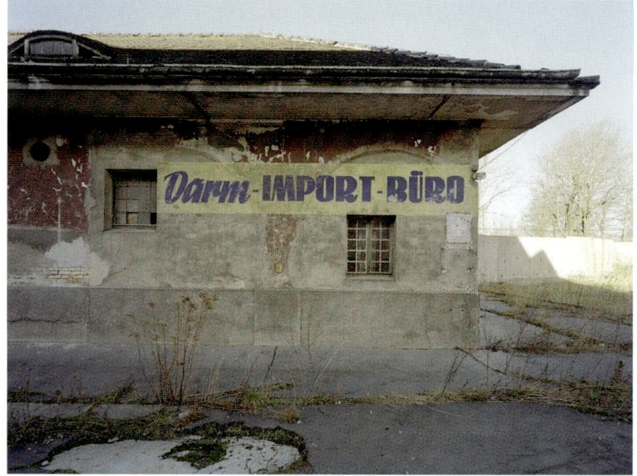

9 Dresden, Städtischer Vieh- und Schlachthof, 1999.

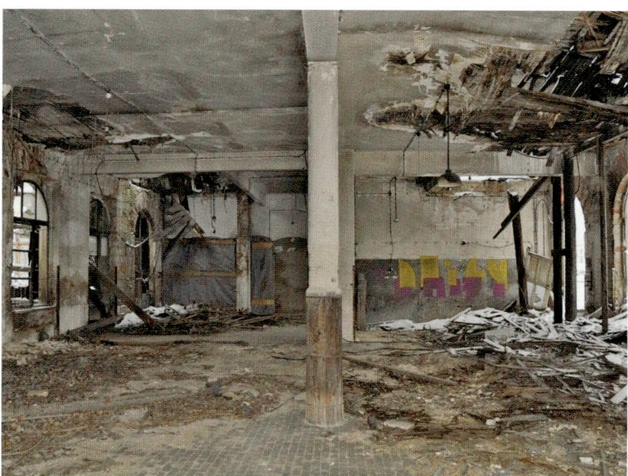

10 Dresden, Leipziger Bahnhof, Empfangsgebäude, 2013.

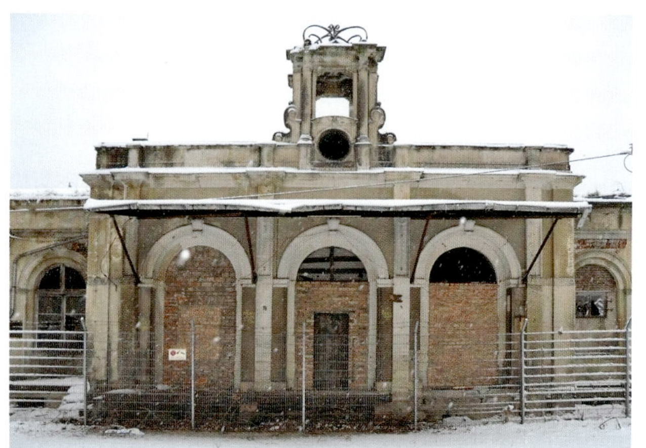

11 Dresden, Leipziger Bahnhof, Empfangsgebäude, 2013.

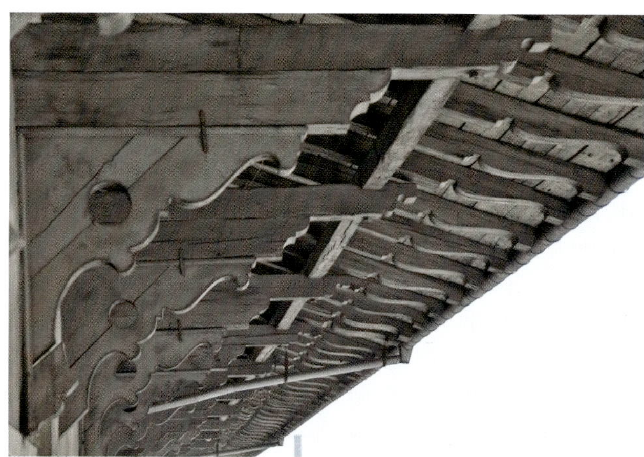

12 Dresden, Leipziger Bahnhof, Güterschuppen, Detail, 2013.

dem ehrenhofähnlichen Vorplatz einen gehobenen Charakter gaben. Doch schon 1847 wichen die Bahnsteighalle und die Kolonnaden einem neuen spätklassizistischen Empfangsgebäude *(Abb. 10, 11)*. Der Leipziger Bahnhof wurde 1901 – nach dem Bau des Neustädter Bahnhofs am Standort des ehemaligen Schlesischen Bahnhofs – für den Personenverkehr geschlossen und im Folgenden zum Ortsgüterbahnhof umgebaut.

Heute sind nur noch Fragmente der alten Bahnhofsgebäude vorhanden. Die ursprüngliche Abfahrtshalle nach Leipzig mit dem kleinen Uhrentürmchen ist stark verfallen und harrt ihrer Sanierung *(Abb. 11)*. Daneben befinden sich, ebenso ruinös, das Bauwerk der alten Drehscheibe, zahlreiche Bahnsteige und Überdachungen sowie Güterschuppen *(Abb. 12)*. 1996 erklärte die Bahn, dass sie für diese Gebäude keinen Verwendungszweck mehr habe. Das Gelände wurde verkauft und wird von einer Großhandelsmarktkette vereinnahmt werden. Ein kompromissvolles Konzept zur Ausbalancierung der Ansprüche auf Erhalt und Neuorganisation wurde noch nicht abschließend erarbeitet. Wir können von Glück reden, dass der Leipziger Bahnhof seinerzeit – nicht wie üblich – überbaut, sondern durch den Neustädter Bahnhof durch eine völlig neue Trassenführung entlastet wurde. Nur deshalb hat die Anlage bis heute überdauert. Hoffen wir sehr, dass die ursprüngliche Funktion auch nach der erwähnten Umnutzung noch ablesbar sein wird.

Wie zu den Schlachthöfen gehören auch zu den Bahnhöfen große technische und wirtschaftliche Funktionseinheiten, deren Umnutzung sich ebenfalls sehr schwierig gestaltet, zumal die Zugschnellstrecken direkt an den Empfangsgebäuden liegen und das Umfeld entsprechend bestimmen.

Auch der 1875 für die Muldentalbahn errichtete Bahnhof in Wolkenburg, wo die Streckenführung längst stillliegt, ist dem vollständigen Verfall preisgegeben *(Abb. 14)*. Hier treten bei der Suche nach einer sinnvollen Umnutzung auch Probleme in Hinblick auf Schadstoffbelastungen durch Öle und Fette auf, die zwangsläufig zum Eisenbahnbetrieb gehören. In Klingenthal hat die Stadt den großen Bahnhof von 1886 für einen Euro gekauft, um ihn abzubrechen. Der genehmigte Abriss wurde vollzogen *(Abb. 13)*. Der Bahnhof in Waldheim, errichtet 1916 in reformstiltypischer Gestalt, kann nicht vollständig geschlossen werden, weil der Zugang zu den Gleisen nur durch die Eingangshalle möglich ist. Dennoch befindet er sich in einem jämmerlichen Zustand.

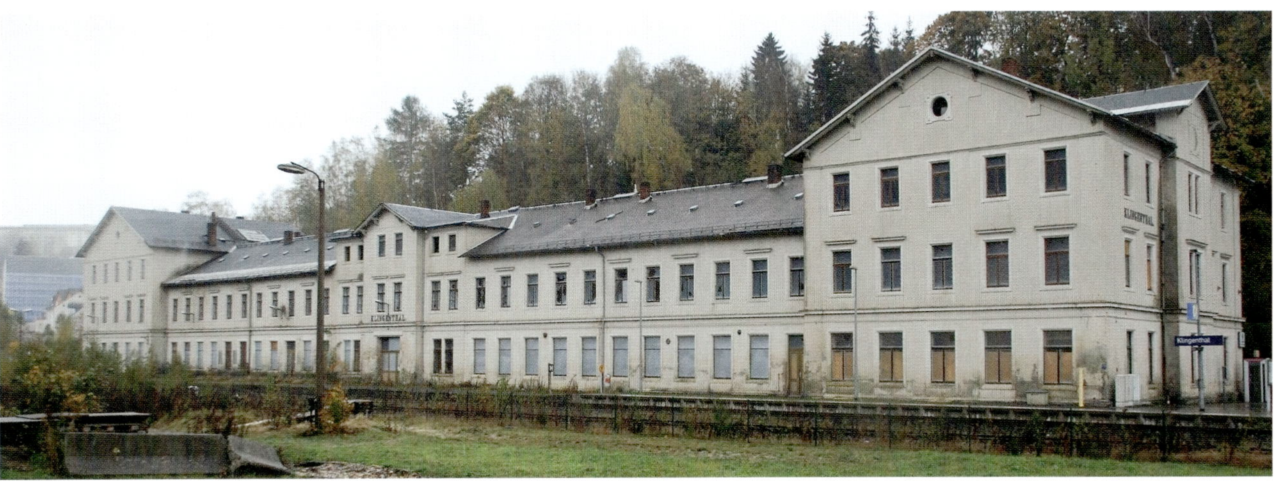

13 Klingenthal, Bahnhof, 2009.

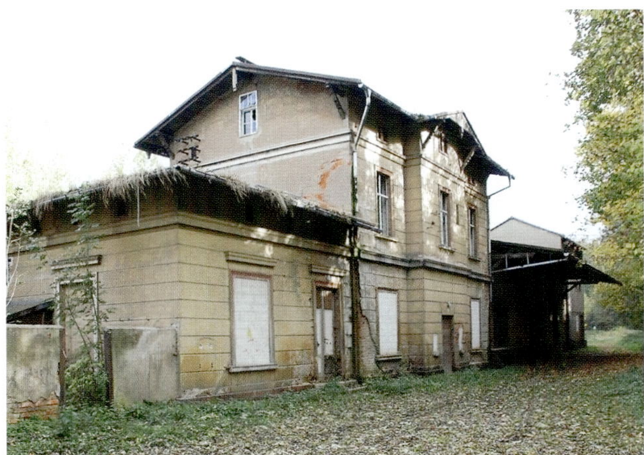

14 Wolkenburg, Bahnhof, 2009.

Auch wenn Bahnhöfe nur selten original erhalten sind, weil sie ständigen Modernisierungen und betriebstechnologischen Veränderungen ausgesetzt waren, manifestieren sie doch eine sowohl gestalterisch anspruchsvolle als auch technisch versierte Architektur, deren Verlust nicht nur für die Denkmalpflege schmerzhaft ist, sondern auch der jeweiligen Stadt ein Stück ihrer Identität nimmt.

Etwas differenzierter, aber dennoch vergleichbar verhält es sich mit den Friedhöfen, die fast flächendeckend unter Schutz stehen. Der Friedhof versteht sich natürlich nicht als eigene Baugattung, kann jedoch im Rahmen einer bestimmten Typologie klassifiziert werden. Der Denkmalschutz bezieht sich hier sowohl auf die gartengestalterische Eigenart als auch auf die Vielzahl der Grabmäler. Am Wandel der Bestattungskultur, in dem wir uns heute befinden, lässt sich die den Veränderungen zugrundeliegende gesellschaftliche Situation besonders eindrucksvoll erläutern *(Abb. 15, 16)*.

Die Friedhöfe schrumpfen bekanntlich, seit sich die Feuerbestattung in der zweiten Hälfte des 20. Jahrhunderts umgreifend verbreitet hat, aufgrund des geringen Platzbedarfs. Selbst der traditionsreiche Waldfriedhof in München ist davon betroffen *(Abb. 17)*. Die Feuerbestattung markiert den Beginn einer fundamentalen, bis heute anhaltenden Neuordnung von Riten und Gewohnheiten. Der Individualismus und die Ablehnung des einstigen Familiengrabes führen außerdem zur Auflassung bestimmter Friedhöfe. Dennoch sind diese Plätze Ausdruck einer über Jahrhunderte andauernden gesellschaftlichen Entwicklung und spiegeln exemplarisch unser »kulturelles Gedächtnis« wider.[5] Der Kulturwandel in unserer Gesellschaft zeigt sich heute im starken Drang nach alternativen Bestattungsvarianten und stellt uns vor grundsätzliche Fragen nach der eigenen Tradition und Identität. Reiner Sörries, bis 2015 Direktor des Museums für Sepulkralkultur in Kassel, schreibt zur Tradition der Bestattungskultur: »Hat man die lange Zeit gültigen Konventionen des Trauerverhaltens auch als ein die persönliche Freiheit einschränkendes Korsett empfunden, so bot doch die Tradition mit ihren standardisierten Ritualen ein über die Generationen tragendes Gerüst zur Bewältigung von Verlusten. Rituale und eingeübte Verhaltensweisen hatten sich bewährt, weil sie durch die Einschränkungen der Möglichkeiten Sicherheit für ein angemessenes Verhalten boten.«[6]

Besonders Deutschland ist gegenwärtig von diesen Veränderungen betroffen, da hier bisher strenge Bestattungsregeln herrschten, die wenig Freiraum für Alternativen ließen. Es wurde gar kein Diskurs darüber geführt, ob der Leichnam auf den Friedhof oder in den eigenen Vorgarten, die Urne in das Kolumbarium oder in das Wohnzimmer gehört. Pragmatisch gesehen wurde damit ganz im Sinn der Tradition gehandelt, dabei jedoch versäumt, die individuellen Wünsche nach Alternativen ausreichend zu beachten. Daher treten heute neben der beliebten anonymen Bestattung der Friedwald, die Diamantpressung oder die Weltraumbestattung quasi in Konkurrenz zum herkömmlichen Familiengrab. Eine für den Friedhof sehr positive Entwicklung ist hingegen die Übernahme von Grabpatenschaften, bei denen aufwendige Grabanlagen längst Verstorbener, restauriert und vom Paten neu belegt werden können. Dennoch wird der Rückgang der Friedhofsbestattungen immer stärkere Folgen für die einzelnen Anlagen haben. Vor allem der Verfall aufwendiger Grabmale und Park-, Wald- und Landschaftsgestaltungen wird unaufhaltsam fortschreiten *(Abb. 18)*.

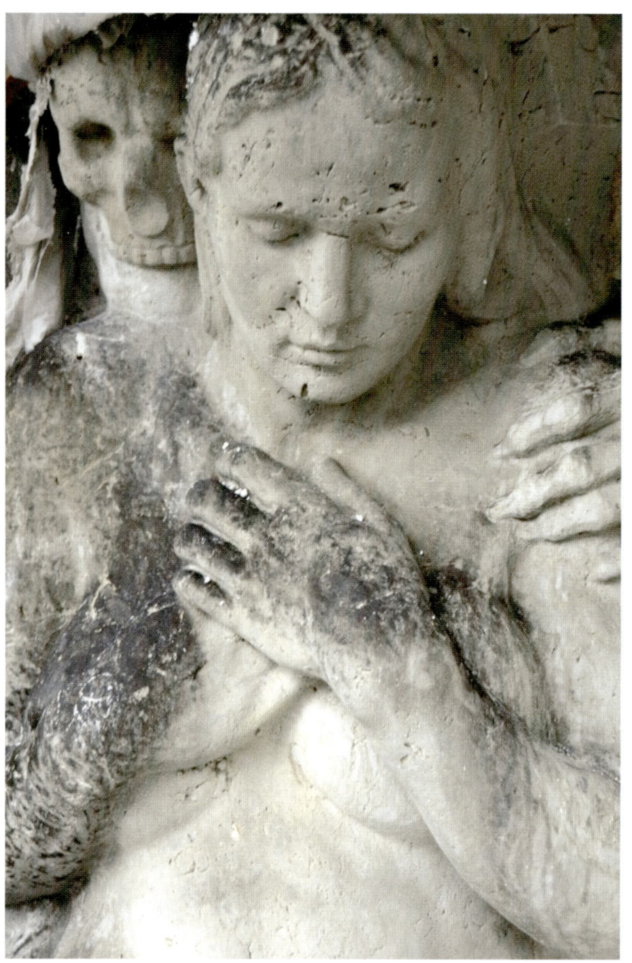

15 Dresden, Krematorium, memento mori, 2010.

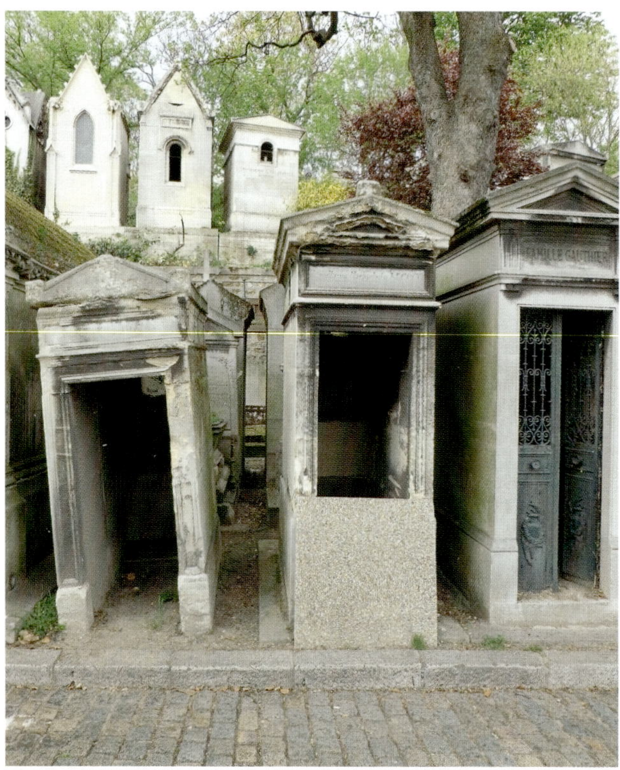

16 Paris, Père Lachaise, Grabhaus, 2012.

Jedoch wird man sich auch die Frage stellen müssen, ob der Verfall der Friedhöfe und Gräber nicht systemimmanent ist und es nur die entsprechende Verlustangst zu bewältigen gilt. Bergen die langsam verfallenden Grabmale nicht auch einen ganz besonderen Reiz in sich? Thematisieren sie nicht geradezu die Vergänglichkeit, mit der wir uns alle früher oder später auseinandersetzen müssen? Sind wir nicht auch beeindruckt von der menschlichen Ohnmacht gegenüber der Natur, die sich alle materiellen Dinge wieder zurückholt? Der Friedhof ist genau der Ort, den die Menschen sich für diese Empfindungen geschaffen haben. Auch sein Verfall könnte als Teil der Akzeptanz unseres begrenzten Daseins verstanden werden. Was war eigentlich der ursprüngliche Memorialgedanke des 18. und 19. Jahrhunderts, der die aufwendigen und künstlerisch oft sehr anspruchsvollen Grabanlagen hervorgebracht hat? In einer viel kleinteiliger strukturierten Welt als der heutigen bestand noch Hoffnung, dass jemandes über den Tod hinaus gedacht würde – und zwar bis in alle Ewigkeit.

So verfügte der Dresdner Großindustrielle und Kommerzienrat Gottlieb Traugott Bienert testamentarisch am 3. Dezember 1888 in Verbindung mit seiner Stiftung an die Stadt, dass seine aufwendige Familiengrabanlage auf dem Friedhof in Dresden-Plauen mit dem plastischen Schmuck von Robert Henze »fortdauernd in gutem baulichem Stande zu erhalten«[7] sei *(Abb. 20)*. Der am globalen Denken orientierte, zudem aufgeklärte und individualisierte Mensch von heute kann der Gedenkkultur jedoch nur noch wenig abgewinnen.

Umnutzungen von Friedhöfen sind selten und aus Gründen der Pietät sehr eingeschränkt. In Berlin befindet sich am Prenzlauer Berg z. B. der ehemalige Friedhof an der Heinrich-Roller-Straße, der zu einem Stadtteilpark mit Spielplatz umgewidmet wurde. Einzelne verbliebene Grabsteine sind mit Warnhinweisen beschildert, dass es sich um keine Spielgegenstände handelt *(Abb. 19)*. Der Südfriedhof in Erfurt mit dem ehemaligen Krematorium wurde bereits 1978 zum Südpark umgestaltet. 1995 konnte in Leipzig der geschichtsträchtige Alte Johannisfriedhof direkt hinter dem Grassimuseum der Öffentlichkeit als museale denkmalgeschützte Parkanlage wieder zugänglich gemacht werden.

Auf die Beschreibung dieser drei sehr unterschiedlichen Denkmalgattungen folgen einige Bemerkungen zur Ästhetik des Verfalls. Georg Simmel gab in seinem kulturphilosophischen Beitrag »Die Ruine« von 1907 eine einfühlsame Definition: »Die Ruine schafft die gegenwärtige Form eines vergangenen Lebens, nicht nach seinen Inhalten oder Resten, sondern nach seiner Vergangenheit als solcher.«[8] Bereits in der Renaissance war das Interesse an antiken Ruinen sehr groß. Mit der Aufklärung und Romantik entstand die regelrechte Ruinenästhetik, wobei Ruinen sogar als Ruinen errichtet wurden. Caspar David Friedrichs bekanntes Gemälde »Kloster Eldena« ist symptomatisch für diese Hingezogenheit zum Vergänglichen *(Abb. 21)*. Auch in dem Dresden nahegelegenen Seifersdorfer Tal stand einst die Ruine der Vergänglichkeit, ein Thema des 18. Jahrhunderts, das quasi in jedem englischen Landschaftsgarten aufgegriffen wurde.

Der Verfall birgt einen ganz besonderen Reiz. Er ist Teil des Kreislaufs, der dem menschlichen Individuum entspricht.

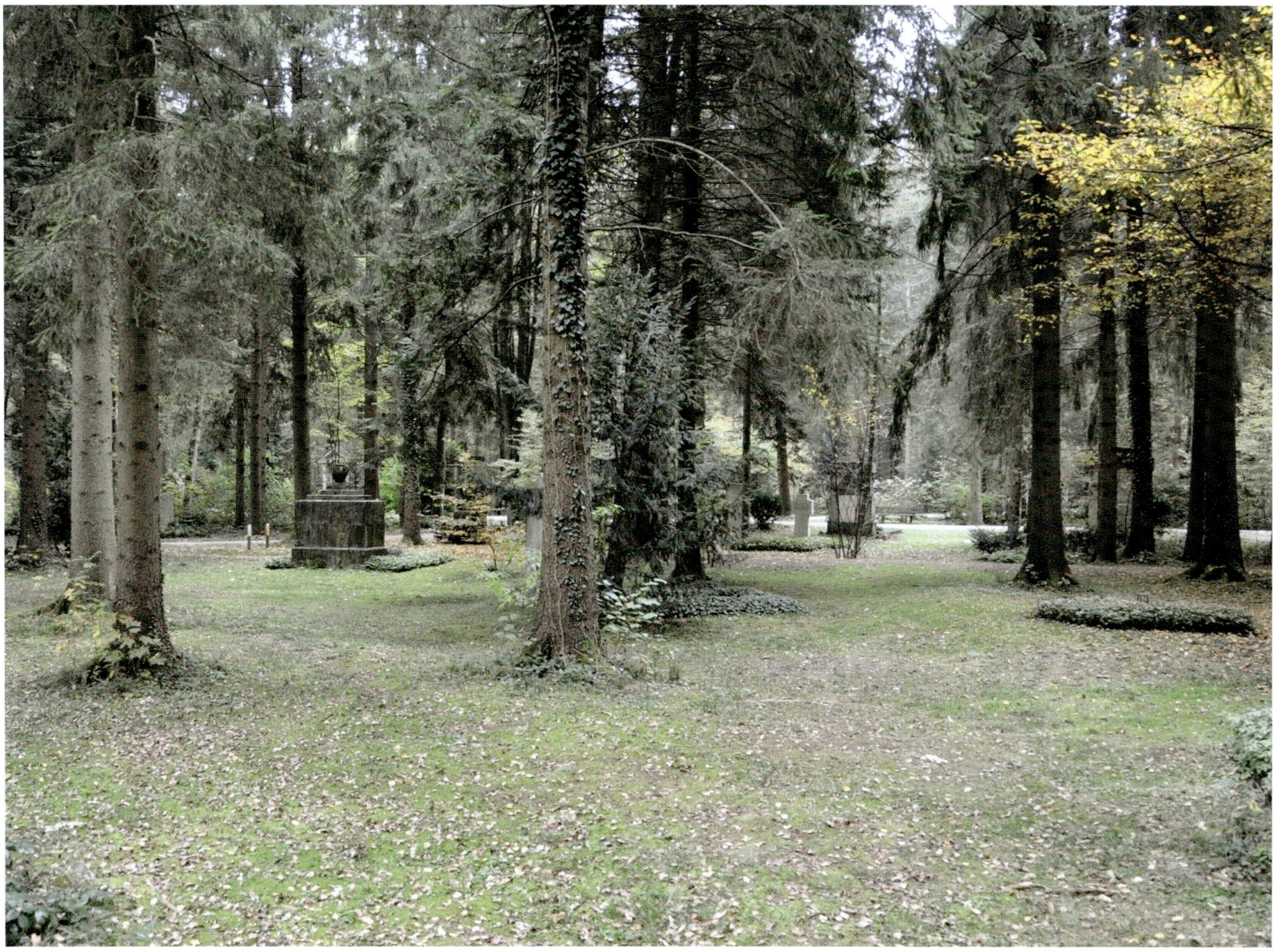

17 München, Waldfriedhof, 2010.

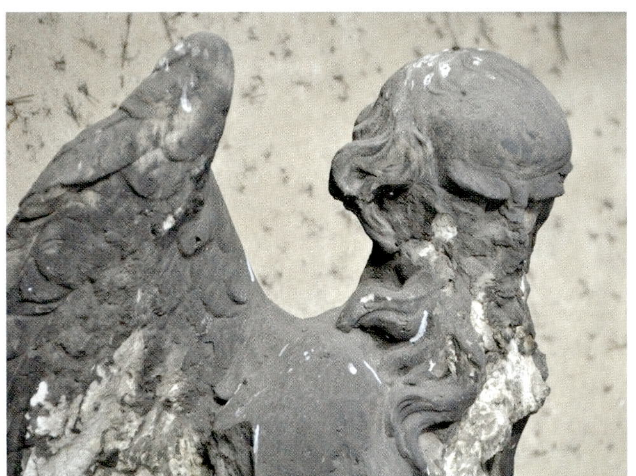

18 Dresden, Innerer Neustädter Friedhof, Chronos, 2013.

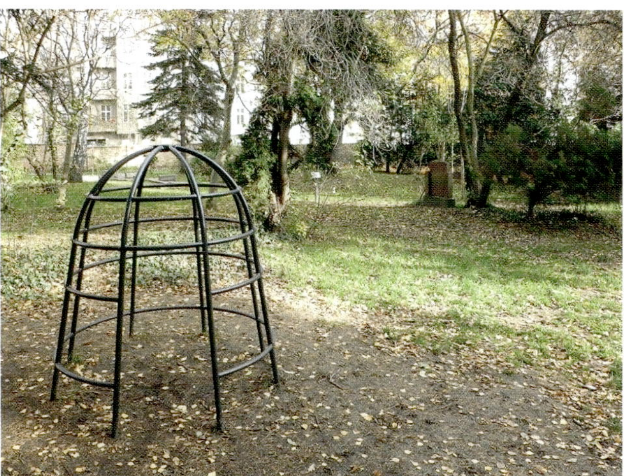

19 Berlin, ehemaliger Friedhof am Prenzlauer Berg.

Das machen sich auch heute zahlreiche Kunstprojekte zum Programm. Beispielsweise stellte im Jahr 2012 der Krefelder Künstler Philip Lethen seine Bilderserie »There are not Goodbys« auf der internationalen Ausstellung zeitgenössischer Künste Ostrale im Dresdner Schlachthof aus. Dabei erzählten seine Bilder nicht nur selbst vom Verfall, sondern erlangten durch den morbiden Rahmen des ruinösen Stallgebäudes eine imposante Steigerung *(Abb. 23)*. Geradezu ideal eignen sich hierfür die noch unsanierten Räume, die auch ein Ambiente für Installationskunst bieten.

Nicht ungenannt bleiben dürfen die Fans von Brachen und Ruinen – die sogenannten »Urban Explorers«, benannt nach

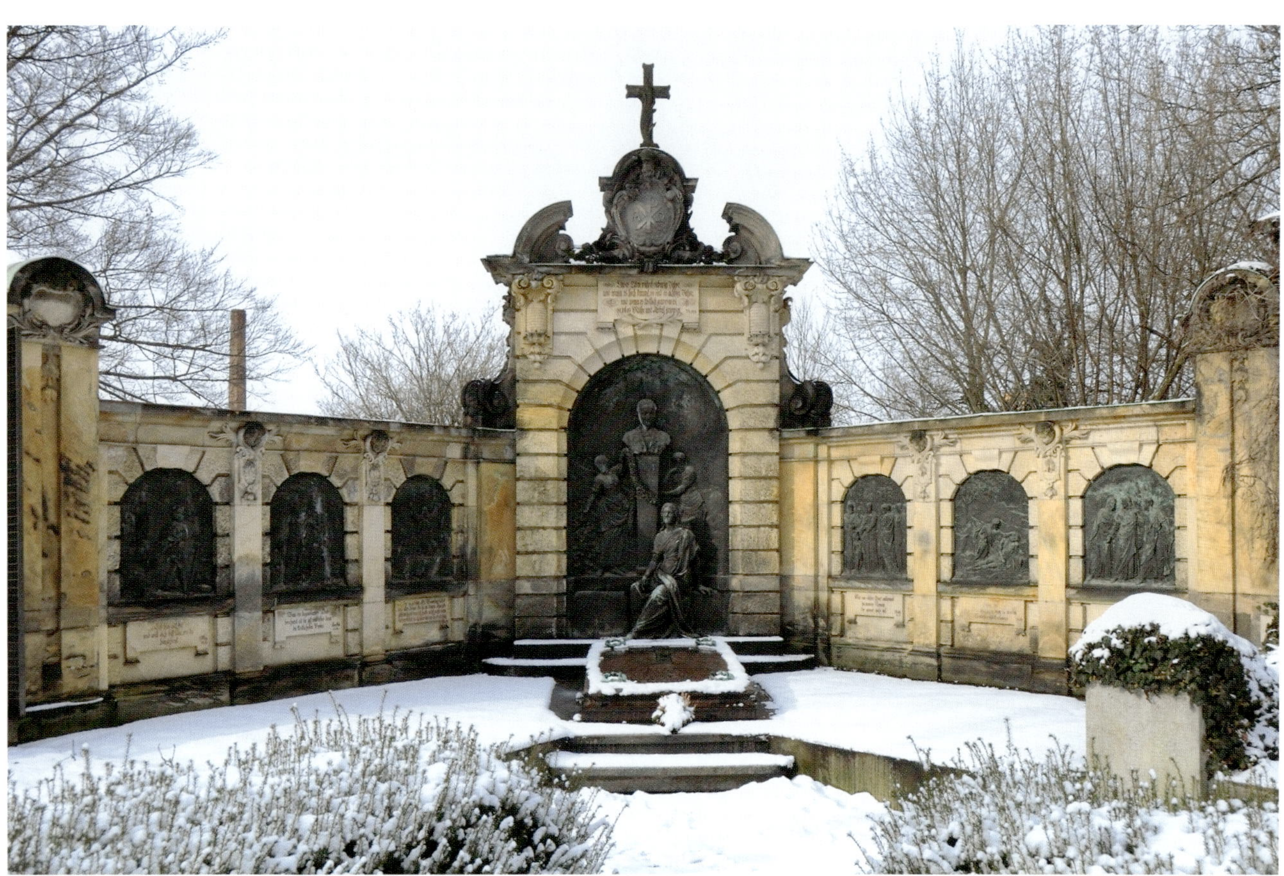

20 Dresden, Plauener Friedhof, Grabmal für Gottlob Traugott Bienert, 2013.

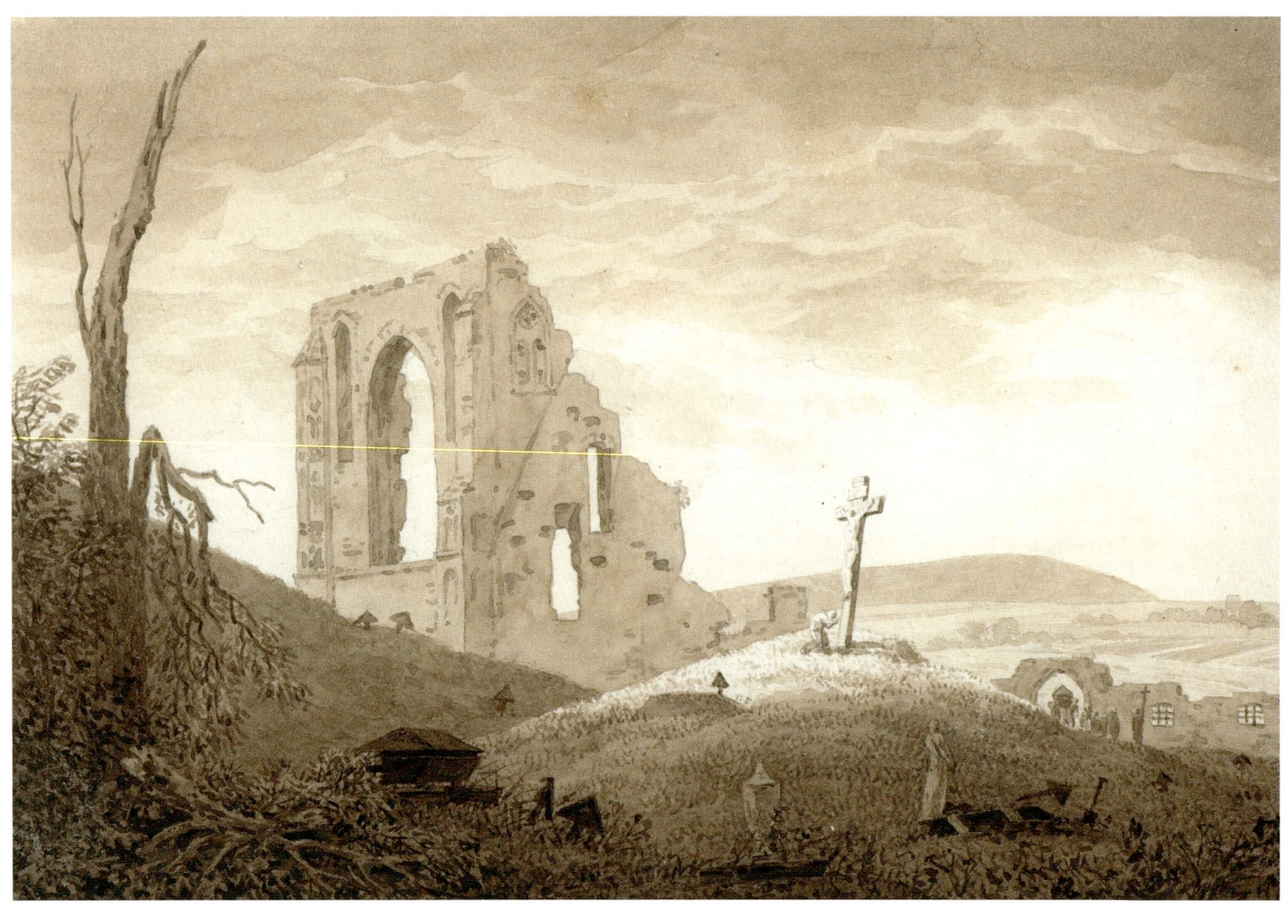

21 Capar David Friedrich, Ruine Eldena, Tusche.

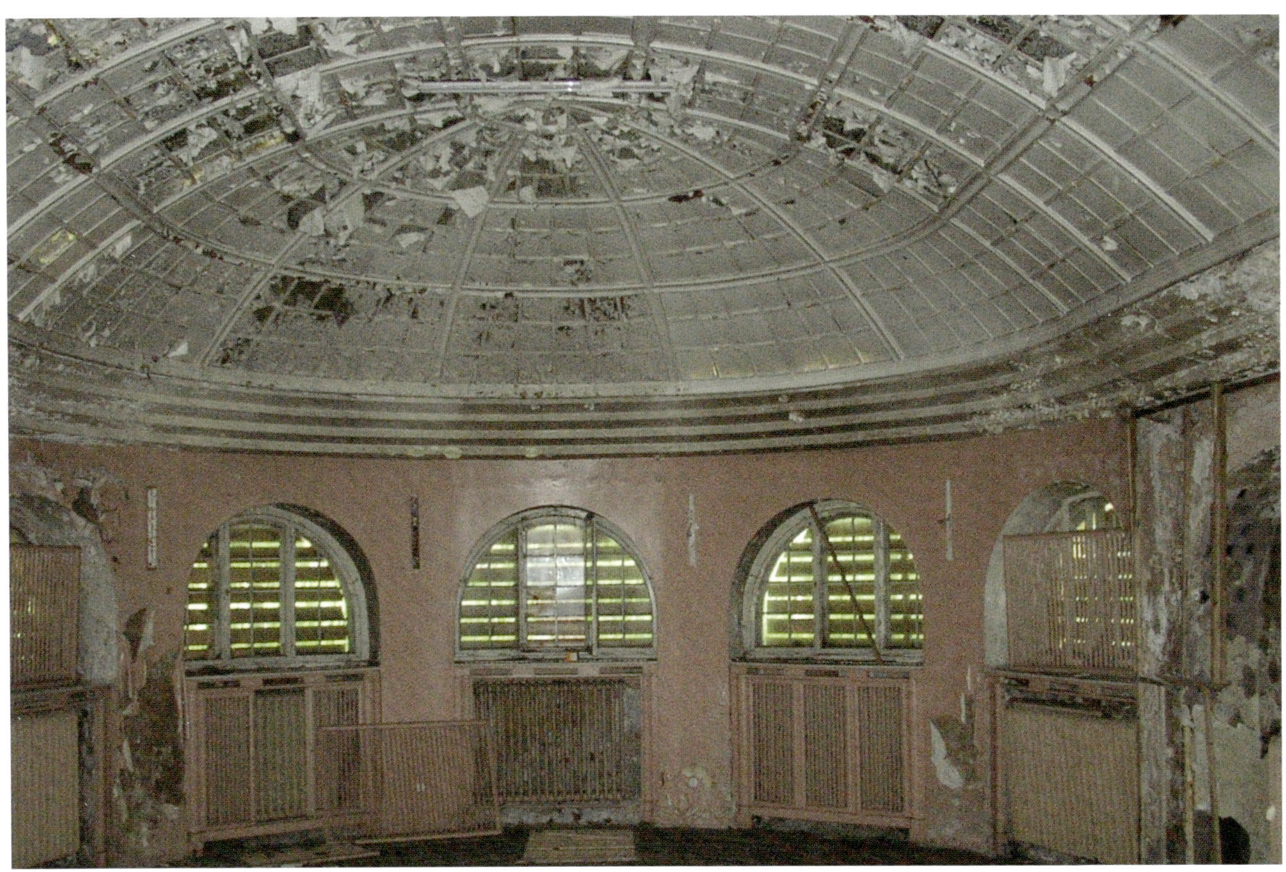

22 Dresden, Lahmann-Sanatorium, Ballsaal, 2012.

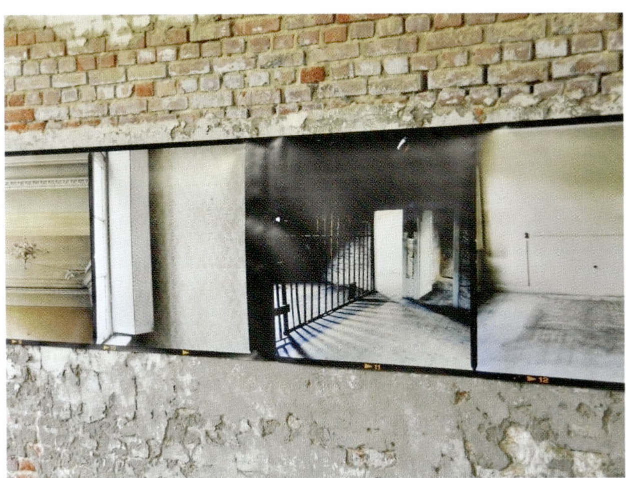

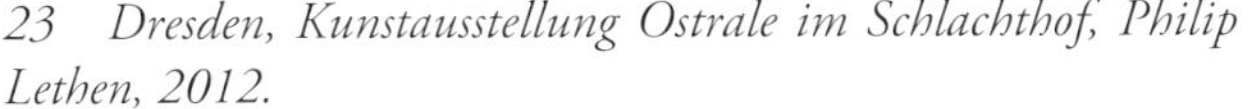

23 Dresden, Kunstausstellung Ostrale im Schlachthof, Philip Lethen, 2012.

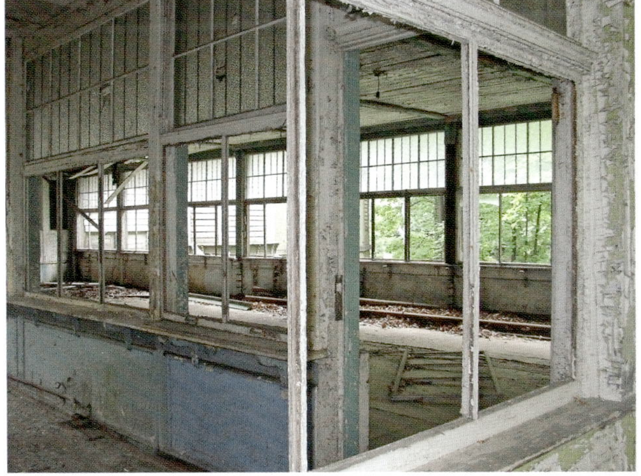

24 Dresden, Lahmann-Sanatorium, Trinkhalle, 2003.

dem gleichnamigen deutschen Horrorfilm von Andy Fetscher. Sie sind auf der Suche nach Relikten der modernen Zivilisation, die dokumentieren, was bleibt, wenn der Mensch gegangen ist *(Abb. 22)*. Die bröckelnde Hausfassade, die vergessene Fabrikationseinrichtung oder die hinterlassenen Spuren von Lebensbereichen erzeugen einen Reiz des Morbiden, Vergänglichen und scheinen kurzzeitig Nähe zu einer ganz anderen Zeit zu erzeugen. Aus der Anonymität der Sicherheit scheint die Vergangenheit fühlbar zu werden *(Abb. 24)*. Eine bereits jetzt unüberschaubare Flut an zum Teil hochqualitätvollen Fotografien der auch als »lost places« bezeichneten Ruinenräume füllen heute entsprechende Seiten und Foren im Internet. Eine umfangreiche, 2016 erschienene Publikation von Marc Mielzarjewicz zu den verlorenen Orten in Sachsen-Anhalt hat das Anliegen, sowohl »dem Zustand des Verfalls und des Vergessens eine Schönheit zu verleihen« als auch »die Ruinen aus ihrer Versunkenheit zu befördern, um sie einer eventuellen Wiedernutzung zuzuführen.«[9]

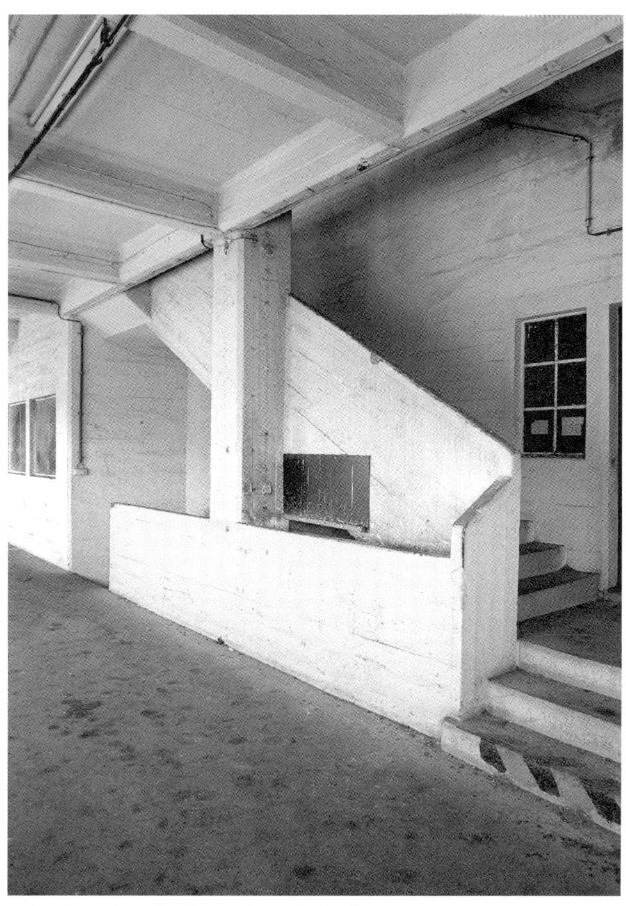

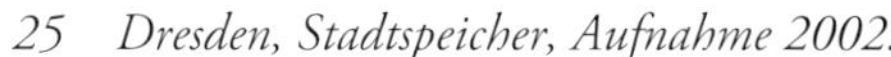

25 *Dresden, Stadtspeicher, Aufnahme 2002.*

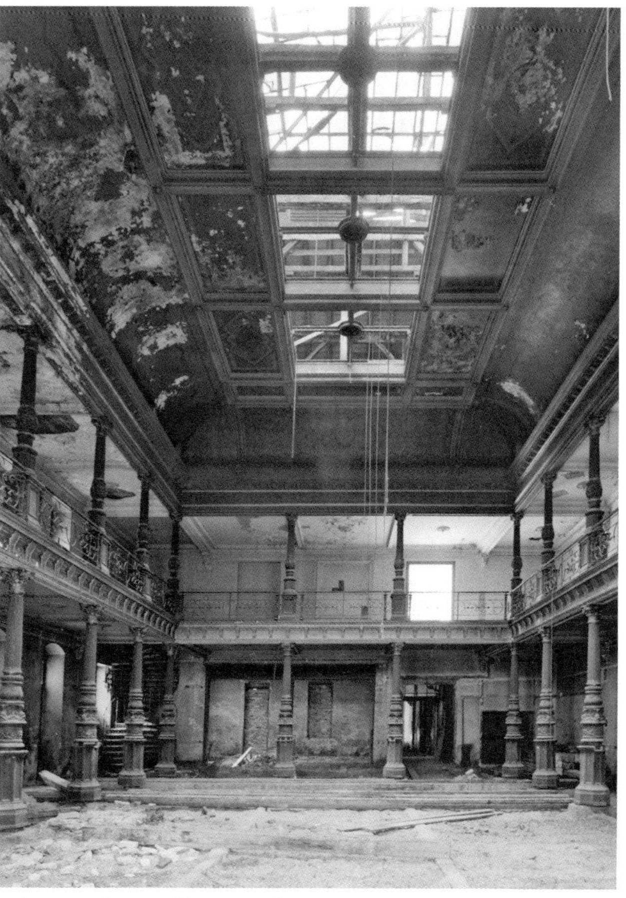

26 *Dresden, Ballhaus Orpheum, 1997.*

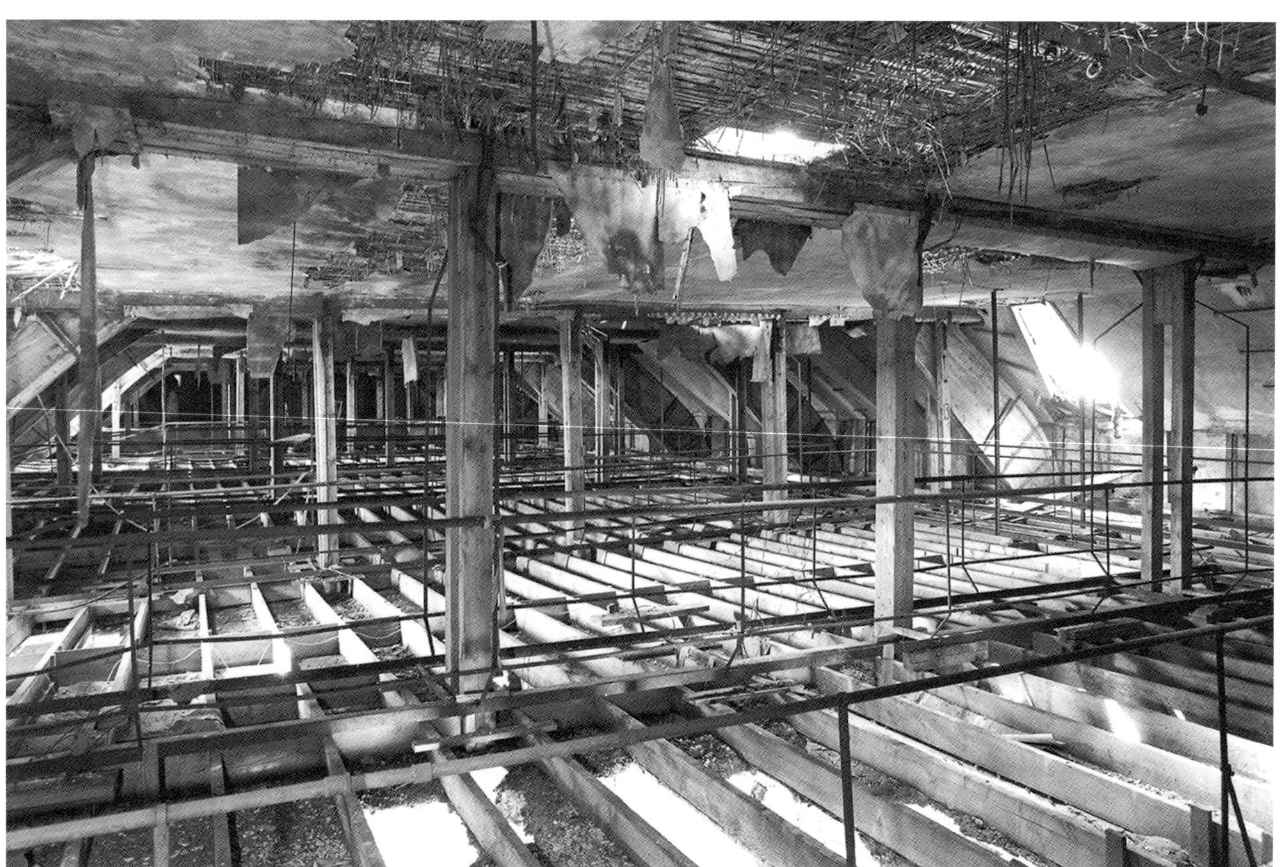

27 *Dresden, Festspielhaus Hellerau, Schnürboden, 1994.*

Die Fotografie widmet sich jedoch schon länger den »gelebten Mauern« und deren Ästhetik. Rudolf Scheutle, Kurator einer der wichtigsten deutschen Sammlungen für Fotografie am Münchner Stadtmuseum, hat im März 2013 auf der Tagung »Zukunft der Industriearchitektur« ausgeführt, dass die Industriefotografie eine lange Tradition hat und die verfallenden Anlagen bereits in den 1960er-Jahren, z. B. von Bernd und Hilla Becher, zum Gegenstand der Dokumentation vergehender Relikte des Industriezeitalters gemacht wurden.

In Dresden haben die Fotografen Christine und Günter Starke einige dieser Bauwerke seit Anfang der 1990er-Jahre nicht nur stimmungsvoll und dokumentarisch, sondern auch auf eine einzigartige künstlerische Weise festgehalten. Die anfänglich noch unsanierten Objekte Kraftwerk Mitte *(Abb. 29)*, einst der Puls der Stadt, Ballhaus Orpheum in der Neustadt *(Abb. 26)*, Stadtspeicher an der Elbe *(Abb. 25)* oder Festspielhaus Hellerau als Zeugnis der Tanz- und Bewegungskultur *(Abb. 27)* erfahren in der Fotografie von C. und G. Starkes eine großartige Wertschätzung, trotz ihres damals jämmerlichen Zustandes. In der Dominanz ihres Daseins werden die Spuren der Geschichte regelrecht erlebbar.

Auch die Denkmalpflege lässt heute zunehmend die Spuren der Vergangenheit stehen. Es hat sich seit den 1990er-Jahren eine Ästhetik entwickelt, die diese Zeichen zeigen und thematisieren möchte. Mag sein, dass der starke Verfall ostdeutscher Städte, die noch unvorstellbaren Umfang an Originalsubstanz boten, ein Beweggrund gewesen ist, intensiver über Zeitschichten nachzudenken und Formen zu suchen, die Verfallszustände auch zum Gegenstand der Denkmalpflege zu machen. Beispielhaft für die Pflege eines Verfallzustandes könnte der Campanile des Domes in Pisa sein, weltweit bekannt als »torre pendente« – »der schiefe Turm«. Hier ist ein bestimmter Verfallszustand vor dem weiteren Verfall zu schützen, um das Symbol nicht seiner Besonderheit zu entheben *(Abb. 28)*.

Eine ebenso beeindruckende Geschichte ist die der Frauenkirche in Dresden. Nachdem das berühmte barocke Bauwerk von George Bähr im Zweiten Weltkrieg zerstört worden war, erlangte die imposante Ruine eine weltweite Symbolkraft für den gewünschten Frieden auf der Erde und die Völkerverständigung. Die zerstörte Frauenkirche führte in ihrem Zustand vor Augen, was Kriege bewirken. Die bekannten Ölbilder des Dresdner Künstlers und Hochschulprofessors Siegfried Klotz zeigen die beeindruckende Ruine mit ihren nach oben strebenden Pylonen. Überlenkt und symbolbetont inszeniert der Künstler diese Ruine als Skulptur auf dem Neumarkt. Heute ist die Frauenkirche wieder originalgetreu aufgebaut und die denkmalpflegerische Betreuung des Monuments hat sowohl zur Wiedergewinnung eines überregional berühmten Architektursymbols als auch zur Wiedererlangung der bekannten Dresdner Stadtsilhouette, dem sogenannten Canalettoblick geführt. Zwischenzeitlich hatte die Ruine auf die Dresdner Erinnerungskultur nachhaltigen Einfluss genommen. Als Zentrum des Gedenkens am 13. Februar, dem Tag der Zerstörung der Stadt, erlangte die Kirchenruine eine neue Dimension als Denkmal. Sie diente durchweg als Hoffnungsträger für die in der DDR lebenden Christen, die den Wiederaufbau der Frauenkirche ersehnt haben *(Abb. 30)*.

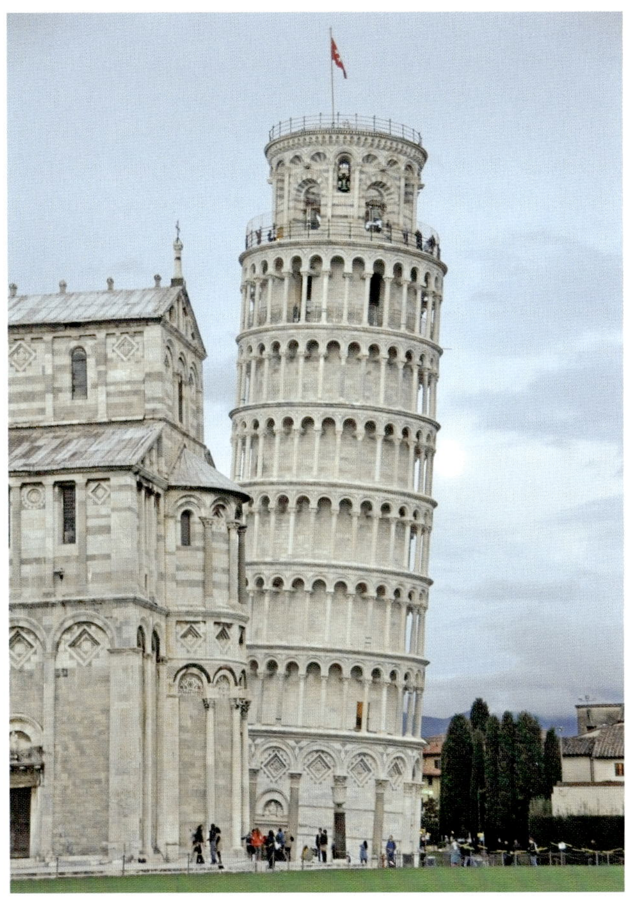

28 *Pisa, Dom mit Campanile, 2012.*

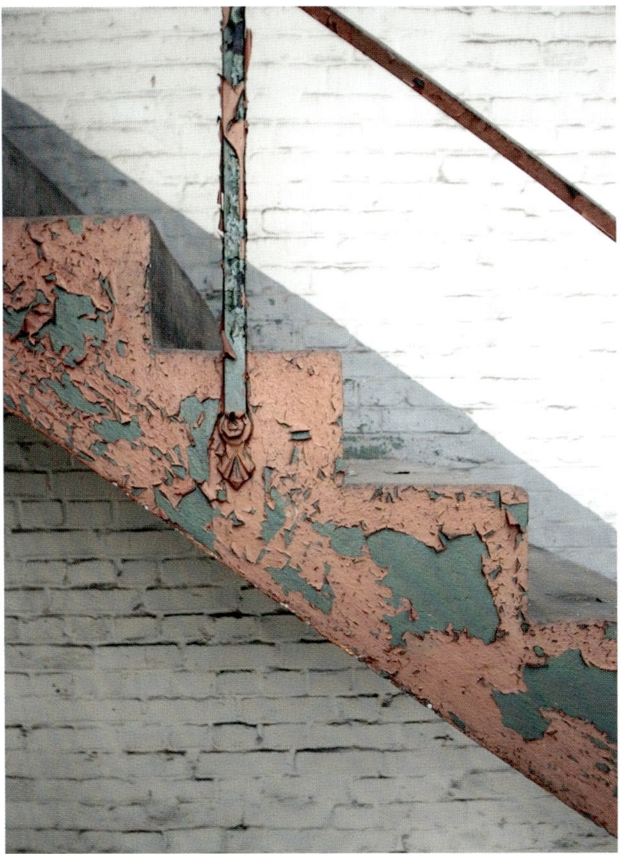

29 *Dresden, Kraftwerk Mitte, 2010.*

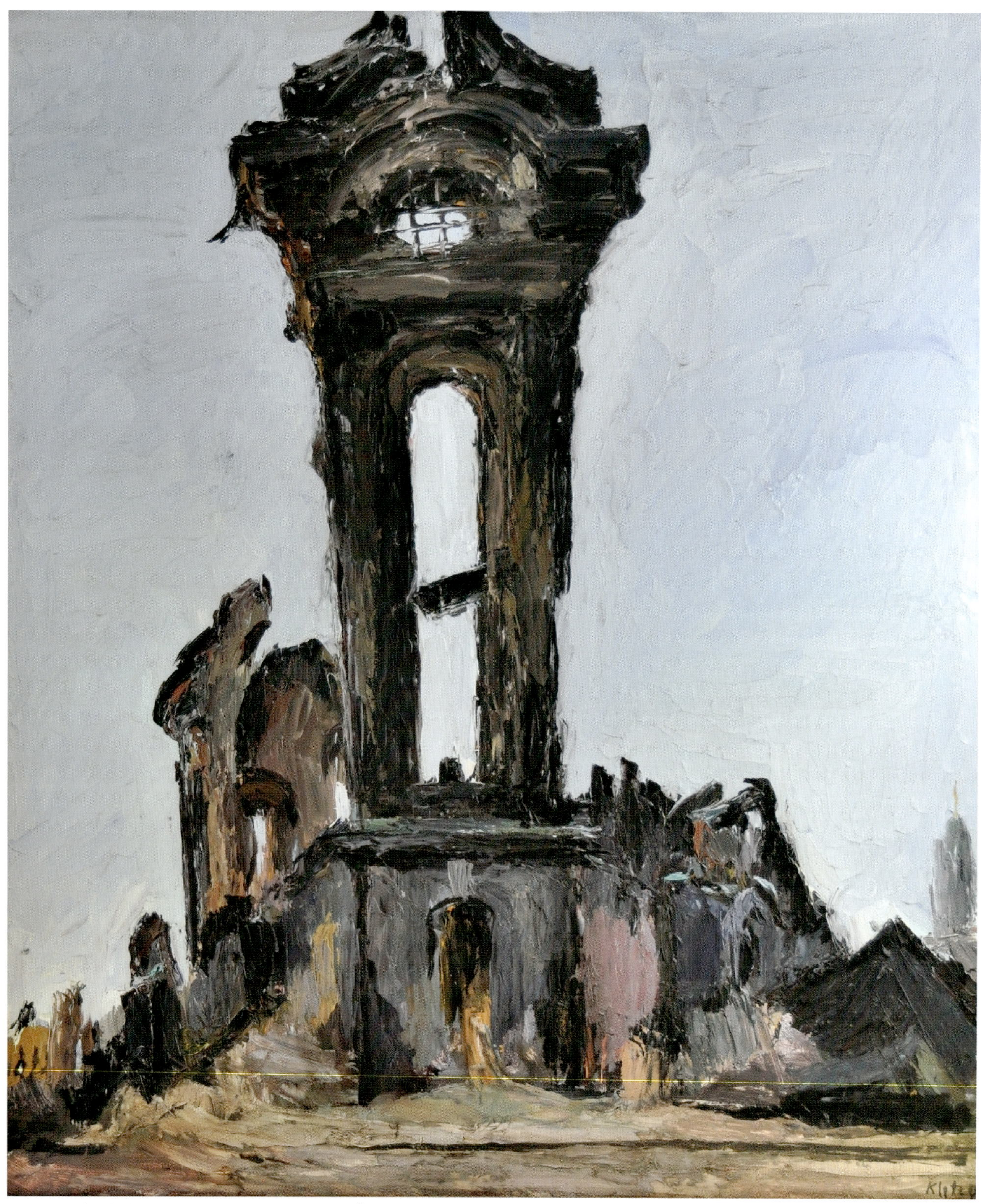

30 Siegfried Klotz, »Dresden mahnt«, 1989, Öl auf Sperrholz, 144 × 122 cm, Privatbesitz.

Es zeigt sich, dass die Denkmalpflegepraxis oft sehr individuelle und maßgeschneiderte Lösungen herausfordern muss. Die Entwicklung entsprechender Visionen gehört dabei zum Alltagsgeschäft. Zwischen Wunschtraum und Wirklichkeit bewegt sich die Denkmalpflege immer. Wir sind heute aufgefordert, genau zu definieren, was für unsere Kultur, unsere Gesellschaft und unser Zusammenleben entscheidend, wichtig und aussagekräftig ist und damit besonderen Schutz erfahren muss. Nicht die Quantität an Denkmalen zeugt von einem hohen Geschichtsbewusstsein. Vielmehr charakterisiert die genaue Auswahl herausragender Objekte die wissenschaftlich richtige und praktisch ausführbare Tätigkeit der modernen

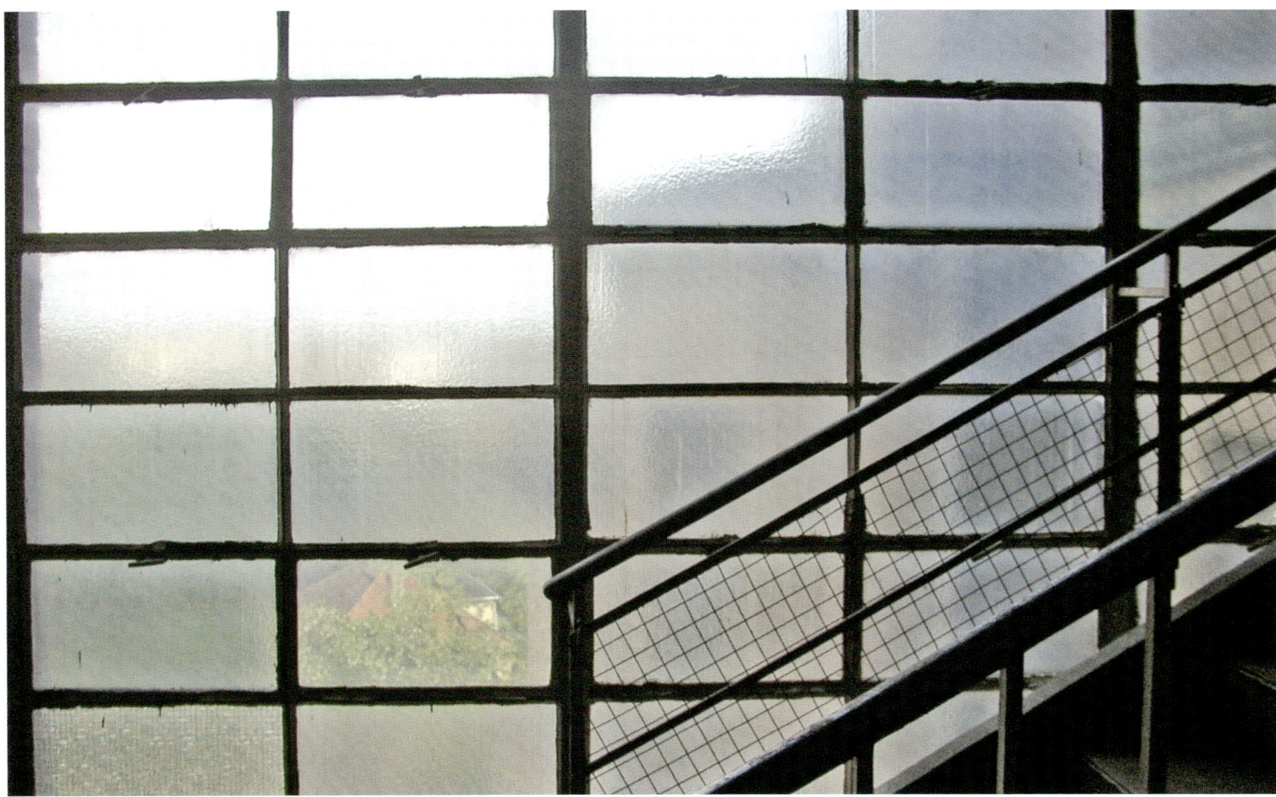

31 Dresden, Hochhaus am Albertplatz, 2003.

Denkmalpflege. Beim Erhalten beispielsweise eines Schlachthofes mit seinen zahlreichen Gebäuden oder bei der schier unmöglich erscheinenden richtlinientreuen Sanierung von Denkmalen der Nachkriegsmoderne wird die Denkmalpflege exemplarisch vorgehen müssen. Selbst über vorübergehende Konservierungen ohne Umnutzung ist nachzudenken, um Folgegenerationen, die möglicherweise schonendere und moderatere Lösungen kennen werden, eine Realisierung anheimzustellen, die wir heute wegen sich ständig wandelnden Anforderungen des Brand-, Unfall- und Wärmeschutzes nicht umsetzen können. Das exemplarische Erhalten ist daher eine Umgangsvariante.

Wiederum muss bei den eingangs beschriebenen unabwendbaren Verlusten eine genaue Dokumentation, z. B. in Form von Topografien erarbeitet werden, um unseren Folgegenerationen ein Bild unseres vergleichsweise kleinen Kulturraums zu verschaffen. Die Denkmaltopografie als Geschichtsbuch spielt bereits heute für die Wissenschaft eine wichtige Grundlage.

Als letzte Möglichkeit bleibt immer, den Verfall und den Verlust annehmen zu lernen. Diese Problematik ist nicht neu, denn schon Alois Riegl beschäftigte sich intensiv in seinen Ausführungen über Denkmalwerte mit dem »Werden und Vergehen, dem Auftauchen des Einzelnen aus dem Allgemeinen und seines naturnotwendigen allmählichen Wiederaufgehens im Allgemeinen«.[10] Die bloße Angst vor dem Verlust ist jedoch lähmend und daher kontraproduktiv in der Bewahrung oder Tradierung von Denkmalen *(Abb. 31)*. Die Chance der Denkmalpflege besteht vor allem darin, die Entwicklungen der Gesellschaft in Hinblick auf Identität, soziales Netz und letztendlich kulturvollen Umgang zu beeinflussen.

Anmerkungen

1 Überarbeiteter Text des vom Autor zur Fachtagung »Zwischen Wunschtraum und Wirklichkeit? Denkmalpflegepraxis im baukulturellen Kontext« in Dresden (6.–8. März 2013) gehaltenen Vortrages.
2 Schopenhauer, Arthur: Aphorismen zur Lebensweisheit, Leipzig 1917, S. 153.
3 Brülls, Holger: Funktionalismus und Monumentalität. Der Magdeburger Vieh- und Schlachthof von 1893 und seine Erweiterung in den 1920er Jahren durch Johannes Göderitz, in: Denkmalpflege in Sachsen-Anhalt, H. 1 (1994), S. 64.
4 Föhl, Axel: Bauten der Industrie und Technik. Schriftenreihe des Deutschen Nationalkomitees für Denkmalschutz, Bd. 47, o. O. und J., S. 88.
5 Hübner, Ulrich: Kultur- und Baugeschichte der deutschen Krematorien, Dresden 2013.
6 Sörries, Reiner: Die Asche macht's möglich: Bestattungskultur im Wandel, in: Sax-Verlag (Hg.): 100 Jahre Krematorium und Urnenhain Dresden-Tolkewitz. Unter den Flügeln des Phönix, Beucha/ Markkleeberg 2011, S. 87.
7 Stiftungsordnung für die Verwaltung der »Bienert-Stiftung« vom 19. Juni 1896, in: Sammlung der Ortsgesetze, Regulative, Bekanntmachungen und Dienstordnungen sowie der wichtigsten Verträge aus der Veraltung der Stadt Dresden, Dresden 1899 (3. Teil), S. 300.
8 Simmel, Georg: Philosophische Kultur, Leipzig ²1919, S. 132.
9 Mielzarjewicz, Marc: Urban Explorer. Lost Places in Sachsen-Anhalt, Halle 2016, S. 5.
10 Riegl, Alois, zitiert nach Huse, Norbert: Deutsche Texte aus drei Jahrhunderten. Denkmalwerte: Riegel, Alois/ Dehio, Georg, München ³2006, S. 126.

Abbildungsnachweis

1, 10–20, 22, 23, 28 Ulrich Hübner; **2, 3** aus: Der Schlachthof und Viehmarkt der Fleischer-Innung zu Dresden, 1873–1910; **4, 29** Günter Starke; **5, 6, 7, 9, 25–27** Christine Starke; **8** A 1995-3118 Kupferstich-Kabinett, Staatliche Kunstsammlungen Dresden, Foto: Ulrike Hübner Grötzsch, Denise Görlich; **21** C 1936-35 Kupferstich-Kabinett, Staatliche Kunstsammlungen Dresden, Foto: Herbert Boswank; **24, 31** Karoly Risz; **30** Ulrich Hübner, Repro.

Literaturauswahl

■ Brülls, Holger: Funktionalismus und Monumentalität. Der Magdeburger Vieh- und Schlachthof von 1893 und seine Erweiterung in den 1920er-Jahren durch Johannes Göderitz, in: Denkmalpflege in Sachsen-Anhalt, H. 1 (1994), S. 64–76.

■ Ciupuliga, Adrian: Von der Fleischfabrik zum Bücherhort. Eine kleine Geschichte des Schlachthofes, in: Der Umbau des ehemaligen Schlachthofes der Stadt Konstanz zur Bibliothek der Fachschule Konstanz, Konstanz 1997, S. 21–24.

■ Deutsche Schlacht- und Viehofzeitung. Zentralorgan und Anzeiger für die Interessen der Schlacht- und Viehhöfe.

■ Edelmann, Richard Heinrich: Schlacht- und Viehhöfe, in: Wuttke, Robert (Hg.): Die deutschen Städte. Geschildert nach den Ergebnissen der ersten deutschen Städteausstellung zu Dresden 1903, Bd. 1, Leipzig 1904, S. 345–369.

■ Faust, Wolfdieter/ Longerich, Thomas: Schlachthäuser. Zur Entstehung kommunaler Vieh- und Schlachthöfe in der 2. Hälfte des 19. Jahrhunderts, Weimar/ Rostock 2000.

■ Göller, Norbert: In ländlicher Idylle – der Dresdner Vieh- und Schlachthof, in: Dresdner Hefte 3/ 96, H. 47, S. 37–40.

■ Heinrich Böll Stiftung, BUND, Le Monde diplomatique (Hg.): Fleischatlas 2014. Daten und Fakten über Tiere als Nahrungsmittel.

■ Heiss, R.: Grundsätzliches über den heutigen Stand des Kältemaschinenbaues unter besonderer Berücksichtigung der Verwendung in Schlachthöfen, in: Deutsche Schlacht- und Viehhofzeitung, Sonderheft 1 (1929), Kirchhain N.-L., 1929.

■ Helas, Volker: Denkmale in Sachsen – Stadt Dresden, Dresden/ Basel 1994.

■ Hennicke, J.: Bericht über Schlachthäuser und Viehmärkte in Deutschland, Frankreich, Belgien, Italien, England und der Schweiz. Im Auftrag des Magistrats der königlichen Haupt- und Residenzstadt Berlin erstattet. Berlin 1866.

■ Hübner, Ulrich et al.: Symbol und Wahrhaftigkeit. Reformbaukunst in Dresden, Dresden/ Husum 2005.

■ Hübner, Ulrich: Aufstieg und Verfall der kommunalen Vieh- und Schlachthöfe in Sachsen, in: Technische Denkmale in Sachsen, Dresden 2017, S. 108–117.

■ Kammel, Oskar: Schlacht- und Viehhofbau in neuer Zeit, Kirchhain N. L. 1936, Folge 7 (Winke für Schlachthof bauende Städte).

■ Kotz, P.: Wien am Anfang des XX. Jahrhunderts etc., Zentralviehmarkt und Schlachthofanlagen zu Wien, Bd. 1, Wien 1905.

■ Kubale: Der Schlachthof zu Görlitz, in: Wochenblatt für Architektur und Ingenieurwesen, 1882, S. 391.

■ Lackner, Helmut/ Stadler Gerhard A.: Fabriken in der Stadt – eine Industriegeschichte der Stadt Linz, Linz 1990.

■ Moritz, Felix: Gebäude für Lebensmittelversorgung – Schlachthöfe und Viehmärkte, in: Handbuch der Architektur, 4. Teil, 3. Halbband, H. 2, Leipzig 1909.

■ N. N.: Der Schlachthof und Viehmarkt der Fleischer-Innung zu Dresden 1873–1910. Erinnerungsblätter für die Mitglieder der Fleischer-Innung anlässlich der Aufhebung ihres Schlachthofes und Viehmarktes am 20. August 1910, o. O., o. J.

■ N. N.: 50 Jahre Vieh- und Schlachthof Dresden, Dresden 1960.

■ N. N.: Der neue Vieh- und Schlachthof in Dresden, in: Neudt. Bauzeitung 6 (1910).

■ N. N.: 50 Jahre Vieh- und Schlachthof Dresden. 1910–1960. o. O., o. J.

■ N. N.: Vom Schlachthof zum Medienzentrum. Ein Streifzug durch knapp 120 Jahre Baugeschichte des MDR-Standortes an der Leipziger Kantstraße, Leipzig 2004.

■ N. N.: 75 Jahre Vieh- und Schlachthof Berlin. 1881–1956, Berlin 1956.

■ N. N.: Vieh- und Schlachthof zu Leipzig. Leipzig und seine Bauten. Leipzig 1892.

■ N. N.: Schlacht- und Viehhof zu Berlin. Festschrift zur XXXV. Hauptversammlung des Vereins Deutscher Ingenieure. Berlin 1894.

■ Osthoff, Georg: Schlachthöfe für kleine Städte von 5 000 bis 15 000 Einwohnern, Berlin [3]1890.

■ Osthoff, Georg: Schlachthöfe und Viehmärkte = Durm, J./ Ende, H./ Schmidt, E./ Wagner, H. (Hg.): Handbuch der Architektur, 4. Teil: Entwerfen, Anlage und Einrichtung der Gebäude, 8. Halbband: Gebäude für Zwecke der Landwirtschaft und der Lebensmittel-Versorgung, H. 2, Darmstadt [2]1891.

■ Potthoff, O. D.: Illustrierte Geschichte des deutschen Fleischer-Handwerks vom 12. Jahrhundert bis zur Gegenwart, Berlin 1927.

■ Rasenack, Otto/ Hornung, Hellmuth: Bau, Einrichtung und Betrieb von Schlacht- und Viehhöfen, Hannover 1960.

■ Schaf, Michael: Alter Schlachthof Berlin, Umbau eines Stadtquartiers, Berlin 1995.

■ Schindler-Reinisch, Susanne: Berlin-Central-Viehhof. Eine Stadt in der Stadt, Berlin 1996.

■ Schindler-Reinisch (Hg.): Eine Stadt in der Stadt. Berlin-Central-Viehhof, Berlin 1996.

■ Der Schlachthof und Viehmarkt der Fleischer-Innung zu Dresden. 1873–1910, Dresden 1910.

■ Schmidt, Wolfgang/ Theile, Wilfried: Denkmale der Produktions- und Verkehrsgeschichte, Teil 2, Berlin 1991.

■ Schubert, Curt W.: Kleine Kläranlagen einschl. der Kläranlagen für Krankenhäuser und Schlachthöfe, Berlin/ Wiesbaden [2]1958.

■ Schwarz, Otto: Bau, Einrichtung und Betrieb öffentlicher Schlacht- und Viehhöfe, Berlin 1912.

■ Sellerbeck jr., Jörg: Lübecks Schlachthöfe und Viehmärkte, in: Bürgernachrichten 112. Zeitschrift der Bürgerinitiative Rettet Lübeck, Juli/ August/ September 2013, S. 11–17.

■ Staatsministerium des Inneren: Bauten der Technik und Industrie, Dresden 1996.

■ Staatsministerium des Inneren: Baudenkmale, die einen neuen Eigentümer oder eine neue Nutzung suchen, Dresden 1999.

■ Staatsministerium des Inneren: Sächsische Industriedenkmale in neuer Nutzung, Dresden 1999.

■ Tholl, Stefan: Preußens blutige Mauern. Der Schlachthof als öffentliche Bauaufgabe im 19. Jahrhundert, Walsheim 1995.

■ Trostdorf, Ralf: Abriß der Historie des Schlacht- und Verarbeitungsbetriebes Zwickau einschließlich seiner Betriebsteile Glauchau und Aue, Berlin 1984.

■ Walter, Uli: Schlachthof und öffentliche Gesundheit. Zur Kultur- und Baugeschichte von Schlachthäusern seit dem Mittelalter, in: Jahrbuch der Bayrischen Denkmalpflege. Forschungen und Berichte, Bd. 54/ 55 (2000/ 01), Berlin 2006, S. 73–79.

■ Weyer, Hans: Der neue Städtische Vieh- und Schlachthof zu Dresden, Sonderdruck aus H. 1 u. 2 der Zeitschrift »Der Industriebau«, Jahrgang 1911.

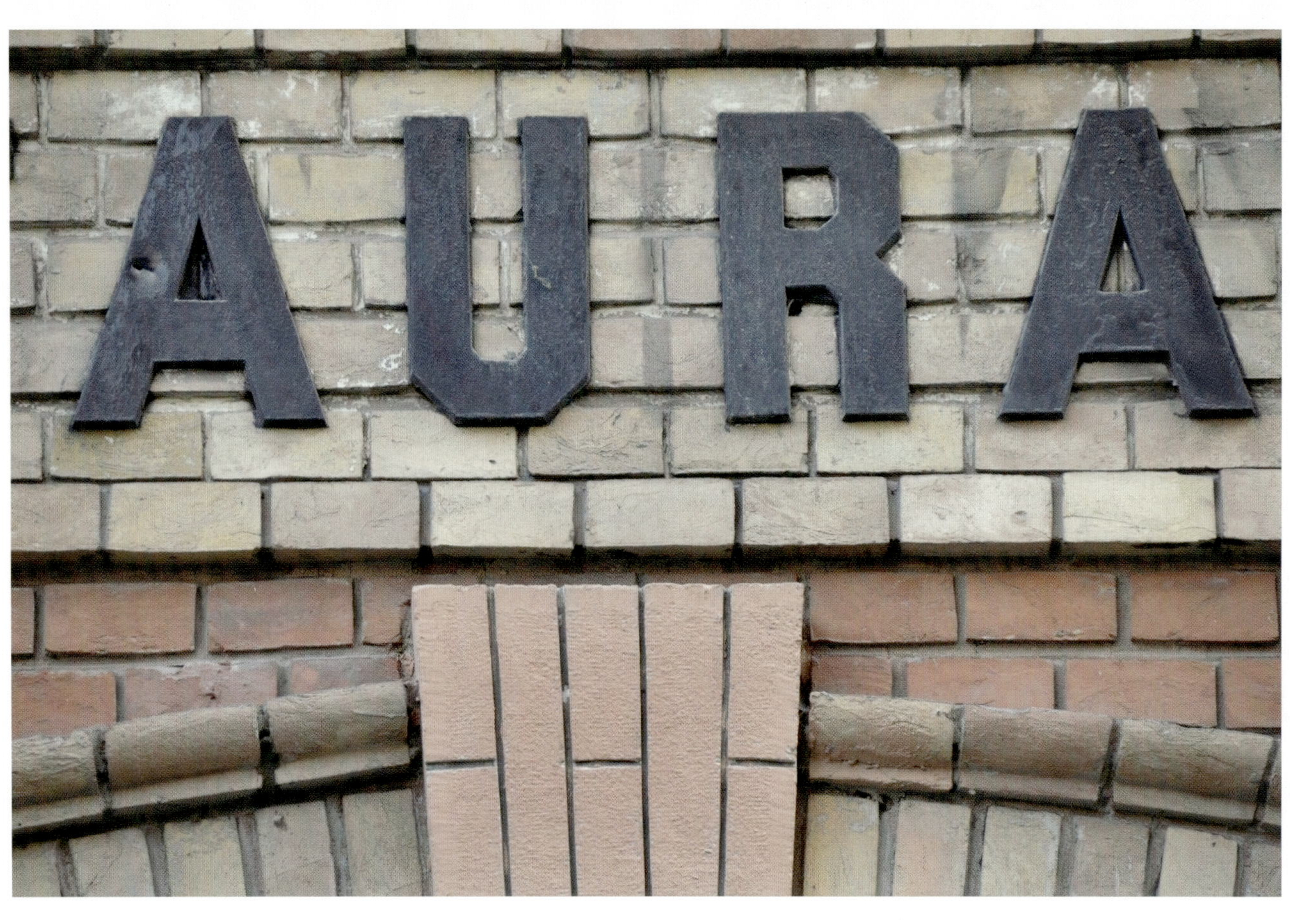

Ulrich Hübner, aus dem Zyklus »Wortgeflecht« 2016/17
Restaurationsgebäude des ehemaligen zentralen Vieh- und Schlachthofes Wien.